U0099936

JPC

太平戲院紀事

院主源詹勳日記選輯
1926—1949

程美寶　編

VOL

II

源詹勳先生日記

1937年

1月1日 星期五

提　　要：丙子，十一，十九，（1）晨陸羽，觀足球，進行娛樂稅按緩手續，培叔機器會公益費事。

恭賀新禧，事事如意。

晨微雨，甚寒，梳洗畢，往太平辦公，午陸羽，與譚芳、洪仔品茗，畢，返院，又往觀足球，雖有李惠堂出，仍敗，四對〇。

昨夜演劇籌款，收入淨：一千餘元，余對馬說，一俟討回稅銀，計四佰元與他，他允肯，省機工會蔡□到座，言公益費，李榮用去舊數三百餘元，新數一百二十元，無論如何，先清新數，舊數再商，但彼等俱向培叔攻擊，想亦一塌糊塗也。

歷年新歷〔曆〕年不許演至通消〔宵〕，詎料是屆高陞由鄧肇堅討得，故本院亦趁此獲准也。

明禮義，知廉恥，負責任，守紀律。{是日日記全用紅筆書寫}

1月2日 星期六

提　　要：丙子年十一月廿日，午。

午張民權請飲茶於新紀元，其妻及其子，畢，余返院，略事工作，他始往觀足球。

夜與薛覺先拍台，演新戲《風流地獄》，甚旺，而薛某則祇得大位六行，其餘寥寥無幾。

因福照惰懶好睡，迫不得將他開除，另聘別員。

1月3日 星期日

提　　要：十一月廿壹日。

午陸羽品茗，並送點心與馬、譚。

下午觀足球，仍敗。

夜陸羽晚飯，賭廿一點，輸柒元。

近日腹痛，想亦濕熱也。

省機工會追討公益費，培叔一翻手續也。

是日日演《國色天香》，夜翻點《貼錯門神》。

劉明燊託見陳宗桐，余決不理。

凡事留心，切勿造次云。

1月4日　星期一

提　要：丙子，十一，廿弍日，晨十二時許與馬往匯款蔣副主席，畢，新式午食，高陞觀劇，影《神鞭俠》。

晨十弍時候馬師曾至，共往中國銀行，匯千餘元往賑綏省，畢，洪仔與余、張文權、霍海雲、林兆業等午食於新色，返院照常工作。

夜影《神鞭俠》，甚旺。

與內子、亞廉往高陞觀劇，與唛佛相遇，約往對面威靈頓略談，他飲啤酒兩枝〔支〕，並談謂，今發覺汝院有 FUNNY BUSINESS，不久余必查之，屆時勿怪無情也，並謂將來必儆戒馬文星之椅墊費云，此人見利忘義，必靠不住也。

余將此語儆戒源廉，吾恐他亦過於勢兇也。

薛覺先不甚旺，祇得大位六行，想亦失聲及戲本關係也。

1月5日　星期二

提　要：丙子，十一月，廿三，晨照常，午陸羽，夜馬云，高為寶關於省方太平戲院演劇事已妥，口〔定？〕薛仔又於廿弍號再來拍台云，與金台消夜於新紀元。

夜十弍許在本港尖沙咀碼頭候馬師曾到，共乘車，談及薛仔又拍尾台事，至蘭卿寓，云高為寶由省至，意欲太平劇團在省太平戲院演舊力〔曆〕元月頭台，余答以不可，除一概運動費並三七均分，公盤執水腳，明日再在南粵再談，余遂與金台別往新紀元消夜，詎料飽食腹痛，半夜作屙，想亦腸胃不自然也。

1月6日　　星期三

提　　要：丙子，十一月廿四，一時往南粵，會高為寶，下午告樓士打商量晉省太平事，夜加大消夜，腹痛，濕熱。

如約，馬與余往南粵晤高某，彼此均坦白直說，並約往告樓士打午茶，又暢談一番，此事或會成就一｛“一”是衍字？｝，這翻〔番〕全屬在野軍人辦理，藉此以調劑，救助彼等入息也，又約十二月（舊力〔曆〕）初一晉省，向各方解釋、團敘，余亦決查如何晉省法子也，薛覺先班由省來港，返亦如是，何以太平劇團要如此手續，必要細其辦法也。

夜亦腹痛，想亦多食癱滯也。

1月7日　　星期四

提　　要：丙子年十一月廿五。

晨如常梳洗畢，即工作，約午時在加拿大與譚芳等共食，因一比例數苦索不得，後馬至，共往華商總會列席，援綏建場事，議論紛紛，莫衷一是，後又公舉余及馬為臨時籌備員，畢，余返院，擬一辭職書，以免受累，夜往加拿大，苦計該數，卒□〔通？返？〕云。

並獻議，如欲籌款，儘可往見羅博士，由他共商，由督憲主席，演劇籌款建場，較為踴躍云。

友人陳某又到借款，余着梁日如給他三角，並責成守閘者立亂[1]放人到寫字樓云。

1月8日　　星期五

提　　要：丙子年十一月廿六日，（1）加拿大午食，（2）半日安因欠債往七號差館，（3）馮醒錚去世[2]。

1　“立亂”，粵語用詞，此處解作“胡亂”、“隨便”的意思。

2　馮醒錚是太平劇團演員，除演出粵劇外，還在馬師曾和譚蘭卿主演的電影如《婦人心》等演出。

晨如常工作，巡視院內各伴工作，至午時往加拿大午食，下午照常工作，約四時舊謙益之後生到後台，帶一什差找半日安，為其欠數百餘元，余喝他，並謂，倘有不規則，余當訴之法律，再電話問韋寶祥，得悉既無傳票，又無花令紙[1]，萬不能入屋騷擾，候至散場，與他一齊往見五十一號坐堂區長，該英人勸導出外調理，遂別，與趙驚云、馮俠云｛"馮"字後原記有"醒錚"，後有塗抹痕跡｝、衛少芳、半日安、陳鐵善往探馮醒錚病，出門至返院時，已有電話報告馮某身故，身後蕭條，殊可哀也，戲人收場，大抵如是。

夜十一時赴加拿大，與民權步行至十弍時許始別，在加拿大時獲見余華石及鍾某。

｛略｝

1月9日　星期六

提　要：十一月廿七。

晨早起，如常工作，午陸羽忡忙品茗，趕弍時往送馮醒錚出殯，詎料到步猶未出發，迺與五姐、內子、馬師曾、譚蘭卿共往加拿大（利舞台側）少食，然後送至七姊妹辭靈，暗〔黯〕然銷魂，從此永別矣。

畢，與馬赴加拿大再小食，共往觀南華 B 戰奧士打，一對四。

中華體育會籌款，雖新戲，唯（一）礙於遲交回座位，在院內沽票，（弍）天寒地凍，（三）告白大書特書中華籌款。

夜如常，無甚紀錄，除了鄧細容之夫謂余與卓兄看□□□｛該三字被塗改，不易看清，可能是"小其他"｝及索款事而已耳。

1月10日　星期日

提　要：丙子年十一月廿八。

1 "花令"是英語"warrant"的粵語音譯，即由有關的權力機關或人員（通常是法庭或法官）批出的法律文件，授權執法機關執行法律行動，一般包括拘捕令、傳召令、搜查令、禁止令、人身保護令等。

晨因中華籌款，早起，巡視院內一切，得悉各伴甚懶，且摩地不能服眾，午加拿大，午後再往陸羽，因航空券中五獎。

下午與陳宗桐往觀足球，陸羽晚飯。

張榮棣醫生答應嗣後祇收藥費，不收診金。

1月13日　星期三

提　要：丙子年十弍月初一。

晨與馬師曾、譚蘭卿、高為寶等乘早車頭等位晉省，十一時廿分抵廣州，即往甘泉早食，畢，往瑞榮銀號，一行再往白宮開房，余住六三一，馬住六〇二室，六時赴張祖榮、卓仁璣之約，在瑞榮晚飯，在坐〔座〕者俱軍政要人，查彼等因多人在野，故求當局允許批准太平戲院演粵劇，故邀馬伶往演，且無條件負擔，議定先租，遷移現居之憲兵，後粉色〔飾〕一切，擬審查劇本合格否為標準，濟濟一堂，甚為融洽，且馬對於此事極為放心，夜宴罷，返白宮酒店，洗燥〔澡〕畢，往海珠觀劇，又個人往金龍消夜，帽子為女招待誤拈往別室，結果尋回始睡。

郭元海適往東莞，李軟又他徙，甚寂寥。

1月14日　星期四

提　要：十二月初二日。

早起，洗澡畢，出外找《蜈蚣報》，並小修，然後返白宮，與馬、高往聚豐園品茗，畢，往文德路訪卓西齋[1]看骨董，坐中有一藍某，主張馬致力

1　卓仁機（1890-1972），字西齋，本籍廣東中山，上海英文學校畢業。1911年參加武昌起義，後到九江任贛軍敢死隊副隊長。1913年參加二次革命；同年8月赴英國伯明罕飛機學校學習。1915年回國，赴雲南參加討袁護國戰爭。1921年隨李烈鈞入廣東驅逐莫榮新。1922年隨孫中山北伐，任粵軍第一師第二團團長、第一旅旅長。1923年率部在博羅營救被陳炯明叛軍包圍的鄧演達。粵軍整編後，卸軍職，任台山縣縣長。後離職在上海、廣州經營古董生意。抗日戰爭時期，任廣東驛運處處長。建國後，任廣東省文史館館員，廣州海關、廣東博物館文物鑑定顧問。見孫中山故居紀念館官方網人物介紹（http://www.sunyat-sen.org/index.php?m=content&c=index&a=show&catid=50&id=7161，2021年2月1日瀏覽）

北劇，卓仁機先生駕至，泡茶款待，並贈乾隆八徵耄念古玉班子〔扳指〕一隻與余，玉佩〔珮〕一枝與馬，四時許別，返酒店，六時赴約，地趾〔址〕仍舊，是夕黃惠龍[1]、張榮長，並其他旅長、局長同席，看來似乎各事已妥，馬甚謙恭，宴罷返酒店，彼等鍾某、陳某、陸智夫、高某俱來送船，在船中，馬興致勃然，親沖架啡□〔等？〕，擬討好卓某，拜他為師，原意奉送一千元，余恐因此反累，祇拜門足矣，奚用束修者哉，（一）防範各老倌招徭〔搖〕，（弍）後台審慎，（三）挑選戲本，（四）火船與火車，此行料必成功，先父在天之靈，伏祈陰冥保佑，免始終俱受同興之氣也。

1月15日 星期五

提　要：丙子年十二月初三。

晨由夜船抵港，即回府睡，因失眠，感覺不適，下午三時睡足至夜七時始返院辦事。

劉素清租院，一百二十五元，如與蘭芳合份，則願出一百四十元。

蔡惠鴻約明日往看足球。

{略}

1月16日 星期六

提　要：丙子年十弍月初四（去函警司，取回被執之告白牌）。

晨返院辦公，畢，即往加拿大會譚芳及洪仔，午在陸羽與李遠相遇，彼此寒暄，約他是夜到探，並請他金龍消夜。

半日安欠款一千五佰餘元，被票控，明日下午會原告解決。

馬師曾着人上省，定譚秉庸及歐陽儉。

1　黃湘（1878-1940），字惠龍，本籍廣東台山，早年赴加拿大謀生，後加入中國同盟會，曾任孫中山衛士、大本營參軍處副官等職，1915年任華僑討袁敢死先鋒隊隊長。孫中山逝世後，任南京中山陵園拱衛處處長。1934年辭職返粵，任省港海員工會主任委員。1938年廣州淪陷後去香港，1940年病逝。參見李穗梅主編：《孫中山與帥府名人文物與未刊資料選編》，廣州：廣東科技出版社，2011年，第42頁。

周炳垣請食晚飯於新紀元，事因蔡惠鴻君在波場之時，馬扣留周某之金仔，要挾得來。

黃文之較〔校〕慢電鏢〔錶〕，英明已被公司查到，故對於院內甚擔憂也。

草議下台減價，並商戲本。

吉叔已交航空券，五彩四十八元，三樓先霸位之巧姐毆打客人，決議嚴辣手段應附〔付〕。

1月17日　　星期日

提　要：丙子年十弍月初五日。

晨如常工作，午加拿大午食，與長女碧侶，適次女碧翠有疾，下午與譚芳兄觀足球，旭和杯慈羨〔善〕賽，並赴半日安之約，事因他欠黃某款一千五百元，蓋當時彼此有曖昧行為也，余對該講數師爺羅口〔元？兄？〕謂，儘可以攤還也。

夜照常工作，譚秉庸到接定，每月三百五十元，先取一個月上期，並允下次願減，馬師曾究不知因何故，要燒盲羅炮。

是台本應好旺，大抵將近減價，故淡，下台必要預備佳劇也。

修函省方，多謝卓仁磯、張祖榮、莫雄等大宴。

譚芳向借千元，余卻之。

交內子十元，她又索十元，余怒之。

1月18日　　星期一

提　要：丙子年十弍月初六日。

晨如常工作，午加拿大候半日安，往見韋寶祥，商量他欠款事，據他主張，改數部，求攤還，明日再商。

約一時許在加大見馬師曾，商量劇本，於尾台減價事，他允着顯州開戲，即將《虎口情鴛》改編。

夜照常工作。

東樂雖減價，唯院趾〔址〕關係，不甚旺云，演《風流地獄》，張民權之《做人難》在本院試片。

1月19日 星期二

提　要：丙子年十弍月初七。

晨因東樂錯寫趙驚魂先過俠魂，以致俠魂咕〔鼓〕噪，由電話質問是否燒炮，余遂修一函與羅棟勳狀師，講明仔細，由文仕可拈往說明。

午陸羽，譚國英與霍海雲因有些心病，始則口角，繼將用武，勸始息爭，譚某要求借戲服拍片。

夜往金龍，見竹戰，託言肚痛，與霍兄往陸羽消夜。

朱箕汝先生允《野花香》、《弍世祖》一同共影。

長子患咳。

五姐、七姐及嫡母俱至舍下竹戰，因她們住趾〔址〕掃灰水。

1月20日 星期三

提　要：丙子年十弍月初八日。

晨如常工作，午候馬往加拿大，談及新劇事，決定演《九曲峨眉》，在陸羽與馮顯州論及下午陳宗桐約往加大，意欲聯合利舞、高陞、太平、九如坊、新世界制御中央，余不然其說，祇支吾答覆，他近日組織一大同公司，在廣東銀行五樓，並邀余往談，又往霍海雲處，要求遷就《金屋十弍釵》遷期，海雲□〔盛？感？〕戲謂他而去，遂別。

夜因工務局籌款事，迫不得逢籌款戲數部改為三百六百為討回娛樂稅事{此處斷句未明，"數部"解作"若干部（戲）"抑或"數簿"？}，往觀女班任劍輝，幾好戲面[1]，十一時半返寓云。

東樂是晚演《慾禍》，甚旺，蓋亦戲本關係也。

---

1 "戲面"應該是指"台上表現"。

1月21日　星期四

提　　要：丙子年十弍月初九。

晨如常工作，十弍時馬到覓，共往交曲本與南濱釘裝，明早赴省應用。

下午返院，照常。

夜親往東樂取曲，並馬的親手序文，約齊明日往省。

宴家人於金龍六樓，適隔鄰張民權、陳宗桐等俱在，夜深返寓。

1月22日　星期五

提　　要：丙子年十弍月初十。

晨六時早起，梳洗畢，即乘車往南賓取曲本，在A.B.C早茶，後往乘火車，與馬師曾共赴省，在車廂內與葉秉流同廂，忽然天氣大變，奇寒，馬向葉某借一暖水袋取暖，十一時三十分抵省，高為寶接車，先赴瑞榮，後往謨觴品茗，交曲本與楊局長拈往社會局檢查科，必通過，無庸再議，太平戲院（西瓜園）[1]已無憲兵住宿，實行遷出該院，度戲專員羅某約睇三數伶人，均不合眼，乘車環繞□〔余？全？〕市，再在聚豐園略進茶點，始趕下午車返港，一路平安，省方已喧〔宣〕傳許久矣，在車與區辛相見，抵港時在加大晚餐始別，余抵院略辦公事迺別，返寓休息。

1月23日　星期六

提　　要：丙子年十弍月十一，新劇《九曲峨眉》，兼大減價，全院未屆七時認真客滿。

晨早起，照常工作，午往加拿大與譚芳等敘餐，適馬至，約往觀球賽，諾之，下午與盧冠英遇，又往加大，卓哥亦與焉，至三時半始與林兆業兄共往加路連山觀警察與南華A，戰和，一〇一。

夜七時嘜佛有電話至，請我等小心，因P.W.D.[2]之稅不合，並謂中華之

1　西瓜園位於廣州舊城區，即今天廣州市越秀區人民中路一帶。

2　應即Public Works Department（工務局）。

事已妥，着星期一往取，且蔡惠鴻先生已交他五十元云。

十時許往金龍，並往新世界，觀試影《廣州三日屠城記》，消夜至二時始返寓。

1月24日　　星期日

提　要：丙子年十弍月十弍日。

高為寶有信來，云及檢查劇本，要按日呈報，隨即向馬說明，點妥戲本，由麥牛親手帶上，免誤。

晨與午照常，下午三時半往觀督憲杯，華聯大勝西聯。

夜演《贏得青樓薄倖名》，亦旺，大抵減價之故也。

1月25日　　星期一

提　要：丙子年十弍月十三日。

晨照常工作，午與張榮棣醫生午食於金龍六樓，並獻議，着他嗣後逢一、三、五贈醫，收回藥水費，方是維持生意法旨，並將黃欣光與梁秉照之母事對他談及，並謂無法如他母合意，又見張文權及朱箕汝等在隔房，下午照常工作，夜麥牛由省返，謂省方已將曲本再抄，趕速呈報，並請余等放心。

再者，祝三下午在寫字樓談及將來晉省事，余謂屆時皮費過重，必要從長商量，且不能照澳門也，彼謂二嬸亦已知省方駛用過重也。

1月26日　　星期二

提　要：丙子年十弍月十四。

晨如常工作，午陸羽品茗，下午與七姐、堯勳、鎮勳在加拿大飲茶，並同時問她取回先父遺下之長皮袍，她滿口應成〔承〕，且即於下午送到灰鼠及口〔穿？〕鼠各一任擇，余隨命內子拈往大新配料。

譚蘭卿之姊棠姊到，問將來晉省，關期俱一律港紙，余允以容日答覆，卓兄提議，叫她不用多講，如上省，補回港紙一千元，其餘照舊，以免眾人藉口。

趙某亦有要求，均置之不恤。

{略}

1月27日　星期三

提　要：丙子年十弍月十五。

晨如常工作，午陸羽飲茶。

與馬師曾在加拿大午茶，對他講及譚蘭卿要求關期，如上省，發給港紙，余意不若發薪照舊，唯加多一千元，先撥去代支獻機〔幾〕佰元，又加四佰元，請兄代說，他允，並堅決“消炮”趙某。

半日安亦如是，亦議決加伍佰元，唯支薪照舊辦法。

1月28日　星期四

提　要：丙子年十弍月十六日（火車出軌），譚秉庸準〔准〕明晚登台。

晨如常工作，十一時往華盛公司見張惠濤先生，商量《綏遠戰事》片，或年尾，或出年，本院弍首放影。

在太平劇團借弍佰元，由丁丑年元月起，每關扣伍十元。

交家母伍十元，另十元與她寄返鄉下作度歲之用。

五姐意欲多支一百元以為度年之用，先徵求余同意，余答以現戲院存款有限，請與卓兄商量，蓋非余管理銀口也，並追問是否將新屋契拈往龍章處押款，余答以非也，且有據焉。

譚芳與其家人到觀劇，並往加拿大飲呵〔柯〕華田始別。

民權請晚飯於陸羽。

忽然於七時半大雷大雨，奇極，蓋亦天變也。

1月29日　星期五

提　要：丙子年十弍月十七日。

晨如常工作，午陸羽品茗。

夜高為寶先生由省至，並將許可證□〔交？〕閱，余即貯藏，並謂這回迺新紀錄也，因為省方往往首次審查，必在該劇開演之日，指定弍位審查員到院觀劇，合格後方批准予重演，余與他往金龍晚飯，後完場，馬師曾請他往新紀元消夜，譚蘭卿及其姊、馮顯州等均在場，畢，余與高兄往皇后，歇於六樓六〇八，始知彼等黃惠龍亦有份焉。

余立意準備一合約，要求省方先借三千元，以試其是否誠意辦妥也。

1月30日　星期六

提　要：丙子年十弍月十八日。

晨十弍時與羅子漢往胡恆錦狀師處，因昨夜上海妹到，云半日安之訟務，煩勞余上堂作證，故余往該律師樓也，到步時彼此寒暄，胡狀師遂問原委，余祇答余當日在加拿大之情形。

午食，與高為寶、馬師曾於告樓士打頂樓，下午觀足球，畢，馬先回，余與民權、海雲、炳照、胡義德等在陸羽竹戰，余贏了六元，遂為東道。

夜趙鄺新之喜酒，至十弍許始返。

開除陳沛霖。

1月31日　星期日

提　要：丙子年十弍月十九日。

晨如常往院工作，電器工人林南謂，黎華、周禧意欲商量驗線辦法，卓兄着他往西園接洽，夜着歐辛交銀二百三十元與彼等在珍昌消夜，至九時始回報妥當。

譚仔要求加薪，每月加十元，由元月起（丁丑）。

香港埠際選手決賽，微風雨電，並約譚秀珍到取銀。

夜陳宗桐到，邀馬師曾寫稿，並希余幫手寫稿及惠告白。

{略}

2月1日　　星期一

提　要：丙子年十弍月廿，太平劇團最尾一晚，演《桃花俠》，是台淨銀八千八百零四點六七，稅九百四十九點五，墊七百一十三點一二，共一萬零四百八十五點二九，高等法院入誓章。

晨早出院辦事，因是日電燈公司派員檢驗電線，誠恐或有意外，故卓兄約齊早候也。

午食於陸羽，下午三時往胡狀師處入誓章，證明此事完全余個人意見，並非半日安同意也，直至四時始在高等法院完手續，返院工作。

夜往中華理髮，順購小帽一頂，並擬省方合同。

2月2日　　星期二

提　要：丙子年十弍月廿一日。

晨往華盛公司，定《綏遠戰事》畫片，午金龍品茗，與李祺佳、何頌祺同食，講明如鏡花豔影到演，四六分賬，院負責是但一頭接或送，其餘班事班理，院事院理，雙方已妥日期，容日再定。

夜譚秀珍到借一百元，入關期數扣除，並解明她何謂上下期法幣[1]也，張民權、霍海雲兄伴她至寫字樓，約九時也，畢，三人往加拿大小食，返院睇試《鬥氣姑爺》，至夜深一時許始返寓。

驗線工作已完，遲日再知何處要修理。

高為寶有長途電話至，催合約早日完成。

1　1935年11月4日，中華民國國民政府施行貨幣改革，廢除銀本位制，採取紙幣流通制，規定中央、中國、交通三銀行發行的紙幣為法幣。此舉對廣東省及香港的影響，可參見吳志輝、蕭茂盛：《廣東貨幣三百年》第292-296頁。

2月3日　　星期三

提　要：丙子年十弍月廿弍日。

晨如常工作，午陸羽。

夜金龍，陳宗桐請消夜。

2月4日　　星期四

提　要：丙子年十弍月廿三日，寄合同上省瑞榮銀號，並邀他幫忙三千元擔保信。

晨馬十時約往加拿大，余至時他往良友理髮，繼在良友相談，始悉他趕往全球開會，關乎千里公司提議取消北上，擴大禁止粵語聲片事，並在大觀（下午五時）設宴，夜金龍叫余往伴，一到埗余即□誠過夜也。

約八時俠魂到，借五佰元，簽回士擔紙，遂與之，適譚蘭卿有電話至，謂薛覺先有希求大哥讓回梁淑卿與他用，且她已□〔信？〕回定銀與薛矣，余在電話答曰，不怕，祇求本人願意來則可也，並收到她照片。

交相片與陳宗桐，出《藝林》用。

2月6日　　星期六

提　要：丙子年十弍〈月〉廿五日，夜八時省長途電話，修改合約事，午□〔歡？〕□〔迎？〕馬□〔田？〕返祖國，疾，陳宗桐代問梁淑卿事，《野花香》改戲事。

夜約七時五十五分，高為寶有長途電話，由省方云，按金三千元，不能答允，祇盡力代籌，廿七答覆，中□〔宵？〕四十五元，由公盤執，票尾分三份，帳〔賬〕房、守閘、戲班，繼又由馬師曾在戲院打長途電話與他，託言在他寓所，他意欲余不向他索按金，當如即用了一筆款駛用可也，余答，之所難他者，看看他誠意如何，並不是有為難，如他確有誠意，則區區不在也，他意□〔用？〕元月初九在省先演《野花香》。

陳宗桐代薛覺先問讓回梁淑卿事，余叫他往問馬老大，余不理也。

{略}，是日感覺不適，故於十時服藥即睡之。

晨馮俠魂欲借一千七百元買屋，卓兄卻之，因年晚緊錢也。

2月7日　星期日

提　要：丙子年十弍月廿六日。

晨如常工作，午陸羽品茗，與梁秉照同食，下午與蘭卿往觀足球，並在加拿大電話與馬師曾，始悉他的號碼已改為二七六六七，在波場時他謂，二叔極為不滿意，對於初一、初三連演雙出事，着余如見面時解釋云，完場時他與蘭乘陳宗桐之車返，余乘他的新車。

夜潘君聲颯送到埠際入場券四張，並聲明不日再騷擾馬大哥籌款云。

是年因與高陞薛仔拍台，故在美洲印之價目改為挑〔雕〕木印給[1]在街招上云。

《野花香》在省不獲通過，暫秘，容日再言。

2月8日　星期一

提　要：丙子年十弍月廿七日。

晨如常工作，午陸羽品茗畢，往加拿大，適逢鄭子文，始悉彼等已預備起價，唯於戲院則不敢造次，先徵求同意，然後動手。

夜七時十五分省高為寶兄有長途電話至，謂準明日中午車到簽約，並已預備銀毫券二千矣，對於《野花香》弛禁事，有商量，該社會局謂已準〔准〕馬伶晉省，又復要求弛禁，無厭之求，且此事當時何公卓已交入省府辦理也，大意謂，如準〔准〕大戲演《野花香》，即無口〔易？〕准影戲《野花香》也，況此片已口〔易？〕求，要求覆驗，尚且不准，若弍者俱獲許，則馬伶豈不是大宗收入者哉，不外欲商量多少也。

美洲岑某到座，通知高陞價目，詎料余往皇后觀劇之際，高陞已叫他將價錢磨去，蓋亦有更改也。

1 “給”在此處應該是粵語象聲詞，“給（音）印”即“蓋印”。

2月9日　星期二

提　要：丙子年十弍月廿八日。

晨如常工作，並修函澳門，答允鏡花豔影準元月（丁丑）廿六到演，四一六均分，接、送是但一頭，後又由電話通知何頌祺作實。

下午與霍海雲兄遊灣仔，至下午四時始返，並往加拿大飲茶，適逢薛覺先着陳宗桐電話覓余代覓馬師曾，因八和會館事。

四時半高為寶兄與張祖榮及劉某由省至，余遂請他們及馬師曾、譚蘭卿等往金龍食晚飯，馬對於《野花香》禁演事甚為焦燥〔躁〕，各人勸他奚因性急，然則太平上省豈祇此劇方能叫座者哉，遂作罷論，盡歡而別，遂返院，與張祖榮簽合約，並收他定銀，廣東法幣[1]弍仟元。

2月10日　星期三

提　要：丙子年十弍〈月〉廿九日。

晨照常工作，是日日夜休息，粉飾戲院過年，午與梁秉照、張文權在陸羽品茗，並交灰絨銀十八元與他，連同焯明兄所佔之三碼在內，下午返院，小足球，即返寓洗燥〔澡〕，夜六時半往中華百貨公司理髮並在加拿大飲冰，再返院，視察所較〔校〕之燈若何，因門口及電車路處均多較〔校〕燈色〔飾〕之故也。

高鎔聲借去洋筆一枝，想亦暫時挪移，拈往長生庫也。

1　在南京國民政府 1935 年 11 月 4 日頒佈發行法幣以統一貨幣後，廣東的最高權力機構西南政務委員會主席陳濟棠，為對付南京政府，於 11 月 7 日宣佈推行"廣東法幣"，即以廣東省銀行之銀毫券、大洋券，及廣州市立銀行之憑票為法定貨幣，所有完糧納稅以及一切公私款項之收付，概以法幣為限，不得行使現金。改制之初，金融市場極度恐慌，商民競相以省券兌換港幣，導致港幣價值迅速上升。1936 年 7 月，陳濟棠反蔣介石失敗，宣佈下野，還政於南京國民政府。1937 年 6 月 18 日，南京政府宋子文等到粵，決心統一粵省幣制，用國幣收回毫券，宣佈自 1938 年 1 月 1 日起，所有粵省公私款項，及一切買賣交易之收付，與各項契約之訂立，均應以國幣為本位，如再以毫券收付，或訂立協定者，在法律上為無效（詳見吳志輝、蕭茂盛：《廣東貨幣三百年》，第 293-303 頁）。日記此處提到定銀以"廣東法幣"交付，正是處於這段國幣未完全統一的時期。

交銀二百三十元與內子，贖回戒指及金鍊〔鏈〕。

夜與高聲往新填地一行，並在大觀食架喱雞，他要求補廿元，允一年夥計，故允之。

焯兄云，又找【找】伍佰餘元與《循環晚報》，八折復九折。

2月11日　星期四

提　　要：丁丑年元月初一，（1）賀年，（2）金龍，（3）埠際足球，（4）巴士及電車。

彭仔有意作惡。

晨早起，先往四姐處賀年，然後再往五姐、七姐處，是年適逢大母親亦在港焉，午金龍午敘，蔡棣、秉照，其朗、民權及余等共五人，郭源忠後至，約弍時半會齊於告樓士打酒店，譚蘭卿、馬師曾、蔡惠鴻先生等均往觀香港上海足球埠際賽（三對四，上海勝）。

是晚一早各式座位沽清，馬、譚俱演雙出，《野花香》、《鬥氣姑爺》，約一點捌個字散頭場，此後如演至過鐘，必要老早通知電車及巴氏公司留車，否則觀客不知往何處乘車也。

彭仔在三樓諸多說話，謂李任既屬口〔閉？〕門沽清，何以尚有票沽也，及後吳培云，他屢次見我，意欲向汝等懇求在班受職，着余力保，且此人怙惡不悛，行為惡劣，且層〔曾〕走私，苟令他在班，難免走私，波及大局，且余一人已夠用矣，奚須如此多人也，卓兄有言，決意不用壽彭，余表同情｛是日日記全用紅筆書寫｝。

2月12日　星期五

提　　要：丁丑年元月初弍日。

晨早如常工作，十弍時郭鏡清至拜年，提及去歲各行生意甚有起色，且黃埔船澳突飛猛進，深水埗物業蓬蓬勃勃，余略談，即與小兒輩往金龍午食，下午早返舍下。

夜演《錦繡前程》，預早滿座，卓兄云，蘇九兄果台生意冷淡，已虧去一千餘，意欲要求減租，卓兄欲乘此機會，叫亞鏡退手，每年干收千餘元椅墊費可也，容日再商。

是晚因門口燈大多熄了數次，余隨即着人停止，以免危險。

是年元月，觀眾購票較之去年甚為踴躍。

修函省方高兄，問太平收何價。

2月13日　　星期六

提　要：丁丑年元月初三日。

晨如常工作，抄鏢〔錶〕，午金龍午食，張民權、譚芳、秉照、潤叔及洪仔、箕汝等，並打雞，張兄贏錢兼請食。

約十一時百貨公司被暴徒圍繞，派英差干涉及退居貨倉沽票，方能掣〔制〕止，蓋彼等意欲“口炒票”也（是日余始穿長皮袍）。

下午往觀足球，是年人數觀劇勝過往年，惜乎價錢過廉也，下午在三樓票房發覺李任與一人子調情，想此人必有曖昧行為也，馬師曾允通知各佬倌拍照，預備晉省之用，並給通過證云。

夜抄一份關口上省駛用紙與培叔，並擬實用夜船上云。

與張民權兄往加拿大消夜，遇區辛及梁日餘數人。

夜演雙出，《慈禧太后》、《難測婦人心》。

2月14日　　星期日

提　要：丁丑年元月初四。

日照常辦公。

夜郭鏡清到，謂近聞三樓有閒集〔雜〕人串票包入，且座有千餘人，不妨往三樓點數，卓兄駁他，謂多人容或有之，至云串票，必無此事，繼又云，有四個人包辦，卓兄反問，何人對汝說，他不宣佈名字，想亦果台作怪也。

2月15日　星期一

提　要：丁丑年元月初五。

馬約往觀足球，軍聯勝上海隊，式對一云。

夜定實價目與廣州太平戲院，馬要收五元，余亦表同情，唯五元則連稅什捐也，夜深祝三到訪，與他同往七十七號，為此事也。

2月16日　星期二

提　要：元月初六。

晨照常，午陸羽品茗，夜廣州長途電話至，謂已收到價目，樣樣都合意，唯普通位五毛似乎略昂，究不如改為四毛也，余極贊成，並謂友聲社羅超然追問籌款事，他則推他往見英師爺、馬師曾，故先行照會｛或可斷為"他則推他往見英師爺，馬師曾故先行照會"｝，我也暫且不理。

晚飯張民權請，李軟、海雲議辦《娛樂日月刊》，每人科數佰元可矣。

馮氏頻頻命銀喜到索款，可惡之極。

內子因事病，往見溫植慶醫生。

2月17日　星期三

提　要：丁丑年元月初七日。

晨如常工作，電燈公司稽查盧某到訪，允展期至四月尾再行驗線，並商量打價執線，午陸羽品茗，是日人日，雖演舊戲《情泛梵皇宮》，仍滿座，蓋亦因本港人士風聞馬師曾上省，未知何時始返，故一連七日夜預早滿座，夜翻點《錦繡前程》，仍滿。

十一時（夜）往陶園□〔屬？〕廳，赴管焯之宴，賭牛嘪牌，將近二時埋席之際，忽然源廉到，謂馬在樓下等候，有要事奉商，一見面，原來他謂蘭卿要求明晚（初八）休息，余答以不可，因六年來，除了你初回來時，至旺人數為今年，豈可為功九刃，終虧一簣者哉，且半日安、馮俠魂等無理要求，實屬不堪其擾，種｛仲"或"總"？｝要固｛顧｝住將來，未必日日噉紅也，他覺誤，允照常，向蘭解釋，且着余不必往見她也。

2月18日　　星期四

提　要：丁丑年元月初八日，突接省方消息，禁止馬師曾個人活動。

晨往加拿大品茗，約十弍時馬師志有電話來，謂省方有消息至，禁止老大在省活動，余答之曰，或謠言也，隨即電告焯明，因昨夜馬欲要求是日休息也，並此奉聞，午茗畢，即返院，梁日餘謂，何以今日《環球報》尚未見有廣州太平特別稿也，余隨即長途電話質問高為寶，他即將實情報告，謂因綏遠各界籌款，要求馬師曾先往籌款，然後在太平表演，呈示於李□〔濃？濛？〕之，李即往總部請示，詎料其中潘某反對，謂以馬仔在郊外表演，難保無第弍件炸案發生也，且汝負治安責任，究不如得過且過，李某隨即下一條紙與保安科長禁演，又一說李江發表負責談話，原來薛仔託陳淑子婦女協會呈香翰屏禁演，並謂李江外界謠傳已有賄十萬元，故禁之，表視〔示〕無私也，並請余全團晉省，以別人替代馬師曾，余不然其說，夜亦有電話作如是談，請余調太平□〔往？〕普慶，大光明則在省多演幾天，余聞此說，即往見馬師曾，馬云："此事余已知之。"｛是日日記全用紅筆書寫｝

2月19日　　星期五

提　要：丁丑年元月初九。

（接上頁）二嬸甚不欲余晉省也，況二嬸已言，如太平上省，九路自殺政策也，上省必旺，必旺必有第二個班主，屆時以情感而論，祇再做一年矣，則太平必散矣，今後唯有努力奮鬥云，余遂即與他返院，遂命各人停止搬運，即刻宣佈由初八起休息六天，尾台補回，按倘運回，一意孤行，則危險莫測，余乃赴廣州，天明始返｛此段日記用紅筆書寫｝。

原議上省，因李江反對，故有此舉，即日改期休息。

晨接電燈公司來函，決廿七號複驗，午陸羽與李遠品茗，後改往加拿大會馬師曾，與他一意報效元月廿日一天戲本與華商，如不滿意，他只管補回全體薪金與各藝員而已矣，余答以不用此，只向商會講明什用一百元，其他報效可也，後他有電話至，謂此事已妥。

夜高為寶由省至，馬避不見面，覺得不甚興趣，無耐，鄭遠忠由皇后柒樓七〇四有電話□，馬亦不見。

2月20日　星期六

提　要：丁丑年元月初十。

晨如常，李遠由廣州至，品茗，祇余與歐辛、鄭德芬，晚飯金龍，與李兄、民權、海雲、胡某商量妥辦報事。

往廣州一行即返寓，與李遠共飲及竹戰至夜深弍時始別。

2月21日　星期日

提　要：丁丑年元月十一日。

晨如常工作，午陸羽，張文權請飲茶，潤叔亦在，下午張應華攜一政｛此處疑漏一字｝范竹林至，謂他友曾某與香公甚投契，如能晉省，亦有辦法，手續費約二萬元，另紅股袍金，每年多少任封，余答曰，現非其時，嗣此惡劣消息一沉靜，後再攪〔搞〕可也，遂別。

鑑於《金屋十弍釵》收入驚人，擬加影一天，已得張兄同意，唯他對於陳宗桐，均有心病。

下午晚飯於金龍，打麻雀仔抽水。

六佰一元，連工包料，交華美執線，且簽合約。

鏡花影亦妥，決意奮鬥，打破環境。

2月22日　星期一

提　要：丁丑年元月十弍日。

｛無正文｝

2月23日　　星期二

提　要：丁丑年元月十三日。

晨晏起，照常工作，午加拿大與譚芳午食，下午返院檢閱舊信件，託文譽可往見高弍姑，幫忙《今古西廂》事，並允如文錫康[1]結婚，余幫助五十元。

夜照常工作，得悉院內各伴，除文譽可、梁日餘、蔡謙外，其餘均溺職。

內子往車公廟，禱於神，希望解決省方事幹。

梁炳照對於辦報事，微嫌薪水過尠，且要他全日夜管理，按區區三十元不夠其飲茶，雖知素其位，行其位，豈可任其游〔遊〕手好閒，不事生產者哉，俟後余亦不敢向他提及合股做生意也。

2月24日　　星期三

提　要：丁丑年元月十四日。

晨晏起，返院，得聆卓兄中一三四柒，頭彩三仟捌佰餘元，午陸羽與鄧泉及各伴往品茗，下午照常工作。

夜往高陞觀劇，詎料桂名揚因事或病不出，觀眾哇〔嘩〕然，大擲椅墊、蔗頭、柑皮，以至〔致〕不可收拾，卒攪〔搞〕至三點餘鐘，後該院辦事人允將沽出之票換回名〔明〕晚入場券，確實胡鬧之極也。

高二姑答仕可，《今古西廂》已應高陞，不能改約，下次定必交太平弍首放影云。

2月25日　　星期四

提　要：丁丑年元月十五。

1　很可能即日記經常出現的在太平戲院當“文牘”的文仕可。

晨晏起，因昨夜失眠，不特此也，{ 略 }，似略有微病，迫不得已早休息。

因籌款事，電話問曹學愚先生廣告事，他允代辦妥。

午在陸羽品茗，商量《娛樂日日刊》出版事，張文權薦任黃達才，馬師曾問商會，視蔣事如何。

2月26日　星期五

提　要：丁丑年元月十六。

梁秉照對余說及他母宣言暫時決實改嫁，迫他遷外居住，他甚焦燥〔躁〕，凡事不如意者十常九八，何怪此公也，況女子多屬楊花水性，汝何能慰藉他者哉。

2月27日　星期六

提　要：丁丑年元月十七。

晨照常工作，午陸羽，與馬師曾往購車，詎料該車未配合，迫不得已改期星期一下午，馬先交銀九佰元與余，由住家所得扣起至該車之數止，約五千二百元。

夜鄧祥由澳至，買戲籌款與平民義學，實價三千八百元，一腳踢，他允，講泉洲水腳方□。

不甚舒適，往陳伯壇診脈，夜服藥痊。

民權有電話，催問該件如何，余答以問諸霍海雲及李軟方妥。

譚芳有片，託余代理。

2月28日　星期日

提　要：丁丑年元月十八，鄧祥由澳至，買太平劇團，一腳踢，三千捌元。

{ 無正文 }

3月1日　星期一

提　要：丁丑，元月，十九，簽平民義學合約，並收定港紙一千元，日送與商會祝蔣，是晚演新劇《王大儒供狀》，悉數捐助賑綏【綏】建場之用，共弍三柒九．五〇。

{無正文}

3月2日　星期二

提　要：丁丑年元月廿。

（日）報效祝蔣捷會，（夜）《王大儒供狀》，全場收入二三七九點五〇，悉數報效，捐助賑綏建場之用。

晨。

3月3日　星期三

提　要：丁丑年元月廿一，演鏡花豔影全女班，東樂收入滿座，約口千元，《錦繡前程》。

{無正文}

3月4日　星期四

提　要：丁丑年元月廿弍。

晨如常工作，午加拿大，後再往陸羽，陳宗桐交黃達材所作之稿與余參閱，下午與馬師曾、譚蘭卿往告樓士打飲茶，遇盧榮傑，即請他往東樂觀劇，詎料文仕可誤會，向東樂盧司理索贈券，余不滿意，着令將贈券交回，將此四位入班數可也。

鏡花豔影越演越旺，原因平兼好戲也，姑候機會，以圖定人。

晚飯與張民權、海雲三人在特式。

五姐到，索船費回鄉，並談及用去錢事，余答以萬餘元現已填清，她云，她老早知到〔道〕，不過不宣佈也，余恐因此她想及鄉地按揭也，姑嗣之以觀下文。

3月5日　星期五

提　要：丁丑年元月廿三日。

晨照常工作，午中華品茗，下午返院辦公，早返舍下洗燥〔澡〕，畢，食飯，後往加拿大與芳兄暢談。

薛覺先、廖俠懷有函至馬師曾，慰勉之不能上省事也，馬一笑置之，並決嗣後不點《貂蟬》。

九時半與民權、海雲、潤叔等在新紀元竹戰，並消夜。

陳宗桐託斟和聲告白。

鏡花豔影日旺一日，極有希望，較之勝乎別班。

3月6日　星期六

提　要：丁丑年元月廿四。

晨照常工作，先抄電鏢〔錶〕，後辦公，午陸羽與江民聲同茗，下午與馬師曾、譚蘭卿、馮顯洲、海雲等往觀足球（特別銀牌賽），華隊得決賽權，因四時與四時半開波問題，余輸去飯一餐，後因時間問題，馬與譚趕過海，迫不得改期，余與海雲陸羽晚飯。

夜因卓兄往大埔，祇余在院，並即晚止截口〔買〕數[1]與鏡花豔影。

{略}

3月7日　星期日

提　要：元月廿五日。

晨如常工作，午陸羽品茗畢，與海雲往觀足球。

文仕可來，云馬甚不滿意太平演鏡花豔影，恐對於中下位有礙，並允回太平，星期六演新劇。

1　此處“買”可能是“埋”的通假字，粵語“埋數”即“結數”，這句的意思可能是當晚與鏡花豔影劇團按截至當天收入計算結賬。

薛仔定實星期五回來演新劇拍台，故着仕可往預備對馬說及。

查女班之花旦，少飛鴻甚佳，極合用。

3月8日　　星期一

提　要：丁丑年元月廿六日。

晨照常工作，交西電收〔修〕理費，並娛樂稅，午區辛請飲茶於陸羽，余不赴張民權之約，下午由於棄婦馮氏到寫字樓追索家用，余怒罵之，問她怕羞不怕羞，何以許多人在，汝亦如此大膽索錢，況且舉動放肆，不像女人所為，她要求離異，余乃問她欲如何，她泣下，後通濟公會到收銀，余着梁日餘交她五元，遂回家。

約四時馬師曾與譚蘭卿至，共往香港仔食海鮮，該新花州甚靚海鮮。

夜照常，是台收回二點六元、一點八元，仍旺，忽有電話由銀喜來，謂馮氏有說話磋商，意欲返回五元。

《華僑報》開東樂 7 毛，九五折，而太平則 1 元，七六折，余提出質問，潘日餘親自到院道歉，並減收新格寸，8 毛 1 日，1/10，九毛，照 1 日折。

3月11日　　星期四

提　要：廿九，早車晉省，乘渡返鄉，金龍，華園。

{ 無正文 }

3月12日　　星期五

提　要：卅（元月），抵鄉，包車至西門龍口，群兄品茗。

{ 無正文 }

3月13日　　星期六

提　　要：丁丑，弍月，初一，祀父，感覺整山之必要。

{無正文}

3月14日　　星期日

提　　要：丁丑，弍月，初弍，由鄉至省，逗留一天。

{無正文}

3月15日　　星期一

提　　要：丁丑年弍月初三。

夜柒時四十五分到港，先往普慶巡視，與唛佛相遇，追問椅墊額外事，後返院，得悉《鬥氣姑爺》走畫，事前宗桐應允太平先影，想亦因余閏，故出此手段，然該張發天不應罵四眼仔不發九如坊廣告，余遂電話質問，責罰民權及宗桐。

陳沛林將各人制服當清，交回當票，想亦賭之累也。

文譽可言馮氏患霍亂。

焯兄言，省方之人對於馬師曾，意欲先由他在省演二三天，然後連人戒他出境，此後不準〔准〕他再到廣州也，這回不妥，亦由幸矣，否則扣留在司令部，屆時更難辦理也，迨亦薛仔及各戲院主駛〔使〕焉。

3月16日　　星期二

提　　要：丁丑年弍月初四。

晨早起，如常工作，午加拿大品茗，下午返院，馬師曾約，有事磋商，原來叫卓哥捐款與光華醫院，由余代捐法幣一百元，先往覓譚玉蘭，□〔不？〕遇，後往告樓士打飲茶始別，返寓晚飯。

夜先過海，視察生意，是晚演《薄倖》，各中下位仍旺，可見馬叫座力依然也，至十一時馬有電話，叫余回覆蝴蝶影，謂不能答允給假與趙驚魂往拍片，恐此例一開，則相率效尤也，她負氣而言曰，如不通融，則唯有計數，余乃照覆馬，後經幾度磋商，由培叔答覆，決不給予，如欲計數，則隨時預備也。

着文仕可給馮氏五元，並視其病狀。

{略}，想亦神經衰弱也，陳宗桐代定《摩登時代》，一百元。

陳沛林將各伴制服當去，寄回當票，由院自行贖回。

3月17日　星期三

提　要：丁丑，弍，初五。

晨如常工作，午陸羽品茗，下午在家內，李遠、秉照、區辛共竹戰，夜過海調查，詎料新戲《何必覓封侯》不及舊戲《薄倖名》旺台，至十時始趕回。

馮氏病，欲邀西醫診脈，□〔既？〕屬無感情，亦無益也。

3月18日　星期四

提　要：丁丑弍月初六。

晨如常，晏起，因昨夜竹戰，疲乏也，午先加大，後陸羽，下午照常，馬約往告樓士打飲茶，並問趙驚魂事如何，余答以一於計數，蓋他接了星架波，藉辭也。

夜在尖沙咀伙船，與半日安、馮俠魂相遇，講及趙事，並提起半日安日前之訟務，云已補回千一元，相〔雙〕方和解云，並同時要求掛借五千元。

光華醫院之法幣一百元已交馬師曾，李江因仍在舍下居住，飛龍之燕梳紙已收妥。

余對大母言及，對於整山事，遲日再商，未知如何方合。

家用浩繁，非樽節開源不可也，冠卓託余商量建院於灣仔東傍。

太平劇團極穩健，若不趁此幹下去，殊可惜也。

3月20日 星期六

提　要：丁丑，弍，初八，拳毆果台伴，因他拾了客人遮一把，不允返還，勒索手續費。

新劇《不是冤家不聚頭》極佳，頗得觀眾心理，李遠在港。

是日試驗新較〔校〕電線。

3月21日 星期日

提　要：丁丑年弍月初九，省府主席黃慕松逝世。

晨如常工作，午與碧翠、碧侶往金龍品茗，李遠、炳照、海雲俱到座，綿雨，往拔佳購鞋與小女，預備學校演劇用。

下午返院，祝三問陳沛林一份，欲薦馬公權之妾舅到服務，余着他問卓兄。

余叫萬廉及亞洪面飭彼等嗣後勤力工作，切勿怠惰，總會有好日子，加人工。

探文譽可病，他患肚屙。

李遠在舍下竹戰，內子有疾，想亦天氣之過也。

祝三謂陳霖有說話，講及戲院事，唯他止截他，不聽其是非。

馮氏頻頻索款診脈。

3月23日 星期二

提　要：丁丑年弍月十一。

晨如常，晏起，午加拿大品茗，李遠與譚芳幾乎動武，因口角之故也。

下午炳照之母及卅一姑到舍下竹戰，並晚飯，畢，往觀劇。

夜消夜，數人亦竹戰。

家母頻頻索款，並要購繁魚油。

3 月 24 日　星期三

提　要：丁丑年弍月十弍。

晨如常工作，午陸羽，張民權與蘇怡至，略談，各別。

馬師曾意欲往星架坡，問余意下如何，余答以從長計劃，先打皮費，後方可以答覆。

歐漢扶患病，託余介紹他往東華東院，余不允，並給他五毛。

理髮。

鄭德芬在陸羽將胡秩五之條字交余一看，云太平仍{或作“形”？}同勒扣，無理取鬧等語，此屬可惡至極，雖知允與不允，由汝《工商報》，況視蔣賑綏，故屬報效慈善性質，且娛樂稅亦照例發回，各報均允照辦，獨渠一間堅持異議，嗣後永不交易。

3 月 25 日　星期四

提　要：丁丑年弍月十三。

晨如常工作，午新茶香品茗，點心不妥，早散，後往告樓士打地下與馬師曾、譚蘭卿、李軟等小敘，然後往香港仔新花洲竹戰兼晚飯。

夜演《香閨劫》，因清明時節，奇淡，雖第二次翻點，亦不能收效也。

梁炳照請內子等往對海他府上晚飯，並來本院觀劇。

將《工商》之事對卓兄講明，已得他同意，決照數找足，不交易，蓋此人實屬過於氣炎〔燄？〕，不懂世故也。

3 月 26 日　星期五

提　要：丁丑年弍月十四。

晨如常，返院工作，焯兄往大埔。

午陸羽，馬約往加拿大，詎料他因訪友商量星洲演劇事先行，留余在院，候蘭同往觀足球，計共往者七人，顯洲、兆業、海雲、炳照、蘭卿及余，是日為南華與陸聯旭和杯決賽，三對三，和局。

夜陸羽晚飯，因李惠堂之贈券，濂着他明日來，余誤會他不劃位，誤責一通，半日安、馮俠魂要求不休息，余決意不理他，照合約辦理，況此人欠款甚 。

省機器會來函，照會加聘一工友，吳培不敢主張，交回寫字樓辦理（馬覆函鄧祥，如迫演日戲，寧願賠定）。

3 月 28 日　　星期日

提　　要：弍月十六，即日定人，接續再演一個月，解決擔晝仔休息事，並棚面樂員 { 此提要用紅筆書寫 }。

{ 無正文 }

3 月 29 日　　星期一

提　　要：丁丑年弍月十七，午乘泉州往澳，寓來函，區啟新中“菜”字膽 180 元 { 此提要用紅筆書寫 }。

{ 無正文 }

3 月 30 日　　星期二

提　　要：丁丑，弍，十八，留澳，五洲中華之宴 { 此提要用紅筆書寫 }。

{ 無正文 }

3 月 31 日　　星期三

提　　要：弍月十九，留澳 { 此提要用紅筆書寫 }。

{ 無正文 }

4月1日　星期四

提　要：弍月廿，李遠晨赴港，午返澳，交涉戲金及捐款事，馬師曾答允明日演日戲（《怕聽銷魂曲》），召妓，玩啟新{此提要用紅筆書寫}。

{無正文}

4月2日　星期五

提　要：弍月廿一，三時（下午）乘金山輪返港，與李遠同船，需時兩點九個字，快捷穩固，絕不暈浪{此提要用紅筆書寫}。

{略}

4月3日　星期六

提　要：丁丑，弍月，廿弍，晨、午陸羽，下午觀足球，定畫期及大戲日子，利舞台。

利舞台薛兆榮夜八時由電話答覆，允頭場椅墊一毛，二場五仙，三樓二場無椅墊費，頭場二仙，電車頭弍天由公盤執出。

堯、鎮勳俱返鄉掃墓，大抵因義聯會事也。

張應華到，問續影畫期事，余答以可能嗣後如片收入頭手不佳者，請勿走畫，因耗車費太多也。

4月4日　星期日

提　要：丁丑，弍，廿三日。

晨如常，午加拿大與小女們午餐，碧侶往羅貞符處就診，患咳之故也，區啟新與俱。

夜馬師曾到訪，約往他府上見惠農，因薦人在太平服務事，余意卻之，誠恐誤事，發生是非也。

隨命吳培攜帶馬及余親筆函往見少鳳，商量新班事云。

劉明燊有電話至，謂《心魔》一片決交高陞弍首，因他答允先借弍佰元按金也，余答以既屬他允，請交與他，下次再有新片始商。

4月5日　　星期一

提　要：丁丑，弍，廿四。

晨如常，郭源海昨夜在舍下歇宿，午陸羽品茗，下午回院工作。

晚飯畢，出院辦公，譚芳約往加拿大見面，因三井託他辦理貨物上省事，有些利路可圖，其利四六均分，先籌款一百元合辦可也。

夜陳靈超到訪，簽妥《今古西廂》及《錦繡河山》合約，並交按金三百元作實（註，簽約在四日，交銀在六日）。

《摩登貂蟬》，陳宗桐除扣按櫃先借，尚欠八千四百七十八元。

李因[1]之母及其姊已到院，於晨十時，並交弍百五元與遠，於夜七時許在太平。

夜半內子因食滯，腹痛作嘔。

胡麗天斟《三日屠城》弍首，於電話約余商量。

4月6日　　星期二

提　要：丁丑年，弍，廿五，譚芳借壹佰元，代三井運貨腳赴省，云可圖利，交啟明按金三百元，大觀食架厘，並觀梁秉照賽球。

交銀壹佰元與譚芳，作代理輸運三井貨腳事，並謂每次不謀二三十元，余於七時在加拿大交款與他，並着他必要慎重，切勿得款到手，撒手成空，雖〔須〕知無本不足以謀事業也。

下午往操兵地觀梁秉照賽球，後往中華游〔遊〕樂會略息，然後與李遠往大觀食架厘晚飯。

夜照常工作。

在東方戲院借碳精五十對。

培謂少鳳決廿捌九來港一行，到時在何光府上一敘云。

1　從各則日記判斷，"李因" 應即 "李遠"。

4月7日　星期三

提　要：丁丑年，弍，廿六，陸羽品茗，寄信西電及答覆利舞台之日期，在中華定長衫一件，十七元，步行返院，西報月來已停派至舍下，{略}。

{無正文}

4月8日　星期四

提　要：丁丑年弍月廿七。

晨照常辦公，午陸羽品茗，劏鬼腳。

下午五時往觀梁炳照單打絨球比賽，大勝李惠堂，余遂宴他於金龍酒家。

晚適逢民權在隔鄰，並邀過談，畢，往加拿大與譚芳再談及三井事，彼云已有頭緒，並允明日先交還五十元，諾之。

4月9日　星期五

提　要：丁丑，弍月，廿八，炳照約香港仔晚飯，李遠大醉如泥，歐〔毆〕打車夫，至〔致〕累梁夫人步行，送禮物與李伯母返鄉{以上用紅筆書寫}，蘭卿之數不明不白。

晨照常辦公。

午在陸羽地下，炳照、海雲及余三人飲茶，後往連士德購馬票一套，1940，並另購五月廿九號散票三張，與炳照兩份。

下午五時赴約，往香港仔新花洲晚飯，李遠因飲酒過量，大醉，乘順利車510返，中途該車夫之姘婦之首為李軟足踏，放聲大哭，李怒，欲擊車夫，約柒時半至薄扶林永別亭左右，遂停車步行，該車夫不應說“唔做你生意”，中途李醉極，幾與余用武，幸炳照勸開，改乘TAXI返，李猶欲擊此車夫，幾生事，幸不久即至寓下，遂扶他而上，李猶作憤恨，拳足交加，床椅盡掃，且大笑大哭，至夜一時許服以亞司北羅始嘔吐，酒醒，頻頻曰：“九叔好人，四姑好人，炳照好人。”又唱曲，奇形百狀，令人可畏，故曰：“為酒無量必反亂。”汝其勉旃，按，倘余各人不理會他，則他不知弄至若何天地矣。

4 月 10 日　　星期六

提　要：丁丑，弍，廿九，李軟醉醒，悔過，唯手腳俱微傷，午先加拿大，與梁某，哥霖比亞，商量西畫，每套四十或三十元，午赴羅明佑金龍午食，觀足球，南華榮獲特別銀牌，渣華晚飯。

{ 無正文 }

4 月 11 日　　星期日

提　要：丁丑，三月，初一，晨十一時馬師曾覓余傾談，再定半日安、馮俠魂星洲事，評論炳照與李軟，並勸不可辦報，星洲有合作意，香港仔晚飯。

李軟請香港仔新花洲晚飯。

馬晨十時至舍下，找余共往加拿大略談，意欲入英藉〔籍〕，免省方許多留難，將來必有一翻〔番〕手續往別埠也，他云，李仔見利忘義，炳照庸才，然余不盡信，各行其志。

五姐頻頻問做人情與李宅事，余不刻答覆，蓋她已先行做了，不過用去多少，見得不抵，欲問余取回錢也，余亦不理咁多，女子與小人難養，確不錯也。

4 月 12 日　　星期一

提　要：丁丑，三，初二。

晨十弍時馬約往中華午食，亦不外入藉〔籍〕事，昨夜得悉，由何光電話通知少鳳索工價，每月弍仟五元，另兼僱用郭非愚，每月十五元，肖肇湘之子，每月柒元，條件太苛，極難接納，盡將此事對馬說知，午食畢，往盧信隆做對衿衫一套，始返院工作。

送禮券十元與李宅。

夜往百貨公司理髮，與曹思榮、海雲、郭思龍相遇，出行暢談始別，約十時始返院工作。

夜竹戰至四時始睡，甚疲。

下午往見盧國棉，入藉〔籍〕事據云可以辦到，唯必須秘密用的黑錢云，余答以由他個人直接見面傾談。

4月13日　星期二

提　要：丁丑，三，初三日，馬師曾生辰，請食飯於他府上，卓明兄亦在焉，李宅送回酒席一圍，親送至舍下，約九時入席，因不赴宴之故也，東樂奇淡｛此段用紅筆書寫｝。

是晚起，加聘男工四名，夜間掃地。

4月14日　星期三

提　要：丁丑年三月初四。

晨如常工作，午加拿大午食，譚芳、秉照、李軟均在，下午轉風，傾盤〔盆〕大雨，因腹瀉，返舍下休息，至夜柒時始往寫字樓辦公，是台東樂奇淡，迨亦舊戲，或馬、譚過於疏懶也，一般人均謂，馬、譚最好在太平，普慶次之，而東樂則不可言也，故淡焉。

下午在金龍寫席單一張，四十二元，送與馬師曾生辰之喜。

內子云，李仔食碗底反碗面〔麵〕，最無人情之人也，共小心之，而馬亦謂，此人見利忘義，可謂珠聯璧合也。

4月15日　星期四

提　要：丁丑，三，初五。

晨如常工作，午加拿大午食，下午小試腳頭出汗洗燥〔澡〕，仍屙，料亦失眠之故也。

李軟改辦小報，與葉飛絮商量立案事，唯此人奸詐非常，宜審慎。

4月16日　星期五

提　要：丁丑，三，初六。

晨亦如常，腹滯，間作小痛。

午陸羽，陳宗桐請飲茶，談及《藝林》出紙事，下午回舍下略事休息，至七時往東樂，調查何以是台如斯淡法，迨亦清明後，或管理不得法之故歟。

4月17日 星期六

提　要：丁丑，三，初七。

晨照常。

午在陸羽飲茶之際，忽馬伶至，約往加拿大，他意欲租一房於養和園，理治失眠及血虧事，並希張醫生代定房五十一號，準明晚實行早眠早起，下午他在戲院預支一百元，並云組織一俱樂部，游〔遊〕戲桌球，禁止麻雀，未稔是否實行，姑聽之，共往觀東方與埃路士打足球之戰，前者大敗，五：一。

夜七時許半日安至，謂馬師曾太過不註重戲本，最重之老倌祇得場口一二場，況且現時各班戲本以〔已〕不註重多唱情戲，每人幾句，若不更改，則必無望也，若不念情事頭，必不接續再做一月矣，此言甚有理由，蓋馬亦欠籠絡手段也。

李軟策劃小報事，恐亦金盡，猶未成功也，少不更事之故矣。

大通銀行 K. LAMB 謂，各院修理費已減，汝不必多給，儘可寫信求減云。

4月18日 星期日

提　要：丁丑，三月，初八。

晨定妥譚秀珍，午中華，李遠請飲茶，夜失眠。

馬某改為往淺水灣，不往養和園。因五十一號乃生仔房也。

着林南每層樓另較〔校〕燈一盞，以為夜掃地之用。

吩咐各人不得在院橫巷踢波，毀物過多，且有礙院容。

支馮氏十元。

{略}

連日腹痛，迨或濕滯使焉。

澤泉攜其長子到舍下拜謁，並講及先父之山已略為下陷，因土乾之故也，擬於明年動工。

4月19日　　星期一

提　要：丁丑，三，初九。

晨如常，午中華品茗，張民權為東道，並謂有李軟在場，請勿亂談，因他能投稿於各小報也。

下午二時許馬與蘇怡在院候余，並決在南洋拍《龍城飛將》。

下午五時往觀梁秉照與 H.D. 林珍絨球比賽，秉照大敗，因初逢敵手且歉〔怯？〕台焉。

新世界請食晚飯於金龍，敦請邵仁枚之故也。

夜送馬師曾往淺水灣酒店居住，房號弍〇六，每天折實廿弍元，至壹時半始返寓。

每晚必三時始入夢，因竹戰或者消夜之故也。

4月20日　　星期二

提　要：丁丑，三，初十，天氣漸熱。

晨照常辦公，午與李軟、師曾、蘭卿等往淺水灣午餐，後暢談，四時許在加拿大與陳宗桐相遇，得悉《女中丈夫》已為高陞弍首矣，然區區此片，余亦不計，且看將來各院變幻可也，電問大觀張應華，中央簽妥合約，將來本院弍首如何，彼答應必盡力幫忙云。

夜着堯、鎮二動往造西裝各一套。

4月21日　　星期三

提　要：丁丑，三月，十一。

晨如常工作，午歐啟新敦請家母、五姐、七姐、內子、堯、鎮勳等在中華午食，畢，與李軟回院工作，下午四時往中和公司，與胡麗天傾談《三日屠城記》片事。

朱箕汝（十九生辰）故提前慶祝，濟濟一堂於廣州東江廳，薛覺先及楚賓均在場。

普慶戲院陳華已故。

張應華到座，談及弍首權，並謂大觀確非過中央。

日來大戲奇淡，究屬何故？

4 月 22 日　　星期四

提　　要：丁丑年，三月十弍，源載身故於東華醫院，身後蕭條，科銀六十元，草草成殮。

晨如常工作，午加拿大與冼占鰲同食，畢，返院略工作，即返舍下休息，因連夕失眠也，晚飯畢，源勉芝到舍下，談及載已身故，着余馬上籌款辦理他的身後事，余隨即召集院伴，共捐得六十元，叫澤泉、源濂辦理。

太平劇團擔畫仔要求加僱工友，余極反對，任他如何，然後斷然處理。

與芳在加大傾談，他允於星期六日先還廿五元，餘廿五元下星期六再談。

利舞台戲本已定。

4 月 23 日　　星期五

提　　要：丁丑年，三月十三。

源載身故，由東華醫院發引送殯。

4 月 24 日　　星期六

提　　要：丁丑，三，十四，交二千元與譚蘭卿，一千乃貯下，一千乃再續一月之定銀云。

{ 無正文 }

4 月 25 日　　星期日

提　　要：丁丑，三，十五，（日）《龍城飛將》，（夜）《唐宮恨》。

馬要求賠償大帳〔賬〕。

馬師曾私伙自置三大帳〔賬〕，先君未去世時，已為洗地水弄糟了，詎料事隔四年，忽然舊案重提，要求賠償，實屬無理，余遂將此事對祝三說明，並決實送回新帳〔賬〕，以示大方。

伶人自故鮮德薄情，交手亦要慎旃也。

鄧肇堅為虐蓄會及遊樂場籌款，奔走數次，不外欲買太平劇團往高陞唱演。

衣箱、新什箱中，最是非，小心處置也。

4 月 26 日　　星期一

提　要：丁丑，三，十六。

晨如常工作，午十一時半與焯兄往大酒店見鄧肇堅，商量虐蓄會籌款事，未得要領，各人話別。

下午五時往利舞台，與馬商量《殺子報》事，他有允意。

{ 略 }

夜利舞台演《花妖》，滿座，約九百六十餘元，十一時半又見鄧肇堅於利舞台，共食豆腐花云。

因討回譚芳二十五元事，在電話衝突，余隨即修函，着源濂拈往道歉云。

4 月 27 日　　星期二

提　要：丁丑，三，十七。

晨如常，陸羽品茗，作局，下午往庫房，該西人管理娛樂稅員問余，一、二號籌款與何會所，並費用若干，余云，院租不計，戲全 { 疑為“金”字的誤筆 } 任封，統而言之，不多過百分之三十，遂別。

夜九時半簽妥合約，準備《殺子報》戲橋，明日往見華民政務司云。

余請內子、李軟、源廉、區新往金龍消夜，席中余謂，炳照同李因醉，故將日茗時答允作局臨時取消云，李軟當時反面，怒氣形之於色。

余按，李某品性易怒，小人之輩，利始利終，大事不能為，將來必死於非命也。

4月29日　　星期四

提　要：丁丑，三，十八｛是日舊曆日期實為三月十九｝。

晨如常工作，午陸羽品茗，下午肇堅約往大酒店午茶，將免稅紙及《殺子報》許可證交與余，並暢談一通，余遂別，往利舞台見馬師曾，馬云，因他內子行將分娩，非與蘭卿往星洲不可，並視察生意如何，再做三日即五月節也。

夜九時往《華僑報》，親謁岑維休，求他三間報館報效半版，蒙允，暢談一小時左右，始返院工作，再往利舞台視察，與張民權、鄭子文在加拿大食消夜，然後返寓再食牛白腩，至夜深始睡。

夢壓。

譚蘭卿要求簽款，在伍蕃經手之醫院學校。

4月30日　　星期五

提　要：丁丑，三，十九。

三，廿日，此乃廿日各事，提前方合筆記｛此段用紅筆書寫｝。

晨照常工作，午陸羽品茗。

夜照常，馬師曾意欲改禮拜晚演《官清民樂》，余謂按察司於星期晚方有暇到觀劇，他遂收回成命，後又叫文先生往利舞台改告白，因譚蘭卿祇做女，而他則先做教館先生，後做清官，並希余明日弍時往淺水灣酒店，攜現金三百元。

三月廿日午時十弍點攜銀三百元往淺水灣結數，馬意欲與余先往星架坡一遊，視察生意，製造人材，然後在星洲開演約三月，始返港埋班，余慢應之，後於四時往山村道六十號接蘭卿，再往鐘聲接馬，共往金龍候邵仁枚，擬往星洲辦法，為三柒，除公盤執船腳、車腳、廣告費，院佔三，包住宿、班底、院租，馬佔柒云，畢，與文權再往娛樂餐室候邵某簽畫約｛此段用紅

1926 1928 1929 1930 1931 1933 1934 1935 1936 1937 1938 1939 1940 1941 1942 1943 1946 1947 1948 1949

筆書寫｝。

5月1日　星期六

提　要：丁丑，三，廿一，鄧肇堅籌款與慮蓄會及游〔遊〕樂場，特恩准演《殺子報》，演至一點云。

中下位客滿，上位十弍行，他要查位，氣小量窄。

晨如常工作。

午與馬文星在金龍午食，海雲、李軟、伯魯隨後至，大談羅明佑不應發表禁粵語聲片談話，畢，各別，他問余，已寄相與邵某，余答曰，未知此行成功否，如不成事，豈不是阻礙他家進行也，他云，又有一辦法，為除□〔清？〕不理，祇三七總收入，馬佔三成，由邵某包駛用，班底佔七成，余答曰，究不如照此辦法，此乃干〔乾〕手淨腳也，話完遂別，無耐，在加拿大又再見李軟，誤會歐辛不允讓一元份子與他，盛怒，適馬在傍，遂曰，年少氣盛，未究養氣也，細味斯言，言中有物，將來必不見信，余亦不示他以弱，後返院，大加申釋，可見此人魯莽誤事，不足以言大志也。

此後凡事留心。

5月2日　星期日

提　要：丁丑，三，廿弍，（日）《風流地獄》，夜《神經宮主》。

晨如常，十時半即返院工作，十弍時許在天福銀號與鄧肇堅相遇，他邀余再返院，調查是日情形，畢，共往陸羽品茗，他意欲叫余捐助一百元，馬捐助一百元，湊足二千元，為卓兒反對，他遂寢其議，他許多瑣〔瑣？〕細，親派人監視三樓沽票，親手買票尾，然總共籌得一千六百元云。

李軟即晚夜輪晉省。

與海雲往對海觀足球。

5月3日　星期一

提　要：丁丑，三，廿三。

晨照常工作，午陸羽，民權、炳照、宗桐、啟新及余五人品茗，下午與炳照談及李遠品格，炳十分不贊成他的行為舉動。

三姐、二嫂玩好大，俱由鄉來港睇會，在余舍下晚餐，余即交十元與三姐作駛用，三姐問浩昌貯下之四百五十元款，余着他寫信問焯哥。

夜往對海視察生意情形（《花妖》），普慶收六百五十元左右。

四姐往東華東院診脈。

5月4日 星期二

提　要：丁丑年三月廿四。

晨照常工作，午陸羽品茗，下午馬師曾約往告樓士打，商量定戲本事，又約譚蘭卿至，並談及李軟目有兇光，時作閃爍狀，似不甚可靠也，但他對於我（指馬自言）則似乎好恭敬也，茗後始別。

新世界請邵邨仁晚飯於金龍五樓，商量再續合約事，余伴食，捌時許返院工作。

馮顯洲病，請張榮棣打針。

5月5日 星期三

提　要：丁丑年，三月廿五，馮顯洲身故於法國醫院（廿六）。

晨如常辦公，午陸羽，先往華威定片，與胡義德君相遇，並送普慶贈劵肆張與他。

夜柒時半廖鴻照親帶梁懿言到，收林蓉融之年前之告白數，約港紙柒十元，余着他往找鴻明清理，後在加拿大相候，用電話答覆，約明日加拿大再談。

炳照請加大消夜，與宗桐相遇。

5月6日 星期四

提　要：丁丑年三月廿六。

1926
1928
1929
1930
1931
1933
1934
1935
1936
1937
1938
1939
1940
1941
1942
1943
1946
1947
1948
1949

晨如常。

午陸羽品茗。

夜與炳照往新世界，觀李綺年、林坤山、大口何、朱普泉登台表演話劇，事後往北極略食些少物件 { 原文如此 } 乃回。

與馬師曾、師贇往（下午）利舞台觀梅花男女歌舞團，又往加拿大食炒粉。

5月7日 星期五

提　要：丁丑，三，廿七，潘三姑由星架坡來港，寓思豪酒店。

晨照常工作，午陸羽，候張民權與冼漢一[1]，到斟東華醫院買戲籌款事，二時往法國醫院送馮顯洲出殯，馬亦趕送至永別亭，揮淚辭靈。

四時在加拿大再遇馬，共往名苑拍照，余與黃耀甫共拍一照。

夜十時在加拿大與張榮舉、炳照談及東華醫院腐敗事，後由他送余返院。

炳照之母責罵炳照，不應謂她常在黃醫生處。

5月8日 星期六

提　要：丁丑，三，廿八。

晨如常，午陸羽品茗。

夜朱箕汝請廣州，答謝生日喜酒，余先與炳照往加拿大，晨十一時在加拿大交柒十元與梁懿言女士轉交林蓉融、廖鴻明簽收。

5月9日 星期日

提　要：三月廿九。

1　冼漢一是東華三院丁丑年（1937/38）總理。見東華三網站"東華三院統一後歷屆董事局成員"，https://www.tungwah.org.hk/upload/CH/organization/bd/bd1937.pdf，2021 年 2 月 5 日瀏覽。

晨如常，午與區新弍人在陸羽品茗，下午與梁日如往觀旭和杯比賽，不幸華隊負一球，後在加拿大晚飯，夜演新劇《鴛鴦譜》，甚旺。

5 月 10 日　　星期一

提　　要：丁丑，四月，初一，加冕前中下位，甚旺，演《花妖》。

晨如常，午陸羽品茗，祇余、歐新弍人，均候至一時許始返院，下午在後台三樓乒乓波比賽。

連日大傷風，出汗，帶咳，余不甚注意戒食煎炒肥膩，早睡，免再受感冒可也。

東華醫院周兆五交定銀一千元。

凡與人接物，不宜多說笑話，恐生誤會，以致雙方難為情也。

連日內子與潘三姑行街。

夜三時許始睡。

5 月 11 日　　星期二

提　　要：丁丑，四月，初二，會景之前點《佳偶兵戎》，亦甚旺，以中下位為尤甚。

晨照常工作，午與譚芳在加拿大小食，下午洗燥〔澡〕畢，與馬師曾往談生意經，並點東樂戲。

原議除梁卓卿及梁小燕，詎料馬變宗旨，余遂抗議，卒俯順其意，而羅子漢則決不用，因他與馬口角，計其所以脫離太平者，原因馬謂渠："做乜戲，究不如拈百銀翻去賣菜。"他認為刻薄，余對馬言曰："一聞此語，余立即着他下去，不用多言，決不用叛逆者。"馬聞此語甚喜。

夜傷風，服亞士北羅弍粒及檸檬汁始睡。

支馮氏十元。

5 月 12 日　　星期三

提　　要：丁丑年、四月初三。

英皇佐治六世登極，香港出會，日行遊，本院一連三晚通宵，是夜演《神經宮主》，因無夜景，甚旺｛是日日記全用紅筆書寫｝。

5月13日　星期四

提　要：四月，初四，日會景，夜會景｛以上用紅筆書寫｝，演《國色天香》。

日與省太平戲院高為寶往遠來品茗，他的任務不外欲取回2000元按櫃，余敷衍他，並借題發揮，指桑罵槐｛此段用紅筆書寫｝。

余因感暑大傷風，耳痛發燒，服亞士北羅始略痊，故是夜未有往院辦公。

有一三姑，來自省方，寄寓舍下，探出乃二家嫂之女，勾結馮俠魂，為李軟、區新等窺破。

5月14日　星期五

提　要：丁丑，四月初五。

夜演《不是冤家不聚頭》，旺。

會景最後一天，下午覺得不自然，內子速〔促〕余往就診，原意往見羅貞符，詎料不遇，改往見溫植慶西醫，發覺鼻骨不妥，發炎牽動耳朵，先打針，後服藥，最〈後〉滴耳，用去八十二元。

夜不能往院，略休息。

彼等仍竹戰。

5月15日　星期六

提　要：丁丑，四月，初六，金陵，請潘三姑。

茶居總工會籌款，演《老虎詐嬌》，上下客滿。

5月16日　星期日

提　要：四月，初七。

余欲往再診，適溫醫生不返寫字樓辦公，迫不已往見李華石，先服中藥二劑，以去熱滯，再滴耳。

5月17日　星期一

提　要：四月初八。

晨往院辦公，午加拿大，與俠魂相遇，共談，適該三姑至，詐為不招呼俠魂，祇叫余一聲，余遂告辭，往見溫醫生，得悉已不發燒，系〔係〕耳仔尚發炎之故也，仍滴耳、服藥如常。

東樂開始減價，極旺，上下客滿，演《鴛鴦譜》。

午往見錢大叔，他云，太平｛不確定是指“太平劇團”還是“太平劇院”｝之合約必續訂，唯必要加%，定實三天，余諾之。

夜張民權先生到訪，欲買戲一天，禮拜日夜，九百元，至於開戲筆金一百元，歸民權自得，余遂與焯兄商量，由他自辦云。

5月18日　星期二

提　要：四月初九，與薛覺先拍台於高陞。

仍滴耳。

晨如常工作，午思豪與羅明佑、霍海雲、李軟、區辛飲茶，大雨，茶畢，各別，返院工作，足球。

夜張民權約往加拿大簽約，買戲一天，為玖佰元，他作一百元，即交定銀五百元，約九時半周兆五、冼漢一到訪，商量廣告事，明日到覆。

李軟念念不亡〔忘〕張民權在陸羽之失言。

四姐着文仕可向焯哥索款，余遂謂仕可，俟後如有同樣事發生，請先向余說及，俾得知口〔云？之？〕。

5月19日 星期三

提　要：丁丑，四月，初十。

晨晏起，覺得牙痛，仍食藥、滴耳，午陸羽品茗，下午與秉照返舍下晚飯，畢，往東樂視察生意若何，甚旺，惜乎大位得五成。

夜牙部奇痛，終夜不寐。

李遠將來必因梁秉照往星洲而反面，他云辦報，未稔是否事實。

此十天內，毛病太多，想亦天氣關係也。

5月20日 星期四

提　要：丁丑，四月，十一。

晨如常，午陸羽品茗，牙部奇痛，但不理會他，仍然照常飲食，後略舒暢，再往加拿大與馬師曾相遇，他邀余及秉照往金龍食飯，請白駒榮，席中談及聘馬為顧問事，並太平戲院（廣州）高為寶之大炮也，盡歡而別，余代簽字金龍酒席銀。

內子乘下午車晉省。

交銀廿四元與其朗匯返鄉間，交東嬸，因榮仔用去，扣至現在始扣完。

李遠不知去向。

茶居工會之稅恐會發生問題。

5月21日 星期五

提　要：丁丑年四月十弍。

晨照常辦公，午陸羽品茗，下午如常。

東樂亦淡，雖減價，迨亦戲本關係也。

5 月 22 日　　星期六

提　　要：丁丑年四月十三，東華籌款，並馬、譚演日戲。華員[1]定戲事，陶園。

{ 無正文 }

5 月 23 日　　星期日

提　　要：丁丑年四月十四，馬苦求同往星洲。

{ 無正文 }

5 月 24 日　　星期一

提　　要：丁丑，四月，十五，奇熱。

晨如常辦公，午陸羽，再往華威略坐，告別，約會於陶園即晚歲廳。

張民權云，自從東莞商會葉鑑光等籌款，後場言太平作弊，故東華醫院亦信思疑，對於沽票甚為嚴核，此後對於各社團籌款，均要高價，並着他覓人賣票，蓋本院不欲多負此責也。

陶園宴罷，與妓中途邀上車，遊車河至三時始返。

馬仍苦苦要求與他同往星洲。

高為寶由省來港，索還按金，余不見他面，故意留難。

5 月 25 日　　星期二

提　　要：四月十六。

晨如常，午思豪午食，再往美璋候卓哥，他問余決意往星洲否，余答以不欲，繼又云，馬之意，不外欲覓一人代他主持也，他往杜醫生處照 X 光鏡，發覺為膽石症，肝右已有一細粒石，必須休養，如往星洲，請你早日回

1　即“香港政府華員會”的簡稱，詳見該會官方網站 https://www.hkccsa.org/。

港，最多個月足矣，余請他向馬某方面解釋，如不往，更妙，蓋余又恐損失費用也。

昨日下午余獻一計劃與馬師曾，即用任劍輝及少飛鴻事，他已有允意。

高某仍索款，唯余亦不見面，姑令他久候，仍在陶園作局，侏儒仔留戀忘返，迨亦輕薄少年也。

5 月 26 日　星期三

提　要：四月十七，劉毓口〔雲？〕有電話，約往鐘聲，馬之事也。

晨如常工作，午思豪午食，下午返院工作。

夜高為寶、陳礪全又至，不外索還按金之故也，余見之，並言，為趁此時期交回與足下，汝必不落力攬也，究不如一俟各事妥當，然後在戲金扣除，豈不美哉，並約明日往金龍午食再商。

陶園歲廳，余賭博勝利，請飲。

夜先在金龍晚飯，敦請戴策、呂維周約余商量播音事。

長女忽病。

5 月 27 日　星期四

提　要：丁丑，四月，十八，高為寶，金龍午食，與馬師曾見羅博士，PASSPORT 事，飛機函與邵仁枚。

陶園宴客，《南中》不刊華員會告白事。

晨如常辦公，午馬師曾、海雲、文權、為寶、勵存、秉照及余數人金龍午食，高某意欲取回按金，法弊〔幣〕二千元，唯馬靳靳不理，推翻由余處理，余答以日間晉省面謁祖榮，解釋一切，並交一函與高某轉致，約七時他在東山酒店電話相詢，意欲先借一二佰元作駛用，余力卻之。

《南中報》停刊政府華員會告白事，因欠款不清，後由余電話岑公，着鄭子文交涉妥當作了。

代馬寄飛機[1]與邵仁枚，不外定羅麗娟、丁公醒事，他往見羅旭和，商量取PASSPORT，羅某力卻，謂不能如願，因他現為議政局員，不能簽字擔保也。

內子由省夜車返，余仍往陶園，召一枝梅，走馬看花，行雲流水也，李遠欠二元，代找碧雲數。

5月28日　　星期五

提　要：丁丑，四月，十九。

晨如常，午思豪，區老師請午食。

下午與馬師曾在加拿大商談，梁秉照亦在座，後由馬索他明日請金龍，馬亦不外想余往星洲，秉照日日追問是否余與他往，答以非也，不過共謀下屆班業矣。

夜往高陞，觀萬年青，與李軟共往焉。

{略}

卓哥言，恐星洲過旺，馬會有留戀意，余答，看機行事。

與亞克借弍佰元，每百元每月納息柒毫，有厘印單為據，交與亞妹找玉鈮數。

5月29日　　星期六

提　要：丁丑年四月廿。

晨如常。

午金龍，梁秉照敦請馬師曾，詎料不至，祇余、海雲、歐辛等數人共食，初，李遠先至，打電話問梁秉照是否請午食，梁答曰不知，祇知與九叔去街而已耳，李遂飲酒一杯，憤然而去，及後再返，憤然擲回一元與梁炳照，作找酒費辦，結果幾人相勸乃息事，而馬亦不至。

下午舍下竹戰。

1　可能指空郵信件。

5月30日　星期日

提　要：丁丑年四月廿一。

晨照常工作，{略}。

早往院，是日、夜賣與香港政府華員會籌款，為九佰元，日演《貼錯門神》，夜演《殺子報》，日、夜空前滿座，約聽九佰元，張民權着開告白費一百三十二元，並將找多之十九點九五元食晚飯，彼等送一金牌與馬師曾。

陶園晚飯畢，余與張往見馬師曾，他說蘭之母病，恐明日不能演劇，因她必要晉省一行，余遂將此事詳細對卓兄講明，預備明日改戲。

先到廣州，後返舍下睡。

5月31日　星期一

提　要：四月廿弍，家母到寫字樓嘈吵，適馬在。

普慶改戲，《金龜地獄》，六千餘元。

晨照常。

午娛樂，張兄請食西餐，晚飯陶園。

晨十時半長途電話，謂蘭卿之母有轉機，下午與馬赴大同，東莞商會陳蘭芳、黃星海之約，彼等意欲買戲，推之。

夜八時半馬與公權（其父）通長途電話，問蘭母病狀若何，答云，請中醫黎遂初診理，料無危險，繼又肥牛有電至，謂蘭準明日下午車到，余與馬着她明早早車，余等親往接車云，馬往金陵，余往陶園，召妓一枝梅，並玩"雞"，無甚勝負。

《鵑啼殘月》一劇決不點演，因逢點此劇，必有不如意事發生。

馬文星下午到訪，謂東樂並非劉貴炎主理，由別人代理云。

6月1日　星期二

提　要：丁丑年四月廿三，蘭卿照常演《險將情侶作冤家》。

蘭卿搭早車，十一時四十五分抵步，謂其母略癒，故返港演劇。

余往接車。

思豪起首科東制午食。

夜（內子）馮氏攜其婢銀喜到寫字樓，謂她實行要脫離主僕關係，因其是午無故歐〔毆〕打她，余遂着馮氏在外稍候，余詢問其究竟，詎料馮氏在門隙偷聽，顯見馮氏必有私情，恐其說破，否則何以畏俱〔惧〕之甚也，此婢哭不成聲，立意實行脫離，既屬如此，余亦不必相強也，馮氏繼又問余她之首飾，余不理會她，迨亦或另有機械也，內子提余，應附〔付〕此人，必要小心，且彼有人代她寫狀師信告家婆，焉知她又不發生別事耶？

6月2日　星期三

提　要：丁丑年四月廿四，蘭卿之母於四時逝世。

晨如常工作。

下午在舍下看西文本《西安半月記》，不圖蘭卿有電話至戲院轉達於余，謂其〈母〉已逝世，余遂往七十七號見她，慰問一翻〔番〕，再用長途電話問馬慰農，並託他代訪，得悉並非虛報，原來馬師曾於晨早車往省，三時十分見死者面，猶依然談笑自若，詎料馬一行後，她竟於四時逝世矣，余遂往接七點四十五分車，一見馬面，對他說及，他尚懵然，後乃與焯哥往見蘭卿，商量太平之台登台，頭七一日則全院全班停演，以誌哀悼云，並決實明日中午車上省。

晨馮氏又至，余避之，後由仕可言，謂此銀喜已由一婦人領去，謂其姊也。

6月3日　星期四

提　要：丁丑年四月廿五。

午車與師曾共晉省，四點〇伍分抵步，視之在月台相候，謂候馬之故，故未入殮，速去，馬遂與余乘計程車往，至則蘭卿奔而言曰：“快的睇下渠喇。”馬遂就棺而視，畢，上樓乃大殮，並討論登台事，其姊甚反對，經一輪解釋乃有轉意，而其弟對余亦表同情，其中辦事黃某、張某亦無異議，殮後升神位，各親朋戚友致祭，馬則三跪九叩，且"鋪被"焉，迨亦子婿禮也。

若〔約〕六時半告別，往新華洗燥〔澡〕，蓋是日奇熱，打長途電話來太平，着代拍電往星洲，往金龍晚飯畢，夜船佛山返港。

6月4日　　星期五

提　要：丁丑，四月，廿六。

晨六時夜輪抵港，即返住家，十一時許馬覓余，着梁日餘往美璋卓兄處，取銀一百元交他，午食先往加拿大，後往思豪酒店，馬搵腳抹牌，在大同晚飯，先是梁秉照謂不返大同晚飯，後不知何故，又到，且代馬覓余，此人探聽消息，步步追問，且憂慮過步，殊悶極，席中因鍾某贏麻雀，故請廣州，余坐不久即辭，返院工作（在廣州遇妓一枝梅），在大同余又再交一百元與馬師曾。

七時許梁國泰有電話至，謂驗到卓兄之糞有中華瓜仁蟲，即 liver fluke 云。

{略}

6月5日　　星期六

提　要：丁丑年四月廿七，譚蘭卿照常登台。

晨照常辦公，午思豪午食，民權邀余共往花瑞龍處，她適外往，後與他返院，馬至，共往加拿大，先是，余應張往娛樂茶室，候張之愛人，因事不往。

碧翠生辰，堯勳，二月初四，鎮勳，三月初三，區新俱至舍下晚飯。

夜交照片一幀與黃耀甫，並往加拿大茗談。

鄭子文道歉，關乎華員會事。

6月6日　星期日

提　要：丁丑年四月廿八，太平劇團照常唱演。

照常工作。

夜大同消夜，與區新、源濂、內子四人竹戰，消夜。

6月7日　星期一

提　要：四月廿九，是日早車晉省，弔祭譚母，並送其幼孫入豫和院。

晨柒時馬用其車到舍下接往他府，約埋往搭早車，先在海鮮公司早餐，他云，對於賠回之大帳，實屬抱歉，蓋其意不外欲卓兄責成櫃枱也，余答以既來則安，置之度外可也，遂乘車赴省，十一點四十五分抵步，往譚寓弔祭，得悉其弟之子患腦膜炎症，因家庭環境關係，其弟亮宣不敢自主，樣樣俱仰大姑鼻息，故牽延許久，馬一見之下，速仝入醫院調治，先往柔濟，遭拒絕，改往豫和園，唯梁心堯醫生言，其症過重，斷為極危險也，余等俟其診畢，乃往馬府洗面、午食，至三時再往視該幼童，又往蘭卿處道別，乃乘下午車返港，在車裡 {“裡” 字有被刪去痕跡} 遇二嫂，馬與她款談甚趣，抵步，余返舍下，他另有別途，約十弍時往金陵文華廳，定任劍輝及少飛雄，後又往美麗紅處打水圍，馬宿其寓。

6月8日　星期二

提　要：四月卅，小兒壽辰 {該四字用紅筆書寫}。

晨如常，午思豪品茗，下午返院，打乒乓波，早 {應指 “羅早”} 交回一千元與卓哥。

夜得悉蘭卿弟之子已故，先是，余與馬同他往見醫生時，途中已見一棺出殯，迨亦不吉之預兆也。

夜廣州東江宴會，至弍時返寓，內子久候。

馬文星索回按金，余恐另有用意。

6月9日　星期二

提　要：丁丑年五月初一｛該提要用紅筆書寫｝。

晨如常辦公，午陸羽張民權請午食，後與馬在加拿大遇他，及余潤剛由莫永昌堂睇相回，黃耀甫亦在坐，不料張竟然講及一枝梅事，此妓易某之新近稔客也，約四時共往華員會游泳棚一遊，乃返寓晚飯。

夜照常工作，找三十九元車數與管卓，得悉是早他與民權敘話，兼往東興當鋪贖首飾，故他知余等之定任劍輝也。

約張榮棣明日下午四時與蘭卿注射防疫針。

夜大同竹戰（區辛、源廉、內子及余四人），消夜。

三姐患病，余與她五元作調理用，五姐乃即追問積欠之十元鎮勳學費。

6月10日　星期四

提　要：五月初二。

晨六時，馬與祝三至舍下，謂蘭卿轉性，星洲每月伍仟元，如分賬，照馬所分，少五厘，新班每月二佰五十元，一百天後方登台，馬大怒，決實聘譚玉蘭，先往星洲一遊，定人，余諱諾其說，至七時許始別，余於下午對卓哥說及，卓兄意，甯願犧牲馬，不欲犧牲亞蘭，蓋馬亦日久生厭之故也。

任劍輝來函，不妥，迨亦恐其燒炮也。

下午余往張醫生處診理傷風，打針，每日二點一元。

是晚演完即散班。

沈吉誠對余講，今後影片，二手俱是太平、九如坊，決不高陞也。

6月11日　星期五

提　要：五月初三，拍電邵某，定西樂、棚面，陶園，打針。

晨如常，午思豪品茗，馬到訪，共往告樓士打酒店再談，代拍電，催邵某返港，因各人反對他，故他着余代定，託言余為班主，定往星洲，夜各西樂員均允，唯高鎔升要求每月一佰五十元，另商量星洲打鑼，則更不近人情，要求復回原價，每月三佰元，往星洲則五佰元，另帶二名手下，譚秉庸則加之，照允，余隨即報告與馬知之。

往陶園消夜，夜深始返。

仍往打針。

6月12日　星期六

提　　要：五月初四，定妥譚蘭卿。

晨如常，午思豪。

下午與馬、卓哥往蘭卿寓，定妥她，全年弍萬伍仟元，星洲每月弍仟，隨即交定弍佰元作實。

五時到金龍晚飯，因作多客茶居工會伍拾元，故大宴各伴也。

夜陶園竹戰。

6月13日　星期日

提　　要：五月初五，蒲節。

晨如常，午陸羽品茗，與小兒輩，並小弟等，下午返院遊戲，擄摩地報告，謂果台之伴甚為拔〔跋〕扈，擅開風扇自用，故責成他，以免耗電。

郭源海因撤差故，到訪，夜九時與黎伯、內子、源開遊車河，至十時始返寓休息。

簽妥《兩藩王入粵》。

{略}

6月14日　星期一

提　　要：丁丑年，五月，初六。

晨如常工作，午先往加拿大會譚芳，後往思豪，祇見陳宗桐及李亭玉、梁秉照，郭源開又至。

下午得悉華民有一傳票至，傳源劉氏上堂，但不知何事，後往四姐處問明，詎料她語無倫次，祇知性硬，不理其他，余亦憤然而去，並着亞灶代執藥水一樽交她，余忖此事必馮氏作弄，意欲取回首飾，故往華民也，着仕可兄明日與四姐同往，一觀究竟。

夜往利舞台觀劇，甚淡。

大母親、五姐、七姐俱在舍下晚飯。

｛略｝

6月15日　星期二

提　要：丁丑年五月初七日。

晨早起，得悉文仕可已與四姐往華民署，確實馮氏告訴四姐埋沒她的首飾，仕可用電話通知，余即往見韋寶祥，用法律解決，得悉華民不能□〔處？〕理，祇由巡理府打理，原來彼等吓勢，盲官黑帝，後由韋師爺之狀師 BLAKE 用電話質問該所謂華民，始知他並非扣留四姐，不過吓其供出口供也，後狀師着曾師爺與仕可往，同四姐離華民處，而四姐已先復自由，返家矣，此婦可惡之極，必想一法以免其騷擾也，用去費用廿元，連舊數十元，一共卅元。

夜先往利舞台，後與馬師曾同乘佛山輪晉省。

6月16日　星期三

提　要：五月初八，送殯，譚蘭卿之母。

晨六時許抵廣州，師贄到接船，與陳玉英相遇，招呼，被師曾責成一頓，謂他不應向她招呼，蓋她現已與將來公安局長李某有約，馬初見面時都詐為不識，今若此一被人知出，豈不是令人見疑，且於該女仔更有影響，畢，即往靜〔靖〕海新街，蓋定實八時發引，馬因路人躋擁看他，故託言招呼大賽杜之杕先往福裕莊，遂先乘車往飲茶，然後在福裕莊辭靈，兼觀杜某點主，十弍時許乃別，中途大雨，迫不得已在西南午食，馬對於他弟所為甚不滿意，大發牢騷，後乘車游〔遊〕覽，然後乘夜車返港，抵院，大母及七姐即談及馮氏事，勸余預備，余因此事亦難入寐 。

6月17日　　星期四

提　要：丁丑，五，初九，馮氏又到訴苦。

晨如常工作，午思豪，下午再與馬往加拿大。

下午四時馮氏又至寫字樓泣訴，謂她本不欲出此，皆因後顧忙〔茫〕忙〔茫〕，將來不知點樣，縱使四奶不允將所有首飾交回，亦須交回一半，以為將來之用，並向余索每月駛用卅元，余堅決不允，祇允每月加多五元，如必要擴大，則任他進行，後交帶文譽可辦理，余憤然而去。

夜略辦公，馬至，約往金龍晚飯，十時往高陞觀劇，內子已先往矣。

6月18日　　星期五

提　要：五月初十，馬師曾借去椰胡一件。

晨如常，午思豪，海雲為東道，下午與馬在加拿大閒談，得悉高容升函至馬師曾，言其委曲，當時盲羅、譚仔俱在場，均不贊成他所為云。

夜與內子往皇后觀電影《富貴浮雲》，並先在加大消夜，然後九點半入場。

張民權患疾。

馬意欲代培叔請給半薪，俟開身再照計，余答曰，彼此皆夥計，奚可厚彼重此也，卻之，他亦無言。

6月19日　　星期六

提　要：丁丑，五月，十壹 {原記作"弍"，後修改為"壹"}。

晨早起，大抵早睡之故也，即往院照常工作，記數，寫日記，畢，往加拿大，與譚芳兄相遇，略談，轉往思豪，是日民權病，海雲有約，祇余與炳照二人午食，下午往《人生報》訪李遠，祇見他睡在地上，寒酸苦悶，塵土堆積，迨亦文人生活大抵如斯，再往陸羽，略事茶點始別，返寓洗澡，七時再往院工作，卓兄託余轉致譚芳，代兆明、可門入中大，姑盡人力以助之，約十時半返寓，與炳照、內子、源廉等竹戰，明日往石澳一遊，着吳培通知八和會館，如籌款，請到太平，否則馬決不登台。

｛略｝

6月20日　星期日

提　要：五月十弍。

晨如常工作，午先往陸羽，後乘車往石澳，計共行者，秉照、內子、授廉、堯勳、鎮勳、碧侶、亞友及余八人，游〔遊〕戲一翻〔番〕，至六時始返，因候車弍五八至柒時許，及八時始抵金龍晚飯。

夜文仕可云，馮氏又到騷擾，余對他講，此後如到，強硬對他，說及首飾，則一概不知，嗣後祇每月十五元，別事任你發動，絕不理會。

卓哥邀余往加拿大，商量告白費，贏餘一千二百元，源朗、仕可、日餘每人五十，其餘余與他每人佔一半，即五佰七十餘元。

6月21日　星期一

提　要：五月十三。

晨亦如常，卓兄先交余五佰元，其餘七十餘元遲日再交，往思豪品茗，與海雲斟《歌侶情潮》及其他片，兩套同時放影，他已允云。

下午打乒乓波，馮俠魂拈去手錶兩個試辦，未交款。

昨夜卓兄勸余不可往星洲，徒耗金錢而已矣。

整日埋頭苦讀蔣委員長《西安半月記》。

廣州市高為寶又到訪。

6月22日　星期二

提　要：五月十四，影《廣州三日屠城記》，七點、九點加插明星登台，每晚四十元。

晨如常，午先往加拿大，與富隆君飲茶，後遇梁炳照，再往思豪午食，席間張民權借去一百元，並謂明日奉還，凡歇後撟揉，斬〔眨〕眼斬〔眨〕鼻之流，俱靠不住，下午三時馬約往金龍，適張祖榮、高為寶、陳礪吾在座，不外提及廣州太平按櫃事也，並交余一咭，着余通信，遂別，至五時許馬又至，又約往金龍，濟濟一堂，原來他約美麗紅往食晚飯也，他借去一百元。

夜，不知何故，難入夢。

6月23日　　星期三

提　　要：五月十五，第二天，《廣州三日屠城記》。

晨食早粥畢，照常辦公，午加拿大，又思豪，是日綿綿大雨，早返舍下休息，夜七時與梁秉照往牛奶公司食雪糕，遇海雲，再往加拿大，返院，金成□〔紀？〕對余言，三樓人數為六百弍十五，何以報告表衹得四百餘，余遂查閱，吩咐李壬，此二天切不可賣，因有人在三樓看守也。

約十時秉照、源朗、授廉、區新及余共往金龍，竹戰取樂，至一時許始返。

6月24日　　星期四

提　　要：五月十六。

晨如常，午思豪品茗，下午打乒乓波，四時半與陳□〔佳？〕約譚芳往加拿大品茗，談及石明、可門入中大事，着他注意。

夜大同竹戰，五姐、內子、李軟、源朗、授廉、炳照、歐新等數人，至夜深一時許始返寓。

6月25日　　星期五

提　　要：五月十七，仍雨，影《錦繡河山》。

晨如常工作，午思豪，馮其良約明日往定畫，下午在舍下竹戰，七時與區新、日餘往食雪糕，何巨請珍昌消夜，畢，竹戰，大抵多飲溶茶，終夜難入寐，至天明乃入夢。

交息銀十五元與周三姑，文仕可手交。

6月26日　星期六

提　要：五月十八。

晨如常，午先定片，後往思豪品茗，下午在華員會竹戰，畢，乃往理髮，返舍下晚飯。

夜陶園竹戰，召妓，夜深一時許始返。

張民權借去一百元。

6月27日　星期日

提　要：五月十九。

連夜失眠，究不知何故，非至夜深三四時不入寐，故是早九時半乃起，午余個人往加拿大，先食牛柳飯，往金龍會齊五姐、內子、碧女、碧翠、碧梅及卓兄小兒輩、院伴等，同往石澳一遊，試泳，乘禮頓車，途中余交管卓往澳駛用十元，是日，長女初學遊〔游〕泳，頗有成績，五姐、內子等則竹戰，至五時許返金龍晚飯，計用去一百二十元，約九時返院工作，據摩地報告，大堂帶位甚懶，五點一場，往往不見人面，黃潤、錫康往遊〔游〕水，七時四十五分始回，余召各人到寫字樓訓話，而仕可仍遍遍袒護其子，可見舐犢情深，此子必縱壞也。

{略}，(陶園馬{原文此三字被作者劃去})

6月28日　星期一

提　要：五月廿。

晨照常工作，午思豪，先會譚芳於加拿大，託他代保舉石明入中大，午馬文星到思豪品茗，談及減差餉事，他堅不欲理，蓋業主事也。

晚飯，五姐請食冬瓜盅於舍下，三姐延張醫生到診，謂其症甚重，余意，着其返鄉，以免在港多耗錢財也。

夜卓兄云，嗣滿期後，吾等可以商量租普慶，以免各班抵制，式可以控制其他班也，馬文星設宴於陶園，余召一枝梅，散席後與朱箕汝及她遊車河，至十二時半返寓，內子表面上雖無甚責罵，唯心內漸露有多少不滿意也。

每晚非三時不入夢，究不知何故。

6月29日　　星期二

提　要：五月廿一。

晨如常工作，先往加拿大，與巢錦垣、羅成業傾談，後往金龍，是日午食余請，張民權、馬文星、霍海雲、朱箕汝、馮其良等同敘，談笑一頓始別，後馬云，不日介紹他的尊翁相識。

下午馮氏到，謂有病，並索款做衫，順着譽可診脈，余推以明日下午，因有事也，四時在加拿大與馬師曾相遇，並與他往名園拍照，以備僑菲香煙公司廣告之用。

夜七時照常辦公，九時半往觀電影《亂世忠臣》，同行者，內子、源廉等，後在加拿大消夜。

余墊出一百元，交與馬師曾。

6月30日　　星期三

提　要：五月廿二。

晨如常，八時往鐘聲游泳，十時返院辦公，十時半與譚蘭卿往中國銀行取五百元，畢，往加拿大與李志成先生相遇，談及僑菲煙草公司事，關於馬師曾照片，並送幕以酬謝。

午思豪，每人派七毛半，畢，下午在安平傾偈，至六時返寓。

夜定妥打鑼亨，每年一千八百元。

三姐病重，余往探問，或明日返鄉。

十時往加拿大，與秉照再往高陞觀劇。

7月1日　星期四

提　要：五月廿三。

晨一早與堯勳往鐘聲游泳，約九時返舍下洗燥〔澡〕，得悉三姐病重，家人意欲同她返鄉，余乃先購弍等車票□〔弍？三？〕張，並着內子交她港紙十元、法幣十元作旅費，又親自買餅乾弍罐，送行用，後往視察她病狀，何顯若到診，謂危極，現月不甚危險，至怕六月至難關也，余又問卓兄支卅元港紙，交與大母親，並喚汽車，一干人等送她搭車，車閘員有意留難，幸內子熟他，故圓轉些，畢，五姐、七姐、溫區氏、內子及余五人在思豪品茗，張民權擺和頭酒，因馬寶初與朱汝箕齡〔齟〕齬事，召妓，在陶園打茶圍，這些舉動，感覺不良，實行謝絕，或送回多少花錢與壹枝梅作了事矣，前路茫茫，積蓄為佳也。

7月2日　星期五

提　要：五月廿四，三姐黃氏十二點三個骨（即子時）在興利渡逝世，祇大母、煥蓉、授廉及其婢彩娟在側送終。

｛無正文｝

7月3日　星期六

提　要：五月廿五，下午四時始得此消息，因堯勳返鄉問題，故延至明天早車，事後始悉，因天氣炎熱，不能久候，故下午三時先行入殮，由源授彭暫幹孝子工作。

是日早車返鄉。

7月4日　星期日

提　要：五月廿六，返鄉之時已上山安葬，迫不得已，權在鄉候至頭七始返港，七姐一見三姐有餘款剩下，心存覬覦，後分妥各物，她即於明早返港，勢利小人，可見一斑矣。

三姐雖死，但遺下有千餘元，足供喪費之用，並言（大母說），若有餘，則留回一百元作為堯、鎮勳授親拜錢用。

余交伍十元法幣與六姐作家用。

決實趁三姐落葬之時，將二姐之塚掘起，調理一氣，與先父合葬，差幸該棺材三十餘年尚未變動，先問洪聖公，後乃動土，余遂與家人同拜二、三姐之墓。

三姐所餘之金飾，每人分潤些少，唯七姐目灼灼有光，分妥之後，明日始返港。

7月5日　星期一

提　要：五月廿七，在鄉，午沙坪，下午上山巡視修墓，並擬建拜桌，早眠早起。

{無正文}

7月6日　星期二

提　要：五月廿八，仍在鄉，飽嘗蚊蟲之〔滋〕味，午五姐請往龍口品茗，下午跣足往山頭，巡視整山，蓋二、三姐已同向矣。

{無正文}

7月7日　星期三

提　要：五月廿九。

是日為三姐死後之頭柒，鄉例，早飯後，除先請喃嘸先生念〔唸〕咒祝禱外，余皆穿麻帶〔戴〕孝，出門一行，女子先行，外嫁則必於未屆午時返男家，孝子則行後，荷起鋤頭，拈二錢往田間擲下，用鋤鋤一二下，其意則謂，已買了田與三姐矣，鄉例如是，姑從之，畢，換服，與授湖、彭、廉共往沙坪食飯，大雨，避雨至三時始返。

早睡，明日返港。

7月8日　星期四

提　要：五月初一，乘渡返省，逗留一天，明日返港，遊荔枝灣。

｛無正文｝

7月9日　星期五

提　要：五月初二，郭源開請郭北午食，並送車，李仍到酒店（新華四三六）探訪，共話舊情。

｛無正文｝

7月10日　星期六

提　要：五月初三。

早往定片，因兩套放映，非常收得，十二時馬有電話到訪，約在加拿大傾談，謂邵仁枚對於星洲有不妥意，亦條件太辣也，余獻議，何不先往星洲一行，觀其究竟，明年再往猶未晚也，他然余說，共往思豪午食，霍海雲先支一百元，由余墊出，在片租扣回，請金龍晚飯，余赴卓哥鐘聲遊〔游〕泳之約，畢，又往金龍一行，夜在舍下竹戰。

7月11日　星期日

提　要：五月初四。

晨如常工作，午｛原文此處有被劃掉的"思豪"二字｝陸羽，與鎮勳，下午往良友，與民權理髮，往明星覓譚蘭卿，往名苑影相，為華菲｛上文作"僑菲"｝煙草公司事，晚飯於金龍，馬師曾亦至，余為東道。

內子患病。

馮氏由此日起，每月十五元，不折不扣。

7月12日　星期一

提　要：初五，蘭卿請食晚飯於金龍。

｛無正文｝

7月13日　　星期二

提　要：初六，馬師贊請食晚飯於金龍。

{無正文}

7月14日　　星期三

提　要：初七，霍海雲請宴於廣州，南洋商議星洲合約。

{無正文}

7月15日　　星期四

提　要：初八，拍照取護照，梁炳照亦行，商量取護照事。

{略}

7月16日　　星期五

提　要：初九。

晨如常，午思豪，往南洋候馬至，五時見邵仁枚，交代清楚南洋星洲之行，薛覺先懇求馬師曾明晚在高陞登台，演《封相》“揸炮”[1]，馬順其意，七時半往演，余亦至，八時返院，得悉護照新例，凡團體往星洲，必有五千元以上商業牌照擔保，或現金二千元方可，故往金龍會邵老三，改由本港渣甸船往，竹戰至十時始返。

7月17日　　星期六

提　要：初十。

1　何謂“演《封相》揸炮”，編者曾向多人請教，說法莫衷一是，難以確定。

晨如常工作，午思豪午食，余對於梁秉照之舉動甚不滿意，蓋他已知如何往電話馬師贊矣，然他殊不知此行實余主意也，他以為馬師曾甚鑑賞其英語，大有喧賓奪主之意也。

下午無聊，獨往加拿大飲冰，師贊至，師曾亦至，余初欲赴張民權之約，繼料其必與愛人共談，何必多此一舉，遂折回。

晚飯畢，與長女往遊電車河，至安樂園止步，共飲冰，後又往金龍晚飯，畢，見馮其良，攬局不成，各別。

7月18日　　星期日

提　要：六月十一，半夜大雨。

晨如常工作，寫日記，午陸羽，黎民三為東道，下午購佛山唐餐房弍位與內子返鄉，做三姐三七，並給她法幣弍十弍元，港幣卅元，合計港紙四十五元作舟車費，同行亞濂、亞友，余九時許往送船，後往亞洲一行，先是張民權請吃晚飯於金龍，十時返院，電話問卓哥，煊仔肚痛如何。

夜在舍下竹戰。

梁秉照一心猶以為馬師曾叫他往星洲也，余亦不理會他。

7月20日　　星期二

提　要：六月十三，晉省，入公安局取護照，下午往沙面，為劉桂展阻撓，馬用去二百元，明日給妥，並黎某一百元。

{無正文}

7月21日　　星期三

提　要：六月十四，晨往沙面取護照，不特馬某妥當，即譚蘭卿等亦不用往沙面，全妥，夜輪返港。

{無正文}

7 月 22 日 星期四

提　　要：六月十五，晨抵港，十一時馬覓余，沈吉誠因南洋之事商量畫期，詎料陳、張、余俱反對，衹走畫，不許太平先影，殊屬不合理由，余決不應附〔付〕彼等，從此各走極端，唯有另謀發展。

{ 略 }

陳、張、余彼此知交，證諸已〔以〕往，萬事必太平遷就，這回有如此佳片，讓一套與太平先都不允，且也彼推我讓不特已，更欲余往見潤叔解釋，余何人也，焉能事事請示，故立意由他先影，嗣後不屑教誨，至於張某所欠之廿七元，由任還與不還。

7 月 23 日 星期五

提　　要：六月十六。

晨內子由省返港，{ 略 }，午陸羽與黃大偉品茗，因張、{ 此頓號為原文所有 } 等趨炎附勢，不配結交，故不往思豪。

廖鴻明在本院試片《火燒猛獸林》，並在加拿大互相商量生意經。

下午往合眾，由李蘭清電話陳宗桐，始悉彼有權定片而無權讓太平先映，殊屬笑話，顯見有意扭計，嗣後永不交易，秉〔迸〕諸四夷，並吩示文譽可君，着他不代拈電車告白往貼，改變計劃，討好大觀、華威，以殺此敵。

夜與馬師曾、譚蘭卿游〔遊〕車河始返寓。

7 月 24 日 星期六

提　　要：六月十七。

晨如常工作，午黃大偉等陸羽品茗，下午金龍竹戰，夜返院再與炳照往加大，原來炳照亦恐到星洲時駛用無着落，余稔他不過欲想貯多少在家，或口母謂“人地往搵搵錢，汝則駛錢”等語也，然此人凡事過精，余亦淡然處之。

7月25日　星期日

提　要：六月十八。

晨八時在銅鑼灣與羅成業等賽小型足球，炳照入三球，全勝，為三對一，午金龍午食，晚飯金陵祝捷，夜再與馬、蘭、照、海雲、贊等往 LIDO 乘涼，約九時始返，因奔跑過步，非常怠惰。

7月26日　星期一

提　要：六月十九。

晨如常，午陸羽，下午定片，返院工作，約四時馬託電往星洲，邵仁枚若三天內不見匯款，則合約取消，並約往金龍晚飯，余先請告樓士打酒店飲茶，後余返舍下用晚，梁炳照由金龍至舍下，謂，若籌不得一百元，則不往星洲矣，余知梁兄亦精仔也，蓋彼不欲向馬某開口，故先向余先談，然余則取緘默態度，蓋當時並非余叫他往也，影相亦馬叫他，不過此人誠恐屆時無人與馬竹戰，彼又未有駛用，故無論如何，先借一百元，以免自虧，然馬之往星洲，何須要梁某同行，豈無他則不能幹者耶？

譚秉庸云，省沙面劉某索卅元酬勞，護照手續費。

7月27日　星期二

提　要：六月廿。

晨如常，午陸羽，下午金龍竹戰，至捌時返院，略工作，再往金龍消夜。

譚沛鋆與黎寶銘同來，前者要求不往星洲，余着他往見馬師曾。

交相片，每款弍張，與民權。

因風扇吹得太利〔厲〕害，半邊身不甚自然，且手部麻痹。

7月28日　星期三

提　要：六月廿一，邵氏兄弟交來港紙五千一百元，馬簽合約。

晨如常，先工作，後往加拿大，先進食物，再赴霍海雲金龍之約，馬師曾、區啟辛、海雲及余，畢，往華威定片，得悉新世界不日放影《廿九年報防一切》，九如坊弍首權。

下午與馬、譚往南洋公司，收星洲定銀五千一百元，並由馬簽約作實，後往加拿大品茗，回寓。

夜七時許，林南謂有一收買佬被人扣留，謂其竊去太平水喉鐵，查此鐵乃林南私自賣去，求余代為遮瞞，如有差人查問，謂我着他賣去云，余將此事對卓兄說及。

與元海、啟新等新式消夜，至十一時半始返。

{略}

7月29日　星期四

提　要：六月廿二。

馮氏到吵鬧，余用 BLOTTER[1] 向她擲去，她憤然，反唇相稽〔譏〕，並拈去該印紙球，梁秉照命余往加拿大。

黃耀甫亦至加拿大傾談。

7月30日　星期五

提　要：六月廿三。

余與馬師曾往先施購小型足球，畢，返院練習，又往加拿大飲冰，返院，該馮氏又至，不外索取金錢，余先夜已給她十元，繼又謂欠人卅元，着余代還，余姑妄聽之，並勸她不可造次，否則面子尤關。

1　即吸墨紙，通常是捲裝的。

郭源開抵港。

中和公司有信到，索取探視雙頭機。

與黃耀甫、易肇乾在廣州作局。

打水圍，給她五十元。

7月31日　　星期六

提　要：六月廿四。

晨往銅鑼灣練習小型足球，午陸羽品茗。

是日敦請馬師曾、譚蘭卿等晚飯於廣州，馬因有激刺，落落寡歡，余稔其意，不過嫌余不附和他的主張，捐款及赴電影協會也，故單單晚飯，告辭赴會，及余等散席返院，他已先在寫字樓，並大發牢騷，妄談國事。

廖兄請廣州，余召一枝梅，而易某亦另召別妓，據黃耀甫云，此一枝梅乃易之稔妓也。

8月1日　　星期日

提　要：六月廿五，（1）辦公，（2）陸羽，（3）東華，馬捐款及演劇籌款，（4）金陵，（5）遊車河，（6）羅早，雙頭機事。

{無正文}

8月3日　　星期二

提　要：六月廿七。

晨如常工作，往加拿大候羅早，解脫雙頭機、中和公司事，先與郭源開往庫房見張民權，介紹船政廣投考燈塔職員事，再往加拿大與羅成及早謀應附〔付〕該胡石□〔縈？榮？〕事，羅成謂，先交二百元，交回一半影機頭及枱，再遲日另交一半，然後連三百元收條一併交到，余乃再交一百元，即後三百元，以完此數，料此人必不能再作惡也，余遂諾之，夜十時交二百元與羅早。

是日兩點半、五點十五分、七點半俱影國片，唯九點半始演馬、譚《佳偶兵戎》，收入悉數捐助華北賑災，約一千二百元左右，可見人心踴躍，愛國人人同情，張民權邀同合股，做油麻地戲院，余答以嗣星州〔洲〕回來始商量。

8月4日　星期三

提　要：六月廿八，（1）加拿大送煙與譚芳，（2）午陸，（3）張民權設宴馬師曾於金龍，（4）廣州，（5）借二百元，（6）新紀元。

張因馬有星洲之行，故設宴於金龍餞別，濟濟一堂，甚為高慶〔興〕。

譚蘭卿取回二千元，並貯下伍佰元作家用，代交屋租、電費、水費等項，其亮宣請消夜於新紀元，余與炳照、海雲、民權作局於廣州，召妓一枝梅，不過逢場作慶〔興〕，聊以解悶。

余向焯兄借二百元，入太平劇團人工扣數，每關扣五十元，並言及，此後如家母取款，請叫她問細嫂可也。

8月5日　星期四

提　要：六月廿九，星洲演劇，各藝員乘渣甸福生輪往。

朱箕汝請食晚飯。

是日下午兩點福生啟程往星洲，朱箕汝設宴金龍，歡送馬師曾等，並對朱言，此行由星洲回，"我地四人合作做畫片公司"，余遂與朱君商量，雅不欲張民權有份，且朱云，此人視財如命，不可與交手也，因昨夜新紀元各人食後肚屙，故消夜取消。

余往高陞觀劇，該楚岫雲懇是苗條可用，甚為留意。

8月6日　星期五

提　要：七月初一，中和又有信至，限明日答覆，各項已妥，叫盧國棉回信，任由隨時到檢，並交羅早一百元，允由星洲回再給卅元作飲茶費。

晨如常工作，由太平劇團暫借二百元，每關扣五十元，忽接中和公司來函，聲明如今日再不答覆，則當照值賠贖，余遂叫羅早向羅成再購埋一半，叫盧國棉回信，約他下星期四到看，再交羅早一百元，並允如由星洲返時，再給他卅元作茶費。

余請食晚飯於金龍，馬請消夜，在看試畫《龍城飛將》之後。

大風大雨，有打風之勢。

交下四十二元與文譽可，交息與三姑及馮氏家用。

張醫生送餅乾弍罐，作送行禮物。

交物與李任，並吩囑黎民三一切。

8月7日　星期六

提　要：七月初二日。

晨如常工作，午陸羽品茗，海雲、民三及余，畢，往購物以備往星洲之用，下午玩小型足球。

卓往盧國棉寫字樓處，妥辦關於中和公司事，在加拿大門口，安樂園車站處，見馮氏在處候人。

內子及衍藩、錫藩、碧侶、碧翠等往張醫生處注射防霍亂針。

夜應華南電影界之約，在金陵稍座〔坐〕即告辭，殊乏趣味，蓋馬、譚斯行純屬謀利，何歡送之可言，故余缺席，另往廣州尋樂。

8月8日　星期日

提　要：七月初三，約一枝梅到金龍午食，並游〔遊〕車河。

{無正文}

9月9日　星期四

提　要：八月初五日，先慈去世於養和園，不孝因事赴星，不能含淚侍殮。

{無正文}

9月12日　星期日

提　要：由星州〔洲〕抵香港，六時正。

{無正文}

9月14日　星期二

提　要：丁丑，八，初十，先慈出殯。

晨時照常，梳洗畢，往戲院略事工作，十弍時往東華東院，為第四庶母出殯，祇受花圈，祇用洋樂，用棺材車載棺材，由東院起□〔焉？馬？〕，至杉牌，運大炮艇返鄉，執紼者不乏人，秩序齊整，中途大雨滂沱，致祭至一時八個字始別，乘車返寓。

七姐太多事，每事必多言多語，不能做，祇彈。

六時在舍下晚飯。

9月15日　星期三

提　要：丁丑，八月十一。

晨四時早起，往先慈寓下做頭旬，至天明，往蓮香，與源廉、啟新等飲早茶。

十時往戲院，照常工作，午加拿大午食。

下午回家略休息，因晨起之故也。

夜八時往院，馮氏到索家用，並追問首飾及一切遺物，此人兇狠非常，必以嚴辣對待可也，余給她廿。

9月16日　星期四

提　要：丁丑、八月十弍。

晨晏起，十二時半往院辦公，寄一函與馬師曾，講及半日安、楚岫雲事，午李遠到訪，加拿大午食。

1926 1928 1929 1930 1931 1933 1934 1935 1936 1937 1938 1939 1940 1941 1942 1943 1946 1947 1948 1949

下午馬惠農到訪，談及馬師贊到信報告，謂各人每日必有意見，很是多事，余隨即飛函炳照，着他解釋。

夜二叔八時到，約往平一傾偈，余否之。

廖鴻明約往加拿大，並云，如該上海戰事片通過，求借三百元，余允之。

國事凋唐，殊堪憂慮。

先找福壽喪費二百二十五點一元，夜八時交蕭口〔彩？〕手收。

9月17日　星期五

提　要：八月十三。

晨早八時起身，梳洗畢，與源廉往蓮香品茗，後返院工作。

十一時許廖鴻明至，借片租三百元，口〔並？〕訂合約，頭首[1]放映上海戰事片，畢，往陸羽品茗，先是，譚亮宣到約，故亦同敘茗，他封來奠儀三十元。

下午往加拿大候薛兆章，不遇，返舍下用晚，譚芳及余女俱在。

夜李遠、堯勳、肇乾俱在加拿大飲茶傾偈，步行至鹹魚欄始上車，返院。

馮氏又到四姐處檢查什物。

9月18日　星期六

提　要：八月十四，太平豔影起首減價。

晨早起，十時在院工作，午陸羽品茗，下午往亞洲見朱箕汝，畢，返院工作。

1　此處"頭首"相當於今天所說的"首輪"，即第一輪播放新片。

9月19日　星期日

提　要：八月十五。

晨如常工作，午陸羽，張民權共午食，下午返院竹戰。

略睡至八時始返院，得悉全院客滿，與李遠在加拿大敘談，九時返院，卓哥約往高陞觀劇，於是乎三人共往，至十二時返寓，大雨淋漓。

太平豔影廉價有效。

舍下竹戰至天明。

9月20日　星期一

提　要：八月十六。

晨如常，午陸羽，下午回院，馮氏又至，不外索閱首飾事也。

張民權之膩友鳳影欲往安南，張意阻之，故請余往新紀元，大談安南境況與女招待亞麗聽，免彼強邀鳳同往也。

9月21日　星期二

提　要：八月十七，今晨日飛敵總襲廣州。
定妥楚岫雲。

晨照常工作，午與海雲、啟新品茗於陸羽，下午返院工作，李遠到探，竹戰小勝利。

夜楚岫雲及其父到探，議妥全年四千五百元。

得悉鏡花影休息，須九月方能復興，並要求太平豔影度往，余漫應之。

查位、地下帶位甚懶，不足靠也，允於新班後，錫康照其他帶位一律工金。

9月22日　星期三

提　要：八月十八，日機卅餘架空襲廣州，毀滅捐〔損〕失甚多。
拍一電與師曾，述及岫雲已妥。

晨十時往祭先母（弍旬）。

午陸羽品茗，下午與海雲在加拿大傾談，商量檢驗《共赴國難》。

晨接吉隆玻炳照來函三通，師贊一通，即覆。

十弍時半與馬惠農往見周兆五，交捐款一千元，並譚蘭卿五百元。

夜往高陞觀譚玉蘭，適民權與鳳影在座，甚淡。

9月23日 星期四

提　要：丁丑、八月十九。

晨照常，梳洗及工作。

十一時半往加拿大，與廖鴻明、譚芳飲茶，得悉《共赴國難》已許影，且霍兄允交我院頭首。

正午陸羽品茗，亮宣亦至，余向他發言，並謂，如閣下欲用錢，請問余支取，他諾之，並云不日將契券交余代藏云，二時遂別。

下午到張惠濤處定片，得悉他之抗戰特輯又交中央、皇后放影，余已得《共赴國難》，故不甚計較。

夜照常工作，郭鏡清到座，談及怡和股份事，余照他辦理，他並答應借三千元新班用，太平豔影再續一個月，逐台計，人工柒折，每月至多休息柒天，先交五日上期，俱港毫計，由九月初九起做。

9月24日 星期五

提　要：八月廿。

起影《上海浴血抗戰》，甚旺，收入一千四百餘元。

9月25日 星期六

提　要：八月廿一，觀馬。

晨十時半試畫，與霍海雲同看短片，加插在《共赴國難》中，十一時半陳宗桐有電話至，解釋已〔以〕往事，並要求多排的[1]片，以補其欠款，余答以商量，並着他倘有特別辦法，當然可行也。

下午與海雲、啟新等往觀賽馬競博。

夜續影《上海浴血抗戰史》，仍旺。

9月26日 星期日

提　要：八月廿弍。

晨照常，梳洗畢，午與小兒輩在陸羽品茗，先是往理髮，遇羅成業，得悉陳宗桐之車4031已為他轉購了。

下午足球練習。

夜在加拿大與廖鴻明商量借款及拍片事，預支片租四佰元。

9月27日 星期一

提　要：八月廿三，匯款省捷成洋行源龍章，利舞台抗戰走片事。

晨照常，梳洗畢，返院工作，交銀大通銀行，午陸羽，桂少梅共斟鳳凰劇團事，下午薛兆璋約加拿大商量利舞台明日影《上海浴血抗戰史》，余其〔起〕初否之，繼念將來太平劇團亦有交易，究不如大量處之，遂勸卓兄姑准其放影，但利舞台歷向如是，必老早預告，饞奪別院生意，後兆璋請加拿大食餐了結。

省港藝術界到租院，全日夜一百六十元，娛樂稅他自理。

從〔重〕新立一仟五元欠單與源龍章，由廣東銀行匯上，先附去年全年息銀一百八十元，合計國幣一捌口〔五？〕元四毛，由擔保信寄上。

張民權，五時大酒店飲茶。

1　此處“的”字按粵語“啲”字理解，即多排些片。

9月28日 星期二

提　要：八月廿四，是口〔日？〕與利舞台走片《上海浴血抗戰史》。

晨高陞茶樓早茶，海雲、曙光、其友及余四人，至九時始別，早起時在舍下，余謂亞友：“真正唔得閒，連鞋糕都唔刁〔丟〕埋。”她隨即駁咀曰：“係無野做呀。”余即憤然逐她外出，後姑念其年幼，恕之。

午陸羽品茗，下午足球，兼加大。

夜請尼姑建醮，超度先母，九時過金橋，三時半燒紙札〔紮〕，口〔明？〕晨八時口〔陪？〕叩，親友到吊〔弔〕。

梁秉照來函，謂馬病，停柒天，隨即拍電問明，着即覆，夜捌時電話問馬惠農，據云包無事，准廿九號入怡保。

七姐過機械，凡事提防。

着亞仔帶親筆函往見任劍輝。

9月29日 星期三

提　要：八月廿五，先慈三虞之辰。

晨七時半即梳洗，往先慈寓下，預備親友到祭，馬文星到祭，致備生豬、菜品，並同時答謝吉儀。

午陸羽品茗。

下午二時接馬師曾來電，足疾猶未癒，准星期日在怡保開台。

薛兆璋要求補償告白費二十八點八元，甚為小氣。

9月30日 星期四

提　要：八月廿六。

晨十時起，梳洗畢，往院工作，午陸羽品茗，鄭德芬力述陳宗桐不是處，並起價事。

夜照常工作。

十二時（上午）往差館報告，大隻廣、李容、黑骨仔俱在院內驗搜，且

〔具？〕以存案。

廖鴻明借片租一百元，現款，夜八時半。

10月1日　星期五

提　要：八月廿七，孔聖誕。

晨捌時早起，往高陞品茗，忽然源廉至，謂錫藩中痰，余隨即召計程車返舍下，叫張醫生、葉大楨醫生至，均謂不甚要緊，祇細妹生癪而已矣。

午陸羽品茗，下午返院工作，馮氏約四時至，不外索首飾，種種事幹，並約余星期一晚往食飯，見她的所謂大佬，現在陳濟棠處服務，余不理會她。

夜家人環集竹戰。

是日上午送與孔聖會祝聖，循例補回電費、什費廿元，並寫回收條。

10月2日　星期六

提　要：八月廿捌，晨十弍時見韋寶祥，商量對待馮氏事，午十三郎斟錦添花，謝益之商量馬大哥入片事。

晨早起，梳洗，先往院辦公，十一時許往高露云狀師樓，見韋寶祥君，商量對待馮氏，據他云，正當手續，她無乜入口〔食？〕，況且已有狀師信為憑，萬不能今日話此，明日說彼，如須要贍養費時，汝可云："我乃打工，每月薪金一百六十元，照計或要求一次過補回五百元，唯雖〔需〕向東主討取人情，按月扣除，否則不能辦到，總之，當票萬不能交她手，恐防她搶去，對於物件交與她看否，故屬平常事，照家族觀念而論亦可，唯法律手續可以不必，如有事發生時，再商量。"

下午觀足球，與民權兄先往新戲院觀跳舞，後在新式與管卓兄晚飯，又往牛奶公司食雪糕。

夜海陸空演集，收入略受影響，源龍章有函至，並寄回揭單。

廖曙光請廣州西江廳。

1926 1928 1929 1930 1931 1933 1934 1935 1936 1937 1938 1939 1940 1941 1942 1943 1946 1947 1948 1949

10月3日 星期日

提　要：八月廿九日。

晨如常工作。

十一時鄧英到訪，同往陸羽午食，無耐，亮宣兄又至，鄧英之女現已學習跳舞，欲想加插在電影內云。

下午約亮宣往觀足球，與嚴幼祥、民權相遇，賽畢，共往陸羽晚飯，順道往新世界一座〔坐〕，下文不知。

何大姑，即牛仔之母，到座，欲余聘請玉玫瑰，余諾之，唯必要先觀其戲，余請她明晚食晚飯，她堅卻，大抵今時不同往日也。

馮肇堅借畫景，應允每日一元，送與擔畫員飲茶。

10月4日 星期一

提　要：九月初一。

晨蓮香早茶，鄧英約往，遇黃鶴聲，唯余不向他招呼，祗鄧英與他面談，余叫他往覓麥秉榮，午十二時半往文苑，與馬文星見面，商量太平豔影往普慶唱演，余獻議收一、二、三毛椅墊費，一成計伸，他允明日答覆。

下午返寓休息。

夜七時半鄧英與麥炳榮來見余，索身價七千元，還六千，他允着人往省對袁新說知，然後答覆，余遂宴他們在金陵。

馮氏之約，着仕可答覆，因風不便，並給十五元與仕可，交她作家用。

10月5日 星期二

提　要：九月初二。

晨□〔約？〕人往蓮香，與鄧英相談，院照常工作，午陸羽，下午四時與安妮往告樓士打飲茶，略談。

10月6日　星期三

提　要：九月初三。

晨照常工作，是日為先慈四旬。

午陸羽品茗，先是管卓約往見譚玉蘭，商量買一九四〇汽車事，她索價一千六百元，卓還一千五百元，卒之不合，始別，余往利舞台找她時，適是日日戲，全體登台，大堂及各等座位均寥寥無幾，半日安垂頭喪氣。

下午得悉，該省港藝術界賑災會因沿門沽票，為謝家寶煮鬼故，華民政務司即派紙，着司理人去見他。

文仕可交廿元與馮氏，十五元家用，五元鞋費。

下午又與安妮往告樓士打八樓午茶，並其幼妹，得悉她並不是姓楊，查實姓鍾云，暢談畢，乘 TAXI 返寓。

夜接麥秉榮電話，來自省方，明晚再斟。

10月7日　星期四

提　要：九月初四。

晨蓮香品茗，與鄧英商談王中王事，午陸羽，區啟新請飲茶，下午返舍下。

華民有紙，召焯兄往見，因游〔遊〕藝會辦事人不甚正當，且沿門賣票。

夜金陵消夜，每人二元，鄧英欠廿元，李遠二點五元，源廉三元。

麥秉榮有電話至，約明日十一時半再談。

張民權有電話至，謂，如交銀與鄧榮時，請交少廿元兌數，因他欠二十七元云。

10月8日　星期五

提　要：九月初五，定妥麥秉榮，並借四佰元，立欠單一張。

晨如常，往蓮香品茗，午因候麥炳榮回覆，故在珍昌與焯兄等午食，至三時他始至，食畢，返院，着他立約，全年六千元，先交定銀一百，立欠單四百元，鄧英為證，並即晚請客於金陵，俱召妓，他與其結婚的妓女同飲，余等宴畢打水圍。

游〔遊〕藝會甚不合手續，馮肇堅借七十五元，立IOU一張。

10月9日　星期六

提　要：九月初六。

晨往院工作，午陸羽品茗。

下午往觀賽馬，與一枝梅相遇，至第六場，往觀足球。

夜金陵AA局，每位弍元，至十弍時各別，乘汽車，送海雲返灣仔。

10月10日　星期日

提　要：九月初七，晨由八時至十弍時報效與西南中學，午皇后酒家，下午告樓士打與一飲茶，並在TAXI內贈她五十元，往高陞罵鄧全，為黃鶴聲事。

晨十一時半往戲院，與張潤州相遇，他與余握手，並多謝報效及畫片事。

午皇后酒家，與郭元海、鄧英三人飲茶，畢，返院工作。

下午霍海雲請告樓士打飲茶，與一枝梅相遇，余送她返寓，並在計程車廂內給她五十元。

余話鄧泉乃漢奸，因他雅不欲余等定黃鶴聲，蓋一經定到，他則失卻一班伙食，每日損失四五元，故他為自身計，必設法破壞，余往高陞接內子散場，鄧泉預先請消夜於威靈頓，在座者鄧英、源廉、李遠。

10月11日　星期一

提　要：九月初八，午文苑，下午告樓士打，夜宴黃鶴聲於金陵文苑。

晨蓮香品茗，理髮，午文苑，與黎民三品茗。

下午與鄧英在告樓士打商量定黃鶴聲事。

夜在金陵設宴，請黃鶴聲，他十弍時半始至，彼此暢談，他意云，必俟安南解散後始能返港，而他意欲與余合作，另聘李翠芳，細查港中潮流，趨向女包頭，必不能改用男花旦也，他允到安南時再行奉告，至夜深弍時始散，喚汽車送他返高陞｛此“高陞”未知是指高陞戲院還是高陞茶樓，未入索引｝，送鄧英返灣仔。

10月12日　星期二

提　要：九月初九日。

晨照常辦公，午與金中鳴、霍海雲、鄧英等午食於新紀元，下午返院工作，再往加拿大，約三時半游〔遊〕藝會梁口〔同？〕等到，云華民叫我地將他應得之款一概交還，及後下午七時半，彼等領隊者為黎佐明到索款，適逢華民又有紙，叫卓兄後天往見，故焯兄立實宗旨不給他，除非拈往華民署，彼等惡言穢語，卒之約齊，口〔照？〕｛該字有被劃去痕跡｝後天行事。

夜海雲設宴廣州北江，至夜深一時始散，明日五旬。

是回不口〔見？允？〕空郵到港，不知何故。

10月13日　星期三

提　要：九月初十，晨五旬，蓮香，午文苑，王醒伯，馮氏索家私，每月六十元，三時許。

晨七時往先慈處做五旬，畢，與源廉往蓮香品茗，後往加拿大，與焯兄相遇，談及游〔遊〕藝會籌款事，彼此預備明日上華民處交銀。

與鄧英往文苑品茗之際，在舊街市（中環）遇見王醒伯，余即上前執住他，問他舊數，他面色愴惶，手腳顫動，懇余下次到談。

下午余在冷巷玩足球之際，馮氏居然直到質問如何，余決不理，她云，嗣後每月索回六十元，另要搬傢私，余不理，她與亞廉往加拿大飲茶了之。

夜做數，預備明日往見華民。

10月14日　星期四

提　　要：九月十一。

晨{略}，略睡，往院辦公，午與海雲、鄧英等新紀元午食。

下午在院候啟明公司到簽約，再約明日。

晨九時四十五分游〔遊〕藝會事，焯兄往見華民，交一戶口仄與他，唯彼等欲換現銀仄，不理會，他甚焦燥〔躁〕。

夜七時許，鄧英借十元，簽 IOU。

捌時許邵仁棻到座，欲太平每月放影三套南洋片，余堅持先影《續白金龍》，後影《女性之光》，明日答覆。

華人消夜。

英傑懇求早日排《兒女英雄》。

10月15日　星期五

提　　要：九月十弍。

晨晏起，十時許往戲院辦公，十弍時半與沈吉誠約往加拿大傾談，斟《華北戰事》片事，午新紀元，海雲、鴻明，品茗畢，返院，見馮氏又至，避免正面衝突，余返寓，決議將四姐遺下之傢私拍賣，購公債，家用每月只給他 15 元，並着源廉派人跟住她尾。

夜找福壽數，找弍佰元作完，前後用去七百一十元，由太平劇團薪金扣銷，以免貽人口實，決不沾染三樓額外費用少許。

宴於金陵，唯一召余返香巢，究不知何故，俟異日再問之。

至火井，適內子由普慶返，共登樓焉。

10月16日　星期六

提　　要：九月十三。

晨如常工作，午新紀元，張民權請午食，並交他五十三元，收音機費。

下午食畢，與他往亞洲探朱箕汝，得悉《白天使》攪〔搞〕得一翻〔番〕

手續，下午四時往中華飲茶，與"一"相遇，並略傾焉。

夜九時許先在華人餐室食物，得悉有一電報至，着定王中王，如妥，再定黃鶴聲，畢，往普慶觀劇，萬年青，《脂粉袈裟》，十一時許返港寓。

10月17日　星期日

提　要：九月十四。

晨照常工作，午新紀元午食，弟女輩俱在，下午在舍下略睡。

鄧英至，他意欲定陸飛鴻，余恐他過事虛張，反為影響大局，故制止之，夜與焯哥、鄧英、李遠等共往觀譚玉蘭班，半日安，卓兄意，恐將來太平劇團過輕，究不如先定半日安，縱使黃鶴聲不得，抑〔亦〕不怕也，王中王着鄧英代斟，明日答覆。

消夜，華人餐室。

10月18日　星期一

提　要：九月十五，是日為余生辰之日。

晨如常工作，午新紀元午食，祇余與海雲、區新三人，鄧英在三樓與黃鶴聲有野斟，下午返寓，約四時再與譚芳往告樓士打飲茶，畢，返舍下用晚，譚芳、鄧英、區辛及家人俱在。

夜八時往利舞台，觀萬年青《脂粉袈裟》，十時許在華人消夜，焯兄亦往焉。

{略}

10月19日　星期二

提　要：九月十六。

晨如常工作，午新紀元。

定妥王中王，全年五千元。

譚蘭卿來函，突然辭職，不明緣故，立即電話問亮宣，渠亦不知，故與焯兄商量，先拍信電，後用飛郵，制止妄動，適定王中王之際，亮宣亦在場。

夜十一時半始往金陵，至壹時許始返寓。

10 月 20 日　　星期三

提　要：九月十七，梁炳照無故殷勤，無怪卓兄思疑，或者真有其事，亦未可料，戲人大抵如是。

晨往蓮香飲茶，詎料“一”已先至，且執點心焉，迫不得已，略事敷衍，送她返寓，查此女之往蓮香者，有用意焉，（一）討好於余也，（二）彼執點心則不怕姊妹或家人笑，而且又紅潮至，可以對人說，不過撚化我也，姑無論如何，必釋□〔白？〕她，又不知何故，她知到〔道〕余往新紀元及高陞也。

下午先接馬來電，着速定譚玉蘭，後接秉照來電，謂明日往哌喃｛今作“庇能”，即馬來西亞檳城｝，而馬之電謂，函電不可覆炳照，但卓兄思疑，炳因馬疾乘虛而入，與蘭有染，並不是財政問題也，而余則決不是，必因錢也，因馬欠蘭約 4000 餘元女人錢，睇不開，故有此舉，故分途拍電制止外，另備函各人調解，至云往哌喃，余則不願往也。

往利舞台接內子，在華人消夜，五姐在焉。

10 月 21 日　　星期四

提　要：九月十八。

晨如常工作，新紀元與內子同食，畢，返院工作，下午返寓休息，為避免該馮氏騷擾起見，故避之。

夜往陶園作局，李遠借一元，鄧英共欠伍元，該“一”十一時始至，略坐即云，因廣州、金陵俱不見汝們，故未知你來，且爾地用“李因”二字，余諾之，不辯，本擬多言，唯不欲多墮圈套也。

晨獨往蓮香飲茶，見馬公權，說道新班困難處，並拍電往哌喃，解釋馬、譚事，函電俱同日發。

余料馬、譚亦錢銀問題，且馬素性刻薄，觀余由星獨返，可見一斑矣。

10月22日 星期五

提　　要：九月十九，日本轟炸，廣九車路隨毀隨復，依然通車。

晨如常，十時許往院辦公，謝家寶電話，由李德□〔閏？〕經手租院，院租一佰，捐五十，實收五十元，容日簽約。

午加拿大與廖某飲茶，後又在華人。

馮氏又至，唯余不理會她，決實每月不多給過廿元，傢私什物不能任搬，實以強硬手段應附〔付〕。

夜往普慶觀劇，得悉馬文星往光明，約他返院傾談，唯不見面，迫不得已，與焯兄、鄧英返香港，又往華人消夜。

鄧英云，黃鶴聲明日與其父到座。

10月23日 星期六

提　　要：九月廿。

晨如常工作。

午新紀元，下午往觀賽馬，與“一”相遇。

10月24日 星期日

提　　要：九月廿一，馬、譚電來，並覆。

晨八時{略}，入夢，十弍時往院，弍時新紀元地下飲茶，畢，與碧侶、張民權及其子先在大酒店飲茶，後往觀慈善足球，在陸羽晚飯。

馬來電云：“函電悉，勿□〔懼？〕。”蘭卿來電，允做{原文此處有一後引號}，與卓兄商量覆電，請馬勿生異議，並蘭卿慰語。

據鄧英言，黃鶴聲有允意，明晚再斟。

余等立實主意，無論馬如何，萬不能強就，如不允，唯有黃鶴聲、譚蘭卿等另起大班矣。

10月25日　星期一

提　要：九月廿二，在金陵候黃鶴聲，不至。

晨照常辦公，午溫伯祺請食於國民二樓，霍海雲與其弟另座，下午與梁飛燕往中華飲茶，源廉亦往，不外她欲接班，並擬用埋其兄梁志覺。

夜焯兄交回四百元及仄，往定黃鶴聲，故余至十一時許往金陵，先定下一廳坐下，候至弍時，鄧英與黃不至，余遂埋席，畢，乘車往找鄧英，始知黃在陸海通開房 314，用鄧印之名，三時返寓，略睡至六時。

10月26日　星期二

提　要：九月廿三，先慈末旬。

祝三來函，秉照來函，均收妥。

晨六時即起，梳洗畢，即往四姐處做末旬，畢，即往蓮香品茗，並責罵鄧英，不應昨夜不赴金陵，以至〔致〕孤候他。

帶擔畫人到談，訂明六個人，連公益費，每月一百六十元，余遂利此價，向太平劇團原日擔畫三人宣佈，彼等允五個人，每月一百五十元，唯卓兄堅持不用伯瑜云。

余租與大觀，每月一百六十元，一連三天，並與錢大叔商量下屆租新世界做影戲頭首院事，各人均允，遂簽約焉。

夜十時返寓睡，{ 略 }，至十弍時醒，{ 略 }。

午食於新紀元，亮宣亦至，余託他商量，斟普慶事，並不可宣佈我們之意。

10月27日　星期三

提　要：九月廿四，黃鶴聲有得斟，是日下午將先慈遺物由五姐手分派。

晨蓮香品茗畢，返院工作，午先與廖兄往加拿大，後往中央略進心點，感覺不適，返舍下休息，至三時半出院，往盧國棉租院，與他租銀弍佰元，全日夜，四時往中華飲茶，與授廉同坐。

夜潘大姑與其子牛仔，並玉玫瑰，余卻之。

黃鶴聲七時至，訂實全年工金九仟五元，明日再斟交定口〔式？弍？或？〕借款。

金陵用去八點三五元，並打水圍，至壹時許始返寓。

下午由五姐手將遺物（先慈）分派與各人，馮氏亦在焉，她候至散場始去，不外欲交涉首飾，並多索款項目及搬屋費。

10月28日 星期四

提　　要：九月廿五，馮氏鼓噪及搬傢私，金陵李遠大醉如泥，漫〔謾〕罵鄧英。

黃鶴聲收定一百五十元，並借三百五十元，定妥。

晨往蓮香（八時），乘電車之際與馮氏相遇，彼即問余，首飾在何處，搬屋費如何，余不理，憤然上車，至蓮香九時許，至十時返院，黃鶴聲與鄧英在華人餐室相候，至十一時許焯兄返院，約黃及其父母、鄧英數人先往告樓士打相候，再斟簽約，交定五百元，一百五十立約，三百五十元借單。

午新紀元，得悉馮氏與五姐相罵，且霸酸枝枱椅，余得聆之下，即返院，俟她往叫貨車之際，着各伴將台椅先搬，免屆時生事，她呆然，四時許乘貨車來搬什物，無廉恥之極，她連日在戲院相候，俱不獲見面。

夜鄧英集份宴於金陵，李遠因環境支配，無錢浪費，大發牢騷，借酒漫〔謾〕罵各人，恐生事，紛紛逃避。

馬公權十一時（夜）有電話至，余在金陵覆他。

10月29日 星期五

提　　要：九月廿六，譚芳同席。

晨蓮香，不合，改往海鮮公司，鄧英對於李遠醉酒事甚不適，嗣後決少交游〔遊〕，畢，返院工作。

午時李因攜西紙到寫字樓，約往午食，先在加拿大遇譚芳，後往新紀元，下午華人，返寓。

夜潘大姑到，借款三佰元，卻之。

晏於金陵，乘車河送鄧英返灣仔。

源香雪由鶴山至，募捐儲糧會，余認。

10 月 30 日　　星期六

提　要：九月廿七。

晨十時往院辦公。

午新紀元，下午觀足球，晚飯陸羽，夜金陵，龍江、海雲、司徒偉文、李遠、鄧英、源廉、鴻明，至十弍時半始散。

10 月 31 日　　星期日

提　要：九月廿八。

晨｛略｝，略睡，返院工作，太平豔影全體女藝員要求不可初二解散，余堅持休息六天，再演六天，彼此三翻〔番〕四覆，駁論數回，議實即晚答覆，隨即電話搵馬文星，約三時在加拿大商量，一時與家人們、張民權等在新紀元用午，內子云，撞見馮氏與一西裝友在新紀元門口處俟立。

三時馬文星至加拿大，焯兄亦至，三人共談，他微有允意，並要求椅墊任收，太平劇團頭台，卓兄答允，祇限一次，下次不能作為援例，並訂實太平劇團，條件如舊。

作局金陵，十二時許返寓，內子譴責，不外想淨〔剩？〕錢也。

11 月 1 日　　星期一

提　要：九月廿九，定《朱德雁門關血戰》｛正文作“朱德血戰雁門關”｝，國民午食，柯達簽約，華威二首權，游〔遊〕車河，與“一”，華人，馮俠魂事，馮氏搬往軒尼詩道 351 號。

晨洗地，早起，往蓮香品茗，一枝梅已先在，暢談至九時，與她、鄧英、源廉四人遊車河，至十時許返院，照常工作，午先約廖某往柯達簽約，蓋余雅不欲過於負責，必要訂明，方敢行事，且責成廖兄，不應與九如坊訂弍首權放影《大義滅親》也，往國民弍樓午食，伯祺、李遠三人。

下午四時在加拿大候譚國英，商量放映《朱德血戰雁門關》事，妥，未訂之前，余往華威訪馮其良，彼允將《七十弍行》交太平弍首放影，請影《時勢做英雄》三首[1]，余諾之，唯必審慎焉。

馮俠魂有信至，云余等欲燒渠炮，請暫借五百元，不理會他。

夜余遇鄧英，與和發肥佬飲茶，想黃鶴聲之柒十元，鄧英用計也，馮氏仍候。

11 月 2 日　星期二

提　要：九月卅，晨潔淨幫辦要洗地，師贊、炳照俱有函至，祝三亦然。

馮俠魂事，和發肥佬代黃鶴聲收七十元西紙。

晨照常，往院辦公，因昨日洗地不妥，今日再洗，仍不妥，迫不得已再求情，重洗一次，由卓兄往見該英人，由他指示，何不僱用咕喱幫手，故明天再洗。

午先往加拿大，後往新紀元品茗，畢，返院工作，始在後樓三樓辦公，下午四時許接航空郵，始悉師贊、炳照暗潮太甚，故有此舉，師贊小人也，不可不防之，五時在加大品茗，與馮俠魂遇，余代解釋，非有意燒炮云，彼欲借款，但卓兄堅持不允，余本欲往觀《戰地歸來》，但有事所礙，民權云，不日有一公館成立，請余往座〔坐〕云，夜照常工作。

院伴與客打交，余往華人消夜，十二時返寓始睡。

11 月 3 日　星期三

提　要：十月初一，晨照常工作，午新紀元，夜一枝梅到訪。

晨照常工作，午新紀元品茗畢，在大道西與阮達祖相遇，他往長沙，下次再見。

夜上海妹到，允萬柒元代半日安接全年，李耀東度泰山日子，普慶亦係星口〔流？派？〕{未知何解}代留也。

1　“三首”應該是指待其他影院放完首輪和二輪後才能播放。

馮氏電話至，余不理會她，轉駁票房，由源廉答覆。

約十時在院門口踼毽，適一枝梅至，而余內子亦在，故彼此均詐不相識，免生事端也，後往華人消夜。

余對於此妓本屬無意。

11 月 4 日　星期四

提　要：十月初二，勤洗廁所。

晨十時許該潔淨幫又至，遍查一次，各事已妥，後在院寫字樓用酒。

午與一枝梅在新紀元午食，畢，用計程汽車送她返寓，下午返舍下竹戰，夜金陵。

寄飛函與馬師曾，因下午收到電報，云十九號由星返港也。

夜宴於金陵。

11 月 5 日　星期五

提　要：十月初三。

晨如常工作，午國民二樓午膳，下午過海，搵馬文星，詎料他慝面不見，余遂返香港，往理鬢，四時許在華人餐室見鄧英，始知古錦文有信由安南回，因少新權不受，欲定俠魂及海天，並將其函交余披覽，遂約即晚到太平商量。

下午五時接馬師曾來電，悉彼意欲定回譚秉庸，以副黃鶴聲之職，卓兄決不借款與馮俠魂。

海雲等宴於金陵。

11 月 6 日　星期六

提　要：十月初四。

晨如常工作，午華人，李遠為東道，下午返院，得悉一枝梅到院觀電影，先是，昨夜余與她在海皮一行，聊慰寂寥，是日黃耀甫亦至，不外意欲謀事也，故余邀他同往二樓觀電影，彼此會意，閱畢，三人共往香港仔晚飯，余恐此女亦拜金主義，故諸多戲弄也。

是日原約半日安，因新戲故，不至，改明日。

夜陶園，民權設宴，余不終席而回，因倦極欲眠，{略}。

衛少芳電問何日開身。

《金屋藏嬌》合約簽妥。

11月7日 星期日

提　要：十月初五，定妥半日安，全年萬柒，撥一千員〔元〕，欠卓實萬捌也。

晨照常，午與兒弟們往陸羽品茗，張民權及其子均至，並謂他的愛友知悉馮氏與男人在陶園夜宴，余諱諾之，畢，共往普慶，訪馬文星不遇，遂往平安觀劇《小木蘭》，四時後返香港，電約卓兄往威靈頓餐室，知會半日安，講實萬捌元，撥去一千元欠單，兼用埋治其標，亞強、非林及亞甘等俱照舊價，畢，往加拿大用晚，見上海妹，同桌焉，她應唐雪卿之約，往金龍晚飯，遂別，返院拍電與馬師曾云："定妥日安，勿用炳容，請備新戲。"

陳宗桐狡猾之極，問太平何日開台，適馬文星到座，完全聽清楚，遂定妥舊力〔曆〕十月十三往普慶，至廿止，演太平豔影，分賬為百分之四十八、百分之五十二，盤廿元，告白公執，免椅墊費，此後日戲票亦一概免費印刷，並同時應允演泰山劇團，心意與薛仔拍台，大減座價，務令拍衰此人。

廖鴻明允將《大義滅親》交太平弍首放影，並附合約。

11月8日 星期一

提　要：十月初六。

晨如常辦公，上午先往加拿大，後回院見卓兄，談及打鑼蘇之大鼓成事，蓋如不用亞成，恐新人來，對於工作困難，卓兄卒和議，用回亞成，叫打鑼蘇到談，下午三時解決（馮氏至）。

下午弍時在華威公司定片《七十弍行》，為太平弍首。

下午五時一枝梅至，共在戲院觀劇、電影，至六時余返舍下洗燥〔澡〕，畢，往華人用餐，鄧桂芳來，斟加插在電影內表演，余薦他往利舞台。

夜鄧英向戲院借二十五元，簽 IOU，因其女有疾，並露求職意，約每月百餘，華人消夜畢，返舍下入睡。

11 月 9 日　　星期二

提　要：十月初七。

早照常往院工作，午國民品茗，電話麥佛，取免稅紙。

下午返院，接一傳票，由華民處，乃馮氏之事，隨即往見韋寶祥，交帶關學臨狀師辦理，搜集證據，明日十點半上堂，余查先嚴為廿四年三月廿逝世，即舊力〔曆〕乙亥弍月十六，馮氏由鄉至港，初次十月廿，九月廿三，廿五年十月五日，即丙子年八月廿初次交家用，三姐是年（舊）五月廿四去世，即七月弍號、三號、廿五返鄉，她不返，今年五月份（舊）每月起 15 元，因銀喜往外打工也。

夜｛略｝，往華人消夜。

11 月 10 日　　星期三

提　要：十月初八，十點半往華民，與馮氏對審，她堅不允每月十五元，或由巡理府解決，姑候之（晴）。

晨九時往蓮香品茗，十時一個骨往高露雲寫字樓見關學臨律師，共往見華民，抵步時馮氏已先至，由關律師先行解釋，馮氏諸多穢言穢語，涉及內子，要求補回一萬元首飾費，並每月一百五十元，實行離異，華民不理她，祇限每月十五元，且勸她返鄉居住，極為合法，並言法律俱先行供給老婆，後乃老母，如她不允，着她起訴，余與律師遂退出，祇留她在此，不知進行與否，容日便知，此人舉動野蠻，極端可惡，同時有數無賴與她同立。

是日租與廣東中華救護隊，院租日夜弍佰元，高陞觀劇，華人消夜，梁飛燕定否，由焯兄主意。

{略}

11月11日 星期四

提　　要：十月初九，和平紀念日，休息，裁判司傳票，星期一對質。

晨照常工作，午國民，下午接裁判司傳票，不外為馮氏事，準〔准〕星期一對質。

夜源廉因打口〔場？揚？〕跌倒，足部受傷，不能行，並請內子往國民消夜，鄧英、李遠，夜深一時始返。

李亭玉，東樂戲院司理，數次與焯兄電話相談，唯均不獲見面，蓋為陳、薛利用，欲知太平劇團何時開首矣。

黃三姑又有電話至，取款，焯明云，再有下次，給予多少，五十或一百。

11月12日 星期五

提　　要：十月十日，陳蕙芬生辰。

晨早起，因內子生日，啟新請食粥（三元），鄧英、李遠俱至，畢，返院工作，往見韋寶祥，得悉該傳票乃內堂事，嗣其正式開堂，方開始談判，準備星期一上堂，至云太平劇團薪金，可說每月卅元伕馬費，每年做數月，酬勞不過三百、二百，此款亦不夠支消應酬藝員云。

往見盧國棉先生，商量娛樂稅事。

下午往加拿大，與廖鴻明談及畫片事，取新衣，兼定灰絨袂〔褲〕。

夜雪梅等俱至，因亞妹生日，濟濟一堂，甚熱鬧也，往院與卓兄商議，准在普慶散班，寧願補人工與女藝員，免馬疑問也，張瑜允擔保，其他工友不敢多事，萬事由他負責，訂實全年，每月一百五十元，衛少芳依然要求少她五十元，失口〔了？子？〕畫數幕。

民權、海雲、其良在加拿大飲茶云。

11 月 13 日　　星期六

提　要：十月十一日。

晨｛略｝，略睡，即梳洗，往院辦工，先往見盧國棉，後往見譚芳，談及箱運往廣州事，訂實價銀 150 元，午食於新紀元，下午與民權往觀足球。

收訂普慶合約。

廣州，召一枝梅，她云，她知馮氏與其親友宴於陶園，並追問訟務事。

夜弍時始返。

應允供給文仕可之姪讀書，每月兼代支家用書籍，現已支轉。

11 月 14 日　　星期日

提　要：十月十弍日。

晨照常辦公，與小兒弟輩在陸羽品茗，張民權、朱箕汝俱至，茗畢，往理髮，並在陶園晚飯，先是，內子往雪梅處食晚飯，碧翠通知她謂："亞PAPA 往飲花酒。" 故余特約鄧英、李遠在舍下晚飯，並着文仕可往商務取書藉〔籍〕交其姪。

一枝梅亦如常傾偈，不過余恐其另有肺腑也，故託言返院，未知她再返陶園否。

與內子返舍下消夜。

11 月 15 日　　星期一

提　要：十月十三，早十一時馮氏與其弟在巡理府候審，且聲言必用人打余及小女，並着人返鄉轉田產云，且用手在庭外推余，甚凶〔兇〕蠻，慎之，1 萬 1 百元。

晨捌時起，先往蓮香飲茶，返院約文仕可，再往中環往高露雲狀師樓，約齊關狀師往巡理府見 1st Clerk[1]，與馮氏對質，該 1.C 謂，今晨孖打狀師派一高佬上來，謂不甚公道，余有狀師，她無，余狀師遂謂，余並非問

1　"巡理府" 今稱 "裁判法院"（Magistrates' Court），First Clerk 即 "書記長"。

口供，不過旁聽，她又堅持補回一萬元，每月一百元，該 1.C 問她，何以不返鄉，她口〔噎？〕然不知所答，唯有着她與她的律師商量如何進行矣，審畢，她有堂外用手推余，着余小心，並謂返鄉轉余之田，及着人打余並子女們，當時她的弟亞標亦在，甚為兇蠻，余律師與余遂乘 TAXI 返，且看她如何，夜焯兄與余商量，余謂不妨對其弟說口給她一機會。

往普慶觀太平豔影，甚旺。

11 月 16 日　　星期二

提　要：十月十四，薛覺先在高陞演劇。

晨如常辦工，午陸羽午食畢，往加拿大見黎民三，並定造膠印，適逢他與其少東談及家事。

下午返院，收電報一封，並梁秉照來函，夜其家人有電話至，不外詢問炳照何時返港矣。

焯兄對余言，亞標已往澳門。

夜照常工作，對海甚旺，且先一晚李亭玉到座，並欲定太平頭台及弍場，收椅墊云。

鄧英、李遠在舍下消夜。

王中王電問呂玉郎及其手下｛原文此處空了數格｝事，着培叔明日答覆。

11 月 17 日　　星期三

提　要：十月十五。

晨如常，｛略｝，辦工，往院催盧國棉交娛樂稅，午陸羽，麥炳榮到問，欲借二百元，晉省贖回私伙衣服，並上期之事云，余答以商量。

下午略工作。

夜如常，廖兄到試片，畢，往陸羽消夜，至夜深一時始返，內子甚鼓噪。

泰山劇團李耀東借一百元。

鄧英欲借款，余卻之，消夜畢，不知何往。

11 月 18 日　　星期四

提　　要：十月十六，盧國棉代簽兼交娛樂稅 $1154.50，馮氏往美璋見卓兄，星洲來電，下卷《泰山壓九魔》。

晨如常辦公，午陸羽，譚芳、鄧英、譚亮等午食，下午在院足球游〔遊〕戲，適一枝梅到院，黃大偉在旁，共往香巢，至下午六時許返寓晚飯。

夜初演泰山劇團，譚玉蘭要求她的母親免費，劵 NO. 一叁捌。

馮氏下午往見焯兄，要求每月五十元，並聲言覓人打余，苟余不將首飾交回，焯兄云，姑勿論如何，汝其初已行錯棋，將四奶控告，今又反悔，縱使有何事，在余方面，唯有偏袒他矣，並着她三思，然余亦願每月給她卅元，聲明不得騷擾。

星洲來電，藝員搭鴨家 SANTHIA，馬乘鐵郵 RANPUTA。

11 月 19 日　　星期五

提　　要：十月十七。

晨如常辦工，午先往加拿大，後【往】與廖兄往長虹略座〔坐〕，往思豪品茗，在座蘇怡、司徒偉及余與廖，畢，返院略戲足球。

夜照常，泰山有進步，演《皇姑嫁何人》，約十時與譚亮、鄧英往告樓士打飲茶，食三文治。

李遠窮極。

11 月 20 日　　星期六

提　　要：丁丑，十月，十捌。

如常辦工。

午陸羽，羅成業約往觀賽馬，余溢利四十餘元，借用焯兄入場證，遂與譚亮往觀足球，並在加大晚飯。

夜往陶園，仍召一枝梅，不埋席，返院，與內子返寓。

鄧英向余借十元，余卻之，反問他有何保證還款，計其至今，已借去三十五元，且甚恐他無賴之極，將來在馬方面播弄是非也，故戒備之，且他又往別班開戲矣。

11月21日 星期日

提　要：丁丑，十月十九。

晨{略}，十時許起身，梳洗畢，往院辦公，照常。

午與小兒弟輩往陸羽品茗，後返院，下午四時往加拿大，與譚芳略談箱上落事。

夜與嚴幼祥往中華觀舞，十時返院。

消夜燉雞。

先慈之柩已首途返鶴山，料舊力〔曆〕卅之間抵步，屆時着堯勳、內子等返鄉一行，以盡其責。

11月22日 星期一

提　要：丁丑，十月【十】廿，太平豔影尾戲於普慶。

無甚紀錄。

泰山劇團上卷《泰山壓九魔》，譚玉蘭表演草裙舞。

11月23日 星期二

提　要：丁丑，十月廿一，往深圳，始寒。

晨七時早起，梳洗畢，過海會譚芳，同往深圳，約乘車點餘鐘即抵步，該關員着所有戲箱搬下檢驗，詎料哨牙雄不知如何開箱，且手忙腳亂，余遂怒之，何以事前不預備，差幸該黃某甚通氣，只驗四個箱，其餘任之，迫不得將箱鎖毀爛，並多僱苦力搬上車廂，以便轉車，後又入辦公室取回按餉，原來該單給了豔影全女班圖章，若依正式手續，則費時日，可幸該陳總辦甚賞面，簽字則可，譚芳簽字收妥矣，遂告一段落，返港時在九龍食西餐。

夜譚芳出十元，宴於金陵，畢，余返一枝梅處打茶圍，並給她五十元。

豔影全女班二百元，溢利二百二十四元，卓哥扣回一百元。

11 月 24 日　　星期三

提　　要：十月廿弍。

太平音樂員來，SANTHIA 由星抵港，午陸羽品茗。

滅火局長到驗院，並查座位表，詎料摩地三樓答以六佰，經幾許更改，始得明白，實得位置 434。

陳熾英四秩開一生日做大壽。

澤泉到舍下，求代其子覓職，意欲為抄曲，余卻之，答以成皮過重。

11 月 25 日　　星期四

提　　要：十月廿三，馬由星乘 RANPURA 返。

晨五點五十分區啟新云，無線局有電話至，謂 RANPURA 抵港矣，余遂約卓兄、譚亮、李遠、文仕可、梁日餘、蔡棣等共往接船，過海時尚未天明，一千人等共往九龍士多略進茶點，至七時乃往碼頭接彼等，一見面，欣欣然有喜色，馬即對余說梁某之不是，並云他說汝壞話好多，余淡然了之，及後由油麻地過海，他亦如是一篇文，文不外如是｛“他亦如是一篇文文不外如是”一句，原文如此，意思未明｝，畢，與余等返院略座〔坐〕，馬惠農請余往平一午食，余又往陸羽，下午他至寫字樓，見到蘭卿有野送來，他見炳照至，即藉故而去，余乃與炳兄往大酒店飲茶，先是已約一枝梅往看電影《大地》，畢，往大同晚飯。

夜馬約往中華跳舞。

11 月 26 日　　星期五

提　要：十月廿四。

晨如常。

午先陸羽，後與馬往金龍，畢，返院工作。

中華。

11 月 27 日　　星期六

提　要：十月廿五。

晨如常，午金龍，下午觀足球。

交伍千元與蘭卿。

接內子返舍下，皇后，九點畢。

11 月 28 日　　星期日

提　要：十月廿六。

晨如常工作，午先陸羽，後金龍，畢，往新世界取片，詎料民權認為手續不合，余遂將原片交回，往觀足球，返舍下晚飯，李遠與譚芳幾乎衝突。

夜炳照約往外傾談，馬甚忌他多言多語。

馬約余與李遠往摩囉街，購買舊千里鏡，償回與蘭卿在星洲遺失之物。

新世界夜十一時試《最後關頭》，至一時許返蘭處，簽字在銀紙背上。

11 月 29 日　　星期一

提　要：十月廿七，下午在加拿大，與炳照。

晨如常，午金龍，馬師贊請午食，黃大偉亦在，席中言語幾乎衝突，殊不善馬師贊行為也，他夜着祝三到借一百元。

下午德祥試身。

夜與馬師曾、李遠、譚亮、蘭卿、金台五人，余設宴於金陵青海廳，至十弍時始散，並聽戲。

馬文星到座，鄧英講戲與馬聽，大言不慚。

炳照送 LIFE BUOY 藥水梘半打。

大偉要求代覓一職，余卻之。

內子對余云，亞廉曾云，做衹管同你做，且要個人負責，並未見有津貼，甚為鼓燥〔噪〕，余稔他不過少年氣盛，然暫忍之，容日解決。

11 月 30 日　　星期二

提　要：丁丑，十月，廿八，交蘭卿上期弍成，二千五百二十元。

晨往賽足球，內子甚鼓噪，對於夜返一層，余不理會她，賽畢，返舍下洗燥〔澡〕，食炒飯，與譚芳共桌，後往金龍，赴羅明佑之午宴，濟濟一堂，甚投契也。

馬云喉不舒服，恐怕不能依期頭台，余忖他不外嫌前者星洲之電文，成所感觸而發，迨或示威也，然此人工心計，姑俟以觀之。

夜候馬文星至，先是，是日十弍時半已在加拿大與焯兄等解決普慶合同，按金弍佰元，再借伍百，由頭一、弍台扣回，故是晚交伍佰元來，適馬師曾亦在。

九時許余交上期 2520 元與蘭卿，取消東華醫院伍佰元數。

{略}

12 月 1 日　　星期三

提　要：丁丑年，十月，廿九，馬欲借三仟元，着往同興商量。

晨如常工作，午先與芳等往加拿大，後往金龍，馬對余說，他意欲借三千元，余初卻之，後食畢，往名園，約焯兄往加拿大研究，決定往同興商量，唯必需馬個人簽字，息銀每佰元弍元，至六時半馬與蘭至，卓兄就將此事對他說知，他答曰，何以同興不信汝等而信我，何不由十出〔齣〕新戲扣可也，卓兄答以因為我地與同興交易，有一相當限制，故此項必要兄簽單也，畢，遂數人乘車往香港仔晚飯，返院工作。

繕函換牌。

譚亮請午食於金龍。

12月2日　　星期四

提　要：丁丑年，十月，卅，炳照送帽一頂，值十元，與馮氏遇於途。

晨如常工作，午陸羽品茗，余為東道，下午梁炳照送帽一頂與余，值銀十元。

下午四時半與馬往告樓士打午茶，與陳宗桐、薛覺先遇，彼此寒暄，馬約薛明日金陵五時開會，提議拍賣八和會館，購公債，同時通信葉飛絮五時在太平相候，在陸羽午食畢，轉出大馬路，與馮氏遇，她即入花布鋪，後又見她在美璋左右，甚怪也，衣長袍短褸，傅粉凝脂。

夜照常工作，早睡。

12月3日　　星期五

提　要：丁丑，十一月，初一。

晨如常辦公，午陸羽，下午馬到談，往告樓士打，他問及太平劇團之皮費，余答以約四百七十元，他又云，半日安、衛少芳、俠雲人工過貴，若果如此，則與彼等捱矣，余解釋定半日安之經過，遂別，夜與卓兄談及，卓兄甚為懊悶，並約余往加拿大飲茶，談及辦法，決為班底四百五十元，避免對海要執之故也。

下午五時馬約葉飛絮往金陵八和會議，提議變賣會館，購公債。

12月4日　　星期六

提　要：十一月初二，觀賽馬，定實頭台。

晨照常辦工，午陸羽品茗，畢，與炳照往觀賽馬，二人均勝利，後又往觀足球，晚飯區啟辛請國民酒家，炳照請飲於金陵。

夜柒時許約馬師曾到談，定實初六頭枱，並往高陞觀譚玉蘭，至九時許返院，余個人赴宴，召妓，畢，往萬兄處略坐，返寓。

12月5日　星期日

提　要：十一月初三，是日出太平男、女劇團上期。

南華對軍聯，三：一。

晨如常，午陸羽，黎民三昨夜在金陵送一時鐘與余，甚美觀，後與炳照往 C.R.C[1]，然後共往觀足球，與蘭卿相遇，余與炳照、李遠三人在陶園晚飯，畢，返一枝梅處略坐，蓋余雅不欲伶人麇集借錢也。

馬、譚十時四十五分到院，觀試《裸女島》，並索廂房贈劵捌張，送與各報，批評新劇《漢奸的結果》。

12月6日　星期一

提　要：丁丑，十一月，初四，一枝梅晚飯。

晨如常工作，十一時往羅狀師處，簽妥東樂合約，並收按櫃三百元，焯兄允頭台來年與東樂，並允是年內度一台，遂別，余返院，大罵女工及摩地，因何夜間不掃院，以致煙塵堆積。

午陸羽品茗，因寒甚，即往大新買羊毛背心一領，下午返院工作，至六時一個骨往一枝梅處晚飯，本擬給與多小〔少〕賞錢與亞三，後余細思，究不如暫不與，遲日再作良圖，食飽乃行。

夜王中王到借款，達到目的，他又不要，此人精極，連日不見鄧英，奇極，至九時往加拿大，交銀與廖鴻明，並與譚芳往《華僑報》，登聲明廣告，傾談一頓，返寓迺睡。

12月7日　星期二

提　要：十一月，初五，金陵，東樂合約，三百元，內子酒醉。

1　疑即中華遊樂會，Chinese Recreation Club。

晨如常工作，與鄧劍魂談及《東方》、《大眾》報價，往華盛定片期，午先加拿大，後陸羽，譚芳請晚飯於國民，畢，內子與啟新往永安買地氈。

馬師曾約往金陵，因他輸啤牌，余遂為東道，計同席者，蔡棣、李遠、潘蘇，並談及滿座實收幾何，草草言之，遂往，內子因有感觸，乘醉洩憤，至夜一時始返。

12月8日 星期三

提　　要：十一月初六，太平劇團頭台，《漢奸的結果》，滿座。

是日如常工作。

未屆七時滿座，計各人送花籃，不下三十餘具，演至一時一個字始散。

是屆下欄甚好，佬倌為歷屆之冠｛是日日記用紅筆書寫｝。

12月9日 星期四

提　　要：十一月初七，施行燈光管掣〔制〕。

晨如常工作，午陸羽品茗，與馬先往黎兌初處診視，後往陸羽品茗。

下午羅成業請告樓士打午茶，夜又請遠來消夜。

是夜八時起燈光管掣〔制〕，全港黑色，至十時止，秩序井然，雖在此時期，本院仍照常營業，演《情泛梵皇宮》，亦旺，雖舊戲，仍滿座。

12月10日 星期五

提　　要：十一月初八日，《國色天香》。

晨如常工作，午陸羽品茗。

｛略｝

12月11日 星期六

提　　要：十一月初九。

晨如常工作，午陸羽品茗，畢，返院略工作，往加拿大會齊海雲、譚亮、李遠、民權，往觀華南B與員警賽球，晚飯於陶園，召妓，至八時半返院，是晚新劇《衛國棄家仇》，預早滿座。

十時往中央，觀電影《慾望》。

十一時返院觀劇。

晚飯時譚亮、海雲、李遠及余四人。

12月12日 星期日

提　要：十一月初十。

晨十時許往院工作，在大堂時與焯兄談及四姑姊事，卓謂七姐言渠話："鄧肇堅都送幾張票過我地睇喇。"余答謂，七姐之言，不實不盡，言至此，一枝梅乘巴氏口〔進？〕，余隨上環，至加拿大與她見，海雲亦至，因馬欲休息，故余即趕回院，用TAXI送她返香巢，此人意欲做大衣也，候至下午五時，馬答覆照常唱演，是枱甚旺，較之元旦，相差四百餘元。

仕可云，馮氏電話追討搬屋費。

12月13日 星期一

提　要：丁丑，十一月，十一{原用紅筆記作"九"，後用黑筆改為"一"}，七姐生日，普慶頭台，《漢奸的結果》滿座，東樂定期{提要原文用紅筆書寫}。

晨照常工作，午陸羽，下午返院，馬師曾到搵，共往周錫年處診喉，在車中他言，周醫生要他數次催余欠款云，余諾之，他載余上七十七號看大顆鑽石戒指。

夜往普慶，是晚老早滿座，余順往東樂見李廷玉。

留新元月八號至十弍之期，倘馬堅持休息，則唯有星期一二矣。

層〔曾〕記他對梁秉照言，謂太平去歲之成功，全憑焯兄也，九路火氣過猛。

12月14日　星期二

氣　　候：漸寒
提　　要：十一月十弍，普慶，《賊王子》全卷。

晨如常工作，午陸羽，下午馬師曾至，討論購公債事，由一元至一千元，百分之五，千元至五千，百分之十，五千以上，百分之十五，約五時他過海，提議眾人通過，文仕可返院，報告印發稿與廖碧川，並託《華僑報》將他照片刊在港聞心，遂送二票與吳霸陵，弍票與潘日如，並函達岑維休。

宴於金陵，給花粉錢一百元與她，在乘車送霍海雲返府之際。

12月15日　星期三

提　　要：十一月十三，普慶，《情泛梵皇宮》，陶園，中大籌款，娛樂稅一百六十元。

{無正文}

12月16日　星期四

提　　要：十一月十四，普慶，《衛國棄家仇》。

晨照常工作，午與馬師曾在陸羽品茗，因赴梁君金龍之約至露出馬腳，馬頻頻追問所戀何人，余極端否認，他返院，意欲抨擊日本炸美艦事，着人翻譯，在西報發表，故覓鍾得光，馬下午先往南粵，後馬返院，支一百元。

夜陶園，譚芳交十元與李遠代辦，海雲召文姬，炳照，碧雲，白飛□〔芝？〕歸譚芳，余仍一枝梅，畢，□〔返？〕打水圍、游〔遊〕車河，盡情而返，居安思危，仰其戒心焉，車至中途，李遠暈極，作嘔，下車而返，余與她乘車返香巢，遂別。

12月17日　星期五

提　　要：十一月十五。

晨如常工作，午陸羽品茗，下午先加拿大，後往告樓士打會鍾得光，是晨十時與馬師曾往啟德機場，送師式往漢口學醫，馬欲發言論在西報，故託嚴夢、李遠先做中文，後託得光譯西文，故有在告樓士打酒候之。

午聞蘭卿眼生瘡，故是晚往普慶問候，畢，返舍下休息。

12 月 18 日　　星期六

提　　要：十一月十六。

晨十一時往加拿大，適一枝梅在鄰座，而馬又至，余見未有預約，確令我難明，蓋此女先約人往也，後與馬往金龍，午食畢，往馬場，無耐，她又至，略招呼，余因輸馬票，憤然往觀足球，啟辛對余言，她有人用 TAXI 送她落，由會員棚入，且候晚飯焉，不圖余於八時往探她，她確在金陵，食晚飯未返，心惺聊亂，究不從，漸疏之，以免將來奚落也。

夜譚芳在舍下歇宿，明日往練足球。

12 月 19 日　　星期日

提　　要：十一月十七。

晨與譚芳等往練足球，畢，返舍下食粥，午陸羽品茗，是日請（一）到觀《天網》，四時往觀足球，員警與南華 A 比賽，特別銀牌。

夜演《野花香》。

往陶園，余已略知一枝梅必有稔客，不應沉迷不悟，尤幸尚未發生肉體關係，否則更不可收拾也，凡事虛者實之，實者虛，不可過於認真，循序漸進可也。

今日生計日繁，不事積蓄，必有一日崩潰也。

12 月 20 日　　星期一

提　　要：丁丑，十一月，十八。

晨如常工作，午陸羽，下午往法國醫院，探王子儀病，三時往百貨公司，見所謂張郁才之子，據云他八百年前｛“百”字可能是衍字｝已與他父意見紛歧，故他走往日本留學，察其情形，殊不正式，不外想借債矣，姑妄聽之。

夜照常工作。

下午在加拿大時，劉炳康到探，因請杜月笙觀劇，故購票十四張。

12 月 21 日　　星期二

提　要：丁丑，十一月，十九，五姐壽辰，大酒店，青年團，陶園。

晨如常工作，午陸羽，下午在院，照常辦事。

晚飯先在陶園竹戰，後在後台食口〔飽？〕，方赴香港大酒店青年團之約。

五姐壽辰，內子往食飯。

《青樓薄倖名》節前淡，唯生意仍較之去歲為佳。

鍾得光兄拈來譯稿一份，代發各西報。

12 月 22 日　　星期三

提　要：丁丑年十一月廿，冬至。

晨十一時工作，分發各西報稿件，先在加拿大與一枝梅相見，再往新紀元午食，畢，送她返。

下午與馬師曾研究戲劇。

冬至，舍下用晚。

夜宴於陶園國廳，譚芳宴客，內子一概知齊，故於余返寓之際，大加責罵，謂余不應瞞騙她，每每如是，先君去世，先慈去世，余均大飲特飲，實屬不生性，余按，此翻〔番〕言語，極為合理，且花月場中，無非拜金主義，比較起來，焉有如亞妹者哉。

一枝梅叫余多召翩翩、容容，余發揩四元，並允明日代取大衣，二十二元。

12 月 23 日　　星期四

提　要：十一月廿壹，是夜金陵，余文芳、鍾舜章、李遠、源廉及余，最值得紀念。

晨照常工作，午陸羽，下午着源廉往取大衣，與一枝梅，後再在中環相遇，共乘巴氏而回。

夜十時本擬返舍下，在大堂與舜章、文芳相遇，遂聯袂往金陵，俱召妓，席上，文芳一見一枝梅，遂心動，文芳問她住何處，她即答四三〇三樓，似頻頻施以秋波，散席，文芳攜她上樓，李遠看不過眼，促余上去，此時上去，則恐不能容忍，不去，則恐更有甚焉，余恐亞一誤會他是有貨，故與親熱，余為勢所迫，局住上去，李遠恐其過甚，恃靚狂睡，則與余面子尤關，遂詐醉，速文芳下樓，余亦會意，故遲行，結生果數，並用車送文芳返酒店，一仍依依不捨，究竟如何，余蓋不知，然妓女慕虛榮，在所不勉〔免〕，故余終夜苦索，唯有利用此處，斬絕纏綿，就此止步，且家室之歡，方是真樂，由此可見，李遠肝膽之友也，其他損友也，熱鬧場中，每多苦況，凡人煩人，何苦自尋煩惱，以金錢博得精神痛苦，殊不值也。

12 月 24 日　　星期五

提　要：十一月廿弍。

晨因昨夜思想過步，失眠，早起，返院工作，送弍元與李遠用午，陸羽品茗，下午得悉，譚芳送火雞一隻來舍下，是晚慶賀聖誕，狂歡，故未屆九時，余先返舍下，約齊源朗、蔡棣、區新、五家、譚芳、李遠，大飲威士□〔忌？〕酒，拍麻雀通消達旦，余因飲酒過多，早睡，內子倍〔陪〕客，候至天明。

對於一枝梅事，甚心淡，余恐她金錢是為慕，靚性成或好交際，且余性癖，不能任她也。

12 月 25 日　　星期六

提　要：十一月廿三｛原記作“五”，後改為“三”｝，新劇《最後勝利》。

{無正文}

12月26日　星期日

提　要：十一月，廿四，高為寶到，陶園，一遲，負氣而歸。

晨如常工作，午陸羽品茗，下午往華員會，玩乒乓波，夜因高為寶到訪，迫不得已往避至陶園，召一枝梅，九時半出紙，十一時半始至，余遂乘機走開，不埋席，未知是否她蓄意遲至，抑或陶園慢叫，綜而言之，必有原因，近日屢多激刺，究不如早回舍下團敘，尤勝於棄家雞戀野鶩也，況事實證明，妓女貪財常情，焉能談情說愛。

余謂李遠不應請萬兄觀劇，何不將有用金錢移作別用。

12月27日　星期一

提　要：丁丑，十一月，廿五。

晨照常，午陸羽，李遠請品茗，下午返院，馬至，共往加拿大商量戲事，並擬捐助廣西第五路軍。

往觀足球。

夜內子誤會余往飲花酒，隨余往普慶，詎料余確無心往徵逐也，故早返。

馬因普慶後台甚多人企立，在台上鼓噪，余與馬文星上台，趕走各無賴。

12月28日　星期二

提　要：丁丑，十一月，廿六，一枝梅在加拿大相候，廣西銀行張兆棠捐助藥品，新戲《愛國是儂夫》。

{無正文}

12月29日　　星期三

提　　要：十一月，廿七。

晨如常工作，得悉《循日》、《朝報》、《循晚》、《華僑》、《南強》、《大光》俱允報效，獨《工商》、《天光》、《工晚》不允，且昨夜鄭德芬來電話，祇可七折徵收云。

午陸羽，下午返院，中央巡捕房政治部傳卓哥上去問話，蓋不欲太平租與理髮工會開會也，適馬師曾至，余遂順提及港政府十分注意，請他編劇留心，並往告樓士打飲茶而回。

內子知到〔道〕余叫一枝梅，並層〔曾〕在她處消夜、屈房，想亦從中有人對她說及也，與她過海，普慶，調查生意。

12月30日　　星期四

提　　要：十一月廿八。

晨如常工作，午陸羽品茗，下午返院，候馬至，商量新劇，六時往炳照府上晚飯畢，請他母子們往普慶觀《漢奸結果》，余與內子九時許返港。

細查普慶，無論何班唱演，尾戲必淡，究不知何故，或世人心理以為尾戲拉箱，必無心幾〔機〕做也。

12月31日　　星期五

提　　要：十一月廿九，除夕，各親友大醉如泥，是夜全數捐與廣西第五路軍購買藥品，演《愛國是儂夫》。

晨如常工作，午先加拿大，後陸羽，買滷水，預備是夜慶賀除夕，下午馬師曾在寫字樓大唱新曲，畢，返舍下晚飯，忽有一報告，中央巡捕房有一公函送到，原來此函交卓明，不外停理髮工會在太平開會，此函親自由一英人送到，極為嚴重，夜李宗仁、白崇禧、黃旭初、闞宗驊、張兆棠俱有花籃送到，故鳴謝。

十一時舍下開宴，譚芳、李遠、炳照、五家、金女、蔡棣、源朗均大醉如泥，源廉不應詐醉納福，與五家同睡，內子惡之，於天鳴始散局。

華員請飲，不暇至 { 是日日記全用紅筆書寫 }。

書籍目錄

書名	著作人	出版處	冊數	價目	借貸出納摘記
PITMAN'S COMMERCIAL LAW	J. A. SLATER, B. A., LL. B.	PITMAN Co	one	3/6	Borrowed by J. Hunt. 27.1.37
	II Edition R. H. Code. HOLAND. B. A.				
The Complete System of Nursing [?]					C. M. Wan 21.4.37

源詹勳先生日記

1938年

1月1日　　星期六

提　要：丁丑年，十一月卅日，恭賀新禧。

晨如常工作，午先往加拿大，後往陸羽，下午往觀足球，在陸羽品茗時，被人竊去梁炳照君送與之毡帽一頂，余甚憤恨，命人往查。

下午往觀足球，馬師曾口舌招謠〔搖〕，以至〔致〕劉九、劉茂質問他，恐發生事端，先與余返院，中途遇海雲，往珍昌晚飯，馬繕一函道歉，余否之，畢，返院工作，是晚通宵演《最後勝利》，甚旺，早返寓團敘。

因國難，人人停止讌會及燃放炮竹。

譚芳及炳照在舍下玩牌。

代馬交五十元與李遠｛是日日記用紅筆書寫｝。

1月2日　　星期日

提　要：丁丑，十二，初一。

晨七時半往海軍球場練波，九時半返舍下洗燥〔澡〕，食粥，午先加拿大，後陸羽，返院，四時候馬至，五時往告樓士打飲茶，畢，余與譚芳、李遠、民權金陵晚飯，九時遂別。

是台日演《唐宮恨》，夜《不是冤家不敘頭》，日滿，夜八九成，近來禮拜，日夜戲俱旺。

薛覺先、何甘棠在高陞演《蘇武牧羊》，以作買公債用，余與馬師曾各送花籃與何甘棠，以憐其老而憫其癡也。

1月3日　　星期一

提　要：丁丑，十二月，初二，八和籌款，薛、廖、葉、宗桐均至。

晨如常工作，午陸羽品茗。

夜八時薛覺先、廖俠懷、葉忽弱、陳宗桐與嘜佛到後台見馬師曾，因為八和工會在省方認籌飛機廿萬元，故特拜訪馬伶，全體大集會演劇籌款，並擬欲太平報效院租，余決不理，祇索一百八十元每日，查薛此舉，不外欲假座太平，利用馬、譚負責，並太平劇團箱底[1]，後余提議，分組籌款，各有各做，且陳宗桐主理廣告，焉知不取巧也。

1月4日　　星期二

提　　要：丁丑，十二，初三。

晨晏起，因夜失眠，昨夜高為寶、鍾少彭到訪，余允省按金扣回多少，只交一千元作結，二人均允，故交仄七百元，現款三百元，所餘之款，擬□〔卓？〕與余均分，並李得同之九十四元娛樂稅。

午陸羽，馬因足疾，決明日休息，嗣後休息補回，必寫明一天，切勿一日或一晚。

{略}

快活□〔晝？亞？〕林話，一枝梅上省，是晨與其女僕。

收中華救護隊一百元定銀。

1月5日　　星期三

提　　要：丁丑，十弍，初四。
溫　　度：寒

晨如常工作，午先加拿大，後陸羽，是日因馬足疾，日、夜改影畫《抗戰精華》及《歌侶情潮》，下午告樓士打，與坤山等傾談。

夜馬文星同錦添花司理蘇永平到探，余解釋一切，並允弍台相就，條件照高陞一樣。

卓兄將省方之盈餘及稅均分交一九六，除五十元，實得一四六，余交一百元與內子。

1月6日　　星期四

提　　要：十二月初五。

1 “箱底”此處即“家當”或“內情”的意思。

晨如常工作，午先加拿大，與一枝梅遇，海雲、譚芳等四人在金龍三樓午食，下午與馬師曾閒談。

內子不知何故□□□，經譚芳解釋，始知純因區新吝嗇事，以致疑雲四佈，各疑別故。

九時返寓，食燉品，復出觀劇再返。

1月7日 星期五

提　要：十弍月初六。

無甚紀錄。

1月8日 星期六

提　要：十弍，初七。

晨如常，是晨早起，往賽足球，午先加大，後與馬師曾相談，後再往陸羽，與民權、海雲略茗，下午弍時在加大候鍾得光，託譯馬之論文刊在西報，三時許馬、霍、李、余四人往觀足球，畢，往金陵竹戰，至十時始返。

太平劇團始在東樂頭台演《愛國是儂夫》，收入柒佰餘元，較之普慶，相差甚遠，且諸多公盤執出，余不喜歡與他交易。

始寒。

1月9日 星期日

提　要：十弍初八。

晨如常工作，午先加大，後陸羽，下午五時約一枝梅往娛樂看電影《乞丐皇帝》，散場時適侏儒仔與萬兄俱出，然彼等均不見我們，我二人安步往華人餐室食飯，送她返寓。

1月10日　星期一

提　要：十二月初九。

{略}，往院工作。

十一時許與馬師曾車夫往見盧國棉，因他口〔夫？〕被控事，下午與馬商量新劇，並趕衣服云。

夜在金陵東江晚飯，"一"八時至，代竹戰，至十時余返始共別，海雲為東道。

十時返舍下，得悉蘭卿有急病，誠恐明日不登台，芳在席上約她晚飯，余卻之，蓋不欲流連也。

瑞卿、瑞容俱由澳至舍下，十時許電燈忽熄，着亞南即行修理。

1月11日　星期二

提　要：十二月初十，譚蘭卿有疾不能登台，馬依然唱演，照常收入，改演《天網》新戲，衣服在茂機處定，東樂。

{無正文}

1月12日　星期三

提　要：十二月十一，薛覺先初次在本院登台。

{無正文}

1月13日　星期四

提　要：十弍月十弍。

譚蘭卿勉強登演《最後勝利》，是晚初次減價，甚旺，故極力挽她唱演，以免影響下日。

余感覺不安，戒口略屙。

昨晚八和會議，李遠不終席而逃，此人好色，不顧前途，無用之輩也。

1月14日　星期五

提　　要：丁丑，十弍，十三。

譚蘭卿仍疾，日夜改戲，俱由半日安等主演。

上午在加拿大時，適內子與譚芳至，然余與一枝梅在座，由廖鴻明電話通知，故在加前着他們往金龍候余，畢，送“一”返香巢，梁炳照隨伴，下午與馬公權在大酒店午茶。

夜馬至，改禮拜日戲為《美人名馬》，並邀往飲，余不往，文仕可亦至，因蘭誤服陳伯壇藥，着李遠先返舍下報告，詎料他祇知迷於女色，竟然不返告，及後一時許仕可至，始知他非可靠之輩也，決意絕之。

1月15日　星期六

提　　要：丁丑，十弍月，十四。

晨如常，返院，得悉蘭卿仍疾，不能登台，遂與馬師曾商量如何應附〔付〕，幸喜他允照常唱演，遂在各票房標貼“馬師曾領導，照常登台，譚蘭卿有疾，不能登台，諸君見諒”等字，各客照常沽票，先是，下午馬與余往加大商量，並道及棠姊之語氣迫人，余姑答之，下午四時與霍海雲往觀足球，與郭元海在舍下晚飯。

夜演新劇《亞郎原是賊》，全套西服[1]。

1月16日　星期日

提　　要：丁丑，十弍，十五，往一枝梅處食晚飯。

晨照常工作，午在加拿大與“一”相遇，到下午五時半往她處食晚飯。

日夜照常，馬師曾登台。

夜十時，馬蕙農謂，蘭卿之症，即濕熱入膜也，隔夜發燒，此症黎兌初

1　即全套戲皆穿西服演出。

最首本，故對亮宣講明，口〔允？免？〕再食文仕可藥也。

焯兄甚憂心，對於蘭卿此病況。

1月17日　星期一

提　要：丁丑，十弍，十六。

晨如常工作，午加拿大候馬師曾至，他意欲商量休息，後經幾許磋商，他忽改轉方針，照舊出台，且定戲本。

十一時半與卓兄往視蘭卿，已有轉機，下午余個人再往視她，適黎兌初至，共研究，他云包他好回，登元月頭台。

細容叫七姐問余，謂前者附項單好似交純手，余答曰當時交銀並非我手，確不知情。

與源廉往珍昌消夜。

內子晨往車公廟。

1月19日　星期三

提　要：丁丑，十弍，十八，一。

晨如常工作，午加拿大，夜譚芳宴上海佬於廣州珠江，她約九時始至，畢，與她、海雲三人，乘車一遊，在車廂內給她一百元度歲用。

在太平劇團預借弍佰元，每關扣五十元。

譚蘭卿疾有起色，准廿晚登台，先是，她欲十九夜登台，故余於下午先往見黎兌芻，問明後再在她寓見面，得悉她能於廿登台，與其十九晚演一二場，無寧廿晚全晚唱演也，故奔走凡數。

{略}

李遠承認數日前錯誤。

廖借一百元，允星期一交回。

1 月 20 日　星期四

提　要：丁丑年十弍，十九日，交回娛樂稅與中華救護隊。

晨如常工作，午加拿大，碧侶患疾，晨往診。

下午電話梁秉照，由李遠講笑話，談及彼好入息，詎料他竟發皮〔脾〕氣，且謂余，他已送帽兩頂及鞋一對與余，斷不區區一頸巾不允送贈也，余心懷之，答曰應附〔付〕，准明日往見王伯，斟成廣九口〔條？修？〕路，以免他過於值〔借〕口也。

夜演《父母心》，奇淡，（一）影響於明晚譚蘭卿復出，（二）利舞台開始八和集會，兼演《封相》，然亦不甚旺也。

1 月 21 日　星期五

提　要：丁丑，十弍，廿。

譚蘭卿復出，祇演是晚《玉郎原是賊》，仍叫黎兌芻開診。

小散班。

是年尾台極受蘭卿之疾影響。

1 月 22 日　星期六

提　要：丁丑十弍月廿一。

觀督憲杯賽。

宴於金陵，“一”遲至，託言夜出局，余甚為不悅，姑敷衍她遂別。

馮氏到取度歲錢。

1 月 23 日　星期日

提　要：十弍，廿二。

晨先往得雲飲茶，會齊各人往銅鑼灣，與同益洋行比賽足球，結果勝弍球，全場譚芳、秉照最出色。

鄧祥到港，余不便與他接洽。

夜與內子往利舞台觀馬薛合演《佳偶兵戎》，座位伍元，頗可觀也。

因用力過步，抽筋。

1月24日　星期一

提　要：丁丑年十弍月廿三。

晨叫李遠與亞女往見黎兌芻診治。

午在加拿大，與“一”相遇，霍兄請新紀元午食，畢，送她返香巢，她又至太平觀電影《裸女島》。

下車與馬師曾往見李祖佑，研究蘭卿病狀，拈血往檢驗是否腸熱症。

內子見亞女復〔服〕藥後仍胸部覺病，遂攜她往見溫植慶醫生，約八時同她入養和園廿六房調理。

1月25日　星期二

提　要：丁丑年十弍廿四。

馬覺得蘭卿猶未癒，甚焦燥，意欲不做，然余稔，倘若不做，則此班誰人負責，此後東家難也，他堅持不信西醫，仍信黎兌芻，唯亮宣之妻事實證明，確染大腸熱症，□〔因？〕七時許，余代彼叫 STRONG 醫生診斷也，且勸她入院，她堅不允，況傳染極甚快，慎之。

上午在加拿大時已約亞“一”，即晚在她處食晚飯，因事遲至，譚芳、秉照先到。

1月26日　星期三

提　要：丁丑，十弍，廿五{原文記作“四”，後更正為“五”}。

晨如常工作，午加拿大品茗。

十時許往養和園巡視碧侶，比之昨天，熱度高些，故驗血以斷其症，證實肺發炎，並非腸熱及發冷也。

下午返院工作。

1月27日　星期四

提　要：丁丑，十弍，廿六，晨往看長女，下午馬發牢騷。

晨十時往養和探問碧侶，見她精神清醒過往日，唯熱度頗高，問溫植慶醫生，云或因感冒之故也，仍打針。

十一時與卓兄往探蘭卿，蓋卓兄雅不欲蘭多食渣滓物也，而蘭對亞馬言："事頭都叫我休息，何以你監我做。"馬聞言大怒，即來院對卓兄大發牢騷，當時余在養和院候溫醫生到，故不在場，尾後返院，與卓兄往見蘭卿，商量元月登台，憑她如何做法，並往解釋，馬伶又往對海叫衛少芳幫忙，總〔種〕總〔種〕麻煩，確屬惡劣，究不知何故，丁丑年如是麻煩，環境如是惡劣，希望來春大運降臨，消除各種不如意事，自問生平與人無患，與世無爭，何以有此也。

1月28日　星期五

提　要：丁丑年十弍，廿七。

馬電話質問，他並無說及她出一場都好的說話，後電約余到他府上，商量決實街招專用馬名字，預備蘭卿不出也。

余立即將此事對卓兄說明。

在加拿大遇一枝梅，共往中華品茗，暢談一切。

1月29日　星期六

提　要：丁丑十弍，廿八。

與民權、枝梅，共往國民晚飯，余贏得八元。

1月30日　星期日

提　要：丁丑年，十弍，廿九。

晨往養和，午加拿大，下午定實價目，太平二點六元，太平東、西一點八元，廂房二元，大堂中一元，大堂東、西五點五毛，超等八毛，三樓二毛，因薛覺先用鄭孟霞，亦收二點六元之故也。

呂滄亭街招誤事，故責罵他。

九時四十五分與“一”往遊車河，並送她四十元作壓歲錢。

1月31日　星期一

提　要：戊寅年元月初一。

晨照往年拜年，畢，與內子乘車往養和園探視碧侶，已痊癒，午與碧翠加拿大略進茶點，返院工作，下午弍時許馬師曾到訪，言是年四不主義，後共往觀足球，華隊勝，六時再往養和，與內子返舍下，共往金龍食晚飯。

夜演《玉郎原是賊》，因蘭卿之故，故起價，差幸亦滿座，十時返舍下休息。

{略}{是日日記全用紅筆書寫。}

2月1日　星期二

提　要：戊寅年元月初弍。

晨如常往養和探視碧侶，午加拿大，下午與民權往觀足球。

日戲《呆佬拜壽》，蘭卿休息，仍旺。

夜演新劇《寶劍名花》，早睡。

2月2日　星期三

提　要：戊寅年元月初三。

晨九時梳洗，畢，個人先往探視碧侶，返院與譚芳往見林珍，為譚芳漢口車事，允酬勞每次伍拾元，約明日進行，對於此人，交易必要審慎云，下午在養和玩牌。

夜照常返院工作，日戲演《苦鳳鶯憐》，蘭卿如常休息，但夜戲照舊。

2月3日　　星期四

提　要：戊寅年，元月，初四。

漢口車已妥，譚芳送伍拾元與余。

2月4日　　星期五

提　要：戊寅年元月初五。

晨如常工作，午在加拿大與"一"相遇，海雲、譚芳、田立發[1]、秉照五人共往她處煎糕，余給她一金仔作利是，並五元她的少妹，廿五元作煎糕費一年一處，此乃初舉，故試辦之，不可常也。

下午在養和探碧侶，據溫醫生云，她可以出院矣，明日決實，余即備一仄結數。

馬師曾與譚蘭卿又不知何故，發生口角，將物件搗亂，且約余散場商量，詎問蘭接約何時始滿，余答曰，她已用去全年上下期，萬不能造次，想亦一時之火，不日就無事矣。

夜請民權、鄺新觀《最後勝利》，民權之子驚恐過步。

得悉馬文星之父偉譜過身，預備祭帳。

2月5日　　星期六

提　要：元月初六。

晨先往加拿大，後與民權往陸羽，"一"有電話至，謂她今晨往沙田遇

1　在日記中又稱立發，立法，田君，發，法，田，發兄，法兄，立法兄，肥法，法仔，肥仔法，Tin，L.F. Tin，T.L.F.，Tin Lap Fat。

芳兄在車站，他託她代求簽，余着她在加拿大候他，余要往養和園，與碧侶出院，遂別，弍時許抵養和園結數，計共 296.44 元。

下午四時與馬師曾往觀東方賽球。

2月6日　　星期日

提　要：戊寅年元月初七日。

人日，晨早往練習足球，畢，返舍下食粥，午加拿大，再往陸羽，下午馬惠農對余言："往幾許波折，始得亞曾出台。"查實乜[1]事都無，只因"亞蘭"不出之故也，迨後亞蘭先至照常演日戲《泣荊花》，故馬亦至云，約三時與民權往觀足球，因微雨，改往精益探馮其良，新紀元抹牌，畢，返院，得悉馬大發牢騷，迨亦因失聲之故也，後經余解釋，余謂，如汝不幹，余決不做，從便，多多銀紙[2]亦不為也，他遂嫣然一笑，曰，即綁住叫我做也。

夜演《一片賣花聲》{原文"夜演"後劃掉"《泣荊花》仍"四字}，仍滿座，想亦香港人多之故也。

因精神疲乏，早休息。

2月7日　　星期一

提　要：元月初八。

晨如常工作，午加拿大，譚芳謂 ARTHUR、林珍有意索款，並謂應份要照時價三百元，並索送禮啤酒，余遂謂此人不能理會，至於送禮，則在余應得之款扣除，遂與田立發往外一行，下午三時再往加拿大，適"一"在，余恐她另約別客，迫不得另坐別台，不久她又行埋，此情此景，令余莫名其妙，遂與她往大{原文此處劃掉一"東"字}通銀行施普惠，即 K.RAM，商量海軍球場打足球事，他答允，遂與她乘 TAXI 返她寓，留余食晚飯，至六時許始別云。

1　"乜"，粵語，什麼，整句的意思是"其實什麼事都沒有"。

2　"多多銀紙"，粵語，"銀紙"即錢，整句的意思是"不論多少錢也不幹"。

夜東樂首次演太平劇團，仟餘元，《玉郎原是賊》。

責成李德芬不應多事，亂落別稿。

2月8日　星期二

提　要：戊寅年元月初九，東樂夜演《最後勝利》，奇寒。
氣　候：寒
溫　度：伍十一

晨如常工作，午先加拿大，後步行。

約柒時過海，往見馬師曾，定禮拜日戲，他云："聲線尚未復元〔原〕。"俟一兩晚後再定，同時並問他往觀足球否，始行定位，馬連夕宴於金陵，似大有冀圖，究不知所屬於誰，徵逐流連，無怪乎聲線太差也。

源廉與余往先施，購寒暑表一個。

梁炳照謂，譚芳〈云〉："未必個個人好似譚□我噉靠得住也。"此人奸滑〔猾〕，小心的。[1]

2月9日　星期三

提　要：戊寅元月初十。

晨如常工作，午加拿大，下午在院候馬師曾，得悉他意欲休息四天，余允之，並勸他不用介意，隨商量畫片。

夜廖鴻明設宴金陵銀玩，濟濟一堂，甚高慶〔興〕也，是年初次春茗。

碧侶往溫植慶醫生處診治，打針皮敷〔膚〕。

張民權、朱箕汝均同席，談及陳宗桐不德事。

2月10日　星期四

提　要：戊寅年元月，十一。
氣　候：寒，雨

---

1 "未必個個……"一句是粵語寫法，意思是"不一定人人都想我譚某這樣可靠"；"小心的"一般寫作"小心啲"，即"當心一些"，即須要加以防備。

溫　　度：51 度

晨照常工作，午往見林珍，後往華威定片，到加拿大會田立發、譚芳，及余三人往金龍，候一枝梅午食，畢，送她返香巢，與田某返院略談，候馬不至，聞說他連席金陵，想必有冀圖也。

夜早睡。

此後太平劇團實行一二三、四五六日政策，換換環境，以免馬過於麻煩新劇也｛原文直排，"一"、"三"靠右，"二"靠左，"四五六日"居中｝。

明日送禮卅元與林珍。

2 月 11 日　　星期五

提　　要：戊寅、元月、十弍。
氣　　候：寒
溫　　度：54 度

晨照常工作，往百貨公司，着澤泉交卅元與林珍，為譚芳定火車上漢口事，往張榮棣醫生處種痘，並結舊數二十三元與他。

加拿大與"一"相遇，午膳畢，與她往美華購雨衣一領，給□〔艮？〕四點二元，後余往先施購波襪，不合，返院，她到觀電影《戰士情花》。

下午往加拿大與馬大哥相遇，定妥星期日戲。

夜與田立發往東樂一行，順往普慶觀《鏡花影》。

梁日餘之父晨入養和園。

嘜佛來電話，謂庫務司調太平、高陞、北河、利舞台、普慶五日報告表查核云。

2 月 12 日　　星期六

提　　要：戊寅，元月，十三。
氣　　候：寒，雨
溫　　度：54

晨如常工作，午加拿大，得悉民權兄有恙，着仕可兄往加拿大就診，下午返舍下，與碧侶往溫醫生處診脈，內子晨往車公廟求籤，得求財上簽

〔籤〕，唯她因風雨之故，全身雨濕，一到醫生寫字樓即換衫。

夜演《丫環憐縣宰》，第弍次翻點，因大風大雨，略受影響。

2月13日　　星期日

提　　要：戊寅元月十四。
氣　　候：寒，雨
溫　　度：58度

晨晏起，往加拿大品茗，遇張文權，再往陸羽，畢，返院工作，下午得悉是日日戲演《橐鞬裙釵都是她》，馬與譚發生誤會，幾至衝突，常事也，不足介意。

夜演《難分真假淚》，因價錢關係，雖座位平常，而收入驚人。

{略}

李蘭生寄來連環鎖，照樣購公債，辦妥。

2月14日　　星期一

提　　要：戊寅，元月十五。
氣　　候：微雨
溫　　度：60

晨如常工作，午先加拿大，後與民權陸羽，下午返院略工作，馬至，共往告樓士打午茶，田立發、梁秉照均在座。

譚芳送余及秉照萍〔蘋〕果各一箱，他僱用細姑由此日起上工。

晨亦練波，夜珍昌，立發、民權在座，並給亞女五元公債，送民三超等位六個。

余對於一枝梅甚覺凌亂，殊難解決，究不知此女用意若何，誠恐一上失足，則將來不堪援手，若長此以往，將來必至不可收拾，殊令余百思未得其法矣，轉眼韶光，又過年十五日矣。

李遠人格破產，羞與為友。

2月15日 星期二

提　　要：戊寅，元月，十六。

晨如常工作，午先加拿大，後與"一"相遇，共往中央觀電影《賣花女》，畢，送她返寓，余個人返院，與碧侶往溫醫生處就診，至柒時始返舍下晚飯，再往院工作，約九時半余宴各伴於金陵明鏡，至十弍時始返。

近查"一"之舉動，似甚纏綿，究不知她用意如何，余恐一墮情網，則不可收拾也，慎旃慎旃。

2月16日 星期三

提　　要：戊寅年元月十七。

晨往加拿大，遇"一"，共往張醫生處種痘，畢，與田君三人往對海鑽石山一遊，春氣迫人，可親可熱，彼此有心，惜乎護花無力矣。

下午接南洋來函，得悉外江人大弄玄虛，不外欲除《毒玫瑰》與《龍城飛將》外，多排別片，余覆函述明原委，未知他如何致覆。

拜年信返鄉。

夜七時馬至，聲言欲籌款與廣西第五路軍[1]，由各伶補回，先墊一千元，明日會議二時於太平後台。

早睡，{略}。

2月17日 星期四

提　　要：戊寅年元月十八。

晨如常，早與文丕顯往見盧國棉，辦妥他出世紙事，一番手續，往見清淨局發願及明日往"高等審判廳"誓願做證人。

1 "廣西第五路軍"即"國民革命軍第五路軍"，是1937年初組建的新桂系軍隊，由李宗仁、白崇禧分別任總副司令，二人於當年2月23日獲特派此任的行政院決議，見郭廷以編著：《中華民國史事日誌》第三冊，第676頁。

上午陸羽，張民權請飲茶，他令壽堂生辰。

下午先交一千元與廣西銀行，馬師曾與余往謁廣西銀行經理張兆棠，為簽覆李宗仁來函購買雨衣膠鞋事。

2月18日 星期五

提　要：戊寅年元月十九。

晨九時往 RUGS 狀師樓，進行文丕顯出世紙誓願事，辦妥即往加拿大午食，畢，返院，得悉"一"已在超等觀劇，黃大偉至，借伍元，並謀職業事，約四時與她往加拿大飲茶，畢，返舍下晚飯。夜與田立發往新世界會張民權、霍海雲等，共往中華消夜，打天九至十弍時始返云。

2月19日 星期六

提　要：戊寅年元月弍十{原文"十"處有塗改痕跡，覆蓋原來的"九"}，意靈頓足球賽，春季大馬。

晨十時半與田立發往波士頓飲茶，畢，共往觀賽馬至一時，往加拿大，再往金龍會鄧祥，與"一"共乘 TAXI 游〔遊〕香港，車裡她有一言殊動人，謂現時"人地感覺我非常快樂。"〈"〉實在我之苦悶無人知也"，言外有音，小心。

下午與馬師曾往觀足球，畢，返舍下換衣服，赴廣州譚芳之宴，又往周炳垣處（素梅）略坐，轉往"一"處，至十一時返寓。

為避免鄧祥起見，故早返舍下，蓋馬不欲往澳也。

2月20日 星期日

提　要：戊寅年元月廿一。

晨早起，往踢足球，因大雨改往得雲飲早茶，譚芳又至舍下食粥，午與"一"往金龍，張民權等午食，下午三時往觀足球，畢，在"一"處食晚飯，海雲、立發、丙照、譚芳共五人，因避鄧祥騷擾，故往新世界一行，並往添男飲茶，聽{原文該處有一"野"字被劃掉}女伶，十時許再與丙照往珍昌食麵，畢，返院。

午食時感覺"一"有的不如意，究不知何故，金錢乎？抑另有愛人乎？長此以往，余恐必有糾紛也。

2月21日 星期一

提　要：戊寅年元月廿弍，普慶演太平劇團。

晨早往波士頓，會齊田立發，往觀賽馬，輸了馬票，一時往加拿大午食，一時半返院工作，下午三時與馬往加大飲茶，他勸余不可往觀賽馬，余諾之，約四時，他過海，余乘其車往馬場，與"一"相遇，故與她共返至堅道小祇園食齋，步行般含道，與黃大偉相遇，共返戲院，余往普慶，畢，往高陞，與內子共返（高陞演錦添花《蝶影壓斜陽》）。

2月22日 星期二

提　要：戊寅年元月廿三，賽馬。

晨十時半早起，往觀賽馬，午加拿大，下午踢毽子。

鄧英送來地玷辦[1]一張，並信一通。

2月23日 星期三

提　要：戊寅年元月廿四。

晨十時半在加拿大候譚芳，共往華商總會見曹學愚入會，為通運事，余亦入為會員，並送曹君夫婦通過證弍張，一三四、一三五。

下午弍時許往觀賽馬，仍輸，內子與大姑、譚芳、碧侶、碧翠等在馬場外觀賽馬，近察內子情形，對於兒女們甚為喜悅，且對於余極端愛護，豈可另戀新歡□〔者？〕□〔耶？〕，故無論如何，余亦不拋棄她也，總而言之，英雄難過美人關也。

---

1 "地玷辦"是粵語寫法，"地玷"即"地毯"，"辦"是貨辦的簡稱，即樣本。

源廉不知何故與內子衝突，搬回戲院食住。

在金龍晚飯時談及兆棠之往事，以驚亞廉與五家之親熱，未稔將來如何解決也。

2月24日　　星期四

提　要：戊寅年元月廿五。

晨往練足球，畢，返舍下洗燥〔澡〕，十一時返院辦公，往中華理髮，在加拿大午食，遇"一"，送她返，再與大偉往珍昌，下午四時先與馬師曾往加拿大，他勸余不可往觀賽馬，因余地位未及先父也，略有微醉，姑且聽之，遂與他往美璋拍照，又往告樓士打飲茶處，候劉炳康先生不遇，與"一"、譚芳、炳照、立發、大偉，金龍晚飯，並過海調查普慶生意，八時返院，親往摩頓台五號訪劉某，得悉利舞台已有條件交他，為公盤執出廣告費，三七分賬，余決意舉行此盛舉，約八時始別，往 CRC 會田君，再往波士頓飲茶，十時返院，然後返舍下早睡，{ 略 }。

3月1日　　星期二

提　要：戊寅年元月廿九。

晨如常工作，潮州班到，租妥每日弍百弍十元，先收定銀三佰元，並代度普慶。

午加拿大品茗，下午返院，約四時往告樓士打，至五時再往見劉秉康，商量梅蘭芳來港演技事，與芮慶榮接洽。

度陳宗桐《理想未婚妻》及《珠江風月》。

內子謂譚芳不應與大姑通電話，且此人過於放蕩也。

與田立發珍昌消夜，金陵開跳舞廳。

3月3日　　星期四

提　要：戊寅年弍月初弍，夜演新劇《觀音兵》，為廣西第五路軍籌雨衣膠鞋事。

晨八時，託言練波與“一”遊香港，再往九龍遊青山，至十一時返香港，余在 TAXI 內送她五十元，□〔計？〕她言“好朋友”不須客氣，言內似有憐惜“譚芳”意，余甚欲彼弍人得成眷屬，猶勝於日日皮肉生涯也，然余確不能為她設想，蓋余外觀好而實內空也。

午與內子先在加拿大午食，後往對海送譚芳之四嫂出殯，畢，返院。

下午與馬師曾在告樓士打談及普慶戲事，周錫年之妻許多指摘太平座位，余漫答之，婦有長舌，為勵之階[1]。

譚蘭卿買 NASH 車[2]一輛，約四千元，由馬手向余再借一千元，夜七時與二嫂、亮宣試車，“一”到觀劇，約十時往掛□〔普？〕，下文不知，余與內子返舍，早睡，明日往練波。

3月4日　　星期五

提　要：戊寅年二月初三。

晨早起往練波，午加拿大，與馬師曾共赴金龍程湛如之約，商量往澳門，馬因女招待，故有允意，並在金龍晚飯，余與大衛告樓士打，畢始往，譚芳交燕梳紙一張與余代填，余往見張榮棣醫生，彼索每千元手續費十元，余允之，遂對譚芳說明，□〔又？〕林珍索款五十元，芳予之。

3月5日　　星期六

提　要：戊寅年弍月初四。

晨如常工作，午先加拿大，再往金龍，張民權請馬師曾，並余等，先是，余與“一”見面時，約往皇后觀電影，故一屆弍時半即往赴約，畢，共往｛原文該處有一“加”字被劃掉｝告樓士打飲茶，畢，共返她寓所用晚。

夜演《觀音兵》，不及一千元，蓋自有新劇以來，此為最淡也。

1　語出《詩經》，“婦有長舌，維厲之階”。

2　“NASH”是美國生產的汽車，當時在中國譯作“納喜”，參見《申報》1939 年 7 月 8 日第 14 版廣告。

3月6日　星期日

提　要：戊寅年弎月初五。

晨往銅鑼灣踢小型足球，馬師曾亦至，先是，余與內子、譚芳及弍女共往得雲品茗。

午加拿大與鄧英飲茶。

下午在院票房略座〔坐〕，忽見“一”經過，隨後有電話至，約余往加拿大睇戲，詎料未有票買，迫不得已改道他往，遂弍人過海一行，由尖沙咀碼頭行至旺角，乘旺角船返港，在陸羽晚飯，畢，乘巴氏返，余返院，她返寓。

3月7日　星期一

提　要：戊寅年弎月初六。

晨如常工作，午金龍赴馬師曾之約，畢，往加拿大與“一”相遇，共過海，炳照亦在。

下午四時馬又往告樓士打，與劉炳康相遇，他定星期一日請他各人午膳及晚飯。

“一”早捌時往沙田。

高陞有人聘馬師曾，馬不允，李遠大姊麗婷到訪李遠。

3月8日　星期二

提　要：戊寅年弎月初七。

晨早八時起，十時往波士頓，畢，午中華，畢，與馬往告樓士打八樓見李樹芬夫人，商量兵災會籌款，馬似有允意，畢，余乘其車返院。

夜九時往新世界，民權約往大同，輸去十九元，余不消夜而返【返】舍下。

內子着余請她往金龍，遂與其姊五家等一併同往。

3月9日　星期三

提　要：戊寅年弍月初八。

晨如常工作，午加拿大，十時先往波士頓，十一時馬約往金龍午食，畢，返院。

夜九時往金龍飲陳宗桐所宴之薑酌（三樓），十一時十一個字始返寓，在席中與鄧肇垣見面。

3月14日　星期一

提　要：戊寅年弍月初十三日，馬師曾足疾休息一天。
氣　候：嚴寒
溫　度：56

晨如常工作，未往院之時祝三到舍下，謂馬因足疾不能登台，意欲由各人唱演，遂着吳培往見蘭卿，商量改演《仕林祭塔》，她云，開班時已講明，馬不出她不出，遂命休息一天，下次補回。

午加拿大午食。

下午往新世界午茶，患牙痛，蓋火過盛之故也。

電影《霓裳仙子》。

3月17日　星期四

提　要：戊寅年弍月十六，先嚴忌辰，早往祀。

晨照常，先往波士頓，午往加拿大，後返院工作。

夜設宴金陵，請譚芳、Wilfred、炳照、田立發、譽可、鄧英等十時埋席，十一時散，打水圍，遊車河至十一時十一個字返寓。

3月18日　星期五

提　要：戊寅年弍月十柒。

晨早起，往波士頓飲茶，返院工作，十二時半與馬師曾往拜會劉炳康，發帖請客明日金龍晚飯，五點入席。

午先往加拿大會“一枝梅”，後往金龍午食，畢，與“一”往皇后觀電影，送她返寓，然後再往加大約譚芳。

{略}

3月19日　星期六

提　要：戊寅年弍月十八。

晨如常工作，午加拿大，先是，十一時與芳往生死冊衙門見葉育麟君，商量他先嫂的死冊事，畢乃用午，與“一”往對海遊水塘、沙田等處，然後送她返寓。

五時先與炳照往告樓士打午茶，商量進取下屆新世界事，後往金龍馬師曾之宴，入席者，許世美（大使）夫婦、王曉籟、毛和源、杜月笙、劉炳康、邵醉翁、邵邨仁、邵仁枚、沈吉誠等，分弍席，男席當然馬為主，女席譚姑娘。

芳與內子、小兒輩共往國民晚飯，余亦隨至，早返舍下，炳照談至十弍時始返九龍，無聊之極，炳照其可慮也。

3月20日　星期日

提　要：戊寅年弍月十九。
氣　候：潮濕
溫　度：64

晨往海軍球場練足球，因微雨，略習即退，且地濕，畢，返寓食粥，隨與黃大偉往加拿大候“一”過海，東樂觀“日戲”《苦鳳鶯憐》，四時共行至油麻地“大觀”晚飯始各別。

查“一”近日態度恞〔恍〕惚，究不知何故，彼此纏綿，將來不知如何結果，□〔至？〕知美人如香草，轉眼為凋凌〔零〕。

“火伴”云，彼之所以如此者，必不出二途，（一）已經結合體緣，（二）必多給金錢。

3月21日　　星期一

提　要：戊寅，弍月，廿日。
氣　候：雨
溫　度：60以上

晨如常工作，{略}。

上午十時許林珍電話至，約往商量漢口車事，余候譚芳，因他詭計，決不勞他辦理也。

正午加拿大午食，馬師曾至，適鄧某在座，遂談及"橋"事，馬向余取一百元，並着代交五十元與李遠，余遂往《人生報》覓他，並往翔口〔鳳？風？〕略勸他，並給五十元與他，故是夜他到院略坐。

託張民權問北河做太平劇團否。

代馬交金孖素燕梳費九十元零五毛。

卓兄云，如太平劇團買往梧州，最好行船，日子由兄弟補回，然後可以平買，且籌得多款，俟有機緣與馬面商也。

3月22日　　星期二

提　要：戊寅，弍，廿壹。

晨如常工作，午加拿大，張民權因協進會相約競選事，他至與余商量，並求譚芳出席，下午返院，與馬往告樓士打飲茶，徵求他往梧州否，他云願往，余遂決定全體休息，則由廣西銀行計回駛用多少，約一仟元以彌補全班食用云，不久，民權、施普惠、黎紫君至，並邀余往到席中華酒家，民權遂獲選主席，余為乒乓波主任。

夜赴梁國泰新翁謝酒，畢，往"一"處略坐，與她往興記飲酒，而後返寓。

民權亦可云好名矣。

3月23日　　星期三

提　要：戊寅年弍月廿弍，馬背痛，休息一夜，祇演日戲，下次補回{原文自"馬背痛"起用紅筆書寫}。

{ 無正文 }

3 月 24 日　　星期四

提　要：戊寅年弎月廿三。

晨如常。

3 月 28 日　　星期一

提　要：戊寅，弎月，廿柒。

晨如常工作，午先往波士頓，蓋黃耀甫在舍下歇宿也，他層〔曾〕對余言，謂有一友人專做修鞋，能給予三佰元，每月可得三十三元，而譚芳每月給回十四元，共計四十八元 { 應為四十七元，或為筆誤？}，則他之衣食住可解決矣，余着他上場後再商。

午加拿大，與“一”往交銀與霍海雲，並與她往譚榮光處，後往娛樂觀電影，在告樓士打八樓飲茶，{ 略 }。

始演潮州班，聞說馬連日流連花酒，且跳舞於金陵也。

3 月 29 日　　星期二

提　要：戊寅，弎月，廿八。

晨如常，先與大偉往波士頓，後返院工作，再往加拿大，返院，適“一”至觀潮州戲，並言馬前晚在金陵跳舞，她亦到坐，想必有一事也，花叢變幻，置諸不理。

下午約譚芳、立發、大偉往觀炳照對梁世華絨球比賽。

炳照云，如譚芳欲他再取車，必要八百元以上，或補回以前應得之數方允，否則唯有不幹矣，綜而言之，不外金錢也。

在舍下竹戰，炳照過火，食“詐和”，唯各人一笑置之，不處分他，蓋亦度量不同也。

3月30日　星期三

提　　要：戊寅，弍，廿九。

晨如常，先往練波，後往波士頓，返院工作，午食加拿大，"一"至，俱過海，在九龍車站巡視譚芳新鋪位，芳言，此後不託梁炳照代覓卡也，此人過於勢利，且彼等已得一人允見羅博士也。

五時國民晚飯，蓋是日舍下掃灰水，故與小女們並炳照母女一干人等。

夜柒時電問馬師曾，丁趁常六十元如何扣法，他反問余，迫不得由關期扣，且同時他索取一百元開戲酬金，信乎，星期六必登台也。

"一"枝梅心緒如何，尚未明白，姑俟之來日，凡事誠則金石為開。

3月31日　星期四

提　　要：戊寅年弍月卅日。

晨早起，與黃耀甫先往波士頓，後返院工作，午加拿大，畢，返院，梁秉照與S.A.林珍比賽，余與譚芳、大偉及內子先往告樓士打飲茶，後共往觀，結果林勝梁敗。

夜宴於金陵，散席時在電梯口有激目之人，余遂與"一"往遊車河，並在車中大發牢騷，她着車夫"大冷"[1]，余卻之，並速令返寓，她先云往陶園，繼云返她寓所，余送她返，她憤然下車，不發一言，余不恤之，蓋她不知有何感觸也，余決取斷然手段，畢竟是賢妻□〔好？〕，何苦自尋煩惱□〔哉？〕之成之，從此絕跡，信乎？

｛略｝

4月1日　星期五

提　　要：戊寅，三月，初一。

1 "冷"此處疑為"round"的粵語音譯，即遊車河。

晨如常，先往波士頓，午先往加拿大，後再返工作，下午往訪譚芳，他云明日往亞“一”處食晚飯，余諾之，查實余已立心不往，並吩咐各人如有搵我，則云不在，余返舍下晚飯，畢，獨往娛樂觀電影，遇民權於途，彼云，舉余為小型足球會長，余不允，並謂明日報紙發表。

4月2日　　星期六

提　　要：戊寅，三月，初弍。

晨如常早起，午往加拿大，無耐，“一”至，似怨恨，略談，與芳等渡海，畢，往皇后戲院觀劇，四時即返，趕赴澳門，送鄧祥之妻出殯，先是，一般人等謂其妻返魂，余不信，堅持與啟新同往，遂乘金山輪，往宿於大華旅館，二十四元房租，蓋各處住滿客也，十時許往探問鄧祥，並弔祭，給他奠儀廿元，講妥平民義學戲金四千二百元，他甚為喜悅，彼此知交，將來易於辦事也，許祥伯亦暢談焉，至一時始返寓歇宿。

4月3日　　星期日

提　　要：戊寅年，三月，初三。

馬師曾生辰｛以上一段用紅筆書寫｝。

余在澳，十一時起，與啟新共往佛笑樓早餐，畢，趕往送鄧祥之妻出殯，路行至長亭辭靈。

下午赴跑馬場，遇李文巽，與燕卿、民權等，民權贏錢，大哥請佛有緣食齋，畢，落船。

內子往接船，至十弍時始返，因金山候水長，八時方啟程，故十一時許始抵香港也。

4月10日　　星期日

提　　要：戊寅年，三月初十。

晨照常工作，七時許往得雲早茶，約一個骨，往海軍球場與華僑銀行踢小型足球，結果五對一，太平勝，下午在大酒店會埋鄺新、民權往觀大中華與英格蘭決賽慈善杯，畢，在陶園晚飯，召"一"，至十時許返戲院，先是，內子頻頻喚立發電往各酒家找余，後余返，她怒形於色，余暫不出聲，姑忍之。

4月13日　星期三

提　要：戊寅年三月十三日。

晨如常工作，午加拿大，炳照約談，余不理會他，蓋嫌他反覆也，新世界午食，與"一"在座，馬往港華探訪，並往告樓士打敘談，後買汗衫於大新公司。

余三時許始往娛樂觀電影，四時半往告樓士打八樓赴鄺山笑之約，他徵求起班同意，余允代辦，倘起長期，最低限度以三個月為口〔期？〕，勸他早日徵求譚玉蘭同意，切實答覆，對於別班，似乎不必要採納，馬之意思，可與樂成而不與慮始也。

余辭協進會籌款委員，民權挽留，於加拿大口〔敘？〕話，余不接納，並推卻太平未有日期，且他往往利用他人勢力，以助其私人成功，及其成功也，則置之不恤，有九如坊之事可以為證矣，故立實不合作主意，且"一"云，未必人人如譚芳也。

4月14日　星期四

提　要：戊寅年，十四，三月。

晨如常工作，午加拿大，"一"枝梅至，忽然馬伯魯電話到，謂口訪有事，打發彼等先過海，後與他往告樓士打略進茶點，然後個人往見兵災會譚夫人商量籌款事，畢，渡海，會齊她與田立發，共遊一週〔周〕，四時返院。

夜往東樂，譚芳與內子先口〔別？到？〕，後在大觀召妓消夜，在座者為蔡文棣、田立發、啟新、惠芬及余，至夜深始返，疲極欲睡。

4月15日　　星期五

提　　要：戊寅，三月，十五。

“一”四時許始至告樓士打八樓，謂她層〔曾〕與譚芳過海，且芳言，下午有暇，約她往沙田一行，她適有事，不能如約，後與余往大新購領帶送與她，並託余招往，余卻之，究不如汝親自送與他也，她層〔曾〕言，欲找珠頸練〔鏈〕一條，約二百元，余姑聽之，及後在她寓食晚飯，神氣不同，似有無限感慨，或者另有別衷。

按“一”有意譚芳，利其多金，且喪偶，將來歸宿必好，而余則相交有素，焉能令余難堪，況余家庭不能許可，另有別人，將來難期百〔白？〕首，然一旦斷然拒絕，猶恐失之東隅，故她唯有暫觀其變，無怪她戚戚不安也。

與大偉、肇乾加拿大夜茶。

4月16日　　星期六

提　　要：戊寅，三月，十六。

晨如常工作，午加拿大取消，因赴馬師曾之約，譚芳、立發及余午膳，畢，陪他往青年會參觀，因他樂助一千元也，且蒞場時，人人歡迎，馬甚感得意。

約“一”往觀{原文該處有一“馬”字被劃掉}電影，因趕時候不及，迫不得已，在娛樂口相候，送她返寓云。

夜早返舍下，因明日連踢兩場波也。

4月17日　　星期日

提　　要：戊寅年三月十七。

晨如常早起，往得雲早茗，七時四十分再會華僑銀行，六：一，畢，又戰播音台，薛覺先加入，勝，五：〇，全場以梁炳照為最佳，個人連入八球。

夜梁炳照設宴於金陵，因酒醉，幾乎誤事，戒之。

4 月 18 日　　星期一

提　要：戊寅年三月十八。

晨如常早起，唯四肢力疲，迫不得已，再睡至十一時始返院辦工。

午加拿大與“一”相敘，隨後往港華，“一”送頸帶式條與譚芳，下午三時在金龍，立發、炳照、“一”及余四人竹戰，晚飯畢，送她返寓，然後個人返院。

夜，立發設宴金陵，得悉他召之肖麗為張民權所召，散席與譚芳往惜儂處茶圍，畢，在途與〔遇？〕張及肖麗相攜手於途，因是折返，他倆甚可觀。

4 月 19 日　　星期二

提　要：戊寅，三月十九。

晨如常，加大與“一”午食，正在出門之際，內子適至，幸她不覺，余遂與她往港華買物於各公司，“一”已購票，在加拿大門口相候，觀電影，畢，共往告樓士打飲茶，送她返寓。

夜張民權至，將肖麗如何對待田立發事，盡情吐露，張質問余一切，由此可知，人心不古，不可亂談別人在女人面前也，見一事，長一智，姑且拭目以窮其究竟。

4 月 20 日　　星期三

提　要：戊寅年，三月，廿。

晨早起，梳洗畢，即返院辦公，先往大通銀行交一仄與西電，後往加拿大，與“一”相遇，共往“青山”焉，田立發不能得一車借用，故租街車而往，三人同坐，春風得意，甚樂也，不久則至，青山在望，喚小艇而渡往，“一”饒有憨氣，殊可愛也，約四五字左右，已抵青山，步行而往，風景別有，至寺時猶憶一對，“淨土何須掃”，“空門不用關”，與她玩笑一輪，用齋畢，始乘車而返，暗〔黯〕然銷魂，唯別而已矣。

4 月 22 日　　星期五

提　　要：戊寅，三月，廿弍，肖麗、王日明借十元。

晨如常，十時往波士頓，與海雲相遇，後田立發至，共談及肖麗事，余勸他勿召為佳，午食畢，往芳兄處略談，返院工作，五時赴張民權之約，在告樓士打地下飲茶，與周錫年夫人會面，共商籌款事，並允星期一午食於新紀元。

夜議事畢，在陶園晚飯，返舍下洗燥〔澡〕，約九時馬文星君至，定妥五月初九之期，並設宴於陶園桃廳，譚芳、民權、馬君及余四人而已矣，民權與肖麗情形，較之立發，有天淵之別，唯有勸他勿召而已矣，散席後與此女共遊小香港。

4 月 23 日　　星期六

提　　要：戊寅，三月，廿三，新劇《盜窟奇花》，前一天全架電車廣告。

晨如常，午加大，與“一”往皇后觀電影《巧立歌聲》，在她寓所晚飯。

君子可欺以其方，難罔以非其道。

新劇《盜窟奇花》不甚滿座，迨亦座價太昂也，錦添花之機關戲甚為影響下位。

4 月 24 日　　星期日

提　　要：戊寅，三月．廿四，《香花山大賀壽》全套滿座，馬金陵宴東方球員。

晨柒時往得雲早茶，畢，往海軍球場與永安再戰，二對一，我隊大勝，唯過於燥暴，且此隊甚精勁也。

馬約往告樓士打，因東方克服南華 B，故設宴於金陵祝捷，晚飯他不至，余代表一切，消夜余不至，譚芳宿於舍下。

《香花山》雜用過重，與東樂訂妥方演。

贈"一"枝梅錢劍兩把，查得源廉將應派的金錢任五家如取如攜，故不均之狀。

晚飯畢，往"一"處略座〔坐〕，捌時返寓，早睡。

明日往兵災會之約。

4月28日　星期四

提　要：戊寅年三月廿八。

晨如常工作，午加拿大，下午返院，候馬至，解決足球事。

下午往告樓士打，夜柒時吳培拈來人名一張，全數由朱劍飛指揮，余不往賽，馬聞之下大怒，且力言解散，後由民權幾翻〔番〕解釋，始告段落，余適宴於金陵，不知不理，蓋此人絕無人格，朝令夕改，況薛確落九華會人，而他竟信纔〔讒〕言反抗，故置之不恤，姑俟其變幻。

夜宴至十弍時始散。

4月29日　星期五

提　要：戊寅年三月廿九。

晨早起，照常工作，午加大，因不往觀足球，故與田立發、梁日餘往娛樂觀電影。

因小型義賽足球事，焯恐馬與余發生惡感，勸余勿事過激，余略為解釋，但不值其所為，姑無論如何，必設法制裁，以警其率性也，雖知此球會之組織，並非有意揩油且舌〔蝕〕本，尤其是令外界信仰馬師曾有體育精神，詎料他竟盲從附和，誤信匪言，致傷和氣，咎由自取，於人何由，諺曰，儉德不取，信哉此言也。

夜譚芳設宴金陵，往清清處打茶圍。

義聯會派息，每股四毛。

4月30日　星期六

提　要：戊寅年四月初一，五時在院門前與馬握手道歉。

晨如常，午加大，畢，與"一"往觀電影，畢，返院，至五時半，與馬伶相遇，余遂向前與他握手道歉小型足球事，他當然不介意，且向余解釋，希冀可以取消誤會。

夜在"一"處晚飯，耀甫、譚芳、立發、海雲、余。

5月1日　星期日

提　要：戊寅年四月初弍。

晨如常，午加拿大，畢，返港華略睡，適有電話至，"一"約往利舞台觀《萬壽宮》，余遂與她共往，三時與譚芳往蕭頓球場[1]，行小型足球開波禮，並致訓辭，畢，往利舞台，與她往香港仔晚飯，並遊車河，夜十一時再往金陵，余為東道，打水圍。

先是，在屈地街時，為亞四及燕□〔禽？〕相見，適余與"一"攜手同行。

5月9日　星期一

提　要：戊寅年四月初十。

晨捌時已在養和醫院三十一房候蕙芬割背瘤，十時半至三個骨葉大楨醫生至，始遷她往割症房施手術，落迷藥，原來她患粉瘤，至十一時四十分始做完工作，她時昏迷不醒，{略}，故余是晚在養和園歇宿，以觀其究竟，是日余三次至探病。

下午告樓士打與芳飲茶，談及生意事，柒時在"一"處晚飯，食畢即返。

1　應即位於灣仔的修頓球場。

5月10日　　星期二

提　要：戊寅年四月十一。

晨在養和園三十一號房早起，八時返寓，換衣服返院辦公，至十一時許交銀華威，並除交清片租與廖鴻明，再借一百元與他，實柒十元，與黃杰商量北河事，午再往中華，返院工作，候馬赴梅氏之約，後由余請馬、譚、衛三人於大觀晚飯。

“一”是日至院觀電影，散場覩余，後由電話通問，余有事不能見她。

5月11日　　星期三

提　要：戊寅年四月十式。

晨在養和園早起，往港華食白粥，午加拿大，與田立發、“一”、梁秉照等往 C.R.C.，畢，余與她返，在她寓內食晚飯，畢，再往養和。

兵災會合約交文仕可，梁日餘往見周兆五，據他見，合約未簽字，拒接，並發火責備仕可，查實欲要挾敝院報效也，余不理，蓋彼等已先行沽票，且未得余等許可，將來必有手續也。

5月12日　　星期四

提　要：戊寅年四月十三。

晨由養和園早起，與譚芳往得雲飲早茶，畢，返港華食白粥。

午加拿大飲茶，溫伯祺至，譚芳送黑眼鏡與“一”，並與她攜手同行甚暱，甚難過目，余遂託詞返院，芳確不是，余忖其心立心挑拉〔逗〕“一”，女人水性楊花，必被誘惑，奪吾所愛，故余決與絕交，且內子之往養和也，既屬知己，何須汝出醫院費，理應互相幫助謀生，方是好友也，彼與田立發至，邀余金陵晚飯，余卻之，且因半日安事，約馬決以法律裁判。

不圖下午在加拿大再會“一”，余送她返，余趕返太平會譚夫人及周兆五，簽約婦女兵災會籌款事。

5月13日　星期五

提　要：戊寅年四月十四。

晨早起，往養和園，對內子言及譚芳，如屬老友，何以不在生意上幫忙，而在享樂上互助，實無益也，對於醫藥費、院租，余概本人負理，縱有不對，亦不多言，下午余當田立發、源廉面，余亦講，當時內子憤火中燒，誤會其他，余本擬不理會他，繼聞其決於星期六出院，余遂安慰她，唯對於芳兄舉動，不能不有微詞，世界變幻，隨遇而安可也。

午加大。

5月15日　星期日

提　要：戊寅年四月十六，往澳收按金一千元西紙，泰生公司。

{無正文}

5月16日　星期一

提　要：戊寅年四月十七，{略}。

晨如常工作，備函庫務司，午加拿大品茗，下午"一"電話至，約余往她寓內晚飯，余因與馬往候梅蘭芳，故卻之。

夜田立發設宴於金陵，畢，{略}。

5月17日　星期二

提　要：戊寅，四，十八。

因昨夜未眠，故六時返寓始睡，至十時醒，往院辦公，卓兄對余云，馬師曾叫祝三往三樓巡院，因有人說賣假票，余忖之，或因多之至也。

午加拿大。

5月18日　星期三

提　　要：戊寅，四月，十八。

晨如常，先往養和園探視內子，後往波士頓，午加拿大，與“一”相遇，共往皇后觀電影，畢，共往告樓士打飲茶，與馬相遇，約往觀足球，故託源開送“一”返，詎料是日未有球賽，迫不得已折回，遂返寓晚飯。

夜“芳”設宴金陵，至十弍時始返，余她共遊車河，本擬返她處，唯恐過於流連，遂返寓，且內子明日出院也。

梁祝三奉命調查三樓守閘。

5月19日　星期四

提　　要：戊寅，四，十九。

晨如常早起，意欲往養和，中途與源開相遇，他□余共往亞細亞行調查九油□〔桶？〕事，滿意而返，午加拿大，“一”又至，畢，往港華、告樓士打、中華晚飯，畢，始送她返，究不知此女何所屬也。

5月20日　星期五

提　　要：戊寅年四月廿一。

晨如常，因的近狀師樓[1]告訴告白牌事，遂往見洪謂釗狀師解釋，明日再談。

永安遇伯魯，往金龍晚飯，並講明至談理由，查實新戲關係，他知之，遂先定戲櫃兩個，《情網殺人精》、《人獸關頭》。

是晚休息，往看梅蘭芳，並送花籃與他一行十四人，余與卓兄乘汽車返。

蘭卿云，薛仔請她告樓士打午茶。

1　即“Deacons”，今稱“的近律師行”。

5月23日　星期一

提　要：四月廿四，大觀消夜，義聯會祀四姐，十。

{無正文}

5月25日　星期三

提　要：四月廿六。

晨如常工作，先波士頓，後返院工作，得悉林南偷了風扇，着區新查辦，同時因街招之故，令呂滄亭解職，恩恤半月恩餉。

午加拿大，"一"同桌，畢，共往{原文該處有"加拿大"三字被劃掉}娛樂觀《西藏桃源》，送她返寓。

夜工作忙至十時，與譚芳、耀甫、立發四人在金陵甘讌，"一"終夕不至，余懊甚，失眠，內子誤以為別事，許多安慰，事實勝於雄辯，野花奚及家花好，從此各行其志矣。

5月26日　星期四

提　要：四月廿七，碧侶生辰，宴於大同。

晨如常工作，先往波士頓，午在加拿大，"一"至，問及昨夜事，余答曰，由十點至十一時半所經過之情形，不用多講，總而言之，好自為之，午膳畢，余送她返，余個人返院工作。

下午五時馬、蘭約往告樓士打飲茶，並託余代沽他之七七九汽車，價艮三千四百元，譚亮為中人。

六時在大同晚飯，五姐、七姐、譚芳、立發、源廉等均在，耀甫云，"一"於三時到港華借遮，不知何故，決不理會。

5月27日　星期五

提　要：四月廿八，碧侶生辰宴於金龍，馬賣車不成{該提要全用紅筆書寫}。

{無正文}

5月28日　星期六

提　要：四月廿九，衍藩、錫藩生辰。

晨照常工作，四二三吳老板〔闆〕到訪。

6月2日　星期四

提　要：五月五日。

是日上午在院工作，{略}。

舍下敦請譚芳、耀甫不至{未知只是耀甫沒到，還是譚芳和耀甫皆沒到}，田立發、蔡棣、源朗、歐新晚飯。

夜與立發個人往告樓士打飲拿破崙一杯。

6月4日　星期六

提　要：戊寅，五月，初七。

晨如常工作，午與內子先往港華，後往加拿大，遇“一”，與她往張醫生處注射防疫針，畢，往皇后觀電影，返她處晚飯，亞三云：“九少幾時請飲？”，余云：“汝問四姑娘可也。”

夜往加路連山。

是回因敵機狂炸廣州，班院大受打擊，較之廿八號還重要。

內子與譚芳乘交通往澳門。

6月14日　星期二

提　要：戊寅年五月十七。

晨如常工作，先往港華，後過海，會齊譚芳，往俄羅斯餐室早餐。

午先加拿大，後約齊田立發、源廉、“一”等往石澳遊〔游〕泳，余不諳游泳，祇在沙灘仰臥而已矣，{ 略 }。

棚租，照富弍元，晚飯四元。

夜早睡，芳約往金陵，敬辭，倦極欲眠之故也。

6月19日　星期日

提　要：五月廿弍。

晨往國家醫院賽球，午加拿大，晚飯新紀元，“一”亦在焉，先是，余往加拿大買餅，故順便送多少與她，飯後與她遊，香港牛奶房食雪糕，畢，送她返寓。

尾台減價，甚旺，是晚演《背解紅羅》大結局。

6月21日　星期二

提　要：戊寅年，五月廿弍。

晨如常工作，因大便下血及小便有濁，往就診於李華石，詎云身子大虛，並着服田雞公乸各一及法〔髮〕菜三錢，煲白粥食。

午加拿大，“一”至，問及病狀，余云甚覺不舒服，吾恐有別故，姑待以澄之，她頻頻向余問及上街事，余答，錢則畀口〔看？〕多少，定有分數，必不可過份也。

夜找禮頓數一十四元。

6月27日　星期一

提　要：戊寅年五月卅，散班之期。

晨早起往就診，午加拿大，與“一”往周懷璋處，詎料他不在，改往蔣法賢醫生處診治，得悉她已染疾，遂就醫，猶幸不甚深，然余稔她何以有此，恐亦不可以理喻也。

芳、清、發三人共往石澳遊〔游〕泳，至八時始返。

余與耀甫夜八時共乘汽車上山頂，談及生意經。

是晚演《最後勝利》，甚淡，熱兼明晚籌款，不無影響，散班為期弍月。

函寄黃鶴聲。

7月3日　星期日

提　要：戊寅年六月初六。

晨早往踢足球，畢，食早飯，午先往加拿大，因約"一"往見蔣醫生，遂於十式點以前往候，適沈吉成至，略談，後與她往威士文午食。

下午三時候馬師曾，共往龍溪台廿三號訪羅麗娟，三樓全年柒千元。

據內子云，芳兄恐諸多不便，故託辭不在舍下歇宿，查實欲往亞清處也，雖知大丈夫貴乎磊落，不可左度右度。

馬遷往歐啟新寓內，實行開始編劇。

7月6日　星期三

提　要：戊寅，六月，初九。

晨如常工作。

午加拿大，往洗症，張醫生云，火麻仁撞滾水，攪砂糖。

"一"恐身熱聽診。

田立發云，張民權對南華會某君談及，源老九往時與余有錢銀來往，所以抬我，如今未有，故不抬舉也，細稔此人，好大言，無往不表示他是富厚之人，且婁劣性成，羞與為友，將來設一法以儆之。

7月7日　星期四

提　要：戊寅，六，初十。

晨如常{略}，午攜文仕可往診"一枝梅"，並給她五十元作醫藥費，她個人往蔣醫生處診理。

夜九時往她處，她又覺身熱，無耐，陶園有電話至，問她出否，她答云不去，余遂叫她不如叫亞十往話過亞七聽，較為妙也，余遂穿衣話別，免撞面也。

芳等消夜於清處。

是日為七七紀念日，全國素食，捐款。

7月15日 星期五

提　　要：戊寅，六，十八。

晨如常工作，午先往加拿大，再往思豪，不遇，後往加拿大，與炳照午食，畢，往蔣醫生處候她，因事往婦女會解決給印事，她不能久候，在告樓士打約芳兒、田立發等飲茶，彼此見面。

余返她處晚飯，不外如是如是。

夜與內子、芳等遊車河上山頂。

7月17日 星期日

提　　要：戊寅年六月廿，此事痛心疾首，不能忘記。

晨如常，早起，{ 略 }，午加拿大，畢，與她往大觀霓裳晚飯，田立發、源廉及余四人，畢，返院，內子在院久候，馬上叫余返舍下，嘈吵數語，即執齊[1]什物，向外奔逃，余隨往各酒店調查，得悉她躲在五妹契處，查此事之穿煲[2]者，由她亞媽講也，此事當然由她母負起原〔完〕全責任，不應。

7月18日 星期一

提　　要：戊寅，六，廿一。

晨早起，往澳門碼頭截她是否個人往澳，不遇，往港華訪譚芳，後由源廉往五妹處覓得她返，在院外大肆咆哮，確以金石良言苦勸也，由五姐、七

---

1 "執齊"是粵語，即此處即"收拾行李"的意思。

2 "穿煲"是粵語，即"洩露風聲"的意思。

姐及其母等苦勸，均不從，並問余取回首飾，遂往，余亦任她，行開晚飯，畢，譚芳與源廉往見她，遷往思豪居住，暫時修〔休〕養。

下午四時 ONE 有電話至，余祇言不用介懷，余必無對她不住，恐她對我不住也，但求彼此放心是矣，夜在影紅處見她。

7 月 19 日　星期二

提　要：戊寅，六月，廿弍。

晨如常工作，午先往加拿大，後於弍時半往蔣醫生處會她，預備檢驗一切，與她乘的士返寓，在車廂裡內談及內子外奔事，她覺得極不滿意，且不安樂，余勸她暫且當為無事，容日商量，安慰備致〔至〕，此事極難解決，若堅持與她賦同居之好，難對亞妹，若不，又不知她心目中苦況若何，總之，冷眼看人，靜觀其變可也。

7 月 21 日　星期四

提　要：戊寅年，六月，廿四。

晨早起，{ 略 }，畢，往思豪酒店三十九號房見內子，她堅持不返家，下決實〔心？〕外出，並索款一百元，余決意捨棄“一枝梅”，不願意犧牲愛妻也，多年甘苦，焉忍出此，今後放下屠刀，立地成佛，她縱使不返，余亦不愛上別人了。

亞妹之出此斷然手段，不外企〔冀〕余覺誤，愛惜金錢矣，且兒女成群，奚可一無貯蓄，既屬與她多年恩愛，何以又有別人，余亦自悔失策，不應過於浪漫也。

7 月 22 日　星期五

提　要：戊寅，六月，廿五。

{ 略 }

九時許往思豪見內子，並給五十元，她堅持不返，余亦不強留她，所有與"一"的過情〔程〕俱知，余不多言，苦勸不從，唯有任她而已矣。

夜九時與"一"遊車河，彼此盡情吐露，愛莫能助，卿其諒我，此後亦不敢結交異性也。

7月23日 星期六

提　要：戊寅，六月，廿六，兵災會籌款。

晨如常早起，內子已遷往別處，一概不知下落，姑且任她如何而已矣，剛愎自用，殊可哂也。

午與小兒們陸羽品茗，下午返院工作。

夜與譚芳、海雲、立發等往高陞觀興中華，先是，何柏舟到訪，託留回十八之期。

7月25日 星期一

提　要：戊寅，六月，廿八。

晨如常工作，十時與錦順往加拿大品茗，遇曾寶琦，得悉內子寓於西林[1]。

下午譚芳電話云，內子有電話至，他即往西林見她，確實在這處，明日約往食齋。

夜消夜於陸羽。

7月26日 星期二

提　要：戊寅年六月廿九。

晨乘早車，八點八往西林，訪內子，彼此面談，食齋，至下午三點三始與源廉返。

夜宴於金陵，召"一"。

1　即位於沙田的西林寺。

7 月 27 日　　星期三

提　要：戊寅，七月，初一，內子由西林返。

晨余與小兒輩及大九、細九一齊往西林訪內子，與她一齊返寓。

按西林之地淨極，殊堪養病，且每日脫離繁囂，很是一清淨土也，女人們多數湊銀伍佰或一千，以為將來生養死葬計，故大不乏人在此歇宿，然未卜生，焉知死，亦過慮也。

然細查內子之不欲余如此者，實愛余過切，不欲余倍事流連，且不欲移愛別方，然愛我者比比皆是，余亦不知如何方能不兩負紅顏也。

7 月 29 日　　星期五

提　要：戊寅，六月，初三。

晨如常工作，午加大品茗，得悉"一"往車站訪芳兄，□〔約？〕余五時往告樓士打八樓，依時而往，她穿花布衣，攜一藤〔籐〕籃，類似旅行，云往澳，{ 略 }，余得聆她因環境問題，暫時不出，或另有肺腑也。

7 月 30 日　　星期六

提　要：七月初四，{ 略 }，五十元與她。

晨往滅火局見 W.M.SMITH，因昨夜到院檢查戲台電線，故約陳子靑〔青〕君會同前往，送禮五十元與他，隨往思豪酒店五十一號見卓兄，講明一切，遂出銀一百元。

午十二時往四一四皇后酒店會"一枝梅"，共談心事，不外應酬多少，以免她辛苦也，她云不出，迨亦另有別情，難保不有外遇云，{ 略 }，送她五十元，遂別。

7 月 31 日　　星期日

提　要：七月初五，西區小型足球開幕，馬伶行開球禮。

晨柒時往參加小型球影相事，午陸羽品茗。

8月3日　星期三

提　要：戊寅，七，初八。

晨如常早起，午與小兒輩往陸羽品茗，接"一"電話，約往告樓士打，四時飲茶，略談一二，即晚七時往娛樂共看電影，畢，在娛樂餐室二人共桌消夜，TAXI送她返，聞說她不久復出。

譚芳對於清清，深為留意，立法新召肖紅，恐亦不久沉迷也，享樂人人想，視乎流連與否而已矣。

工人易月葵入院割鼻。

8月4日　星期四

提　要：戊寅，七月，初九。

{略}，午照常就診。

下午往練足球。

夜與"一"往陸羽品茗，步行返寓，在陸羽時與易某遇，並允送戲票與她。

8月5日　星期五

提　要：戊寅，七月，初十。

晨如常，午新紀元，廖鴻明借一百元，往中央戲院觀劇，與"一"，畢，返院工作。

卓兄已返寓矣，並新裝電話，馬云，潤〔閏〕七月初九開身，不許楚岫雲計數。

馬文星到，允於星期一日十弍時在新紀元交款一千元與余云。

芳近日流連忘返，入不敷出，舉動失常，余甚憂之。

炳照電話，關乎足球事。

夜與小兒們飲冰。

8月10日 星期三

提　要：戊寅，七月十五。

晨八時，與"一"同往澳門，余此行不外欲改換空氣而已矣，乘金山輪十一時許抵步，寓利維旅一〇七，四時往新豪見柏舟，取曲本，往清平購票，得悉該賣票員極為忤事，回寓休息，約九時往佛笑樓用膳，然後往觀劇，與鄧祥相遇，約往消夜，余否之，遂與"一"共遊車河，{略}，唯她待余另有肺腑，亦有隨余意，姑俟之。

8月11日 星期四

提　要：戊寅，七月十六。

晨十一時始醒，午中央午食，下午弍時半乘金山輪返港，五時四十五分抵港，返寓晚飯。

夜與小兒輩往大同消夜，乘汽車返。

8月13日 星期六

提　要：戊寅，七月，十八，興中華初次在太平頭台，破天荒演日戲，為八一三[1]獻金之舉。

晨如常工作，午加拿大午食。

8月18日 星期四

提　要：戊寅，七，廿三。

晨如常工作，得悉譚芳已遷回九龍，着其弍子往見他，並同時電話慰問

1　1937年8月13日，日軍向吳淞江灣閘北國軍進攻，史稱"八一三事變"，詳見郭廷以編著：《中華民國史事日誌》第三冊，第715頁。

八嫂，午陸羽品茗，候馬師曾，共往同興借銀一千元，他個人准明日往省獻金，國幣伍仟元，余個人五佰元。

三時半黃鶴聲到探，並捐一百元。

夜往“一”處，給她一百元，並允先交伍佰元，其他續〔逐〕漸交埋，至一千五百元為額，她微有允意，故嗣以時日。

演鏡花豔影全女班。

8月19日 星期五

提　要：戊寅，七，廿四，馬師曾晋省，獻金國弊〔幣〕五千元。

晨如常工作，午陸羽，“一”電話至，余約她下午中華談話。

下午五時半與內子往溫醫生處注射 SOLARSON[1]，畢，大華晚飯，返院，“一”到觀劇，十一時與她往陸羽消夜，十弍時返寓休息。

8月20日 星期六

提　要：戊寅，七月廿五。

如上。

譚芳借去一百元，由耀甫手交田立發，對於家庭上已失去信用矣。

8月23日 星期二

提　要：戊寅，七，廿八。

是日譚芳娶清清入宮，派田立發往賀。

內子已盡知其情，但可惜他用去許多金錢，並要與人養仔，清清與芳相交不久，何以忽然相戀，實一疑問也，且未入宮，而二人俱恙，凶兆不吉，千古奇聞，家庭上必不和也，以古鑑今，豈可不慎之哉。

1　Solarson 是德國拜耳（Bayer）藥廠生產的一種注射劑。

8月24日 星期三

提　　要：戊寅，七月，廿九。

晨如常工作，午新紀元，與“一”、立發、海雲、錦順、炳照等午食，下午往娛樂觀電影，畢，大酒店飲茶，與民權遇。

下午六時與內子往見溫植慶醫生，注射益休針，畢，往城和道探視金女，蓋她患疾，畢，在中華晚飯，返院工作。

十時與“一”往陸羽品茗，耀甫為東道。

內子在寓談及花界人之靠不住，比比皆然也，故不久則必有報應，往往累人家嘈屋閉。

芳其誤矣乎，何苦負擔其重也。

8月25日 星期四

提　　要：戊寅，潤〔閏〕柒月，初一日。

晨如常工作，午陸羽品茗，霍海雲為東道，因他晨在院試畫也。

下午見譚芳，據林祖鑑言及，譚擇定今日下午往造〔做〕新女婿，可謂笑話之極也。

梁秉照之母到探，並饋疍〔蛋〕糕。

夜與炳照往探“一”，得悉她患咳。

8月26日 星期五

提　　要：戊寅，又七月，初二。

晨如常工作，午陸羽品茗，譚芳留下一紙，欲再借一百元。

田立發送墨水瓶及筆全套（$16.XX）與余，此物在中華百貨購買的。

午得悉“一”往溫醫生處診脈，下午次乾之妻向余招股，余答以徵求卓兄同意云，內子往打針，畢，往大華晚飯，孫錦順在座，內子何以知譚芳昨天做新女婿。

夜“一”電話至，略談遂罷。

8月29日　星期一

提　要：戊寅，又七月，初五。

晨如常工作，午陸羽品茗，下午返院工作，得悉《金葉菊》一片極旺。

三時半與梁秉照、田立發三人上環，中途余與立發往溫醫生處掛號，畢，往告樓士打地下午茶，後再往溫醫生處會內子，改由張醫生注射大脾。

夜往高陞觀《封神榜》頭卷，余七時至捌時在院工作，約九時往訪"一枝梅"，十時許始往高陞，畢，往華仁消夜云。

8月30日　星期二

提　要：戊寅，又七月，初六。

阮達祖之先翁仙遊，余與海雲往送殯。

9月1日　星期四

提　要：戊寅，又七月，初八。

晨如常工作，午陸羽與耀甫賽賭，往叫雪月晚飯，由田立發主動叫TAXI往到步，她答允，余遂與｛原文該處有"海雲"二字被劃掉｝錦順、老衛返港華，往車站見POPOY，他云十日後再見他，遂別，返院解決楚岫雲事，往中華，"一"已在，後在閣仔飲茶，余返舍下洗燥〔澡〕，然後八時許始往中華晚飯，內子等往高陞觀《封神榜》二卷，余十一時乃至高，與彼等返寓。

9月2日　星期五

提　要：戊寅，又七月，初九，太平劇團頭台演《村女歌姬》。

是日照常工作。

夜演太平劇團，為是屆頭台，演《村女歌姬》，甚旺。

各伶中有因銀水關係，要求將上下期分在關期計算，余決不答應，祇照上屆伸算云。

9月3日　星期六

提　要：七月初十，（日），《傾國桃花》〔《傾國名花》？〕，（夜）《皇宮雙燕》。

是年日戲不派贈券，只收廉價，是日日戲為黃鶴聲首本，甚旺，收入弍佰餘金。

夜《皇宮雙燕》，亦滿座。

孫錦順、立發及余共往"一"寓所消夜。

9月4日　星期日

提　要：七月十一，（日）《情泛梵皇宮》，（夜）《香閨四俠》。

照常工作。

晨內子忽患心病，故往李華石處診治，午新紀元，與"一"共午食。

馬師曾因梁德未預備妥帆布床應用，大發牢騷，有消〔燒〕他砲意，後經吳培講情，遂道歉了事。

且談及內子不宜座〔坐〕第一行睇曲，於他極礙云，姑恕之，為大局計也。

9月5日　星期一

提　要：戊寅年，又七月，十弍，夜《傾國名花》。

晨如常工作，下午與內子往觀東方及光華友誼賽。

夜，{略}，往廣州泰山消夜，因交銀（馬票）廿元與田立發，芳兄出十元，施利華五元，余五元，遂成局焉，畢，往肖紅處打水圍。

下午余往"一"處，得悉她意欲打一件金器，余允之。

9月6日 星期二

提　　要：又七月十三。

下午因內子神經系患疾。

9月14日 星期三

提　　要：戊寅，又七月，廿弍日 { 實應為“廿一日” }。

晨往見 Perry，取回關證，午陸羽品茗，弍時與一枝梅過海，與馬文星略談，四時在印度餐室食架喱，畢，返港，往港華，得悉芳兄在告樓士打八樓午茶，遂往。

七時舍下晚飯，內子云，汝近日仍與某人行，倘余知悉，勢必無兩立也，余姑聽之。

夜在院工作，與孫錦順計妥數。

張應華設立告白公司，着梁日餘代辦。

9月18日 星期日

提　　要：戊寅，又七月，廿五。

晨八時往香港會球場練習足球，波士頓早餐，午因在院工作過時，迫不得一點一個骨方到碼頭，候“一”，共往油麻地普慶觀劇。

下午四時與民權在告樓士打飲茶，得悉他自動改東方與勸進會之期，弄成絕大風波，不可收拾，余請內子等晚飯於新紀元，畢，八時許返院工作。

9月19日 星期一

提　　要：戊寅，又七月，廿六。

晨卓兄在寫字樓云，近覺得各部份賣票都有瞞騙之弊，尤其是三樓，人言嘖嘖，必要小心，請看彼等同道可知也，必定查辦，言中未知是否有物，凡事留心。

午民權約往思豪，余不往，改與立發、衛成等往陸羽品茗。

9月21日　星期三

提　要：戊寅，又七月，廿九{實應為“廿八日”}。

晨如常工作，卓兄云，戲業致淡之理由，大抵戲本關係，着人代買《國華》、《越華》各一份，十四、十五、十六及十七，並云院伴各人十分勢兇，必有作弊，余姑聽之，並聞是夜源朗查位焉，此人陰險，凡事小心，免誤大事。

下午六時家人齊集脫服，乃四姐對年也[1]。

梁炳照請告樓士打午茶。

夜十時往“一”處消夜。

9月22日　星期四

提　要：戊寅，又七月，廿七{實應為“廿九日”}。

晨如常工作，先往加拿大，收廖鴻明交來院租五十元，午陸羽品茗，畢，往南濱釘克柔招牌，並得悉譚芳決意辭耀甫，因此人虧空兼開假數，為仕賢發覺也。

{略}

夜返舍下食糯米磁〔糍〕、燉雞。

是台非常之淡，想亦戲本關係也。

9月26日　星期一

提　要：戊寅，八月，初三。

晨照常工作，因交通改期，故着歐啟新與內子五時乘瑞泰往澳，余親自

1　查1937年9月9日（丁丑年八月初五）紀事，“四姐”即源先生生母去世，至此已超過一年，即所謂“對年”，家人齊集舉行脫除孝服的禮儀。

送船，同行有十式家。

午十式時約利良在加拿大商量，關於寫街招廣告事，後又往陸羽品茗，是日兩點一場，因蔡謙有事，着麼地代沽後座票，發覺有六個位不同，源朗奉命查核，據源廉云，他問蔡謙：“九叔有無交票汝賣。”謙答曰，並無此事，由此觀之，想他必有話對卓兄講及也。

夜柒時他又往三樓調查，余已通知黃灶、李賢，如他調查時，通知亞任，免誤大事，此人奸猾，好理閒事，凡事留心，以觀其動作。

廖曙光為香港業餘話劇事往見華民政務司。

劉廉告辭。

9月27日　星期二

提　要：戊寅年，八月，初三。

晨早起，往院工作，午先往加拿大，遇孫錦順，介紹他識廖曙光，為將來接《大公報》告白事，陸羽品茗，譚芳在座，余送維他賜保命一百粒與他，計艮四點二四元。

先是，在加飲茶，時“一”已有電話致余，余允相見，不圖因公不暇相見云，故改在香港酒家餐室。

朗頻頻巡視三樓，迨亦另有用意，源廉着李任、李賢等早有戒備，連日查票尾，實討厭之極也，想他亦恐吓〔嚇〕矣。

卓兄對於黃素貞還款事，似有抵賴意，並着吾等負責，余姑忍之，俟觀其動態。

劉廉欠債過多，自行告退，給與恩餉半月。

10月2日　星期日

提　要：戊寅，八月初九。

晨往香港會球場踢球，詎料大雨停賽，雙方球員不能接觸，田立發不至，應予以處分，後往 C.R.C 飲茶，新八嫂亦至，午陸羽品茗，畢，個人往“一”處，並約她是夜共往東樂戲院焉。

此女有特性，究不知措施如何，姑嗣之。

10月3日 星期一

提　要：八月初十，與張應往大通開戶口，並交回大觀按櫃一百五十元。

晨往加拿大候張應華，往大通銀行開戶口，詎料有一千元方能，姑作罷論，嗣後夠一千元方辦理。

午陸羽品茗。

{略}

10月4日 星期二

提　要：八月十一。

晨照常工作，午陸羽品茗，下午訪"一"，畢，返舍下，夜舍下竹戰，孫錦順、田立發皆在焉。

張榮棣醫生介紹食 SANATOGEN[1]。

興中華奇淡，迨亦人選、戲本問題。

10月5日 星期三

提　要：八月十弍，拔萃書院舊同學歡宴泵麻士，於華商會所拍照。

晨早起，內子不知如何感觸，又提及余與"一"往澳事，悠悠之口，妨〔防〕不勝妨〔防〕，午陸羽品茗，下午返舍下竹戰。

夜七時起華商會所舊同學之宴，濟濟一堂，甚歡娛也，座中談笑自如，並得泵麻允於 NOV. 4 答謝一餐，師生情誼，依然猶在。

十時半返寓竹戰，內子心病，殊不知究竟也。

1 "Sanatogen" 是一種含多種維他命及礦物質的補充品。

10月6日　星期四

提　要：八月十三。

晨如常工作，午陸羽品茗，下午返院工作，四時返舍下竹戰。

七時返院，馬云休息四天，準備新戲，隨即定片，對於他余〔賒〕下數，暫且不提。

孫錦順因入息不敷，有往上海意。

10月8日　星期六

提　要：八月十五中秋節。

晨如常工作，午陸羽，畢，往觀賽馬。

夜卓兄云，同興有取回，聞說人言，許多人作弊，不外欲查票也，言中有物，余亦以最冷靜頭惱〔腦〕應附〔付〕之。

10月9日　星期日

提　要：八月十六，驗查各票。

下午弍時許卓兄驗得李任作弊，賣假票，想此事必李任告訴其朗，由其朗轉達卓兄，三時余返院，卓兄責罵源廉，謂他不應作弊，且五姐等家用及其他債務，俱由此而負擔，倘人人都賣，則將來有事，誰尸其疚，警告他，原來始末，俱由源朗情報，因亞朗親眼見源廉交票與李任也，故勿論如何，彼此均有理由。

廉不應作弊，朗不應予人難堪，煮豆燃箕，相煎何太急。

又云劉廉洩漏與同興知，且謂其中許多黑幕也，言之成理，嗣其變而控制之，稍待。

10月10日　星期一

提　要：八月十七。

對於此事，各人均沉着應附〔付〕，力思口〔未？〕有一法解決。

10月13日 星期四

提　要：八月廿。

廉仔已知李賢與黃俱盡力為余，決以武力要挾X代沽，否則必走極端，且得悉此事純由X洩漏，將來必有法炮製也。

亂世忠口〔臣？〕，各樹其主，旨哉斯言也。

探"一"家。

10月14日 星期五

提　要：八月廿一。

晨如常工作，午陸羽品茗，下午三時半往練習足球，舍下晚飯，畢，返院工作，十時許與"一"、田、廉往香港消夜，十一時許返舍下。

報章載言，日兵淡水登陸。

10月15日 星期六

提　要：八月廿弍。

太平劇團初次着十三郎編劇，《情海慈航》，甚好。

10月16日 星期日

提　要：八月廿三。

廣州市交通斷絕，日本登陸形勢惡劣，勳以為，生意必受打擊，詎料反好，殊出人意料。

XX兄頻頻調查各部有無作弊，唯是確無其事，有誰指證也，XX慎之。

夜與啟辛往拍電報。

本擬往探“一”，後因工作過忙，改期云。

託“棣”對馬文星言，先交五佰元，其餘五佰來年元月扣回。

10月17日　星期一

提　要：八月廿四。

晨如常工作，午陸羽品茗，下午三時赴文朱聯婚茶會於金陵四樓，五時告別，余與錦順往“一處”晚飯，畢，返院工作，源廉交銀弍佰元與余，乃借款，□〔約？〕每日還4元每佰元，過海，普慶是夜演太平劇團《虎嘯琵琶巷》，因失博羅戰事影響，奇淡（晨往道喜）。

作事小心，謹防奸細。

10月18日　星期二

提　要：八月廿五。

晨如常辦工〔公〕，午陸羽品茗，下午馬師曾到訪，商量捐募寒衣事，並與譚蘭卿往大酒店飲茶。

連日戰情緊張，香港糧食恐會發生問題。

普慶生意奇淡，大抵戰雲影響也。

10月20日　星期四

提　要：八月廿七，孔聖誕。

晨照常早起，託文仕可先生往見馬師曾，商量新戲事，並寒衣運動，午與碧侶、碧翠往陸羽品茗，並購鞋一對與碧翠。

溫伯祺商量廣告事，如《循環報》允有回頭佣，則無事不成也，並允薦他往《星洲報》接廣告。

夜往探“一”，聞說她微□〔恙？〕。

卓兄對於班事甚擔心，唯善法以補救，並談及次乾之九仟元。

10 月 21 日 星期五

提　要：八月廿八，外傳廣州失陷，人心鼎沸，不戰而退，殊屬可惜，嗚嘻，其為廣東精神乎。

{ 無正文 }

10 月 22 日 星期六

提　要：八月廿九。

晨早起閱報，得悉廣州確已失陷，港中居民失意者多，尤其馬師曾，藉故休息，經幾翻〔番〕交涉，始允照常唱演，雖〔需〕知各行均照常營業，豈令普慶單獨休息者哉。

午往探視“一”，三時與她往觀賽馬，畢，各別，聞她昨天患病，現已痊癒。

港華之金龍菜單，是夕在三樓歡敘，余不到晚飯，只到消夜而已矣。

田立發代向仕賢借五十元，並交廿元與孫錦順。

10 月 25 日 星期二

提　要：九月初三日，武漢失守，華軍安全退出。

晨如常工作，午陸羽品茗，下午四時告樓士打赴霍海雲之約，五時往七號差館，關於 1939 轉牌事。

夜九時許與“一”往香港消夜，十時半返寓。

10 月 28 日 星期五

提　要：九月初六日。

晨往燕賓食早粥，午陸羽，下午返院，與各人往灣仔英京晚飯，畢，返院工作，得悉上海班有租院意，託中旅龔某到談，照中旅租金每天一百五十元，椅墊另計，他允明日答覆。

夜余往探“一枝梅”，她云，所給之款已用去，並索多少，余諾之，約以明日。

10 月 30 日　　星期日

提　要：九月初捌。

晨如常工作，午先往陸羽，畢，購瀉藥，往“一”處，至四時往告樓士打會田立發，不遇，乃返寓。

夜與內子往加拿大消夜。

太平劇團劇本此二日夜似乎有起色，究不知是否人心已定，抑或戲本關係也。

擬將《正一孤寒種》之數扣回《大義滅親》按金弍佰元，俟其答覆。

11 月 3 日　　星期四

提　要：九月十弍，“一”往澳。

{ 無正文 }

11 月 5 日　　星期六

提　要：九月十四。

晨如常，往院辦工〔公〕，託孫錦順往取三百元，賽馬，午陸羽品茗，弍時往炮〔跑〕馬地，三時許與“一”相遇，得悉她之牌已為人割去[1]，遂與她飲茶，至散場始□〔召？〕TAXI 送她返寓。

是晚新劇《戰士十年歸》頗旺，滿座。

田立發送來領帶一條。

1　此處“牌已為人割去”指的應是其娼妓營業牌照被註銷的意思。香港政府自 1931 年起便推出一系列措施禁娼，自 1935 年 6 月不再發出牌照。有關消息見《港府決心禁娼，酒樓老板人人自危》，《工商晚報》1931 年 12 月 14 日；《禁娼期限決不展緩》，《工商晚報》1933 年 11 月 5 日；“Prostitution Reform: Registered Women Give Six Months’ Notice”, *Hong Kong Sunday Herald*, 16 December 1934；《禁娼後的塘西》，《天光報》1935 年 7 月 1 日。

十弍家送麻雀一副。

11 月 6 日　　星期日

提　要：九月十五，是日為余生辰之日。

{略}

午陸羽品茗，下午早回院，與內子往觀足球，畢，一干人等回舍下晚飯，親朋齊集，濟濟一堂{是日日記全用紅筆書寫}。

11 月 9 日　　星期三

提　要：九月十八。

晨如常工作，與“一”往新紀元午膳，後與她返寓，至六時口〔如？始？〕返舍下，“亞妹”頻頻追問余往何處，余支吾以對。

得悉十二向人說及余至畏內，並諸多是非，余置之不理也，自己做自己事。

昨演雙出《呆佬拜壽》及《野花香》，居然暢旺，而新戲反不及也。

11 月 13 日　　星期日

提　要：九月廿弍，郭鏡清到談。

晨如常工作，午陸羽品茗，“一”與其姊妹至，余着她獨席，余先往下午收陳蘭芳定一百四十元，他並允捐五十元藥費與東方。

觀足球，畢，與孫等往新亞晚飯，過海，返院，郭鏡清至，追還馬師曾一千元，並去歲二千元息銀，且也着減省告白費、電車尾{此處疑漏一“數”字}，各事樽節，從日戲設法彌補，減輕冗員，余諾之，允對卓兄說及。

11 月 14 日　　星期一

提　要：九月廿三。

晨如常工作，午先陸羽，畢，再返院工作，夜往“一”處，余謂，她不應招呼“亞口〔統？〕”如此忘形，諸多謾罵，她號泣，至十一時余返寓。

卓兄着余對馬說及，同興之款暫不能代清，因他支長〔賬？〕過多，且頻頻索款，唯有代墊息銀而已矣。

11 月 17 日　　星期四

提　要：九月廿六。

晨如常工作，午與“一”往中華品茗，畢，至她寓小憩，三時返院，略辦公即返寓，竹戰輸去十四元麻雀。

夜卓兄頻頻眉頭縐〔皺〕，謂班虧去三四千元，余置之不理，至十時往“一”處略敘，返寓休息。

是年太平劇團成皮[1]過重，故損失奇大，未知卓兄如何處置也。

五姐對余謂，卓兄不給家用二月有餘，她確無法維持，繼續不給，抑或解散家庭，余漫答之：“余不知汝等初時如何商量，至今余亦未有法子也。”

11 月 24 日　　星期四

提　要：十月初三，燈光管掣〔制〕。

晨十時返院，候滅火局 SMITH 到查，每年逢換牌，必有此舉，卓兄就地送禮五十元。

午陸羽品茗，畢，往“一”處，下午三時廉到，謂馬約告樓士打商量，並由他介紹他的口〔新？〕夫人相見。

新戲橋諸什用浩繁，卓兄極不滿意，余處其中，實難言也。

1　即成本、皮費的意思。

夜與內子往利舞台，九時返，適燈光管掣〔制〕，早睡。

12月1日　　星期四

提　要：戊寅年十月初十，內子生辰，賓友齊集 { 該提要用紅筆書寫 }。

{ 無正文 }

12月5日　　星期一

提　要：戊寅年十月十四，是夜新劇《寶鼎明珠》，籌賑難民。

晨如常工作，十弍時許往"一"處，共往英京請孫等午膳，因他有上海之行，畢，返中環，往強華買波。

下午返院，與內子竹戰，夜新劇《寶鼎明珠》甚旺，中、下位滿座，大位只緣中國婦女會不能推銷十元位也，祇由院門沽四元也。

12月9日　　星期五

提　要：歡送孫錦順往上海，內子、海雲、偉權、十弍及余等均往。

{ 無正文 }

12月10日　　星期六

晨如常工作，午先加拿大，後往陸羽，下午往觀南華與米杜息賽球，至五時許與民權、立發往 C.R.C. 午茶，夜九時往"一"處，並着她從儉，否則將來不堪設想也，即交她一百元，現時此景此地，彼此愛護，何須多問也。

12 月 11 日　　星期日

星〔晨〕如常工作，午新紀元與嘜佛午食，下午三時與內子等在陸羽少食，畢，四時往觀東方特別銀牌賽，二：〇，東方勝。

晚飯田立發請陸羽。

夜早睡。

12 月 14 日　　星期三

提　要：戊寅年十月廿三。

張應華交來告白費一弍七八口〔之？三？〕四，午先加大，後陸羽。

馬決休息六天，由廿五起。

夜在舍下竹戰。

12 月 15 日　　星期四

提　要：戊寅，十月，廿四。

晨往練足球，午託田立發往收支票，陸羽品茗，交一百零五元與霍海雲，SUIT LENGTH 弍套。

下午內子往大觀宴客，余往"一"處晚飯，畢，柒時許返太平，再赴廣和議匯款事，鄉人甚表同情，先由義聯堂墊款，唯只汝權反對矣，向使村亡，何有於義聯者哉，商人重利，無怪之也。

鄧次乾竟欲退保九千元，嗣與卓兄商量辦法，或能制止之。

12 月 16 日　　星期五

提　要：戊寅，十月，廿五。

晨十一時乃起，往院辦公，譚芳到，共往陸羽品茗，"一"約往她處，三時半返院，與田立發返舍下，《大光報》陸兆芬有電話至，云對於舊數，講折數云，姑嗣之以觀其究竟。

夜沈吉誠到，要求排《廣東游擊戰》，余卻之。

12月17日　星期六

提　要：戊寅年十月廿六，（1）炮〔跑〕馬，（2）《南中報》江民聲無理取鬧，（3）盧翠蘭三百元事，興華中學。

{無正文}

12月21日　星期三

提　要：戊寅，十月卅。

晨如常工作，午先會張應華，告白事，再往陸羽。

下午返院工作，介紹溫仕賢往見陳宗桐，商量廣告事。

夜七時往"一"處，約明天午食。

內子親眷由鶴城走難至香港，暫寓舍下，咕哩[1]勒索行李特別費，故余代抱不平，卒以弍元解決。

五時馬借去一百元，暫記。

12月24日　星期六

提　要：戊寅，十一月，初三。

晨如常工作，午往陸羽，與譚芳品茗於陸羽，下午二時在加拿大，與"一"見面，略談，送她返堅尼地城，下午與馬師曾往觀足球，米杜息對南華A，〇：二。

夜找《循環》數、《華僑》數，卓兄不適，未出院辦公。

晨十一時半余往找應華公司數。

夜與"一"步行往太平館消夜。

1 "咕哩"是"Coolie"的粵語音譯，即苦力。

12 月 28 日　星期三

提　　要：十一月初七日。

與西園賽球，六對二。

12 月 29 日　星期四

提　　要：十一月初八日。

晨如常工作，午着羅偉權往收《大公報》回佣，二十三元三毛四｛此處原文有一符號，疑為“¢”，即“仙”（cent）的意思｝，他自己用。

午陸羽品茗，下午馬交一千五百元與余，三時譚芳到院，取回打字機，並同往舍下探視亞妹，她、立發、偉權及余、十二家等共往養和園三樓廿六號房溫植慶醫生治理心病。

夜與“一”過海。

余宿於養和園裡。

12 月 31 日　星期六

提　　要：戊寅，十一月，初十。

晨在養和園早起，午陸羽品茗，下午在院工作，候羅偉權至，代拍電報往上海，田立發借廿元，余不允，且問他舊數，他肯〔悻〕然而去。

余於四時往“一”處晚飯，畢，八時返院，九時許乘快活車往養和園。

源詹勳先生日記

1939年

1月1日　SUNDAY

戊寅年十一月十一日。

恭賀新禧！

是晨由養和園返院辦工，精神奕奕，大有作為，並擬定是年計劃。

（1）勤於事業。

（2）儲蓄。

（3）多讀，多學，多看。

（4）擇友。

下午與五姐、堯勳、鎮勳等往觀足球，南華 B 與東方比賽，和局，不文舉動殊多。

（日）演《戰士十年歸》。

（夜）《寶鼎明珠》{是日日記全用紅筆書寫}。

1月9日　MONDAY

戊寅年十一月十九日{該段用紅筆書寫，又，是日新曆日期旁有“19/11”的紅字}。

太平劇團首次在北河戲院唱演，全院滿座（《寶鼎明珠》）。

晨由養和園返院工作，至午時往陸羽品茗，故意推卻鄧祥，不往見他共午食，且往做大褸[1]，此人貪得無厭，劣性未除。

馬師曾到座，談及買車事，並索四仟柒元，允明日奉回，他往大觀拍片。

晚飯與碧侶、碧翠、源廉及表七妹往大華晚飯。

夜與羅偉權往北河戲院，遇王傑[2]，面商告白費，由公執，着祝三對馬講，做夜的，免貽人口實，後往北河酒家消夜，乘深水埗火船返港，往養和園。

---

1 “褸”，粵語用詞，即“外套”、“大衣”。

2 下文又多次出現“王杰”這個名字，應為同一人，一律按原文輸入，不作統一。

1月10日 TUESDAY

戊寅年十一月廿日｛該段用紅筆書寫，又，是日新曆日期旁有“20/11”的紅字｝。

晨與偉權早起，往告樓士打早茶，商議覆電錦順，查實錦順用去錢銀，着其妻設法，並無法子，迫不得已，覆電不往。

由梁日餘手交回 $1700.00 與馬師曾，譚蘭卿請大華晚飯，商量合股拍片事。

六時往“Y”處，$50.××。

與卓兄往有利銀行開來往戶口，用以記告白數，$500. 起碼，雙簽字。

內子生母壽辰，由內子手給以五元｛此處下劃線用紅筆書寫｝。

1月11日 WEDNESDAY

戊寅年十一月廿一日｛該段文字及波浪線用紅筆書寫｝。

晨早起，與偉權往告樓士打早茶，十一時許應華在加拿大交款 $486.××，並云借去 $250.00，再逢三四天交埋弍三百元，余即答云：“倘兄處用度不敷時，可向余名下支取，切勿在其他處動支。”他料必瞭瞭也。

陸羽品茗畢，送衣料一領與“一”，三時許返院工作，四時返院，與其朗、廉及小兒輩共往大華晚飯。

夜往北河巡視，查此院生意不及普慶，唯力長駕乎東樂之上，柏舟到斟興中華班事，按，若應承，則悲收入不佳，不允，又悲將來難斟云，姑或忍痛試辦一台，俾得易於措置也。

1月12日 THURSDAY

戊寅年十一月廿弍日｛該段文字及波浪線用紅筆書寫｝。

晨由養和早起，梳洗畢，返院工作，午陸羽品茗，“一”電話謂，她昨宵往高陞觀劇，並往大同宵夜，與亞廉，余諾之，下午往養和園，攜她出院，計院費、醫藥費、醫生費，共 $382.05。夜七時往“一”處，她確知余苦衷，且甚瞭解余之環境，至捌八〔贅字，捌時？〕許返院辦工。

內子仍要休養，蓋神經衰弱一症實心理病也。

照余看來，“一”有欲跟余意，唯必要代還債項，但不知她欠人多少也，姑且嗣之。

1月14日 SATURDAY

戊寅年十一月廿四日。

晨如常工作，早往告樓士打與陳□〔鑑？〕飲茶，畢，返院，在巴士與“一”相見，才知她患病，往見葉大楨醫生，余返院辦工，十弍時許她又有電話至，余漫應知，至下午弍時半往見她，不知何故，她兩眼垂淚，似有無限悲痛，余安慰一頓，然後往加拿大與內子往觀足球，畢，共往大華晚飯，返院時約八時，得悉譚蘭卿誤吞魚骨在喉，往見周錫年醫生，詎料到寫字樓時，該骨已吞下腹內矣，故改為八點半開枱，演至點餘鐘結局云。

余於十時半再往探“一”，問其病態若何。

張惠燾到訪，並將顧無為收條交余觀看，意欲轉租，余答允他，唯必俟有日期再商量，定實院租，兩天 $300.××。

擴大宣傳《癡心女》，翻點旺過出世，特比較□〔上？〕600 與 1100 之別。

1月15日 SUNDAY

戊寅年十一月廿五日｛該段文字及波浪線用紅筆書寫｝。

晨早起，梳洗畢，返院辦工，溫伯祺約往加拿大商量，余比對，找佣金 $42.23 與他，並望將來有商量云。

陸羽品茗，張伯齡為東道，余在新世界門口與薛兆榮、馬文星相遇，才知興中華並不是度[1]普慶也。

下午往訪“一”，｛略｝，四時半返舍下飲茶，辛苦自家知，五時許略睡片時，再往院工作。

代鶴邑商會繕函呈華民政務司，指導售票員規矩，免失生意。

1　此處“度”是粵語動詞，音“dok6”，即訂（在普慶演出）。

1月17日 TUESDAY

戊寅年十一月廿七日｛該段文字及波浪線用紅筆書寫｝。

內子往溫醫生處診視，並施用電療頸部皮膚。

1月18日 WEDNESDAY

戊寅年十一月廿捌日｛該段文字及波浪線用紅筆書寫｝。

晨如常工作，午先加拿大會張應華，交二百元，後往陸羽品茗，畢，往見“Y”，適鄰房有人至，余遂別，至夜柒時許再往云。

嘜佛意欲索款多少，關乎鶴山[1]義演事，對於山東籌賑，微有顯示，不外貪婪而已。

夜柒時半候至九時，趙一山到取戲票，並允廿號下午三時交玖拾元，決於星期一日清繳娛樂稅，遂給予之。

1月22日 SUNDAY

戊寅年十弍月初三。

華聯對海聯…四：一｛上述兩段文字及波浪線用紅筆書寫｝。

晨往訪鄧祥，由澳至，意欲買戲籌款，照舊價可也，余不暇與他細談，往陸羽品茗，下午返院工作，三時許往觀足球賽，羅偉權新為後衛，頗有精彩，畢，余返舍下晚飯。

夜為鶴山六邑商會演劇籌款之第弍天，成績極佳，且馬、譚各人捐助壹佰元，該辦事人要求免椅墊費，余不允，蓋此項院收也。

田立發請消夜於陸羽。

卓兄云，凡事十件憂慮，必有八九件能自然解決，余答以云，鎮靜處之亦可也，如太平劇團每屆之波浪及椅墊免費之事，可以說明矣，唯奮鬥足以圖存，唯逸豫足以亡身也。

1 此處“鶴山”應該是指日記其他部分提到的“鶴山六邑商會”。

1 月 25 日　WEDNESDAY

戊寅年十弍月初七日｛該段文字及波浪線用紅筆書寫｝。

晨如常工作，譚芳命其弍子攜打票機到求售，$100.××，後在陸羽品茗，畢，送他往搭澳門船，輪次交他 $50. ×× 仄一張，下午返院，與內子往探陳畀三，病於養和園 17 號房。

田立發收去譚芳 $100.，先是，芳以為他尚存 99.00 左右，詎料他發一仄時，某君尚未收 $100.，而立發知此事，不向芳談及，擅自支去，實靠不住，若有銀口來往，必口〔要？〕少〔小〕心也。

夜往探“一”，她仍患傷風，至十時乃返舍下。

定實十二月十一起尾枱，大減價：新編《陰陽扇》。

$1.70，1.10，55，45，50，17。

90，.55，35，20，30，10。

電車廣告由星期六起，至星期日止，共兩天｛以上四段文字用紅筆書寫｝。

1 月 30 日　MONDAY

戊寅年十弍月初十日。

太平劇團尾台大減價，演《陰陽扇》頭卷｛以上兩段文字及下劃線用紅筆書寫｝。

散場時馬伶忽謂，有阻他面子，且編劇失宜，決不續演，各人急極，遂往舍下覓余，後經幾翻解釋，始得他允意，而培叔及黃金台俱不見面，余遂往找培叔，着他無論如何，必要搵到黃金台改妥，否則大局有誤，一為坐倉，一為編劇師爺，而可以新劇未散場俱不見面，余個人候至一點餘鐘。

2 月 8 日　WEDNESDAY

戊寅年十弍月廿日。

太平劇團尾台散班，演弍卷《寶鼎明珠》，客滿｛以上兩段文字及波浪線用紅筆書寫｝。

晨如常工作，午陸羽，先加拿大交一百元與霍海雲完數，張伯齡報效全套波衫，共 $25.00，並同時定波袂〔褲〕一打。

下午院內工作，馬師曾至，余向他徵求同意展期一個月，他答允，唯必要余向各伶詢問，余遂將此意轉達焯兄，他云俟正月後再商，四時與馬及余弟鎮勳往炮〔跑〕馬地觀練球，並在大同晚飯。

七時往一處略談。

2月 10日 FRIDAY

戊寅年十弍月廿三日｛該段文字及下劃線用紅筆書寫｝。

晨往練足球，午陸羽品茗，據張應華言，陳宗桐與錢大叔有聯合意云。

下午四時半與芳往加拿大，五時與內子往溫植慶診脈。

夜七時往"一"處，｛略｝，至十時返舍下。

2月 13日 MONDAY

戊寅年十弍月廿五｛該段文字用紅筆書寫｝。

Fine.

Getting up at 9a.m. I went to theatre to perform my own work. Before noon, I went to Canadian Café to meet Mr & Mrs Tam to tea together. Mr Tam after tiffen[tiffin] decided to go to Macao.

At 2 p.m., Mr. Chan rang me up, asking □[me?] to attend a party at To Yuen. I be there at 5.30 p.m. Mr Chin Kwang Yan[1], Cheung Ying Wha, Wong Kit, Chin ××, a. c Chan & I held a round-table conference to discuss how to control 8 theatres at Kowloon in order to blockade New Young studio, who were going to monopoly[monopolize] all theatres at Kowloon. But I were[was] afraid that A. C. Chan couldn't be successful, since they all were at enimity[enmity] to one another. I went back at 7.30 p.m. as 半日安 was waiting for a loan of $1200.×× for which a promising note was signed.

---

1 應該就是新月唱片公司錢廣仁。錢氏當時也涉足電影業。

After that, I held that I should not join their line, we better take advantage of their contention.

2月 14日　　TUESDAY

戊寅年，十二月廿六｛該日期及下劃線用紅筆書寫｝，Fine.

Working as usual, I went to Canadian to meet Mr Cheung Ying Wha to talk all about last night's meeting. He told me that there was a crack between 砵崙 and Nathan.

At 2 p.m I went to see "Yat" & □[there?] about 3.30 p.m. I went back to theatre to see if the business was successful, as Mr A. C. Chan & I jointly rented Taiping to employ 月兒 to sing in addition to showing of pictures, which was luckily well, amounting to 8460.××.

At 4 p.m., I rang up to Tam Lang Hing for the continuance of one month immediately after 1st Moon. She neglected. I took this to heart, and should give her a lesson to teach her how to behave hereinafter. I reported the whole case to C.M.

A. C. Chan borrowed PSYCHOLOGY FOR EVERYMAN (AND WOMAN) from me.

Pun Yat An borrowed $1,200.×× by promising note.

2月 15日　　WEDNESDAY

戊寅年十弎月廿柒｛該段文字及波浪線用紅筆書寫｝。

I phoned up to Tam Lan Hing for her cheque for $200.×× which was not honoured and at the same time asked her if she was going to continue her work for another month in succession to 1st Moon. She flatly rejected. I then rang off. After that I informed C.M. she was rather unreasonable. In a long run she ought to be taught a lesson.

1926 1928 1929 1930 1931 1933 1934 1935 1936 1937 1938 1939 1940 1941 1942 1943 1946 1947 1948 1949

2月16日 THURSDAY

戊寅年十弍月廿捌{該段文字及下劃線用紅筆書寫}。

As usual, I went to take tiffen[tiffin] with Mr Tin, Lo & Fok. After that I went to see Yat, giving her $40.00 as tip to her servants & went back at 4.

About 7.30 p.m. Kwok Kan Ching of Tung Hing bank came to see me & C.M stating that Li Lan Lan & Li Tse Tong felt that we only gave $20,000 to them the prosperous year and would like to offer Tai Ping for hire, but he, the speaker rejected, so he came to see us & advise us to take every precaution to economize every item of expenditure to order to make up $8000 per month, especially printing & advertising matters.

Formally, Kwok Kan Ching was in favour of his boss, but now he was with us on account of the Fruit stall in Tai Ping & Cushion fee of 2nd floor collected by him. 2 □ [cent?] per seat.

2月18日 SATURDAY

戊寅年十二月【廿】卅{該段文字及下劃線用紅筆書寫，原文記為"廿九"，後把"九"更正為"卅"}。

I worked at the theatre as usual. Tiffen[Tiffin] at Canadian with Mr & Mrs Tam Fong. Afterwards I went back theatre checking up all old a/cs.

About 4 p.m. I went home to take a bath and suppered at home in conformance with the old traditional custom of taking a holiday in the New Year's Eve.

At 8 p.m I took a motor ride with "Yat" & Tin, but returned at 9.30 p.m.

2月19日 SUNDAY

己卯年元月元旦。

As usual custom, early morning □ [getting?] up, with wife & children, I went to see my mother to congratulate for the new year. Afterwards, went back home to take breakfast with whole family. At noon, Mr Tin & I went to Yat's residence to take tiffen[tiffin] and tendered compliment to one another. At 3, coming back to home, first of all, we decided to attend □ Football Match, but when to there, no ticket were sold, so therefore, went back to □ Tea room to take tea in company with 雪梅 & her husband also.

This year I suggest 3{ 下文列有六項措施 } policies:-

(1) To save $2.00 each day.

(2) Cash Policy.

(3) To economize every expenditure.

(4) To work diligently.

(5) To get more income.

(6) If have leisure, to read more, write more, and digest more.

Happy New Year! Lunar Year.

Day Show not as usual custom.

night show (頭本《寶鼎明珠》){ 是日日記全用紅筆書寫 }.

2 月 20 日　MONDAY

<u>己卯年元年初弎</u>。

Getting up at 7.30 pm. I called up Mr Lo Wai Kuen who slept at my home to dress up for foot Ball match, as we had arranged to play with 捷星 , resulting in 5-2. C.R.C □ . Take breakfast at home.

Tiffen[Tiffin] at Yat's residence, went back home at 5.

4 p.m, Cheung Pak Ling, Lo Wai Kuen & I teaed at Canadian.

Mr Kwok Kan Ching came to offer compliment to us to talk over business. I was afraid the result would be the same as year last.

Given to understand that M.S. Lai had gained a lot through his diligency in running his own business.

Try to save $2.00 each day. Go ahead{ 是日日記全用紅筆書寫 }!

2月21日 TUESDAY

己卯年元月初三。

晨如常工作，午加拿大，與譚芳，□〔Wilfred?〕相見，後者言 Miss □[Cata?] 不日與別人結婚，他就通信與 Jimmy Hunt，下午返院工作，三時許返舍下，與小兒們嬉戲。

夜演新劇《兵霸藍橋》，老早滿座，余與文芳往加大傾談，八時得悉馬伶不能趕製三卷《寶鼎明珠》，決於初七夜翻點《兵…橋》，卓兄言："馬伶祇知支款，不知多編新劇，殊可憂也。" 展期如何，從詳再議。

照歷年成績看來，由初一至初四，三樓位一定加價，而初一晚不妨點舊戲，料亦如是滿座也。

撙節告白費、印刷費及其他電車預告，以免負擔過重也。

內子往沙田作福，亦不外想生意順境，人口平安也 { 是日日記全用紅筆書寫 }。

3月12日 SUNDAY

己卯年元月廿弍

陳畏三仙遊，余與內子共往送殯。

3月13日 MONDAY

己卯年元月廿三。

I went to visit 'Yat' at 12.00 a.m. and took tiffen[tiffin] there. At 2.20 p.m. I returned to theatre & called up my wife to see 7th mother who was in Canossa Hospital, therein I □[met?] my sister & after a short while we all walked back. Yiu Fan & I took tea at Canadian Café. I told him that Long Cheung gave $5.00 to Chan Fan, which should be equally divided between two. Therefore Yiu Fan quarrelled with 5th mother. At night, after working, we took luncheon【-】before retiring at Luk Yü and went home sleep. I understood □ [Ü?] Leung[1] & Tsoi Tai were not in harmony with each other as the latter too irresponsible & afraid of getting trouble. Tin also denied that he part-took in the magazine.

□ [Ü?] Leung said we better reserve certain amount for our three.

3 月 15 日 WEDNESDAY

元月廿四（15.3.39）。

Mr A.C. Chan presiding over the 1st meeting of □[arranging?] Ma's Voice to be □[executed?] into Private Limited. They (Wan Dak Kai, Mak Shiu Hah[2]) asked me to join with a share ($1000.××) . I promised to consider. Took supper at Kwok □ . I was afraid that they were not sound enough & much doubt about these proper share which should have been paid up $700.×× each. Chan took me back to theatre, & also went to Ko Sing for the show《貂蟬》. Luncheon【-】before【-】returning at Luk Yü, meeting "12".

3 月 16 日 THURSDAY

元月廿六日。

I understood that J.F.M desired to squeeze some money from C.N.L.J. Therefore he took advantage of alteration of price of admission to call Mr C.M. to see him at his office. Knowing his usual trick, Wan requested him to take tiffen[tiffin] at Chinese Emporium at the same time reminding him for the refund of Tax $176.40.

Miss Wai Shiu Fong meeting us at Chinese Emporium for the purpose of discussing future employment, answered us not □ accept the extension month's proposal. But we urged her to continue on, unless otherwise. She promised to reply soon.

---

1 據源碧福女士，此人可能即梁日餘。日記其他部分多有提及。

2 Mak Siu Hah 很可能是麥嘯霞。

I gave the badge to Yat "984" . She seemed very pleased with me. Shall I take her up by all means?

3月18日 SATURDAY

元月廿八。

I went to take tiffen[tiffin] at Yat's residence and with her went to Race. There I gained $33.10 to invest on King Kong. At 4.30 p.m, Yuen Lim suddenly came to see me there. Mr Cheung's information stating that Ma was waiting for me outside. Immediately I went out to meet him and communicate with each other for the change of programme in that night as Miss Tam was sick. I was compelled to do so & saw Mr Lam Shiu Yip to supply me with a picture. He did agree & -: continue on showing pictures for 6 days from date.

About 8 p.m, A.C. Chan went to see me entreating me to give him □ [dates?] & stating hereafter if there was any thing happening, please phone direct to his residence for pictures. And went out with him to take tea at Canadian café with Lee Yuen.

{ 略 } "Yat", She told me she was in need of $500 to return to her relatives at Kowloon, who desired to go back to America.

3月19日 SUNDAY

元月廿九。

Mr Tam Chung invited us to take tiffen[tiffin] at Tai Tung Restaurant. I went to see Foot Ball match at Caroline Hill. At night, sitting idle, no work to do. C.M. Wan came to wait for Wai Shiu Fong who promised to answer at tonight. We waited till 9 p.m. She still won't turn up.

3月20日 MONDAY

弍月初一（補記）{ 該段文字用紅筆書寫 }。

Getting up at 9 a.m. I dressed neatly & went to theatre to work as usual. Filling 2 cheque, 1 for Central Importing & Exporting Co,. 1 for Peacock Motion Picture Co.. I took my wife to 5th mother to see 7th at Canossa Hospital who desired to go out with doctor's permission and inform me she had borrowed $300. from Madam Lee. I hated to communicate <with?> those rich people even in a very hard time. At noon I took tiffen[tiffin] at Canadian with Mr Lo Wai Kuen & my wife. Cheung Ying Wha informed me that Poon Yat Yiu of Wha Kiu Yat Poa was very angry at his non-settlement of a/cs. I took no notice at him. Afternoon, Ma She Tseng invited me to take tea at Gloucester with a young actress, whom he knew before. He & I went to □[Linstead?] to book three numbers. 306, 984, & 375.

At 9.30 p.m, I went to visit "Yat" & took almond tea there.

Returning home at 10.30 p.m., slept soundly.

3月21日 TUESDAY

元月卅日。

Early morning about 8 a.m., we went to Navy Ground to play Foot Ball. But the opponent team did not turn up. We picked up side to play to kill time. At 10 a.m. I coming back to theatre, worked as usual, and suggested not to condescend to Ma's request. We ought to look before we leap.

Noon, taking tiffen[tiffin] at Luk Yü, met Lo □[Lüi?] □[Ying?] who disappeared for almost 2 years.

Afternoon after purchase of a rain coat at Tak Cheung which was on removal sale, big reduction, I talked with Liao for the production of a picture. He told me that Miss Tam did not agree to co-operate with Ma She Che who had misappropriate several a/cs against Ma's balance.

At 8 p.m., I went to visit "Yat" who seemed ignorant & innocent, but I □ took □[pity?] on her & prepared to release her from evil.

Playing majoh with Cheung, Leung & Miss Cho, I gained $1.90.

3月22日 WEDNESDAY

弍月初弍。

At 11.30 a.m., Mr Cheung Ying Wha asked me to meet him at Canadian café, stating that Mr Chin Kwong Yan desires of getting our signature for receipt of those adv. money from various theatres in Kowloon, had dropped an instrument for this purpose, and at the same time, Mr Pun Yat Yiu of Wha[Wah] Kiu Yat Poa[Po] had told him that I had signed 2 post-dated cheque to Wha [Wah] Kiu years ago & any other things about me. I did not care for him. I still co-operated together. At 3 p.m., Mr Cheung gave me the receipt & requested me to sign with his signature.

At 1, I took tiffen[tiffin] with Mr & Mrs Tam Fong & Ma She Tsang.

At 4.30 p.m., To Yee[1] invited me to tea at Gloucester Restaurant to discuss his draft agreement to cooperate with Miss Tam Lan Hing upon percentage basis. Miss Tam desired me to help her, should she agree to work for so. I did.

Received a letter from Tam 焯宏, demanding for statement of a/cs.

3月23日 THURSDAY

弍月初三，Raining.

At 9 a.m., get up. Work at theatre. At 11.30, with Cheung Ying Wha, Wan Pak Ki, I took tiffen[tiffin] at Canadian & Luk Yü. Afterwards as usual at theatre. At 3 p.m, Ma She Tsang & I teaed at Gloucester Restaurant meeting A.C. Chan who □ was talking with Fung Ki Leung. At 5 p.m., meeting K. □[Ram?] to see Eastern vis Scott at club ground, 4-3. Suppered at Majestic, Ma, Lo, my wife & I.

At night nothing to do, returned home at 10 p.m.

1 源碧福女士謂此人中文名為“杜義”。

3 月 24 日 FRIDAY

元〔實為二月〕月初四。

Getting up at 9. A.M. I went to theatre working as usual. At Canadian café, I meet Mr Cheung Ying Wha & Tam Fong, talking over business. I suggested to settle all accounts of Wha[Wah] Kiu Yat Poa[Po] provided he gave us another 10% discount more. I prepared to deal with them.

At night, I talked that over with Mr Shum & Pun Yat Yiu for my suggestion as to 10% discount. They were not willing to comply with my request, especially Pun's conversation seemed rather unreasonable, so that I withdrew what I proposed, but I requested him (Shum) to consider the Review of Nam Chung's price. I promised to settle Wha[Wah] Kiu a/c Tuesday afternoon.

3 月 29 日 WEDNESDAY

9/2/ 己卯。

東南法科 's case was settled at Mr Cheung's office, who invited me to dine at Tai Tung.

3 月 30 日 THURSDAY

Mr Luk Shiu Fan of Nam Chung Poa[Po] came to see me, promising to offer us a reduction of ad. price, which came to my terms as previously stated.

3 月 31 日 FRIDAY

11/2/ 己卯。

Getting up late, on account of playing majoh last night, I quickly dressed & went to work as usual. 3 days ago, we ordered that hereinafter, everybody entering into theatre must have a ticket, no matter who he is.

At noon, Yat phoned me up wishing to take tiffen[tiffin] with me, but I refused as Ma asked me to wait for discussion. Therefore I waited till 1.30 p.m. He came in twice & all went to Gloucester for tea again, as he had arranged to meet Mr Shiu of R.C.A. Victor, for record business.

Mr Chou Yan Nin presented us 6 comp. tickets[1] for the match of Strait vis S.C & in return, I promised on behalf on Ma to invite them to the show.

At 9.30 p.m., A. C. Chan & I went to Gloucester te-a-te[tête-à-tête] for the organization of Star Voice Paper. He told me that Ma Man Shing wanted to join on me of the directors. I did agree.

4月1日 SATURDAY

12/2/ 己卯。

Getting up as usual, I started to work at 10.30 a.m. Afterward, took tiffen[tiffin] at Luk Yü, which I prepared. But on account of "Yat"'s birthday, I therefore invited her to tiffen[tiffin] at Seen Ka Yuen in company with L. F. Tin, & W. K. Lo. In the course of eating, I gave her $300.×× as part of the payment of $500., which she asked me to help her to get rid of her debts, and at the same time, I gave her a "Lai She", a "Gold Coin" amounting to $28.50.

Afternoon, Mr Ma, my wife and I all went to Gloucester for tea & afterward, to watch football match-Strait vis S.C.- at Caroline Hill at 4.p.m.

She came to the show.

4月2日 SUNDAY

13/2/K.M.{從上文看，"K.M." 應即 "己卯" 粵語音譯的縮寫}

At 9. all awakened up. I dressed first of all, went to office & to tiffen[tiffin] with Brother Chan Fan & Yiu Fan. Afterward, meeting A.C. Chan, who took us to Eastern Club, I said good bye to Lo Wai Kuen, as he □[flied?] to play at Honai & sailed at 3 p.m.

---

1 Complimentary tickets 的簡稱，即贈票。

In the morning, hot, afternoon rainy.

At 3.30 p.m., I asked my wife to go to see Foot Ball.

I subscribed $25.×× to South China athletes also.

Invited all Strait players attending the show.

Business seemed dropping. It was much due to the plays were too old.

4月3日 MONDAY

14/2/K.M.

On account of house cleaning, I had to get up at 9 a.m. and went to theatre to entertain these Inspectors of S.B.[1], giving several tickets to various Chinese Inspectors. Taking tiffen[tiffin] at Luk Yü with staffs, I be the boss and afterwards, went to theatre to wait for Mr Lo Kwok Min's message who arranged to issue me a cheque for $1000.00 for hire of theatre on 3, 4 & 5 May.

At 7.30 p.m, I visited "Yat" & stayed there till 9.30 p.m.

It was much due to the change of weather from hot to cold, Tai Ping troupe was chiefly affected, -$296.00-record.

However, seeing this, we had to change our policy, Po Hing being reduced price in order to get hold of male audience.

Playing majohng at residence with Leung Yat Yiu, Cheung Pak Ling, my wife and I. I gained $2.30 & slept at 1 a.m..

Morning hot, night cold.

Ma She Tsang advised me better not to allow Li Wai Kuen to sleep at my residence.

4月5日 WEDNESDAY

16/2/KM.

Getting up late, I hurried to theatre ringing up to Lo Kwok Min for the

1 即 Sanitary Board 潔淨局。

$1,000 deposit. He promised to give me reply upon receipt of a cheque. Taking tiffen[tiffin] at Luk Yü, I met Wong Yiu Poa & Yick. Afternoon, I found out that we could show picture of 1st Run with Lee theatre, As takings were up to 1000, very good business. At 4.30 p.m, with Yat, Cheung, & my youngest brother, teaed at HK. Hotel, afterwards, went to watch foot-ball game, & came back at 7.30 p.m.. As this day was my father's Memorial Date I had to worship his □[idol?]. Understanding that my village was heavily bombed by Japanese. I attended the meeting at Yuen Kwong Woo at 8 p.m.

Po Hing was packed to capacity on account of Reduced price of admission.

C.M. asked for price list for various vernacular newspapers. He might carefully checked[check] every item of them, especially looking sharp at Ying Wha Co. I put it off, let him alone, as he □ me more than I □ him.

4月8日 SATURDAY

19/2/KM.

Giving a cheque $16.×× to Wong □[Che? Chi?], to get the thru[through] chance for me, I waked up at ten and went to tiffen[tiffin] with Leung Yat Yiu at Canadian where I meet Mr Cheung □[Shem?] □[Cheng?]. Afterwards, we went to race, My NO. 984 was second in place (Cash Swap $254.40).

Going back at 1, I took tiffen[tiffin] again at Luk Yü with Wan Pak Kai, Cheung Pak Ling. I went to Race again & met "Yat" there with her relatives. I got the money and at 4.30, went to watch Foot Ball, S.C. vis Police[1] at club ground.

I gave $50.00 to my wife. I went to visit "Yat" & stayed there.

4月11日 TUESDAY

23/2/K.M.

---

1 此處筆跡不甚清楚，但據 1939 年 4 月 9 日《香港工商日報》第三張第四版報道 8 日在香港會場舉行球賽，其中一場是南華南對警察隊，估計 S.C. 即南華，筆跡不清楚的字是"Police"。

Getting up late, I went to take tiffen[tiffin] at Luk Yü. Before noon, I was phoned up by K. □ [Kam? Ram?] who gave me $500. as deposit for Tax & "Yat" inquired my health as I told her I was sick yesterday at Race Course. I went to see Mr Lo Kwok Min who hired the "theatre" on May, 3, 4, & 5, for charity show at 2.30p.m. and went to Chamber of Commerce, signing contract in front of members. Mr Lo would give me a cheque for $1000.××, 300 hiring rental & 700 hundred Tax deposit.

At 3 □ [10? 20?] p.m., I went to visit "Yat" & gave her $250.00 to make up $500., as she requested me to relieve her debts.

At night, Mr Yuen Yiu Hung of Lee Theatre came to see me, offering to such terms, 1st Run 42.50%, or 45% shown simultaneously and also asking our adv. rates. I took it into consideration & would inform Tonny all about it.

Kan Far Ying, women troupe, terms:- 45% cushion fee, 10% of all flatly. Mr Ho Pak Chau taking change of the troupe & would come to see me tomorrow.

4月12日 WEDNESDAY

23/2/K.M.

Getting up as usual, I hastened to theatre asking Leung Yat Yiu to see Mr Lo Kwok Min for the cheque he promised to issue. I waited him at Canadian where I met "Yat" and I took her to tiffen[tiffin] at Hing King Restaurant with Leung, Tin. Afterwards I went to see A. C. Chan, & understood that hereinafter all pictures for 1st run to be shown simultaneously could come to be 45%. For this, he teaed with me at Gloucester 3.30 p.m.

After 4, worked at theatre, waiting for Cheung Ying Wha, I gave him $288.20 in settlement of Grandview's account[1].

Meeting at Yuen Kwong Woo, for the relief of Shiu Heung District[2], I was unable to attend in a/c of business.

---

1 可能即"大觀園"。

2 即源氏故鄉鶴山霄鄉。

C.M. proposed to show 1st run picture with the compliment of traffic tickets. I told him to consider till they were completely O.K.

Getting to understand that some one desired to get hold of Ma She Tsang who was rather greedy, & unhumane[inhumane].

4 月 14 日 FRIDAY

25/2/K.M.

Getting up late, I hastened to theatre working as usual. I went to Seen Ka Yuen to tiffen[tiffin] with "Yat", Lim & Leung Yat Yiu. After that I went to see A.C. who promised to release some 1st run pictures to Lee Theatre & Tai Ping. Mr Yuen Yiu Hung requested Chan to sign an agreement for "Thief of Badad[Bagdad]" with a promise of all owing him $1000.×× in advance.

Mr Cheung Wai to asked[ask] for dates & □ $300 for Koo Moo Wai. I said I would settle it afterwards.

"Yat" attended Tai Ping on a/c of some one taking dinner at her residence.

Ma She Tsang neglected to give out new play for Leung □ [Hin?] Wü.

A.C. requested me to sign a letter for Star Voice to request Ma Man Sing for $ 1,000 & as a □ too.

4 月 15 日 SATURDAY

26/2/K.M.

戰時青年農藝院演劇籌款[1]。

The above association did not take my advice as to strongly advertise, that was why that night was packed to capacity[2].

---

1 此"戰時青年農藝院"是蔣宋美齡領導的創立於 1937 年 8 月的"中國婦女慰勞自衛抗戰將士廣東分會"屬下的組織，旨在培養青年生產技能，院址在粉嶺安樂村。見《香港華字日報》1939 年 1 月 18 日第二張第三頁報道。

2 此句的意思似乎前後矛盾，唯原文如此。

I went to congratulate Tsoi Him who was married day's before. Taking supper there, I went back at 8.00 p.m & launched at Luk Yü before returning.

Before I went to Luk Yü to tiffen[tiffin], I visited Yat & stayed there for a while. I met Yuen Yiu Hung to arrange picture to be shown simultaneously.

Raining, but hot. Foot Ball match postponed.

4 月 16 日 SUNDAY

27/2/K.M. Rainy.

Getting up late, I went to Luk Yü to tiffen[tiffin]. After that, came back to theatre working as usual. At 4, went to watch foot ball game, Chinese vis Portugal, 9-2. Mr Lo Fu Shing, Fok Hoi Wan, & Yuen Tak Cho were invited to supper at Majestic by me together with my wife.

4 月 17 日 MONDAY

28/2/K.M.

I closed the □[Ying?] Wha Banking a/c per Kindness with of Leung Yat Yiu, amounting to $246.67.

Taking tiffen[tiffin] at Luk Yü, I went to see Mr Fung Ki Leung for 1st run picture. He did promise upon condition that $ 1000.×× for deposit.

At 3.30, I received a phone call from Leung □[Hin?] Wü who demanded for tickets which I would like to give on condition that he must give me another sum of money. He came & gave me $700.00 more.

About 8 p.m., I visit[visited] "Yat" & returned at 9.p.m.

I fixed to play Kan Far Ying with 45%, 10% cushion fees, & $16.×× as Coolie expenses. Ho Pak Chow did promise such terms.

4 月 19 日 WEDNESDAY

30/2/K.M.

Getting up late, I phoned up Liao to see Mr Chang Sang for the agents of Picture F.W.C. & took tiffen[tiffin] at Hotel Cecil.

At 2.30 p.m, went back theatre & was invited to sign a contract for Thief of Bad[Bagdad] at Universal Trading Co. where I met S.K.S. who offered a scheme in organizing new enterprises. After that Mr Yuen Shiu Hung & Fok Hoi Wan teaed at Canadian café (Heavy Rain).

I suggested to take a day's rest on Monday which would be hired by Pui Ying and taking advantage of that, we might hire Sunday for substitute at night, Ma informed us to deal with the others actors. I instructed Mr Man Shii Ho to carry out this proposition.

At 7.30 p.m, I went to visit "Yat" & at 9 p.m signed contract with A.C. Chan & Yuen Shiu Hung. All took lunch at Luk Yü before returning.

Played Cards at home with Leung, Long, & Lim.

Liao borrowed $600.××, giving a cheque in return.

勳

4月20日 THURSDAY

三月初壹，己卯。

Getting up at 12. I hastened to theatre meeting all engagements and instructed Man Yü Ho to see Ma She Tsang for that Monday. Finally, I understood that Ma intended not to rest that meant that we had to stop on Saturday. I hated to deal with him even such minor things he couldn't condescend.

Mr Long Cheung, Lee Hoi Chue, & Chan Shou Yiu came to see me for the booking of theatre for Charity Show with rental of $150 each day.

At night I worked as usual but on a/c of heavy rain, I had to go home earlier. Mr Cheung Pak Ling 執會, amounting to $105.××, signed receipt for that. Lunch at Luk Yü before returning.

Given to understand that Cheung Man Kuen abetted Yü Yee not to show any picture after Tai Ping at Kau Yü Fong. He strongly attacked A. C. Chan.

4月21日 FRIDAY

三月初弎。

Ma called at my office at 3.30 p.m. All went to Gloucester to tea. He told me that he would go to □[Kan? Kau?] Ming with several musicians, taking an interval about 2 months. Before he went away, he desired to produce 2 pictures - (1)《藕斷絲連》, (2)《骨肉恩仇》. In reply, I suggested to employ Lan again, he did agree. But, in future, he intended to run a risk as not to co-operate with T. L. H. again. In conformity with C.M's idea, I did seem it advisable.

As regards picture, I had to seek for a detailed scheme, I was afraid he would take advantage of that, asked for a big loan.

4月22日 SATURDAY

3/3/K.M.

At 10a.m., getting up, before I went to Canadian I went to theatre working as usual. At noon, I took tea with Lo Fü Shing, Fok Hoi Wan. Afterwards, went to race where I lost about sixty dollars. Came back with my wife who had been navy ground watching Foot Ball. It was dizzy.

At 8.30 p.m., Tang Cheung called for the Charity show. I intended to give him a good lesson as to the postphonement[postponement] of dates. He was rather angry & went away. Mr Lo invited us to take Lunch at Luk Yü before returning.

Originally, I had arranged with Mr Ho Pak Chaw to perform on 17th to 21st, 3rd moon, but on a/c of Tang's request, we agreed to withdraw three giving him the dates for Charity. As I talked & explained to him through telephone message.

Tang did not agree with my proposition leaving my office all in a sudden & returning the whisky & a pack of cigarette to me. I accepted them & left him alone as I was quite sure he would condescend to my suggestion.

5月6日 SATURDAY

三月十七（己卯）。

Getting up as usual, but still feeling a little coughing, I went to theatre & happened to meet Fong there who slept in H.K. last night & returned me $25.00. We took tiffen[tiffin] at Canadian with Tam Fong.

Mr Lo Fü Shing, Fok Hoi Wan, & I all went to race. I won $34.00. Meeting Cheung there, I talked to him for the cost of picture production. He said it would cost $8,500, showed this month be over, it wouldn't be successful. I therefore decided not to produce any on a/c of this heavy cost. I □ back with "Yat".

7th mother went to Yeung Woo Hospital attended by Dr. T. C. Yip.

Given to understand that C.M. gave him $100 with the preceding $350 that meant $450.××.

5月7日 SUNDAY

三月十八。

As usual, I went to Luk Yü with Big Chui & Big Mui. After that I visited "Yat", giving her $50.×× & went to Yeung Woo to receive my wife to watch foot Ball: Eastern vis Macau Federalist, resulting in 2-1.

Suppered at Majestic.

Mr Hau Shou Nam asked me to write an[a] petition for Hok Shan Asso. also. I did agreed[agree] & also promised to call on Ma She Tsang for this purpose.

5月9日 TUESDAY

三月廿一。

Getting up at 7 a.m. Lo & I went to play small football at navy ground. We suffered a loss of 3 2. Tiffen [Tiffin] at Canadian. Afternoon, I teaed with Yat at H.K. Hotel & went to visit 7th Mother who was in Yeung Wo Hospital. I taxied back with Yat who invited me to take almond tea at her residence at 9 p.m.

An incident was occurred by our staff as a woman was struck by our staff at 2nd floor. She claimed for damage incurred for $3.00. I gave her the amount demanded so as to settle the case.

Eleder[Elder] daughter went to see Dr C.H. Wan[1] herself alone, hair cut & tiffen[tiffin] at Canadian.

Ma told me that Tang Cheung asking him to inquire for his remittance of $300. National money, spoke some abusive words against me. I replied that it was much due to Mr Tin Lap Fat. Ma advised me to follow his advice. I also informed him about the impossibility of producing a picture on account of the heavy cost which rendered us hardly to gain any money.

5月11日 THURSDAY

三月廿三。

晨如常早起，午先往加拿大候碧侶至，茶畢，與馮二叔、海雲等共往陸羽，至一時左右，忽然有人謂，太平門口巴士相撞，余稔此時適碧侶返院之際，即電問此事，詎料回電謂不見她，余心急，即乘計程車返院，抵步時她從容由電車路至，謂意欲通電與余，使余得知她已安抵舍下，查她所乘之車後至，故不遇險也，飽受虛驚而已，迺返陸羽，內子下午往溫醫生處就診，晚飯於中華。

夜訪“Yat”，她索送手袋，余允之，並代購魚油丸一瓶可也。

夜演《藕斷絲連》，一連兩晚義演，酬勞各工友，照人頭均分。

衛少芳喪母，余與馬返送殯，獨譚不往，託言拍片，馬借一百元，是晚衛少芳亦照常登台。

5月12日 FRIDAY

三月廿三。

晨如常工作，午先加拿大，後往陸羽，畢，往會譚芳，共往養和院，

1 應即溫植慶。

視探七姐病狀，下午三時與大母親、二姊、五姐、內子、偉權等再往陸羽品茗，畢，已屆四時，返寓竹戰。

夜七時往購魚肝油精與 Yat，並給他〔她〕十五元作購手袋之用。

九時許回院，僑港欖同鄉會租院，余索價每天一百元，並允於初九、初十之期，後查得馬師曾極力反對，約明天再議。

夜十一時返寓，是晚太平籌款，每人得 78 元，除院租每天 $150.××，另告白費 175.××。

羅偉權不堪言笑，嗣後少言為佳。

5 月 13 日 SATURDAY

三月廿四。

晨十時往加拿大，候袁樂琴兄到，商量籌款戲事，據云馬不允，故即派代表往澳請示於鄧祥，余遂告別。

午先加大，應華云，《循日》有信追款，如何應附〔付〕，余着他想辦法，遂往陸羽，下午往觀足球，晚飯大華飯店。

啟新等組織全女班，每份弍佰元，三人，公司做一百，署名梁日餘，此乃源朗之意。

5 月 15 日 MONDAY

廿六，二，己卯。

Early morning, I got up to practice foot Ball at Navy gr. and hastened back to theatre. Given to understand that C.M withdrew.

Tiffen[Tiffin] at Seen Ka Yuen with 靚新華 who offered to our management his Kam Tim Fa. I offered him the following terms:-

(1) 30% & 70% deducting Tax & Adv. Fees.

(2) $30 for transportation service given by theatre & the troops.

(3) No cushion fees for 2nd House.

5月18日　THURSDAY

廿九，三，己卯。

晨照常工作，張應華電話來，謂伯祺有意追數，余着他置之不理，並着他落力收數，以備急用，他已在廣東銀行開一戶口。

午陸羽交來一仄，海雲清告白費，《飛天黨》數也。

下午早返舍下，馬約往告樓士打，他追霍然拍《賊王子》，並催交款項，余推卻，他不拍片，大概成本過昂也，他已與其弟師贊另拍，余忠告他小心，並不允代覓蘭卿。

夜往“Yat”處，至十時返寓，往觀足球。

5月22日　MONDAY

四月初四。

晨如常工作，午先往婦女會，見譚夫人，下午一時許往新紀元，會衛少芳與溫焯明，據云，如下屆｛原文此處有“合作”二字被劃掉｝僱用，人工加三，焯兄否之，並擬辦法，（1）用半日安、少芳、陽儉、鶴聲、馬 & 譚，（2）馬、安、少芳、鶴聲、儉及王中王，另聘星洲藝員王醒俠，至於弍幫花[1]，實用亞芳，其餘則不用，□〔從？〕□〔廉？〕辦法，並決實對馬□〔緊？〕□〔方？示？〕辦法，定實如何開身。

5月27日　SATURDAY

Race meeting.

5月29日　MONDAY

四月十弍，己卯年。

晨如常工作，午先往加拿大，後再往陸羽，富成、海雲俱在，先一夜往

1　“弍幫花”即第二女主角。

赴東方體育會陳蘭芳之口〔宴？〕，並送仄一張與徐亨。

午馬師曾着余往候他，並談及拍片事，余直言因蘭卿之契口〔據？〕不妥，他亦取銷，他交余五十元，代較〔校〕電話，並收回按櫃，除費用之外，實餘四百一十餘元左右。

夜先往"一"處，她適外出，候返始略談，余即返院，趕往利舞台參觀救亡劇團，馬索去一票，他又不往，實令人討厭也。

卓兄擬日間晤他，商量新班計劃，弍者缺一不可。

女班廿七日起開始，截至今日仍屬甚叫座。

5月31日 WEDNESDAY

四月十四，己卯，大雨。

晨如常，先往加拿大，午再往陸羽，下午往電話公司，代馬伯魯較〔校〕電話於一五七灣仔外寓，按櫃五十元，由七元代支，收條貯在院內。

內子往注射第三次補血針。

6月1日 THURSDAY

四月十四，己卯。

晨如常，午先往加拿大，與陳永貞午食，後"一"至，略談，各別。

下午返院工作，是日起一連四天租與婦女兵災會義演，每日租銀\$180，因票價高昂，不甚旺台。

夜七時許馬伯魯請晚飯於大華飯店，後返院略座〔坐〕片時。

6月2日 FRIDAY

己卯，四月，十五。

晨如常，午先往加拿大，後再往陸羽，與應華及立發，而〔無〕耐，內子至，轉入房座，炳照至，而立發即告辭，畢，往溫醫生處注射。

下午返舍下洗澡，畢，晚飯往"一"處，極纏綿，至十時返寓休息。

6月6日 TUESDAY

四月十九，己卯。

晨十時起，梳洗畢，往院辦工，午加拿大午食，芳自澳返，有些起色，下午往中華遊樂會拍乒乓波，四時返院辦公。

夜“一”電話至（九時），她有事外出，未知何故，余與蘇仔往加大消夜，卓兄屢次追問，何以不編南洋片，迨亦民權從中作祟耳。

原日所租之公源倉突然起租，由四十元至六十元，交關律師辦理，殊不知港例住客則可不遷居，唯貨倉則一日通知，可起租至百分之五十，故余遂通知卓兄照交，免生枝節，且託他往見滅火局長，商量地牢作貯畫用，以免頻頻起租云，並同時弍樓　{ 此處空格為原文所有 } 房。

6月10日 SATURDAY

四月廿三，己卯。

晨如常工作，午先加拿大午食，約余華石等往觀賽馬，是日忽晴忽雨，冷門暴出，夜返舍下。

九時許與北河王傑訂妥初八至十一日戲，五先至二毛，不收椅墊，夜戲五毛、五先、二毛、二先、一毛一仙 { 此兩行“cent”的粵語音譯寫法既作“仙”也作“先”，原文如此。}，訂妥不改期。

照此而論，此女班決難再幹，因度[1]院艱難，且人人亦要通盤打算也。

6月12日 MONDAY

廿五，四月，己卯。

晨如常工作，命人交伍拾元與 Mugfad[Mugford?]，代婦女兵災會先墊也。

午陸羽品茗，下午找《南中》、《南強》數，未找《華僑》。

下午五時許返舍下，洗燥〔澡〕畢，略作竹戰，小勝。

1　此處“度”字同上文“度普慶”之“度”讀音和意思都相同。

夜往探"一"處，至十時返院工作，六邑商會籌款，成績可觀。

廣州大學由袁耀鴻介紹，租院一天，$200.××，胡木蘭領銜辦理。

趙一山託請薛、馬、譚題字，介紹他的皮膚水，如命難妥云。

夜難入夢，木虱〔蝨〕太多也。

6月13日 TUESDAY

廿六，四月，己卯。

晨如常工作，午往陸羽，陳永貞至，借弍拾元，余允之，下午在院，先借拾元，明日再交。

下午：關文清、應華、黃傑，在加拿大共談片事，至五時始返院，得悉近日院伴甚為放馳，五點一場絕無人守閘，必設法以維持之。

夜八時宗桐約往大同傾談，因民權是日午約枝南飲茶，□〔若？〕宗桐自動辭職，桐徵求余同意，余云，先向余某諮詢，後再思辦法，至於新世界之股份，決實不轉賣，亦不頂手云，桐照意採納，並先墊五佰元與余，交《星聲報》作股本，余允太平劇團開身時始奉還。

十時返院，略工作，返舍下休息。

天氣乍晴乍雨。

澳伍□〔於？子？了？〕拜追問千元按款事，余答以信覆鍾某。

6月14日 WEDNESDAY

己卯，四月廿七。

晨如常工作，午先加拿大，陳永貞借 $20.00，隨後往陸羽，次女碧翠生辰，故一群品茗也，下午在院工作。

送水球一個與中華會，$18.××。

夜先往"一"處，後陳宗桐約往消夜於中華"擷芳"，談及見余某事，得悉通盤都是張民權主駛〔使〕，現已決意辭職，應附〔付〕張某也，按，張見利忘義，小心交手，且看刻薄可以成家否。

羅偉權與次女往中華游泳，故候至十一時許始在中華消夜。

大丈夫忍辱負重，將來必有日吐氣揚眉也。

6月16日 FRIDAY

29.4.K.M.

晨在院工作，是日迺汝權之子本燦結婚，於六國飯店，一時行禮，余初本擬躬逢盛會，詎料一式時許接一電話，得悉碧翠因陳主任先生誣衊彼等盜錢，並將彼等嚴罰，彼等不甘其辱，遂往差館（NO. 8）告訴，該差館駐任師爺電話通知余，遂照會張校長瀾州，然後於一時半往 NO.8 差館，該署差人不敢處理，轉往交華民政務司，該氏嚴責陳先生，嗣後不得有同樣待遇，否則必嚴懲。

余稔彼數人年約十一歲，而竟有此膽色，將來必勇敢非凡，唯恐過剛，必以柔調解之，免過猶不及也。

夜九時半往金龍四樓，赴汝權家先生喜筵也。

錫藩、衍藩生辰。

內子就診於羅□〔祺？祺？〕符。

6月19日 MONDAY

五月初三日，己卯。

晨如常，昨夜內子疾作，通宵不睡，遲起，往院辦工，叫信益打價，將地牢玻璃夾鐵線，以為將來貯畫之用，午加拿大遇張應華、王傑、鴻明，互相談及畫片公司變幻及中央將來大勢，大觀與大同極為巧〔考？〕慮，蓋彼等未有南洋地位也。

午畢，皇后電影《草裙春色》，與“一”往觀，四時再往加拿大，與張再詳細傾談馮其良北上及將來競爭趨勢，余獻議，皇后或娛樂開片，太平獨家接影可也，並與應華競博《血淚情花》，第一天 $850.××，超乎此數，余願輸五元作晚飯。

內子與偉權往診脈，候至八時始回，余詢問情形，不知何故，他二人又發生爭執矣。

十時許往｛原文此處有“陸羽”二字被劃去｝加拿大消夜，遇見馬師曾，他代支、代結一切帳〔賬〕目。

連日炎熱，乍雨。

6月20日　　TUESDAY

己卯年五月初四。

晨如常工作，午先往加拿大，與“一”相遇，下午與梁炳照在院相談。

晨往海軍球場足球，4-2。

信益打價，地牢修理玻璃事。

6月21日　　WEDNESDAY

己卯年五月初五。

晨如常工作，午往“一”處午食，田立發亦至焉，下午候金某到租院，彼人不明手續，故卻之，內子往中華打麻雀，夜捌時許有電話至，十時始返寓。

6月22日　　THURSDAY

己卯年五月初六。

晨往海軍球場練習足球，至十一時返院，港中霍亂症頻頻，人人必要注射防疫針，近查其照像類神經，想法子調理，據張醫生云，必兩個醫生診治，送他往瑪利醫院，然後轉送癲狂院，如此辦法，必要得彼家人同意方可，否則將來有不測，恐受人責罰也。

夜八時往大同公司，《星聲報》敘會，陳宗桐先墊 $500 作股本，後由動個人隨時附還，至十時始返，此後每星期弍必敘餐一次。

6月25日　　SUNDAY

五月初九己卯。

晨如常，午先往皇后酒店，訪鄧祥於六樓，並同時交他 $170.××，以完手尾，共往大同片時，轉返加拿大，返院，黃鶴聲到，談及何柏舟想攪〔搞〕班，以太平為基本院，余允之，並允明日先借三佰與他。

下午內子等往中華，余往“一”處晚飯，{略}，至捌時返院，遇卓兄，談及聲仔事，後再往中華參觀水球，至十時返寓即睡。

午北河有電話至，原欲改戲，後余不允，始不改，由陳正文通電解決云。

6 月 27 日　　TUESDAY

己卯：五：十弍。

晨九時往院工作，午先去加拿大，後改往先施文園，張應華暫借 $300.××，下午馬師曾到訪，告樓士打地下午茶，關文清願以 $2500 代價聘馬為主角，余借一百元與他。

夜在國民敘會，讀報運動事，並提議免費券事，向馬文星君預借 $1000.××，他着明晚到取。

宗桐於散座時遊車河，向余解釋砵崙官沖事，余允代為之向張應華、王傑勸勉。

夜余向卓兄說及，此後做班不應招外人入股，且本院自有能力為之，何必假手於人也，且多閒言閒語，如畫景殘舊，則誰人負責再繪，萬事損失，則歸院方，盈餘則分之，殊不合原則，且萬不能過大眾化也，此後組織，必先除多少 %，然後再召集，絕對不能容許外人多認股本，誠恐其中□〔亦？多？〕有竟轟[1]也。

陸羽消夜畢方回寓休息。

向各報館問明尚欠數若干。

6 月 28 日　　WEDNESDAY

五月十弍，己卯。

晨十時半在加大，與欖鎮梁應焯簽妥合約，先收港紙一千作按稅，又一百元作定。

午英京酒家午食，鴻明、文芳、蔡棣，畢，返院工作。

馬伯魯約往告樓士打酒店地下，再往加拿大，他接受關文清之聘，受薪

1　“竟轟”為粵語用詞，即“有詐”的意思。

$2,500.00，先交伍佰元作定，應華、王傑在坐〔座〕。

夜着蔡棣往普慶借一千元，明日方妥。

6月29日 THURSDAY

己卯五月十三。

晨如常工作，午十一時半往見鄭生，因為夏兆棠欠黃劍秋事，意欲代為轉圜，並同時發覺何頌祺欠李焯權數事，余慫恿鄭某控訴。

午後返院工作。

四時與“一”中華午茶，並環遊中環街市，購買生果，並給他〔她？〕$100.××。

夜八時往花影恨處會馬伯魯，商量七七義演全體大集會事。

九時往一處略談乃返。

7月1日 SATURDAY

五月十五，己卯。

晨如常工作，午加拿大與大叔、應華商量《阿斗官》期，四元，由第三天起包 $180.××，譚芳午食相遇，共往歐陽□〔席？〕權牙科醫生□〔處？〕，詎料“一”已先往，並找數焉，下午在院相遇，夜十時她又有電話至，在加大消夜，適余與內子約往大同食麵，故迫不得已，不能赴她的約。

李遠借 $1.00。

執五元會，找食用數，意欲頂手，詎料此會為她的亞姊借用，余決不允相讓。

7月4日 TUESDAY｛是日日記原記於“7月5日”的頁面，唯根據正文記錄的舊曆日期，以及“心嘉杯”的相關新聞報道佐證，判定是日日記內容對應為7月4日｝

己卯，五月十八｛對應新曆日期為7月4日｝。

晨往踢小型球，與南華甲組比賽，4-2，午加拿大畢，返院。

下午五時往修頓球場，觀太平與傑志【志】比賽“心嘉杯”，3-1，太平勝[1]，往國民晚飯，廖鴻明請食飯，《星聲報》因事改期會議，李遠拈一稿來，余極力推許，交宗桐刊出，他略有酒意。

余與內子乘電車返舍下時遇"一"，在車中相遇，她九時半又來太平看電影，適內子又同時在坐，余置之不理，與內子相返。

三人公司，共分得 $181.57。

7月5日 WEDNESDAY｛是日日記正文原與以下7月6日的內容合記於7月6日的頁面上｝

己卯，五月十九（5.7.39）。

晨如常早起，梳洗畢，往院辦公，午先往加拿大午食，與"一"相遇，隨即與他返寓，共談至四時許返院，得悉陳宗桐有意改革《星聲報》事，恐麥某有受嫌，明晚提出質問云。

夜晚飯畢，往遊車河，內子往注射第十次矣，購買"亞路"內衣弍件，另內袂〔褲〕弍件，在永安公司云。

嘜佛謂，學賑會手續未合，余即電話通知其辦事人，俾得早日完成。

7月6日 THURSDAY

己卯，五月，廿。

晨如常工作，午先往加拿大，與"一"相遇，下午在院工作，至四時返寓，夜戲院三樓打架，交五十元擔保，明天審訊。

八時往"一"處，至十時許乃返院，由《銀海鴛鴦》起，第三天 $180.×× 包底。

嘜佛索 $100.××，余決不理，此人貪得無厭，必反得其累也。

學賑會手續尚未辦妥，由他負責，其餘不理。

7月7日 FRIDAY｛是日日記正文原與7月8日的內容合記於7月8日的頁

1 據1939年7月5日的《香港華字日報》第二張第四頁標題為"聯會小型球賽訊"的報道謂："昨四日傑志對太平，結果，太平三比一勝。"

面上｝

己卯年五月廿一。

晨如常工作，午先往加拿大，後與應華、王傑及宗桐往中華午食，下午往“一”處，返院，欲參觀宣誓，詎料已完，遂往中華午茶，與日餘同往。

馬、薛、白、廖合演義劇，（1）《漢月照胡邊》，（2）《藕斷絲連》，（3）《三難新郎》，（4）《三部曲》，新靚就主演。

全晚收入悉數報效。

嘜佛有意為難，拈了座位表去，卓兄與余商量，決不往取娛樂稅，任他怎樣辦理云。

此人貪得無厭，決不理會（7.7.39）。

7月8日 SATURDAY

己卯年五月廿弍，8.7.39。

晨如常，午往“一”處小食，至三時返院工作，隨與馬師曾往告樓士打午茶，談及《賊王子》代理事，原來何某意欲催翻陳某代理權，故轉名轉片也。

昨夜所籌之款決湊足一百一十四元，交與薛、馬救賑之用。

7月11日 TUESDAY

己卯，五月廿五。

《星聲報》會議於國民酒家，得悉麥某有受口〔理？汪？〕之嫌，而溫某口〔有？〕預算錯，每月約虧七百元左右，照此而論，實難堅持下去，故欲改組，後與馬文星、陳宗桐等共往大公司食鮮奶雪糕，與內子及小兒輩等相遇。

此兩日為欖鎮籌款，祇薛覺先、廖俠懷、新靚就等演劇而已矣。

張民權向卓兄說及，南洋有欲將片訂一合同放影，九如坊之後每套百分之三十，余巧〔考？〕慮細思，此事必欲成功，以表視張某之勢力也，余必設法儆戒之，此人奸滑〔猾〕非常。

7 月 12 日 WEDNESDAY { 是日日記正文與 7 月 11 日的內容原合記於 7 月 11 日的頁面上 }

晨如常，閱報得悉全港大報執友[1]罷工，迫不得已改用電版印紙一張。

午加拿大與譚芳相遇，先一晚與 "一" 口角，憤然而去，是日在加拿大遇她，招呼略略而已矣（12.7.39）。

7 月 13 日 THURSDAY

五月廿七，己卯。

晨如常，午先往加拿大，後返院工作，口〔金？全？〕某到訪，談及學賑會事。

夜在院工作，十時半往哥侖布消夜，詎料返舍下忽然腹痛，連屙二次，速復〔服〕兩復〔服〕保濟丸始能入寐。

7 月 16 日 SUNDAY

己卯五月卅日。

晨如常工作，午先往加拿大，後與小兒輩往陸羽品茗，在此處遇鍾子光，談及接續合約否，余擬再訂辦法，至四時 40 分始返院，得悉學賬〔賑〕會口〔金？全？〕某純屬謀利之人，且專以買票為生活，李某（政耀）故於夜九時到訪，余勸他取柔和手段，先行改期，報銷戲票，然後從中設法，以免影響學賑會名義〔譽？〕。

7 月 22 日 SATURDAY

己卯年六月初六。

晨如常工作，午先往加拿大，下午在院工作，嘜佛到，謂學賑會李某錯誤沽票，迫不得已改期，後他電話至，允於 MONDAY 補發信一封，以符

1 此處 "執友" 可能是指報業 "執字粒" 即排字工人。

手續，余隨即吩咐各人在院門前標一廣告，着已購票者請向學賑會交涉。

夜七時往"一"處暢談，八時半返院，將此事直對焯兄說明。

往陸羽消夜，重聲[1]、堯勳、鎮勳、源廉、日如及余六人，至十一時始返寓。

7月23日　SUNDAY

六月初七。

晨如常工作，午往陸羽品茗，重聲、重鼎、堯勳、鎮勳等亦往，下午返院工作，遊戲足球，余大勝。

夜何柏舟交大中華劇團戲本至，並借去一百元，由開演之日扣回，於九時許往"一"處，共談心事，至十一時往陸羽，會齊大九、細九、堯、鎮等，迺返寓休息。

7月26日　WEDNESDAY

晨如常工作，往探七姐，病甚危，先召葉大楨醫生，繼召張榮棣，又召馬超奇診視，俱斷為病入膏肓，難治矣，祇候時日矣，隨着內子為他預備後事。

午往加拿大，與余文芳、譚芳相遇，下午返院，再往加大，會張應華，改往 A.B.C.，共談心事，並交回一百元與他，作完四佰元之數。

夜往"一"處，略夜即返，大抵因大中華頭枱，且滿座老早，故提前返院也，摩地失銀，難免受嫌。

卓兄不允取回娛樂稅，怨嗳佛作惡多端也。

7月27日　THURSDAY

六月十弍日。

晨往練波，不料大雨傾盤〔盆〕，遂與亞桂、北洪往加拿大飲茶，畢，

---

1 據源碧福女士稱，此"重聲"及7月23日提到的"重鼎"是譚芳的兒子。

返院工作，至舊七號差館左右，得悉鏡花影班五十餘人被扣在由澳來港未領通過證處扣留問話，余見馬文星君、李鑑朝俱在，故下車問仔細，遂與彼等往見何幫辦，允准蓋章擔保云。

午"加"敍餐，"一"亦在焉。

十一時許余拈一遺囑，交帶五姐先簽，後着七姐簽名，此已徵求得焯明同意，且恐將來有些手續，以免遺產有問題也。

夜九時至十一時燈火管掣〔制〕，全市黑焉，秩序甚好，惜乎微雨也。

8月2日 WEDNESDAY

六月十七。

Morning as usual, I went to play Foot Ball, 6.30 a.m at Causeway Bay.

8月3日 THURSDAY

己卯年六月十八，大雨：作打風。

晨如常，早起即往院工作，得悉滅火局 Moss 到查，由日餘招呼，他欲見溫兄，十弍時許溫至，決於下午往見他。

午與日餘加大午食，下午返院工作，嘜佛云，欖鎮之事已妥，並謂潮州班歷向有茶錢奉送，希為轉達，此人可謂貪得無厭矣，他於七時至。

潮州班老正天香續訂九天，已簽約矣。

前弍天半日安已交息銀 $90.××，由余手接收。

夜八時半駱錦興到談，意欲人壽年口〔到？〕頭台，余答以嗣太平劇團開身否方能決定，否則恕不能答覆也，且太平必堅持要頭台，決不容另有別院佔先也，祇本港而言，九龍不在此例也。

學生賑濟會又欲日演話劇，余着他往華民討人情方可。

黎民三之女及其妻生辰。

8月5日 SATURDAY

己卯年六月廿。

Getting up early, I went to work as usual. Taking tiffen[tiffin] at Canadian, I bought a pair of shoes to Bik Chui. Cheung Ying Wah asked me to favour him with dates as to arrange with his Theatre. I did agree. At 3.30 p.m, we went down Southern's Ground to watch our team against Wing Nam which defeated our team by 2 odds. Afterwards my wife, Yiu Fan & I took suppered[supper] at Jimmy's Kitchen, as my wife desired to be attended by Dr C. H. Wan who was very busy; we therefore postponed being attended. At night, I went to visit "Yat" & enjoyed therein. At 10 p.m., I went back home happening to see Lo Wai Kuen who just came back from C.B.C. & did not speak a word as if we had to bow down to him in order to appease his anger being defeated. I considered that as unreasonable, I therefore boycotted him & just to teach him a good lesson.

8月8日 TUESDAY

己卯年，六月廿三。

晨如常工作，午往加拿大，與錢廣仁、應華、袁耀鴻商量畫期，下午在院賽足球。

夜潮州班要求續演日期，余因畫片問題，決不答允。

"一"與蘇仔、堯仔、源廉往觀電影，余不甚滿意，故不甚招呼，祇在加拿大附〔付〕賬，即乘電車返舍下。

8月12日 SATURDAY

己卯，六月廿七日。

晨如常工作，往院，繕一函與七號差館，着他將門口之賣物者趕走，免礙觀瞻。

下午在院工作，因無期，推祝華年班，得悉人壽劇團在高陞頭台。

夜七時許往"一"處，並給她伍十元，歡敘而別。

學賑會為周少保所愚，虧本，且觀劇者寥寥無幾云。

捐國幣伍佰元與華商總會所，813 獻金之舉。

8 月 15 日　TUESDAY

柒月初一。

晨如常往院辦工，先到加拿大會張應華，據云岑維休有電話問他《華僑》之數，余答以緩步未遲，後往告樓士打酒店午食，碧侶、碧翠、偉權俱在焉，因施普惠有恙之故也，下午返院，問胡若書華振會之票價，約啟新明日往見他商量，並得悉馬已答允薛仔，初八、初九兩天籌款在太平：一院租一佰元，另例票每天四位，另椅墊費，"一" 覓余不見，遂與堯、鎮在百貨食西餐。

下午五時半往觀永南與鐘聲賽小型球於修頓球場，2-1，返寓時天降大雨，迫不得已改換衣服再返院辦事，至十時往陸羽消夜，源廉做東家佬。

嘜佛至查娛樂稅，是日下午借去 $30.××。

8 月 18 日　FRIDAY

柒月初四。

晨如常工作，午先往加拿大，後返院工作。

夜往 "一" 處，怒她幾句，她泣言，並約余明晚往食飯，返院，鄧英在院候余，柏舟有電話至，余叫他除非將《奔月》在太平出世，否則十九之期取消，蓋事前已託鄧英往見肖麗章也。

夜往陸羽消夜。

8 月 20 日　SUNDAY

七月初六。

晨如常工作，午加大午茶，後返院，午食時廉對余言，他意欲娶亞有為妾，徵求余同意，余不反對，但亦不贊成，觀其意，似有十、八成成事矣。

下午在院工作，早返舍下，是雨天，偉權已不在舍下宿住矣。

夜柏舟到談，後鄧英又至，商量再合作事，余與鄧某及“一”往告樓士打飲茶。

8月23日 WEDNESDAY

己卯，七，初九。

晨如常工作，午先往加拿大小食，後返院工作，下午發〈現〉亞鏡炒超等票，每張由 $1.50 售至 $2.00，索價過昂，影響生意，有壞院規，遂將他立即開除，據云源廉主幹，有大組織也。

八和集會第二天，演《璇宮豔史》，計回院租，一佰元，例票七張，另椅墊費。

馬問香港能否發生戰事，余答不可料也。

現□〔目？〕人心旁〔徬〕惶，極度緊張，□〔啟？〕洪有事到商，意欲將廣安榮之鋪出賣，底價六萬六仟元，將一半照義聯堂股本，先還一半，貯下留回將來置業用，余極端贊成，且託他代表一切。

夜羅偉權請消夜於舍下，余不甚舒適，略進些少而已矣。

8月24日 THURSDAY

己卯，七月，初十。

晨十時往安樂園候肖麗章到，商量大中華事，彼意不欲與金山方面，而訴諸法律，余勸他究不如往金山，候諸來年，然後在港唱演，猶未晚也。

近日人心搖動，因 × 軍佔了深鎮〔圳〕及南頭，而新界極力佈防，且婦孺登記（英籍），故造謠者從而播謠也。

夜在院內照常工作，至十時返寓所休息，先行休息。

8月25日 FRIDAY

己卯，七月，十一日。

晨閱報，覽得新聞惡劣，唯余本人對此事絕對鎮靜，但內子甚唯恐慌，午時在加拿大與“一”午食，她亦打發各人先往澳門，下午返院，照常工作。

夜七時許往"一"處，適內子同時往院，余託言往南賓，遂於夜深修函往鄧祥，託他代覓吉樓，以為婦孺暫避云。

8月27日 SUNDAY

己卯七月十三{該段文字及下劃線用紅筆書寫}。

晨九時在院，與堯、鎮、廉比賽足球，至十時返寓洗燥〔澡〕，午往陸羽品茗，與小兒輩，下午返院，師曾至，與歐陽儉、關文清往告樓士打飲茶，於四時許返舍下，與內子往觀東方慈善賽，5-1。

大華晚飯畢，返院，得郭鏡清因事離港，虧空口〔廿？卅？〕餘萬，暫由侯壽南署理，人心不古，可想而知也。

8月28日 MONDAY

己卯，七月，十四。

晨如常工作，午照常，加拿大品茗，譚芳兄共話。

夜半日安到談，還款準七月尾先還一半，余不允，蓋他已對卓兄在巴氏站先談矣，余答以倘明天上午不見切實答覆，當以法律從事。

梁日餘日日遲到，並下午必往打牌，故寫下一張條字，勸他改過，否則照鋪規辦理。

卓兄云，鏡清之事實屬過渡時期，凡事留心，以多交款項為尚云。

8月29日 TUESDAY

己卯，七月，十五{該段文字及下劃線用紅筆書寫}。

晨，歐陽儉與馬師曾到訪，共往香島一遊，在 Lido 早茗始別，他託余代收一仄，$500.××，返院照常工作，午時畢，往"一"處，至三時往見關律師，追半日安還款 $1200.××，寫余名控訴，下午五時往告樓士打會馬師曾，並交他 $500. ××，已完手續，在座有一馮某，諸多說及鏡清不是。

夜侯壽南到談，講及欲取消果枱，立覓新人代辦，余答以再代與卓兄商量，然余亦甚欲取消現在之果枱也，且俟伯言納息，將來指定息銀多寡，出乎此數，始作還本可也，代與卓兄慢談。

十時返寓，適十式在座，略進茶點乃睡。

8 月 30 日　WEDNESDAY

己卯，七月十六。

晨如常工作（除六時半往比賽小型足球外），8-3。

午加拿大。

下午返院工作。

夜往“一”處，不知何故，她忽然下淚，當余返院時，女子善懷，姑且任之。

8 月 31 日　THURSDAY

己卯年，七月十七。

衛少芳，半年 $6600。

先交定銀五百。

頭枱再交五百。

其餘分關期。

日子見日計日，每十五日一關，年尾□〔本？〕息照計，不□〔須？〕每人五日照補。

9 月 1 日　FRIDAY

己卯：七月二十八。

下午四時德機轟炸波蘭，開始歐戰｛以上兩段文字及下劃線用紅筆書寫｝。

晨往院比賽足球，畢，洗燥〔澡〕，返舍下略進茶點，再返辦公。

午加拿大午食畢，返院，至五時往觀太平與悠思“心嘉杯”比賽，結果後者棄權，至七時乃返。

夜得一消息，德已口〔轟？〕炸波蘭，此亦歐戰之先兆也。

李政耀到訪，黃少卿亦然，羅麗娟之母未到，迨亦視察時局如何矣。

“一”數日不通音問，未知何故，且當前日余臨行時她忽然下淚，究不知何故也，余立意靜觀之，君子愛人以德，切不可造次也。

碧侶、碧翠學費已交，准〔準〕備往協恩寄宿。

9 月 3 日　SUNDAY

己卯，七月，廿。

德、英、法下午四時宣戰，因波蘭未有妥協餘地。

晨往銅鑼灣比賽小型球 6-0，我方勝利。

午偉權請飲茶於陸羽，並商量購車事，余向他先墊弍百元，未知可否。

下午在院工作。

夜照常工作，唯因戰事影響，奇淡。

9 月 4 日　MONDAY

己卯，七月，廿一。

晨早起，往中華理髮畢，往加拿大小食，然後往先施公司購書藉〔籍〕與碧侶、碧翠。

下午在院午睡，至四時返寓，是日曹二姑、十弍家及炳照俱在家竹戰。

錫藩、衍藩明日上學。

夜七時許往“一”處，並給她弍十元。

九時與十一時俱大雷大雨。

晚飯，三人，堯、權及余，中華食西餐。

9 月 5 日　TUESDAY

己卯，七月，廿弍。

晨如常工作，焯兄云，時局如此，延期乎，抑定實做戲，余答以不如做則照做，倘時局影響，按月出上期，隨時解散，他甚表同情余之話也，午先往加大會“一”面，後往陸羽，則權、鎮俱不在也，余遂往購漱口盅及雨傘與碧侶、碧翠，三時許由港車渡海，送二女往協恩寄宿攻書，並交十元與該副校長作零星碎用，六時許始返舍下用晚。

夜與大九、堯、鎮、鄧英往遠來消夜。

劉吉對余云，他已對蘭生言，太平之數暫時撥開，不交狀師處理云。

9 月 6 日 WEDNESDAY

己卯，七月，廿三。

晨如常工作，午與譚芳、炳照在新紀元午食，因託炳照往見史伊尹，以為堯勳轉學聖保羅之用也，下午弍時往告樓士打，交伍佰元與馬伯魯，代宗桐轉交也，余華石到訪，共往加大小茗，鴻明俱在。

伯魯甚為擔憂，對於時局，亦必想一法以善其後也。

夜與“一”往太平館消夜，聞說去後，內子又至，可謂天衣無縫，誠湊考〔巧〕也。

八時衛少芳至，收定銀 $300，絕無其他提及。

9 月 8 日 FRIDAY

廿五，七月，己卯。

馬文星先生設宴於金龍酒家六樓。

9 月 10 日 SUNDAY

己卯，七月，廿七。

晨往海軍球場，與國民、六三比賽小型球，0-3，3-4，弍隊均為我所敗。

午往“一”處午食，至下午四時返寓，與內子往觀足球友誼賽，東方與華僑，7-5，舉動過火，不歡而散。

張應華提議向外揭款 $2000.××，1 分息，由王杰介紹，以四個月為期，作應附〔付〕《華僑》用。

焯兄意欲向馬文星轉移 $1000.00，$500。

9 月 11 日　　MONDAY

己卯年七月廿八。

晨早起，往院辦工，是早太平小型球球員練走跳繩，十一時許王傑約往加拿大，傾談該款事，明日答覆。

下午馬借二百元，由陳宗桐處代扣，卓兄有不允意，經幾許解釋，始獲通過，想辦事如此，必多棘手也，並約明日再談。

夜華商尾戲《生武松》。

午“一”往加拿大午食。

英文書院開學，堯勳不能入聖保羅肄業。

9 月 12 日　　TUESDAY

己卯，七月，廿九，借款 $2000.××，十四頭台，取消食用 { 該段文字及下劃線用紅筆書寫 }。

晨十一時往加拿大會張應華，共往中華長春廳，簽士擔紙兩張，每張 $1000.××，加蓋太平圖章，分息 $1.00 per ＄100. ××，他拈去士擔紙，但未交款，下午五時再約會於加大，得悉《華僑》、《大公》俱託手踭[1]，不登廣告，除非清找各數，張允交 $1000. ×× 與余，明日交款，$1000. ×× 留回找數，由他與潘日如交涉，他謂潘某對余絕無信仰，且隨處造謠誹謗云。

正午一時與卓兄中華小食，他由有利支四佰，余亦支四佰，余之四佰作填潮班按櫃、華商按金云，他着余往與馬商議取消食用，休息照補云。

下午三時半往告樓士打會伯魯，商量 :-

（1）停演不供給伙食。

（2）八月十四晚頭台。

（3）應附〔付〕羅麗娟。

上列（1）、（2）俱答允，將來休息，由馬領導籌款，補回該款，貯在

1 “託手踭”為粵語用詞，即“拒絕”的意思。

1926 1928 1929 1930 1931 1933 1934 1935 1936 1937 1938 1939 1940 1941 1942 1943 1946 1947 1948 1949

梁祝三處。

夜照常工作，九時許"一"來院觀劇，約她往加大午食云。

《大公報》戚某明日到敘，何以應華 1/2 版不落云。

馬文星答應借 $1000.××，並允由弍枱另扣回。

9月14日 THURSDAY

己卯年八月初二。

次乾擺薑酌於溫沙餐室｛以上兩段文字及下劃線用紅筆書寫｝。

9月15日 FRIDAY

己卯，八月，初三｛該段文字及下劃線用紅筆書寫｝。

晨如常工作，午往加拿大午食，下午返院工作，夜與鴻明磋商馬、譚聲片大集會事，廖云，$100.×× 已貯借，唯必候馬答應方能交款，因馬足疾復發，故着他俟以時日。

院連日放影《雪姑七友傳》，奇旺，可見世情轉機，不妨起班也。

源廉已與內子商量妥娶亞有事。

9月17日 SUNDAY

八月初五。

先慈忌辰，文錫康滿月酒，& 譚芳生日，北圻與東方，4-4。

馬伯魯足疾未癒，甚為憂慮。

偉權着余買一口〔手？〕，余口〔已？〕收其弍百元，但細思現在環境，不而〔宜〕有此舉，決兌款交回，免再負擔其他費用也。

立法兄送來牛仔髀一隻，甚可口。

9月20日 WEDNESDAY

己卯，八月初八。

次乾親女去世於一時半。

9月21日 THURSDAY

己卯年八月初九。

晨如常工作，午先往加拿大與譚沛鋆共談，他索薪金每□〔日？〕十元，即不要上下期法幣，余否之，他云，馬答應他"有的好處"，午畢，與"一"往寓，至三時返院，黃鶴聲、歐陽儉到，問何時開身，余確難答覆，祇有敷衍他二人，蓋候了六個月之久，殊難再候也，遂借50元與儉，100元與聲仔。

夜蘭卿有電話至，着代找衣服300元與亞清，余着他14來。

9月30日 SATURDAY

八月十八。

晨與馬伯魯往"馬利"醫院檢驗病源，十時至□〔步？〕，與Dr. Skinner見Prof. Wilkinson，研究至11.30 a.m.至返院工作，{略}。

下午往觀太平與鐘聲比賽小型球，賽和，1-1，大雨而散。

夜蘭卿到訪，欲借$1000，湊足$3600上期，並託與她的業主交涉水費，無理要求，置之不理也。

10月3日 TUESDAY

八月廿一己卯。

晨如常工作，十時許與卓兄往見關律師，商量應附〔付〕果台事，又聞鏡清有回港意，現在各事不宜，相迫太急，據果台回函，謂彼確□〔預？〕□出，不過望得回一千元矣，關言□〔是？〕有勝訴之望，唯恐官判彼之損失為一千元，縱使余等敗訴，亦無損失，不過將人之按櫃交回而已矣，遂回信暫時緩辦。

午往"一"處，唯每於臨行時，她必怒容滿面，余亦姑置之不理，暫求自己舒適而已矣。

夜因深戀竹戰，至令大同來函露出破綻，此後留心，勿令損失也。

10 月 4 日　WEDNESDAY

廿弍，八月，己卯。

晨早起，照常工作，返院工作，將大同之事照說。

內子突患心疾，往溫醫生處診症，着令休養，並不能多食水□〔品？〕，

下午竹戰，夜往"一"處，並往太平消夜，她送戒指一隻，並利是五元，申賀源廉娶妾之喜。

10 月 6 日　FRIDAY

八月廿四。

晨太平洗地，早起往院招呼各衞生局員，午先往瑪利醫院探視馬伯魯，得悉他決實定法仔，並於九月初九晚開台云，返院，着人將"抽屜〔屜〕"弄開，因倒鎖鎖匙在櫃內也。

加拿大與內子小食，並三時始往溫醫生處診脈，返院。

夜與內子往她母處，余遂往"一"處，她借 \$200.×× 與余作賽馬用，並來院觀劇，共往消夜，源廉為東道云，日餘亦□〔與？〕焉。

卓兄極不滿意"朗"之所為，他不應與亞吉合作，果台將來有利可圖，他則無事不可為也。

10 月 7 日　SATURDAY

八月廿五己卯。

晨如常工作，午先加拿大，往看賽馬，與"一"往觀足球。

源廉納小星"陳惠清"吉日，設筵於舍下，濟濟一堂，甚歡喜也。

是日與"一"往觀賽馬，並觀足球，畢，返舍下起宴。

10月8日 SUNDAY

八月廿六。

晨如常早起，十一時半往“一”處午食，二時許返院，約齊內子等往觀足球，南華與西洋會，6-3。

碧侶、碧翠因三天假期，故返寓留宿。

夜柏舟計劃女班，並通知東樂百分之三十五分賬，告白公盤，例票門口照執，條件已妥，唯日子有問題也。

10月9日 MONDAY

八月廿柒，己卯。

晨如常早起，午往中華午餐，碧侶、碧翠、立發均在座，畢，往購果子鹽及 Vicks va-pa-ro[1]。

下午往陸羽，與小女等食晚飯。

亞廉三朝之期。

《大公晚報》載，大地公司暫停拍片，余迺通知應華，《孤島天堂》告白費如何應附〔付〕，且戚家祥屢次詢問也。

10月10日 TUESDAY

己卯年八月廿八。

Anniversary of Chinese Republic {該兩段文字用紅筆書寫}.

10月12日 THURSDAY

八月卅己卯{該段文字及波浪線用紅筆書寫}。

晨早起，內子云欲往沙田，余問她與何人往，她答然，羅偉權，余遂謂曰，豈無別人，偏獨此人口〔也？〕，她迺言及人有口〔外？〕寓事，總總

---

1 一般寫作“Vicks VapoRub”，一種薄荷膏，據稱有助緩解鼻塞及舒緩痠痛。

提及，聲淚俱下，女人善懷，大抵如是也，一夜不寧，諺曰，女子與小人為難養，近之則不信〔遜〕，遠之則怨，旨言也。

查此事之起源，因日前“惜惜”在舍下竹戰時對余內子言也，戒備，戒備。

10 月 13 日　　FRIDAY

九月初一。

晨早起，梳洗畢，往戲院，即覓 Wai Kuen，共往中華小食，給他 \$50.××，並先還 \$50.00 與他，託他盡可能範圍內攜帶內子往郊內〔外〕一遊，以解決她心中積悶也，蓋她患“心理病”，凡靜座〔坐〕則盈盈欲淚，殊不樂觀，亦善懷之致也，然余撫躬自問，並無甚麼對她不妥，不過在外有一女子矣，然內子常患病，余｛略｝的苦悶，其誰慰藉，所以作外遊矣，而她不諒解，終日愁眉相對，殊令余灰心矣，她性烈不比凡人，且她的母與姊均勢利之流，殊不值一哂也。

10 月 14 日　　SATURDAY

己卯九月初弍。

晨如常工作，午先往加拿大品茗，後返院，回家候梁心堯醫生到舍下應診，不圖此君有事不到，遂至四時，內子往洗頭，余往蕭頓球場觀太平與晨光比賽小型球，後者棄權，遂往中華飲茶，畢，返舍下晚飯。

夜與偉權往太平館消夜，“一”往對海觀劇，內子意欲往“西林”休養，未知何時啟程，余亦甚表同情她易地休養也。

10 月 15 日　　SUNDAY

己卯年九月初三。

晨如常起居，午往“一”處午食，下午返院，回信澳門，着他舊十月初一下午三時到取回按金一千元。

下午三時許與“十弍”、內子等往連卡佛飲茶，後往觀東方與聖若瑟足球比賽，5-1，晚飯金城，兼請肥仔炳。

10月16日 MONDAY

己卯，九月初六。

晨如常起居，午先往加拿大會海雲，後往連士德定馬票，306，返院工作，下午候馬師曾電話，商量戲本，再約明天，定妥趙蘭芳，一成法幣，其餘分關期，全港紙。

夜往“一”處，她問將來同居如何，余尚未答允，嗣有機會方能實行云。

開始預告太平劇團，實行抵制《華僑報》，《石山報》允百分之五十五找數。

附〔付〕《星島報》$1300.××。

10月20日 FRIDAY

九月初八。

家母李氏生辰，照例往拜謁，食粥，道賀畢，往院照常工作，適馬師曾至，共談戲劇，定實星期三、四、五，戲本照點舊戲，下午返院，早返舍下，用膳畢，於加拿大同各人往七姐處食飯也。

夜交上期與蘭卿，並七百元與衛少芳，源廉請消夜於陸羽，十弍時迺返{以上日記全用紅筆書寫}。

10月21日 SATURDAY

九月初九晚，太平劇團頭台，演《重渡玉門關》。

是日全院鋪滿新“cushion”於太平位，以免觀眾微嫌椅背過硬，男廁則派亞歪掌管，燃檀香爐，以口〔辛？辟？〕穢氣，余院上下客滿，演至一時迺完。

計送花籃者，有海雲、偉權、立發、譚芳等數人。

是日適逢賭商、煙商霍芝庭出殯。

下午往觀賽馬，心緒不寧，略輸迺返，夜九時往“一”處{以上日記全用紅筆書寫｝。

10月22日 SUNDAY

九月初十。

晨七時許師洵到寓，邀余往見伯魯，適他足疾，着令黃鶴聲去頭場，他則三點後方出台，據 Dr. Skinner 云，因他休息許久，突然工作，故勞傷其筋而已矣，無大礙也。

下午三時與內子等同往觀足球，而“一”又至，可謂無獨有偶也，夜“大華”晚飯，後余返院，接她來電，謂去街，余淡然應之曰：“早的返嚟。”

10月23日 MONDAY

九月十一。

晨十一時譚芳抵步，與余往加拿大午食，廖鴻明至，談及馮其良已與民權不妥，託余排他的片子，百分之二十五分賬，余答以每套 $50.××，余稔其良之人奸滑〔猾〕，不可亂入其圈套也。

下午弍時許往“一”處，適她紅潮已至，覺肚痛，至下午四時始返院，回寓，她云明日赴澳，未稔是否，姑聽之。

夜舍下竹戰勝利，七時許至院辦公，與偉權往太平館消夜，隨返寓繼續竹戰。

仕可收去花籃銀，兼用去大母親定銀六元。

10月24日 TUESDAY

九月十弍。

晨照常工作，午在加拿大品茗，適譚芳至，託代“封榜”鋪票，隨即交他 $12.70，“一”又至，她往送澳門船，下午在院工作，至四時與“一”往金城晚飯，返舍下洗燥〔澡〕，又往院工作，侯壽南君欲買太平劇團，為六邑籌款，每天院租 $1,000.××，另椅墊，先交定艮一千元，他允俟明日會議妥方交定云。

夜十一時袁耀鴻欲斟太平劇團，唯他要求百分之三十，余堅持百分之二十七點五，只大堂中 1 毛椅墊費，二場不計椅墊費，弍樓後座東西俱五先，三樓免椅墊費，田立發請消夜於陸羽，至十弍時始返寓休息。

伯魯搬往炮馬地九號三樓。

10 月 25 日　WEDNESDAY

己卯年九月十三｛原文記作“四”後更正為“三”｝。

晨如常工作，午加拿大午食，下午返院，夜先往“一”處，九時返，得悉袁耀鴻到訪，又關乎太平劇團事，他仍堅持三七分賬，余要照舊，他迺告辭。

馬師曾遷往黃泥涌道九號三樓，余代他搬電話，$18.××。

譚蘭卿因失聲，要求停演二天，伙食由兄弟散班[1]籌回通過。

｛略｝

10 月 26 日　THURSDAY

己卯年九月十四。

晨往 C.R.C. 練波，兼食早粥，十時返院，定普慶戲本，午加拿大，下午在家中與“一”相見，在中華午茶畢，返舍下。

夜滅火局長 Moss 到查，Annual Inspection，8:45 p.m。

九時往食“一”處，食合桃煲雞，十一時返寓休息。

是日因蘭卿失聲，臨時改影《血淚情花》兩天。

10 月 27 日　FRIDAY

己卯九月十五。

晨內子向余叩首，恭賀生辰，碧侶、碧翠因明天月尾假，故不許她們姊妹返家，是日下午太平與威靈頓 A 比賽小型球，兼拍照，4-1，太平勝，

1　此處“兄弟”指“兄弟班”，即戲班中人共同科款組班演出。

是晚三席到會，余文芳列席，唯炳照、立發未暇到敘，人情冷暖，可見一斑矣，酒席迺大同菜，每桌 $30.××。

十弍家餽余一早晨褸，雪梅送禮而不至列席，五家則詐為不知，女子與小人為難養，旨哉斯言也｛是日日記全用紅筆書寫｝。

10 月 28 日 SATURDAY

九月十六。

碧侶、碧翠月尾假，回家一宿。

內子往梁心堯診脈，第三次注射。

10 月 29 日 SUNDAY

九月十七。

晨起，梳洗畢，往院工作，與小女們加拿大午食，畢，購糖果迺返，至四時往香港會球場，觀東方與海軍足球賽，6-2。

羅偉權請食晚飯於大華飯店，炳照亦與焉。

夜袁耀鴻約往陸羽，斟演太平劇團，余堅持照舊，他允照辦，先做本班，後演覺先聲。

袁帶着人到，商量義演事，條件如下 :-

（1）兩日夜，院租兼班底，$700.××。

（2）按交娛樂稅，$1500.××。

（3）日期十月十三、十四，祇演夜戲，不演日戲。

限三日答覆，同時程湛如亦到訪。

10 月 30 日 MONDAY

九月十八。

晨送碧侶、碧翠返協恩，到步時碧翠兩眼垂淚，作不捨狀，父女親情，難免也，返院，十時半滅火局 Moss 到驗——Annual Inspection——午往加拿大午食，下午返院，伯魯至，約往告樓士打飲茶，並述及蘭卿事，祇聽之，且他決明年不用她，祇用 Wai Shiu Fong & Sheung Hoi Mui，余諾之。

太平劇團往普度做頭枱[1]也。

11 月 5 日 SUNDAY

九月廿四。

晨照常早起，食飯畢，往院，與碧梅往午食，在加拿大忽聞馬師曾有電話相邀，遂渡海訪問，得悉他憤恨有一少女到探衛少芳，且與黃鶴聲謾〔漫〕談，他云此後必嚴禁外人到探戲人，余諾之，遂與之□步往油麻地乘輪返港，往觀足球，南華對海軍，7-1，晚飯於大華。

七時許又過海候"一"至，共往尖沙咀略行，進茶，迺同返院。

先是晨程湛如到座，商量平民義學期，約定十一月初八至十弍，後允覆實云，並聞鄧祥之子去世，殊可惜也。

11 月 6 日 MONDAY

九月廿五日。

晨如常辦工，午加拿大午食，下午往"一"處，四時返院，與某服役團商量籌款事，先索按稅伍佰元，院租三場 $1500，明日覆實。

夜焯兄云，是日往交息銀與蘭生，他云，杏翹手向他取去 $20,000.××，唯希望怡和股份高價方計數矣，對於該九千元揭款，則汝等可隨時附〔付？〕還，余則作來股計算矣，而果枱之事，亞鏡欲做回，但其先因亞吉話，你地有個伙記想做也，對於此事，卓兄必極力反對，因果台做事大糊塗也。

夜往六〔陸〕羽消夜，飽食，睡至五〔三？〕時，{ 略 }。

11 月 11 日 SATURDAY

十月初一己卯。

---

1 "度做頭台"，即計劃如何做頭台。

晨如常。

午與駱錦卿、鄧英、馬文星在新紀元午食，商量元月頭台，新中華或勝壽年，老馬意仍袒護何柏舟，蓋多次交易也，然錦卿，戲行老手，又不知再弄甚麼玄虛，或者將來打完齋又不要和尚也，余為東道。

下午四時往對海界限街，觀東方與警察比賽，0-0，後者舉動不文。

11 月 12 日 SUNDAY

十月初弍己卯。

晨小女等在舍下棲宿，午食在加拿大，再會錦卿，亦勝壽年事也。

下午往香港會球場，觀港聯與軍聯比賽，3-2。

晚飯大華。

夜余觀劇至十弍時半返寓，內子又大發牢騷，肆意謾罵，至夜深四時，驚動碧侶、碧翠，終宵不睡。

11 月 13 日 MONDAY

十月初三己卯。

晨約七時許即起身，與碧侶、碧翠渡海返校，八時返舍下，唯不能入寐，午加拿大品茗，下午返寓，着人入舍下竹戰，以避免空氣混濁。

11 月 14 日 TUESDAY

己卯年十月初四。

利舞台簽妥合約。

11 月 15 日 WEDNESDAY

己卯年十月初五。

晨早起，亦照常梳洗，唯細思長此以往，則誠恐累人兼累己，故於夜八時半親往見"一"，說明（1）家庭不許可，且社會信仰有差，（2）不能相伴，將來必有怨言，與其將來痛苦，無寧趁早割愛，言畢，她兩眼垂淚，余遂交她壹佰元暫用，且允來日再見，先是，余問她辦法，她云，現未有若何法子，唯求幫忙一次以完，相處年餘，綜之，她亦一好女子也，余亦不算負心，況家庭負擔過重，又豈可再百上加斤耶，為兒女輩計，為將來計，亦要臨崖勒馬也。

陳君超到訪，允出價四千元拍馬片。

陳宗桐請午食於金城，袁耀鴻及譚芳與余，共四人俱在焉，談及畫片事。

鄧祥來港，購太平劇團往澳唱演。

再：她云決不辜負於余，余擬再送三百元與她作旅費或種種，在所不計，雖則暫時離別，然未知將來如何，精神存在，余確捨不得也，因內子迫余太甚，焉能不斷然出此手段，□〔天？〕乎！天乎，其何待余之酷而令她之難堪也。

余擬再送她三百元，甚希望再有機緣重拾舊歡也。

11 月 16 日　　THURSDAY

己卯年十月初六。

晨如常，梳洗畢，往院辦公，午先往加拿大，與譚芳談及“一”事，他極表同情，後往大同赴鄧祥之會，陳□〔德？〕超為東道，午後返院，照常工作，下午三時許“一”有電話來，余云，三數日間余必再來，並送銀物多少，以了此債矣，並勸她不可再作此等生活，她云過埠，未稔真否，拭目以觀之。

夜舍下竹戰，至八時半始往院工作，十時返寓休息。

收妥鄧祥款 $1,000.，並通函普慶改期。

11 月 19 日　　SUNDAY

己卯，十月初九。

晨如常早起，午約錦興往加大，商量利舞台頭台事，下午返院，修函催

1926 1928 1929 1930 1931 1933 1934 1935 1936 1937 1938 1939 1940 1941 1942 1943 1946 1947 1948 1949

錦上花至，弄出許多風波，余索性不理，因蘇永年確滑頭兼沙陳〔塵〕[1]也。

是禮拜六因未有新戲，故收入極平凡也。

夜八時許“一”有電話至，余不理會。

命仕可拈回戲本、戲橋與錦上花。

11 月 20 日 MONDAY

己卯，十月十日。

是日內子生辰，賓友齊集，午先往加拿大，下午返院，鄧英至，共返舍下赴席，共三席大，一席中口〔酌？〕，大同到會。

夜八時往院，伯魯約往後台，原來錦上花有信與八和主席，裁判太平不答允之期，余對伯魯言，苟令八和為薛覺先主理，則必無此事，因太平與伯魯有關，故弄玄虛也，適值民權在場，他意欲馬拍片也，並得悉蘭卿已接他定矣。

11 月 21 日 TUESDAY

己卯，十月十一。

晨如常工作，午往加大午食，與廖鴻明商量片事，適“一”至，言及“花影恨”仰藥自盡，紅顏命薄，古今同概也。

二時返院，與內子往打針，又往連卡佛午茶，歐某為東道也。

夜照常工作，先是，伯魯恐有事，問話涉及“花”事，遂問余一切，余答無事，儘可放心也，他借伍佰元送與九姑，作花之喪費也。

11 月 22 日 WEDNESDAY

己卯，十月十弍。

晨如常工作，先往加拿大會廖鴻明，着他繕備一仄 $300.××，轉交陳宗桐，以完手續，下午返院辦工〔公〕，往梁醫生處，不見他至，遂返寓。

---

1 “沙塵”是粵語用詞，即好炫耀、驕傲輕浮的意思。

夜照常辦工〔公〕，唯生意奇淡，謀有以補救之。

11 月 26 日　SUNDAY

十月十六。

晨如常早起，碧侶、碧翠月尾假放假返舍下，與廿元其母往購物，並午食於陸羽茶室，下午與立發、偉權往 C.R.C. 玩乒乓波，至四時往香港會球場，觀東方與蘇皇軍聯賽，2-1 險勝，先是，在陸羽品茗時“一”有電話約往會面，於明日一時許。

夜一時十五分晉成街大火，焚去舊樓一層，焚斃人命十餘。

11 月 27 日　MONDAY

己卯十月十七。

晨照常工作，午加拿大午食，“一”有電話來約，云她在六國飯店 408 居住，約往見她，余允於夜八時往會，抵步時她問余，何忍心與她脫離，余云因環境關係也，她堅持與余同居，余着她嚴守秘密，暫作離開狀，俟湊足千餘元交她還清債務，那時為所欲為也，現時余決不再到她的現居也，遂含歡而別。

返家時為十時半，嚴寒，天氣轉冷，入房而宿，{ 略 }。

袁耀鴻約往觀利舞台住宿地方，明日正午十弍時。

11 月 28 日　TUESDAY

己卯年十月十八。

晨照常工作，午在加拿大會馬文星，商量來年元月弍台事，他一於答允，並着何柏舟到簽合同，初八至十弍，五天云。

余文芳已回港，廖鴻明託拍《佳偶兵戎》。

與內子往診脈、打針，又往連卡佛午茶，炳照、鴻明及余三人斟世界也。

下午二時往六國飯店 408 會“一”，交她廿元結旅費迺別，返院工作。

夜八時許與卓兄談及“馬”欠款事，並商量拍片，他堅持不出錢，扣數一千元在“馬”之酬金四千元內，並溢利佔百分之二十。

十時返舍下消夜而睡。

授廉連日不返家食飯，且云不敷入息，余恐他必與□〔黃？芙？〕、李等，另有特別作用也，偵查之。

11月29日 WEDNESDAY

己卯十月十九。

晨如常工作，午先加大午食，後返院工作，是期影畫奇淡，蓋本處不能放影西片也。

下午四時許與內子往打針，並往連卡佛飲茶，返寓晚飯。

夜七時往院□〔得？〕佈告，普慶因天寒，很淡。

堯勳過海，往探碧侶、碧翠。

授廉連日不返家晚飯。

12月2日 SATURDAY

己卯年十月廿弍。

晨十時往利舞台，民樂公司收銀 $2000.，因該公司新人辦理，會計獨立之故也，不能在院支銀，祇在公司附〔付？〕支票，在升降機口遇馮其良，商量片事。

午加拿大午食，駱錦興至，余將袁耀鴻不允做勝壽年之事對他說及，並知悉利舞台元月頭台演京班云。

觀賽馬，大敗。

夜七時許往利舞台觀察生意如何，得悉馬師曾因昨夜借銀不遂，大發牢騷，今夜又再借，殊不尊重人格也。

首次在利舞台唱演，收入 $1400.00。

澳門派人到探，欲收廉價，余不反對。

馮肇堅云，往澳手續，交他廿元，疏通碼頭什差，各藝員須佩一襟章，以為標識。

馬定制服。

12月5日 TUESDAY

己卯年十月廿五日。

晨早往海軍球場練波，十時返院工作，十一時許往民樂公司收 $2500，並與耀鴻兄往連卡佛飲茶，後再往加拿大午食，一時十五分往利舞台一行，日戲甚佳，過二百元。

夜親自做稿，因《烽火奇緣》成本過鉅也。

下午四時與炳照往告樓士打午茶，遇馬師曾、薛兆璋、王鵬翼到斟拍片事，交一仄與馬，二千元，余代收。

12月7日 THURSDAY

己卯年十月廿七日。

晨如常工作，午先往加拿大，後往新紀元會林超群、靚次伯、鄧英等，商量利舞台頭台，余答代覓之，下午返院，照常工作，與內子往見梁心堯醫生，不遇，往告樓士打飲茶，內子往探陳熾英，因其頭部被電車撞傷也，余往加拿大餐室，與堯勳晚飯，並交二千元與馬師曾，定實普慶連演四晚《烽火奇緣》云。

12月8日 FRIDAY

己卯年十月廿八。

晨照常工作，午先往加拿大午食，後返院辦工，定妥來年元月份枱腳，去函東樂，看他如何答覆。

鄧英因勝壽年頭台，乞求余設法，余決不相助，隨後與他、炳照及三妹在金城晚飯，夜返院，去通稿，仕可因只知代三水商會宣傳，絕不知太平工作，余將此事對卓兄說明云。

九時許往利舞台，在該處電話“一”，叫她在東方戲院車站相候，共往東美林食西餐，畢，乘車而返，在車廂裡送她 50 元，蓋余雅不欲再尋煩惱也。

12 月 9 日 SATURDAY

己卯年十月廿九日。

晨如常辦工〔公〕，十時許郭源海之妻到探，欲求工作，言她有子女三人，極為凄慘，余遂給她廿元，並允代為設法，以安其身。

午往加拿大午食，下午返院工作，適逢東方戰米杜息於愉園球場，遂往觀焉，夜六時半在院親往三樓檢驗，得悉黃元與肥仔串賣假票，並在其身搜獲一票，NO. 3069.，且該日之票絕對不同號碼，認為形跡可疑也，必設法辭去他，以免影響將來也，同時獻議改建票房，以將各事上軌道。

12 月 10 日 SUNDAY

十月卅日。

內子之姊壽辰，她往其姊處食飯，十弍時為源鶴朋之子秉球結婚於六國飯店，濟濟一堂，甚高慶〔興〕也，禮畢，卓兄與余、堯、鎮共往美利堅小食。

下午四時往觀足球，後返加大食晚飯。

夜《烽火奇緣》第弍晚，仍滿座。

晨與商務印書館比賽足球，5-2。

12 月 11 日 MONDAY

己卯十一月初一。

晨照常辦工，午先往加大，後往先施，會趙作榮，商量澳門分賬法，下午二時半往冼秉熹辦事處，簽義聯堂沽出之鋪事，為價 $68,000.××，隨後往東亞開一戶口，四人三人簽字可有效，余用安邦名字。

是日義演，報效與中山欖鎮同鄉會。

12月12日 TUESDAY

己卯年十一月初弍日。

晨如常工作，午加拿大與文埧午食，下午返院工作，到梁醫生處會內子，返寓竹戰。

夜甚寒，仍是欖鎮籌款。

12月18日 MONDAY

己卯年十一月初八。

晨如常工作，午往賽足球，下午弍時許往銅鑼灣酒店相會"一"，並約明日午食於該處。

12月20日 WEDNESDAY{是日日記正文原與12月21日的內容合記於12月21日的頁面上}

己卯年十一月初十日。

晨如常工作，午先往加拿大，適立發及譚芳俱至，應華索款甚急，余答以冬後。

下午返院工作，畢，返舍下略睡，至六時醒覺，晚飯畢，過海，與內子、偉權、堯芬往普慶參觀勝壽年頭台《封相》，並往"名口〔貴？〕"食麵，十一時返{原文此處有一"院"字被塗掉}舍下。

12月21日 THURSDAY

己卯年十一月十一日，21-12-39。

晨如常，午先往加拿大午食，後返院工作，開始送禮各機關，計開，滅火局，非士軒利 $100.，摩氏 100，士蔑夫 50，布碌氏 30.。

庫務司，嘜佛 $50.××。

七號差館，酒水約一百餘元。

余擬將來片賬必要口〔另？〕立一戶口發收條，以備稽核也。

廖曙光多言及損壞，余故意弄之，以儆其人也。

培英開會，七時至九時錫藩、衍藩均往校，獲得許多獎品，碧侶、碧翠明日放假，返家慶賀耶穌節。

交回欖鎮商會 $500. ××。

利舞台袁耀鴻要求照利舞價一樣，余着他將其價及折頭函來，以便將來伸算。

12 月 25 日 MONDAY

己卯年十一月十五日。

晨如常工作，午與“一”及三姑娘大酒店午食，下午返院，會同老馬往觀足球，華隊戰葡萄牙隊，2-1，晚飯大華，余華石為東道。

往年耶穌誕舉行夜宴，必於前夕，是午因誤聽梁日餘之言，故改為是晚，會果子貍，濟濟一堂，甚高慶〔興〕也。

{ 略 }

12 月 28 日 THURSDAY

己卯年十一月十八。

晨如常工作，午往加大午食，與“一”相遇，她隨余往先施購物，返院照常工作，下午馬約內子及舍弟往大華晚飯，他及其妾焉。

夜又往陸羽，余華石為東道焉。

12 月 31 日 SUNDAY

己卯年十一月廿一日。

晨如常工作，午往思豪酒店六〇一會“一”，共午食，並給她四十元，畢，返院，同時送冷毛球與內子織冷衫之用，並在先施定下駱駝絨長衫一領，價值四十四元。

下午四時許中華下午茶，與小兒成群返舍下洗燥〔澡〕，兼睡片時。

查《齊侯嫁妹》連演三晚，因價目略昂，緊記此後一年祗可一次而已矣，切勿立亂起價，否則影響甚大，又聞覺先聲奇淡云。

伯魯託代查青山息災會事，允代為之。

夜往陸羽消夜，後返舍下休息，十二時正號炮長鳴，表示 1940 已至，我們最後勝利。

年來困難日深，唯奮鬥唯足以圖存，幸勿自欺自暴也。

謹此敬祝

新春納福

事事如意

詹

勳

1926 1928 1929 1930 1931 1933 1934 1935 1936 1937 1938 1939 1940 1941 1942 1943 1946 1947 1948 1949

1939 年日記夾附紙片

8216

金陵酒家有限公司

金 陵 收 香港

茲收到
大平戲院寶號先生惠來酒菜
銀〇仟〇佰叁拾捌員叁毫〇仙此據
經手收銀人
年 月 日

金陵酒家收據　戊（寅年）十二月卅日（即 1939 年 2 月 18 日）

源詹勳先生日記

1940年

1月1日　　　　　　　　　　　　　　　　　　　　　星期一

提　　要：己卯年十一月廿弍，（1）觀足球，金城晚飯。

晨如常，午與堯芬往中華午食，畢，返院，伯魯到，共往觀港聯、軍聯賽球，後往金城晚飯，余為東道。

（一）勤慎敏於事。

（二）積蓄。

（三）出納分明。

（四）擇交。

是年必要實行，無謂應酬不必也。

夜演《齊侯嫁妹》，馬文星君到觀劇，此劇第三晚較諸前兩晚更旺。

1月2日（己卯年十一月廿三）　　　　　　　　　　星期二

提　　要：馬伯魯竹戰於舍下，募寒衣。

晨如常，直往加大午食，馬伯魯到訪，☐暇返舍下竹戰，至四時再返院，余往中華飲茶，遇田立發，略談迺別。

夜過海視察《齊侯嫁妹》成績如何，奇旺，決定連演四晚。

伯魯欲籌款募寒衣於十號，余然其說。

1月3日（己卯年十一月廿四）　　　　　　　　　　星期三

晨如常工作，午與文芳往中華品茗，獨自先返，陳永貞到訪，共往告樓士打飲茶，與“一”相遇。

得知華商對於娛樂稅存款有所追問，余乃對曹學愚兄說及遲日辦妥，他有允意，並問何以取消他的通過證，因其工人亂給別人到觀劇，並允另發新券。

夜與堯、鎮往普慶，仍旺，馬文星君欲度[1]梅花影廿四到院公演，余因其為壽仔口〔連？〕打理，決不允也。

余提議向七姐取件皮袍，並奉回一百元與她，為將來割症之用，且同時做兩套西裝與他兩兄弟過年之用。

在百吉食麵，至十一時始返舍下休息。

1月5日（己卯年十一月廿六） 星期五

晨如常工作，午加拿大，譚芳等共午食，畢，往新世界一行，先是，往庫房與嘜佛略談娛樂稅事。

下午三時伯魯約往告樓士打地下飲茶，王鵬亦在坐，談及薛兆璋事，余云《半面西施》數已結了好多時，後又往連卡佛會見內子。

五時往金城晚飯，袁耀鴻先生請馬師曾，故內子等亦同飲食焉，馬伯魯答允於元日在利舞台開一套新劇。

1月6日 星期六

提　要：己卯年十一月廿七，大觀晚飯，普慶合股，弍十弍萬五仟元。

晨如常工作。

下午四時往覓余文芳、馬師曾、馬文星，及余四人在大觀晚飯，畢，馬文星對余說及普慶有出售意，價銀二十二萬五千，擬在上海或連士德先按回十萬元，十弍萬元埋十弍股，每股一萬元，着余佔一萬元，余諾之，待與焯兄商量。

請口〔陳？〕姑娘三位與亞“一”返港。

夜演《人生如夢》，不旺，因此劇人所共知劣品也。

1 “度”字此處粵音唸作“dok9”，原意是忖度、計算、推測，在粵語口語中引申為計劃、考慮。此處意思是馬文星有意請梅花影廿四日到戲院公演。

1月7日（己卯年十一月廿八） 星期日

晨如常工作，午陸羽與小兒輩同品茗，下午返與內子往觀足球，東方先勝後負，二比三，金城晚飯。

《人生如夢》奇淡。

{略}

1月8日（己卯年十一月廿九日） 星期一

晨照常工作，往院，得悉日餘遲往取款，幾令棣不能交數，余憤然往大同酒家覓他，將他革辭，並同時責罵仕可，不應容縱其子在三樓賭博，後往幾翻〔番〕乞求，余始錄用回他們。

十式時許與卓兄往見李蘭生，談及普慶事，他不允，且言欲候怡和股份起至六十元，兼匯水平換，則太平之數可以撇輕，而同時他又不可以幫忙其他也，他不主張兼併普慶，恐操之過辣也，但余志在必行，照此而論，則太平極有希望也。

1月17日 星期三

提　　要：十一月初九日（己卯），七姐下午入養和園割喉。

晨如常工作，得悉卓兄對於片租交現款事極為反對，深恐將來堆積欠款過多，殊難維持，以後交仄，對於百分之五極難支消也，並問華商之按稅，余答以未交還，其朗等提議組織一公司，余不甚表同情也。

擬向三姑揭款一千元。

往高陞觀金翠蓮，梅花影全女班，十一時返院。

查是年班收入實增，因戲本關係，確與往年不同，且有利舞間疏，亦益於太平也。

1月19日 星期五

提　　要：己卯年十一月十一日，七姐是日割喉。

晨七時起，梳洗畢，往炮〔跑〕馬地一行，後迺與內子共往養和院弍樓28房探視七姐，十時許葉大楨醫師到，開始注射葡萄糖針， 開始割喉，蓋其喉核 GOITER 過大，兩邊俱有，故需時二句鐘始刻完工，甚為順利，料其必奏效，且將來如能調養，必身子早日復完也。

下午返院工作，何某約往告樓士打飲茶，與"一"相遇，她請余往她寓食晚，余推不暇，夜共往過海，返寓時與她步行，不外敷衍了事矣。

馬師曾深夜被困於南洋，余與亞潤往彈壓，並吩咐，如有事發生，通知差館云。

1月20日（十弍月十弍） 星期六

除下午往探視七姐外，往觀足球。

羅口〔林？〕全新婚之喜，小兒往恭賀，並赴宴。

鄭生請午食於東美林。

1月21日（己卯十弍月十三） 星期日

晨照常工作，午中華百貨公司小食，梁炳照到交心堯之單與余，並問此數如何歸結。

下午先往觀七姐如何，後往山光飯店飲茶，再往陸軍球場觀旭和杯，畢，返舍下用晚。

因減價影響，重演《楚姬下嬪》，下位大受打擊。

與亞廉往陸羽消夜。

1月24日 星期三

提　要：十二月十六日，失竊。

晨照常工作，午約馬文星往金城酒家午食，並借二千元，堯勳在座，下午返院，余文芳請告樓士打下午茶，並遇何甘棠，談及劇事，三樓起價四毛。

夜五時返舍下，｛略｝，余給她｛內子｝壹佰元，她即將此款放下百科全書內，詎料她發覺她所藏之鑽石戒指均不見，審問碧玉及亞根，俱云不知，遂即傳往七號差館，扣留碧玉及亞根過夜一宵於七號差館。

謾〔慢〕藏誨盜，冶容誨淫，古語不錯，究不知何人盜去，況失物多疑乎。

1 月 25 日　星期四

提　要：十弎月十七。

晨如常，因昨報失竊，終宵未睡，料此物件一定蘇漢材竊去，人海茫茫，不知往何處覓他也。

內子終日愁悶，亦不怪其憂心也。

夜肇堅到訪，商量□〔號？〕位事，辦妥。

往京都 75 □[又？{ 或日語片假名ヌ？}

購買炭精 1500 對，柒百〇伍元。

1 月 27 日　星期六

提　要：己卯年十弎月十九日，還款 1000 元與應華，馬與十姑欠債事。

晨照常工作，午約陳文達、羅偉權、譚芳等共往中華午餐，下午返院，王杰、應華隨到，共往加大，此乃誤寫，迺昨天之事。

是日先往加大，還款 1000 元與王杰，後往中華，照上四人。

下午在院搜集文件，欲找尋漢之地坋，並冀圖獲多少證據，以備破案。

夜十時許有一婦人在後台大罵馬師曾短情薄倖，並謂他層〔曾〕借下她 2000 元，並息約二千元，後余勸她往寫字樓細談，得悉她乃十姑也，散場時馬到二樓，允星期三還回二千元與她，並寫回字據，以了此事也，{ 略 }。

1 月 29 日　星期一

提　要：己卯年十弎月廿一日。

晨如常，是日因馬約往匯款中央，故連午食俱在院內，下午中華，夜因八和與何甘棠義演，港督到座，收入柒仟餘元，極為可觀。

余明年計劃非開源節流不可也，蓋負債太多，誠恐有誤將來，凡人不可不作未雨綢謀〔繆〕也。

馬允還 3000 元與十姑。

自內子失物之後，余有所感觸。

1 月 31 日　星期三

提　要：十弍月廿三日，馬還回 3000｛原以蘇州碼書寫，似改為 2000｝元與十姑，並寫回收據。

晨如常工作，十一時返院，適逢十姑到，余隨即着她寫抄回收條，即交 3000｛改動痕跡同上｝元與她，先寫一仄，着她簽名在仄後，然後換現銀與她，交回字據，下午馬師曾到訪，余託他講南洋畫片事，並於三時往孖士打狀司樓簽名，買安寧里鋪事，該銀六千元，後往觀義賽足球，與“一”相遇，後往金城晚飯，馬談及傅某澳地建院事，約明日到談。

李遠因借不遂，借酒澆愁，在寫字樓大哭，並與亞鴻口角。

2 月 1 日　星期四

提　要：十弍月廿四日。

晨照常工作，午先往加大，後遇馬師曾，共返院，組織雀局於大同，並得悉他有意開除李遠，此人不識時務，好閒言，故與伯祺商，以謀將來代替也。

下午工作時，“一”電話至，索款，謂她有疾，余言暫不能，雖〔需〕於明日方可，除取款之外，並無其他也。

夜竹戰至十一時許始返寓休息。

2 月 2 日　星期五

提　要：十弍月廿五，在大中華地下交“一”一百元。

｛無正文｝

2月3日　星期六

提　要：十弍月廿六日。

晨照常工作，午中華午食，重鼎、堯勳及余，後與堯仔往南院片場，定妥十九、廿、廿一影《虎嘯琵琶巷》。

交五元與堯仔定造大褸一件。

收潮州班伍佰元定銀。

譚蘭卿介紹牙醫。

2月6日　星期二

提　要：己卯年十二月廿九。

晨如常工作，午先往加拿大，後與袁耀鴻及其姪女往英京酒家午食，後返院，再往永安購鞋，又往先施購領帶三條。

夜與"一"步行，往太平館消夜而返。

陳宗桐有電話催數，錢大叔亦然，均置之不理。

衛少芳請假，因割喉核，尚未復元。

何甘棠再簽字，取回娛樂稅。

2月7日　星期三

提　要：己卯十弍月卅，除夕。

晨如常，十時許往戲院辦工，電話問中泰片事，詎云不得，因平安問題，後問袁耀洪，亦如是答覆，至袁德譜則約下午弍時，至五時不見回覆，遂往飲茶，迨亦有特別事情也。

夜與"一"步行一週，至太平館消夜而已。

夜半炮竹頻頻，擾人清夢，舊歲已過矣。

2月8日　　星期四

提　　要：庚辰年元月初一。

晨早起拜年，午往金城午食，先往五姐處拜跪，年年如是，遵守舊例也，下午本擬往觀足球，後因事未行，返舍下休息。

是年夜演《王妃入楚軍》，為各年之冠，收入□□〔多？〕，老早滿座。

是年計劃

（1）積蓄。

（2）不應用之金錢不可亂用。

（3）儉以償債。

（4）忠誠作事。

（5）勤於辦事。

（6）寡言擇友。

（7）出入帳〔賬〕目認真清楚 {是日日記全用紅筆書寫}。

2月9日　　星期五

提　　要：庚辰年元月初二。

晨照常工作，午先往院辦事，後往加拿大品茗，與伯祺遇，談及告白事，下午得悉西貢隊遲到，改期明比賽。

芳兄約往告樓士打酒店飲茶。

義聯堂出仄四仟元，余簽字。

夜與源廉、余仔、日餘、偉權、內子、堯弟共往金城竹戰、消夜。

2月10日　　星期六

提　　要：庚辰年元月初三日，港越比賽，2-1。

晨如常辦工，午先往加拿大與文芳午食，與姚湘勤相遇，談及辦報事，微有頭緒，下午三時往觀港越足球比賽，前者以計劃勝，後者以氣力勝，戰來甚可觀，畢，晚飯金城五樓，竹戰抽水，計列者，內子、華石、日餘、姚芬、偉權及余六人，至九時始返，因乘巴士有些不適，遂早休息。

一連三日夜滿座，是年戲劇遠勝往年也，惜乎新劇不能源源接續也。

2 月 11 日　　星期日

提　　要：元月初四。

晨如常工作，午往加拿大與小兒輩午食，下午返院，三時半與內子往觀足球，南華對西貢，4 對 1，晚飯與堯仔在陸羽。

夜院內工作，至十一時始返寓。

日夜滿座。

陳志興有竊物之嫌，開除，由贊鑾替辦，每月支回廿元。

2 月 15 日　　星期四

氣　　候：暖
溫　　度：64
提　　要：庚辰元月初八。

晨如常工作，午先加拿大，後返院，與"一"、余華石、梁日餘、源廉等往華南晚飯，並竹戰，於七時返，興中華頭枱滿座，普慶院太平劇團亦滿座。

聖約翰救傷隊到捐廿元，並登告白一段。

夜演《封相》時，有一人從窗口沿渠而上超等觀劇被拎，交往七號差館處理。

2 月 20 日　　星期二

提　　要：庚辰年元月十三日。

晨如常工作，午往加拿大，又往觀賽馬，午食鄧肇堅請客於其廂內，共□〔44？〕人，甚適口。

下午觀馬，至五時過海，新亞 219 與"一"相見，略談，六時告別。

夜照常工作，還回千元與馬文星，現款。

2月21日 星期三

提　要：庚辰年元月十四，大馬第四天。

晨早起，如常工作，午先往加拿大，往觀賽馬，大輸，午食後返院，得悉卓明追開支二百元，查此屬不合，彼此有份，何必苦苦相煎也，余必勤奮以出人頭地，竊思勤儉可以興家，當取法於此也。

下午與馬往告樓士打飲茶，商量配□〔樂？〕事。

夜往珍昌消夜，觀至夜深一時半返寓。

2月22日 星期四

提　要：庚辰年元月十五。

晨如常工作，午先往加拿大，畢，返院工作，三時許往告樓士打飲茶，與馬師曾遇，談及改過新戲《洪承疇》事，並約明日往文化會參觀。

2月25日 星期日

提　要：庚辰年元月十八日。

晨如常工作，午先往加拿大，後返院，往觀足球畢，在溫沙食晚飯，原意往中華，因牠不允將會客室將就。

夜因避面鄧祥，不返院辦工，亦不赴薛覺先薑酌之宴。

《洪承疇》一連五晚[1]，越演越旺，洵佳劇也，亦戲劇界之新紀元。

2月26日 星期一

提　要：庚辰年元月十九日。

晨如常工作。

1　據1940年2月20日《大公報》第六版繕稿，謂該劇"新曲對白，無一不根據歷史……並聞太平主人為此劇耗資萬餘元，如非有絕大把握，太平戲院亦不敢連演五晚。"

早八時許趕八點八分火車往沙田參禮車公，旅行至杏花邨食飯，畢，乘十式點廿式分火車返港，往加拿大召亞鴻，得悉他與源廉弄錯數六十元，焯兄着另〔令〕他二人是但一人填數。

“一”往利舞台候余，並同她乘電車返太平，仝內子一齊返寓休息。

馬交 2000 元，代入萬口〔園？團？〕。

2 月 27 日　　星期二

提　　要：庚辰年元月廿。

晨如常工作，午往加拿大，與芳兄遇，略談，下午返院，會馬師曾，共往告樓士打飲茶，得悉他欲開新戲《史可法守金陵》，並《秦檜賣國》，後數人往金城竹戰。

夜陳洪因錯數，約源廉往文武廟發誓，後者不允，願賠三十元。

九時半與“一”往娛樂觀電影，十一時半返院偵察。

2 月 28 日　　星期三

提　　要：庚辰元月廿壹日。

晨如常工作，午先往加拿大會張應華、王杰，商量還款事，允於下星期，下午返院，發馬師曾辦義學稿，三時許往竹戰於金城，至八時返院工作。

利舞台平均收一千餘元，因昨夜送票太多，與耀鴻商量減少，並討論椅墊費一毛收一仙，他有允意。

夜有一機關到租院，余索一千伍佰元，連按稅在內，十時許返舍下休息，與堯仔各食麵、飯。

3 月 1 日　　星期五

提　　要：元月廿三。

晨如常工作，約袁耀洪往連卡佛細談，他云，已批回利舞台五年，四千元每月，定實六月改裝利東街建築頭首院，利園改為游〔遊〕樂場，並在華人行預沽票，言之成理，但恐尾大不掉也。

下午返院工作。

夜往利舞台觀成績，因初演新劇《信陵君竊符救趙》，收入平庸，後與卓兄、耀洪、堯勳、文棣、啟新數人往加大消夜，十一時半返舍下休息。

3月2日　星期六

提　要：元廿四，利舞台始在華人行沽票，南南對米對息。

頭痛早睡，{略}。

晨如常工作，午先往加拿大，後與文芳返院，往觀足球，在中華晚餐。

因頭痛失眠，早睡，{略}。

3月3日　星期日

提　要：廿五日，東敗於香港會。

{無正文}

3月4日　星期一

提　要：元月廿六，東樂演《洪承疇》，空前紀錄。

昨患腦痛，失眠，晨如常工作，往民樂有限公司收數，換新二千元收條，下午與馬師曾往會香港中國新聞記者公會李伯□〔勵？〕等，允於四月一號義演一天，計回院租一百五十元，伙食一百五十元。

3月12日　星期二

提　要：庚辰年元月{應為二月}初四。

晨如常工作，午先往加大會田立發、高遠文、譚芳、華石等五人，共往連卡佛午餐，田君有上海之行，高君因年來環境不佳，到要求借回港紙壹佰元，作永壽年之五仟元□〔毫？〕券還款。

下午回院，與馬師曾共往金城雀戰，晚飯而回，九時許往陸羽消夜。

3月13日　星期三

提　要：庚辰年元月{應為二月}初五，（1）加大。

晨如常工作，午加大午食，下午返院，華石等往中華品茗，並贈古玉一枚，夜問鄭德芬，何以新世界有封面位而太平則無，何故，並堅持明日《天光報》封面招牌側，否則唯有不刊出而已矣，後羅文塤又電話，乞求讓位，余決不允，並不理會他，與"一"往連卡佛食餐，步行返院，至十一時迺休息。

3月14日　星期四

提　要：庚辰年元月{應為二月}初六，因練習新戲《秦檜》兼往利舞觀劇，休息一天，改影《南國姊妹花》，應華設宴於金城五樓長樂宮。

早如常，梳洗畢，往院工作，午個人往見盧國棉，簽妥鐘聲合同，明日交伍佰五元按金。

午加拿大午食，又往陸羽，代譚蘭卿捐國幣伍佰元與李伯□〔勛？〕手，下午與馬師曾、蘭卿、華石、歐陽儉等往應華之宴，至七時返，散。

3月15日　星期五

提　要：庚辰年元月{應為二月}初七日。

晨十時起身，梳洗畢，十一時半往高露雲狀師樓，簽屋契（義聯堂）事，十弍時在加拿大午食，下午返院，照常工作。

下午五時返寓，協恩有電話來，謂碧翠眼痛，遂着堯勳拈OPTREX藥水與她，並約堯勳在中華晚飯。

夜觀新劇《秦檜》，至十弍時半始返寓，此劇連演三晚，昨晚成績不弱。

3月16日 星期六

提　要：庚辰年弍月初八日。

晨如常工作，午往加大，後返院，略工作，即與堯勳、授廉、日餘往中華茗談，先是着堯勳往探碧侶等，並同時致函，不許懶惰。

夜"一"到觀劇。

鄧泉無理要求，意欲退辦伙食，且極眇視余，必懲之，且看新班，他便知之也。

往陸羽消夜。

《秦檜》昨晚改過，較勝頭一晚云。

3月17日 星期日

提　要：晨如常。

庚辰年弍月初九日。

晨如常工作，午往陸羽，下午往觀華聯、西聯決賽督憲杯，夜第三晚演《秦檜》，亦滿座。

十弍時許馬到舍下，談及明天宴客事。

3月18日 星期一

提　要：庚辰年弍月初十，（普慶）宴太平劇團藝員於大觀。

馬文星生辰。

晨如常工作，午往加拿大，王杰頻頻催還款，午時與堯仔午食，伯魯至，約往大觀略談，蘭卿至，竹戰至六時，晚飯太平劇團設宴，各藝員、焯兄均至。

夜八時返院，至十時返舍下休息，又與偉權往陸羽消夜，畢，始睡。

夜忽有一人電話來，虛傳余中了粉嶺馬票，余置之不理。

明天小型球比賽。

3 月 20 日　星期三

提　要：庚辰年弍月十弍日，何珍生辰。

晨如常工作，午往東美林午食，因“一”生辰，她請余往食，下午返院工作，有一人名陳錫到訪，此人前在海珠門前開生果及找換店，層〔曾〕救馬師曾於險，今來欲求他幫助，因其母、其妻均死於轟炸，他言時淚下，余一時感動，允於下星期交二百元與他作小本生意用，馬之舉動似過於忘恩，故凡事必小心防之。

內子前失之鑽戒等物，余甚思疑亞五及亞廉，姑靜以候之，難補亞五不竊回，交還十弍也。

3 月 21 日　星期四

提　要：庚辰年弍月十三日，碧侶等放復活節假。

晨如常工作，午加拿大午食，余及堯仔，下午師曾到訪，又往告樓士打。

夜竹戰，甚疲。

潮班甚旺，唯潮人多好武兼睇霸王戲，余一見打架，即着人閂閘，各人懼而散。

應華催還款頻頻，龍章亦有函請清息云。

3 月 23 日　星期六

提　要：庚辰年弍月十五。

賽馬，傾盤〔盆〕大雨，勝利，贏百餘元，晚飯與張民權於英京，夜赴李然梅酌。

馬見《秦檜》太淡，意欲星一、二停演，故候他於尖沙咀碼頭商量。

新太海梅酌，至一時始返寓。

與“一”往皇后觀《小人國》。

3 月 24 日　星期日

提　要：庚辰年二月十六，先父忌辰。

是日適先父忌辰，普慶突然休息一天，馬稔非此無以表示確足疾，否則人有微言，何以足疾遍〔偏〕逢星期一、二也，共往觀足球，舍下晚飯並竹戰，七時許馬文星君到訪，要求賠回損失費二百元，但余云，彼此交易多年，豈可因此失義也，馬君適云，不若下次在找數時扣回，俟他依數奉回，以守秘密，杜漸將來，余諾之，並對卓哥說及，十時許返舍下休息，預備明日賽馬。

小兒輩共往觀《小人國》。

3 月 25 日　星期一

提　要：庚辰年弍月十七。

晨如常工作，十一時先往加拿大，少進飲食，然後往觀賽馬，午時與卓兄同往東美林午食，下午再賽，輸了數十元，往觀國際杯足球賽，又往觀同義小型球，畢，晚飯於英京，夜往陸羽，歐〔區〕新為東道。

3 月 26 日　星期二

提　要：弍月十八。

晨如常工作，午加拿大午食，原定，後因赴東山卅六房之約，故不往，至三時返院工作，得悉新劇已有頭緒。

夜重往該處｛略｝，蒙她允助三佰元，明天中午交來太平，消夜適別。

內子患疾究不知何病。

夜曾自憐到訪，意欲□〔重？〕見馬師曾，余托其自往。

3 月 27 日　星期三

提　要：弍月十九，陳錫，弍百元往做生意。

晨如常，得三姑借五百元，不計息，“一”三佰元，湊足一千四百元，交回譚蘭卿。

午加拿大會見劉更新，並張應華，往觀傳音機，張不外言及還款事。

下午弍時許“一”交三佰元來。

下午三時馬之恩人陳錫至，余交他弍佰元，着他立心發展，並希將來有的希望，且祈守秘密，不可為馬知聞也。

周萬誠允五十元三天，《鄉下佬遊埠》二、三集云。

夜十時民權約往陸羽飲茶，云，他之老二不日重出於石塘，一年人事幾翻新，不可不審慎也。

3月28日　星期四

提　要：庚辰年弍月廿。

晨如常工作，午往英京小食，並送四個太平位與亞珍，下午返院，至四時返舍下更衣，與堯勳往大酒店飲茶，後往皇后觀電影《西太后》，其中不倫不類，西太后油手指甲，載垣誤讀戴垣，殊可歎導演之無手腕也。

夜九時許譚蘭卿突然患病，着趙蘭芳替代，她祇出頭場，遂洗粉返寓，查實腸胃病，有些外感而已矣，是晚演《秦檜》，適逢興中華演《魚腸劍》，並代召張榮棣診理。

十弍時許在陸羽消夜，畢，返寓，且看明日如何。

3月29日　星期五

提　要：弍月廿一日，大雨。

晨如常工作，午加大與譚芳品茗，下午照常。

夜因蘭卿疾作，仍演《烽火奇緣》，由趙蘭芳替代，九時許與“一”往陸羽，馬忽有電話相邀，遂回院，電問蘭卿明晚如何，她答允如常登台。

交卅元與嘜佛。

3月30日　星期六

提　要：庚辰年弍月廿弍，大雨。

晨如常工作，午先往加拿大，無位，與啟新同往中華午食，畢，往美美購什誌弍本，下午在院內工作，馬師曾至，明日之義演，日戲下次補回，詢各伶之要求也。

夜演新劇《蝶弄花》，譚蘭卿照常登台。

陸羽消夜，堯勳、鎮勳。

因華報之經理劉少蔭先生到訪及商量報價事，並找數焉。

3月31日　星期日

提　要：庚辰年四月｛應為二月｝廿三。

晨如常，午後葉少忠電話，至二時許未往午食，先打發啟新與少兒輩加拿大，余潤人在戲院候音，原來滅火局聯歡會邀余助慶，戲院捐助三十元，交李南手轉交，三時許往觀足球，東南大戰，3-2，前者勝，特別銀牌賽，戰來甚緊張，畢，往中華晚飯。

張民權之妻生辰，其妾肖麗現已於廿一日復出現於石塘，與萬紅女同居，余交《血淚灑良心》劇本與他，共往陸羽消夜。

終夜失眠，或激刺過度之故也。

是台奇淡。

4月3日　星期三

提　要：庚辰年弍月廿六日。

晨如常，午往加拿大午食，下午返院，會馬師曾，共往告樓士打飲茶，至四時往文化會見簡又文，授意編《兒皇帝》一劇，並允代撰曲白，返院較〔校〕妥放音機，又往觀足球，米杜息口〔到？對？〕東方，3比1，夜往利舞台，甚淡，與“一”往遊樂場一行。

代馬交二千元入萬國銀行，並詢他以後每月將 STATEMENT 寄來太平。

4月5日　星期五

提　要：二月廿八，偉權因打小型球傷足，由四叔調理。

{無正文}

4月6日　星期六

提　要：庚辰二月廿九。

晨如常工作，午往加拿大午食，叫偉權先墊弍佰元，星期二再【方】往大通收仄，譚芳又至，交回代買《大公報》五元，與羅偉權往觀賽馬，大敗而返。

夜往娛樂觀電影，十一時許方返。

細妹耳炎，由溫醫生診治。

4月7日　星期日

提　要：庚辰年二月卅日。

晨如常，梳洗畢，午與錫藩、堯勳、鎮勳往陸羽品茗，畢，乘電車往東區遊樂場，又往利舞台視察生意情形，日戲甚旺，亦價錢關係也。

三時許返院，與內子往觀足球，東方勝，香港會穩得亞軍。

細妹患耳炎，着張順遠到診云。

太平小型球全體敦請羅偉權歡宴於廣州（明天），余祇出五元，其餘恕不負責。

4月8日　星期一

提　要：庚辰年三月初一日，小型球隊歡送羅偉權南遊，於廣州酒家靈山廳，至弍時始散，濟濟一堂，甚熱鬧也。

{ 無正文 }

4 月 9 日　　星期二

提　要：庚辰年三月初弍日，鎮芬與伯魯兄明日生辰。

晨照常辦公，午啟新共午食於中華閣仔，下午返院工作，"一"到探，至三時半應華約往加拿大傾談，商量應附〔付〕千元事，並云宗桐或可能代籌云，姑聽之。

劉錫貴生辰，余請他及全體球員於金城酒家新年殿，共五十元。

馬文星來電話，謂馬師曾意欲燈火管掣〔制〕休息，余不贊成其說，決提前開台。

明日伯魯壽辰，老例席單一張，送其府上，詎料二叔封回五十元謝金。

陳錫交回溢利□ [64?] 元。

4 月 10 日　　星期三

提　要：庚辰年叁月初三日，鎮勳、伯魯同日生辰，微雨。

晨如常工作，午中華午食，請鎮勳，以誌壽辰，下午返院工作。

夜往普慶，與日餘同行。

《大公報》回佣三十元〇七角弍仙。

4 月 11 日　　星期四

氣　候：微雨

提　要：庚辰年三月初四，聖若瑟書院運動會，陳宗桐借伍佰元，十天奉還，燈火管掣〔制〕三次。

{ 無正文 }

4 月 12 日　　星期五

提　要：三月初五。

晨照常，梳洗畢，返院工作，午往東山酒店二十三號探友，下午三時借弍佰元與何澤民，賽金花之用。

宗桐不允□成分賬。

夜往探“一”並某某，之後往陸羽，遇大偉，略談，迺返寓。

4月13日 星期六

提　要：三月初六。

晨如常工作，午內子往探碧侶等，得悉日前誤會確已交書金並按金，故內子與她們等見面一敘，後往加山觀球，海軍勝南華，一對零。

夜演新劇《龍宮神女》。

4月14日 星期日

提　要：三月初七，微雨。

晨如常，午往中華午食，往觀足球，並晚飯於英京。

張民權約往陸羽消夜，抵步時“一”先在，張允於畫期選擇佳者先交片，賬後將分份對分，一人一半。

4月15日 星期一

提　要：三月初八。

晨如常工作，袁耀洪、陳宗桐請告樓士打飲茶，（一）商量多做一枱，（一）｛原文此“一”處沒有括號，且疑為“二”字之筆誤｝商量片期，余含糊應之，午加拿大與鄭子文午食，下午返院工作。

夜七時飯後略睡，至八時出院工作，卓兄問余意如何，對於五姐要求加家用每月三、二十元，余答曰，她已問余，但余祇答，如有錢在，當無問題，如不敷，則不能照允也，卓兄不允她所求，雖〔需〕看新班如何方定奪。

余意，新班計劃大戲照影戲一樣，分七三，九點兩場，座價收平，比對還收入多過一場收埋[1]也。

陸羽，與亞廉共消夜，十弍時返院。

4月16日 星期二

提　要：三月初九，伯魯着即開始定人。

晨如常工作，午中華小食，堯仔在校傾偈，被先生責罰回家修函認過，下午返院，陸少芬到，言《大公晚報》由他包辦，以後廣告費每寸二點四毛，九折收銀，並請中華午茶，黃芝棟亦到座。

伯魯至，言即趁休息機會，開始定回王中王、少芳、蘭卿、鶴聲、歐陽儉等，為期七月中開台云，並云他意欲買地於大埔，查銀行現存款多寡，余允之，明日辦妥。

夜計妥告白數，明日預備普慶斟□。

馬欲籌款一天，傷兵之友。

4月17日 星期三

提　要：三月初十。

下午馬伯魯着開始定人，遂與卓兄商量定蘭卿，她祇要求加多一千五百元，九個月為期，遂講黃鶴聲，他云遲兩星期後迺答覆，卓兄云姑暫由他。

聞譚亮說他有重做萬年青意。

4月18日 星期四

提　要：三月十一，先父生辰。

晨海軍球場比賽足球，午中華小食，兼理髮，下午候衛少芳，不至，至下午五時在寫字樓食飯，因馬師曾請飲到會也。

陳君超託余向馬轉圜，余着他自己見馬可也。

1 “埋”是粵語，此處是“全部的收入”的意思。

卓兄云，代〔待〕他問過 HUGO 方買炭精，朗當行反面，問余如何，余不理他，代〔待〕再與焯兄商量方解決，此人祇可以共富貴，不可以共患難也。

陸羽。

4 月 19 日 星期五

提　要：馬師曾請金陵，因他生辰，休息弍天。

其朗之炭精，直對卓兄說明，迺允出貨，七百零五元。

凡事留心，可知人情冷暖也。

4 月 20 日 星期六

提　要：三月十三，賽馬。

晨如常工作，午與廉往觀賽馬，羸了六十餘元。

碧侶、碧翠、碧梅由協恩返寓。

夜與"一"步行海濱，共談心事。

民權云，《武潘安》六十元方允出租。

朱少梅到座，託排《明末遺恨》、《絕代佳人》等片。

東樂來函，不允日期，因片期問題。

4 月 21 日 星期日

提　要：三月十四。

{ 無正文 }

4 月 22 日 星期一

提　要：三月十五。

晨碧侶等返校，午與蔡棣往陸羽品茗，並着他往對海借一千元結束利舞台之數。

夜往銅鑼灣酒店二十四會亞“一”，並給她伍十元。

十一時返寓。

袁耀洪因均超事託言請飲於金陵，馬因事改期明晚，余着他如欲拍《寶鼎明珠》，必加用譚蘭卿方夠偉大，否則唯有延期而已矣。

炭精七百零五元，已交銀。

利舞台奇淡，似因減價影響也。

三姑借伍佰元，十天奉還。

4月23日 星期二

提　要：三月十六。

晨如常工作，午往銅鑼灣酒店二十四號午食，並借一百元與“一”，即晚交回。

張民權到，簽《武潘安》、《粉粧樓》，35%，60，30%，40。

夜柏舟來電，允讓九號一天，隨即通知王杰，適在陸羽品茗，田立發亦在座。

內子胃病發，難睡。

商量購片事。

4月25日 星期四

提　要：三月十八，唐先生請食晚飯於金城天壇。

{無正文}

4月26日 星期五

提　要：三月十九，大雨。

晨如常工作，午袁耀洪約往金城午食，陳君超、李應源俱在座，下午返院，照常工作，五時許往金城偉權之宴，濟濟一堂，甚為熱鬧，到座者，除主人家外，有唐先生、劉錫桂、余三兄弟及梁日餘，至八時許迺散席。

十一時許返寓休息。

定實三月廿四演《香山大賀壽》，馬師曾、譚蘭卿照常出台。

4 月 27 日　　星期六

提　要：三月廿。

晨如常工作，午往中華午食，下午返院，與內子等往金城天壇，是晚余為東道，菜式為一品官燕、紅燒乳豬等，共五十五元，到座者，唐若雄、羅小姐、偉民、拙荊、十二家、余之昆仲、梁日餘、劉錫貴等，八時散，返院，與柏舟簽妥合約，勝壽年。

九時許“一”電話約遊車河，共往陸羽消夜，余贏了四眼仔三元。

李根源到，商量片期，並付現與朱少梅，換回仄八十元。

陳錫欲做找換店，再商量肆佰元，余卻之。

君超、耀洪請余往金城，商量馬拍《寶鼎明珠》事，余諾之，但不能代幹，且馬亦不欲余知之也。

4 月 28 日　　星期日

提　要：三月廿一。

{ 略 }

4 月 29 日　　星期一

提　要：三月廿二，義聯堂買鋪，蘭卿提出條件，忽然悔約。

晨如常工作，早起，梳洗畢，即往院，得悉蔡棣已妥辦普慶二千元借款，余數尾交回四百五十元，下午馬師曾約在院候，推君超，不拍《寶鼎明珠》，共往大同午食，三時余往高露雲狀師樓簽屋契，並往連士德購馬票，又往銅鑼灣酒店會亞“一”，並給她廿元。

譚蘭卿叫亞譚亮對余云，她不願再做，祇要休息，後余與卓兄着她散場後口〔對？到？〕寫字樓一談，她云有條件，允明日三時答覆，細忖其意，不外聽其姊說，要求加薪而已矣。

4月30日　　星期二

提　要：三月廿三，桂花棠要求加薪，每日一百五十元，並其他條件。

晨梳洗畢，照常工作，午先與錢大叔往中華商量片事，再往加拿大會張應華等，下午返院，三時候桂花棠至，得悉她要求加薪，每月一百五十元，如不同馬合作，則每月一百元可也，措詞勒索，殊可鄙也，且聲聲言事頭好，何好之可言，且又有許多條件，不能因她而破壞，卓兄乃着她先行回家再商，後馬至，余直言其事，他老大不高興，遂共往告樓士打飲茶，余忖與其成本過昂用蘭卿，奚不去之，而廉收座價，且現時娛樂之需要者，為經濟時間、經濟座價而已矣，苟馬能運用其腦，多編佳劇，則又何懼蘭之他去也，況有基本院、基本班乎，姑俟之以觀其變，如蘭不演，卓兄提議組織臨時班游擊戰云。

5月1日　　星期三

提　要：庚辰年三月廿四，《香花山大賀壽》。

晨如常工作，往院，老早滿座，《香山大賀壽》，午田立發請告樓士打午食，下午返院，至散場，與內子往溫醫生處，並往溫沙晚飯，夜十時往陸羽。

“一”失去圖章於院內。

譚蘭卿之要求加薪，原因其弟譚亮說其往拍薛覺先，並往金山，故藉不拍馬為名，以要求其他條件也，總而言之，不起班，亦不愁無班做也，且省澳不通，戲人堆積，何須自己起班，況時局不知若何，苟一經撤定，將來變幻，豈不損失過鉅，且如馬與別人合作，亦當與太平，蓋基本院方能有辦法，如必要時，大可以游擊起班。

5月2日　星期四

提　　要：庚辰三月廿五，鍾少彭到訪，163501－163600，BX30B。

晨如常，午往中華與田立發共食，下午返院，"一"約往告樓士打，大偉又至，共往焉，五時返院，得悉利威鐘錶店竟於光天化日下被劫，傷其老闆，並無劫得物件。

夜鍾少彭到訪，得悉年前太平醞釀上省之事，高為寶確被扣留，坐監三星期。

蘭卿事暫無頭緒，姑且放棄之，以觀馬如何處置。

十姑仍到，追問馬師曾見面否，余推之不理。

5月3日　星期五

提　　要：三月廿六。

馬下午到訪，商量速定王中王，余否之，何必太急，俟觀其變，且蘭卿去，何必另組，新人為上策，且王中王突加一千，殊不值也。

夜義演，悉數捐助傷兵之友，1008、30。

院租一百五十元，其餘入班數。

譚亮見余，突然躲入西邊頭一個廂房柱內，古怪之極，稔其事，譚亮攪〔搞〕鬼也。

5月4日　星期六

提　　要：三月廿七。

晨如常工作，午與田立發、譚芳及其夫人、四眼仔及余午食於百貨公司，芳欲言借三千元作按税，余決不答允。

下午返院，"一"在亞廉處取去廿元。

內子等與馬共往告樓士打飲茶，偉權為東道。

巢坤霖[1]到訪，並由馬師曾送他狀元帽一領，親身上後台多謝，由田立發介紹。

往陸羽，並定妥南洋片。

5月5日　星期日

提　要：三月廿八。

晨如常，午先往中華，後往德祥送票陸張與亞均 {“與亞均”亦可能劃入下一句}，步行至新世界門口，遇謝永樂，得悉亞廉仔通水與亞卓兄知，謂余賣三樓假票，他並欲通知庫房，余深懷恨此人，必有以報之，同永樂云，他已加入渠的十八友會裡，明年炮竹會他亦有份。

下午四時往觀足球，海軍與東方義賽，三對四。

5月6日　星期一

提　要：三月廿九。

BAY VIEW 酒店廿二號，約亞“一”。

原定往交銀，後因馬約，遂將交銀部並將其他交回其弟亞式，並指導他如何用法。

欲往告樓士打會廖少〔小〕姐，因亞“一”事，不往，託梁日餘代辦，詎料誤事。

“一”悶悶不樂，責余不同她玩遊，並問余如何處置她，且謂余之計劃成功也，女子善懷，非河漢也。

1　巢坤霖（1890？-1953），中學就讀香港聖士提反書院，後赴英國倫敦大學，獲碩士銜，曾在北京清華大學任教，歷任香港教育司署視學官，官立學校正副校長，戰時回國為國民政府服務，1950年在香港創辦清華中學，並擔任官立文商專科學校校長。參見《華僑日報》1950 年 7 月 29 日第二張第四頁及 1953 年 11 月 20 日第二張第一頁報道。

5月7日 星期二

提　　要：四月初一，定妥蘭卿，每月一百二十元。

晨如常早起，往中華午食，後往院辦公。

下午二時半約蘭卿往見，告樓士打八樓，彼答允每月佰弍十元，規定八月初一頭枱，並云馬對她不住，日前大炮非常，並言將他之例外收入先除一半，其餘一半交她，且親對棠姐及其媽講明，而今反悔，實屬無理，故勒索多的薪金，並希望他早日覺誤〔悟〕，及多攜帶她灌片及拍片。

夜往陸羽消夜，日餘輸了。

5月8日 星期三

提　　要：四月初二。

捐款一千零八、三弍，馬師曾加捐，湊足伍仟元國幣。

下午他對君超表示，不願接納其劇本，願拍他的新劇。

余亦有提及蘭卿之希望，他似有允意。

5月15日 星期三

提　　要：四月初九日。

晨十時在院工作，十一時馬至，共往見鄧肇堅，入馬會，鄧對馬言，此兩個女人牌切勿亂給於別人也。

當往天福銀號時，余層〔曾〕對馬言，蘭卿已定妥，每月120元，他竟謂，如此薪金，則豈不是與渠做乎，且也余按月分份，亦未必有渠之多，至於做不做，將來還有商量，余遂答曰，如確不願意做，祈早日通知，則余等願犧牲伍佰矣。

後往見西人口[Lowligen?]及天臣狀師，簽妥介紹信，遂入了馬會云。

在天福時層〔曾〕見亞“一”與三姑娘在美麗整容，且是日梁杜興請她幾人在珍昌晚飯云。

5月16日　星期四

提　要：四月初十。

晨如常工作，午往中華，與立發小食，下午返院，照常辦〈公〉，張覺可到，索戲票三張，並叫戚家祥到，問明補紅星事，查實尚欠五十元，余不允照交，唯必須查檢舊報，如刊 1/4 版，則加套色，否則不加，他允照此辦法。

夜拈布往德祥做，又與亞“一”往遊車河，返院，至十時半返寓休息。

是年減價，不甚旺，大抵減之過多也，且兄弟兩天籌款不及一百元，除扣補回伙食外，幾等於零，故先發掣〔制〕人，祇扣一半，並標明不計告白費，否則寥寥無幾矣。

青年劇團不日到演，37.50%，62.50%。

5月17日　星期五

提　要：四月十一。

晨如常工作，午先往加拿大約張應華，後往中華午食。

前兩晚為太平劇團兄弟籌款，因成績不佳，伙食祇扣一半，並報效告白，而彼等全體反對，謂不應扣伙食，而主動者為肥朱、九手純、黃秉權，卓兄得聞之下，大怒，余聞言，決不讓步，實行照辦，後卒由馬伶補與各人，查歷年籌款，俱有爭執，來年照做，決不允許，免生枝節，又云拉晝各人均有份參加也。

夜中華晚飯，下午亞“一”拈燕窩來寫字樓食。

5月18日　星期六

提　要：四月十弍。

晨早十時往廣西銀行，將昨夜所籌之款 $1874.16 交與張兆棠，並同時約何澤民十一時在告樓士打傾談《賊王子》事，十二時半返院，婦女慰勞會到租院，並借晝事，允星期一日交定銀九百元。

下午與馬師曾往告樓士打八樓飲茶，商量新班事，他言肥朱迺反漢奸，即其之間諜也。

夜往陸羽，田立發為東道。

妹往山光道廿號馬斗南處。

5月19日 星期日

提　要：四月十三。

晨照常早起，十弍時往陸羽，下午弍時亞"一"拈燕窩燉雞來太平後台三樓，與立發、亞廉、亞一，四人共食，至四時又往告樓士打，着亞一代找手錶鍊。

往德祥試身，得悉布料不敷，再着他另做一短褲與鎮勳，先是不知浸水縮度。

夜往陸羽，與江民聲等消夜。

5月20日 星期一

提　要：四月十四，綿綿大雨，影響收入。

晨如常工作，午與婦女慰勞會訂妥租院日期，然後往中華午食，與亞一及其友相遇，後又見立發，余乃往德祥試身，澤民到借二百元，訂妥合約，並往告樓士打飲茶。

嘜佛來電話，要問傷兵之友收條云。

夜與錫貴往陸羽飲茶，十時半返寓。

原欲睇國幣[1]，不過市面不穩，遲遲不敢。

5月21日 星期二

提　要：四月十五。

1　此處"睇國幣"意思是"觀望國幣的價格"，從下文看源先生是計劃買入國幣投機。

晨如常工作，午往中華，後往銅鑼灣酒店廿四號會亞一，至四時迺返，再往中華飲茶。

夜往陸羽，無甚紀錄。

5月22日 星期三

提　要：四月十六。

晨照常工作，午獨自一人往中華，先往加拿大會應華、王杰，他允六十元賣《七劍十三俠》與余放影，下午返院，四時與內子往中華品茗。

夜柒時出院，捌時許陳錫到探，云及彩霞欲與他結婚焉，余約他往陸羽傾談，當時在座者，立發、源廉、日如、亞一、陳錫及余五人，廉為東道，因他輸左[1]柒百元單。

陳錫借去拾元在十七點五元，衹交七點五元。

約九時七號差館幫辦到，謂三樓窗口有人炒票，着余禁止，余遂叫啟新負責理妥，想亦亞任作怪也。

5月23日 星期四

提　要：四月十七。

晨如常工作，午往中華小食，徐亨、立發俱在，下午返院工作。

夜宴偉權於新紀元，在座者，偉民、立發、錫貴、亞一、源廉及余六人，至十二時始返。

5月25日 星期六

提　要：四月十九。

晨如常工作，午先往中華午食，下午往觀賽馬，中了421，祇得一百元。

1 “左”是粵語，即“了”的意思。

初演勝壽年，滿座。

馬已入妥馬會。

鄧肇堅極口〔端？〕不滿意源廉沽票，大抵他吹毛求此〔疵〕也。

5月26日　星期日

提　要：四月廿。

晨如常，午往中華，下午託"一"代打手錶鍊〔鏈〕，下午往告示樓士打飲茶。

夜張民權約往陸羽，《西太后》計四成，實二成分賬。

5月27日　星期一

提　要：四月廿一，大雨，疾作。

晨如常工作，午中華午食，患疾，小食，下午踢皮球，不小心跌下，大髀作痛，傷風兼咳，夜源廉請消夜於陸羽，亞一都去。

衍藩冷親。

蘭卿有電話來，謂她不往小呂宋，因馬不准她帶人去也，且同時她亦不願與他合作，並問所講之說話如何，余答以祇講得一部份，略提拍片而已矣，她云至緊提醒老大，過期開身，則人工照計矣。

5月28日　星期二

提　要：四月廿二。

晨如常工作，午大雨，往中華午食，日如二弟□〔星？〕南燕爾之喜，由院暫借一百元，下午在院，照常工作。

日間暫覺不適，休息片時。

何澤民到訪，余不允所求，同時馬因小呂宋事到商。

5月29日　星期三

提　要：四月廿三，譚蘭卿謂馬不同她往小呂宋。

晨如常，午往中華，與"亞一"、堯、鎮、立發午食，馬忽至，言及不日往小呂宋，下午返院，照常工作，是日演勝壽年。

夜八時許蘭卿至，謂馬決不同她去，且以〔已〕與少芳商量妥，並謂如不同她去，她為〔唯〕有另起班與人合作，余允與她對馬另商，無耐，她別後馬至，余將此事對他講，他【他】云絕無辦法，蓋已叫少芳同行矣，縱使無條件，亦不能也。

《夜劫蓮花陣》很叫座。

5月30日　星期四

提　要：四月廿四。

晨余對卓兄言，苟不先法掣〔制〕人，吾口〔誠？誠？如為"誠"字，則可能漏寫一"恐"字〕馬將來必為患也，且他與蘭卿不和，亦為班最忌之事，苟開身時發生事端，則各人必向余等索薪，豈不是欲罷不能乎，唯今之計，不若趁早脫離，免生枝節，與其將來損失，何不趁熱收兵，並勸他組織一有限公司，為將來計也。

5月31日　星期五

提　要：四月廿五，大雨。

晨如常工作，午往中華，再返院工作，亞一在大興處打麻雀，夜往陸羽，與張民權訂妥《西太后》合同，百分之四十。

6月1日　星期六

提　要：四月廿六。

晨如常工作，午起，在溫沙午食，每人每月科銀十一元，下午返院，中國婦女會到，商量加插燈火、生花、借射燈等事，蓋是晚護督蒞場參觀也。

夜與鎮勳往陸羽消夜。

焯兄搵回代馬師曾買汽車之仄底，肆仟餘元，蓋當時余代收譚玉蘭之一千九百元，故數尾為二千餘元，且其初他云入住家數，後又入開戲數，故此款延宕至今也。

此人數目糊塗，日後必更甚，姑且審慎之。

6月2日　星期日

提　要：四月廿七。

晨如常工作，午先與亞一往ABC，後往溫沙，又返院，至五時返舍下休息。

夜照常。

是日為中國婦女會籌款。

6月3日　星期一

提　要：四月廿八，仍雨。

晨九時許黃耀甫親至舍下，問及其友被騙一萬四千元，意圖抵賴，余遂與他往見關律師，得悉港例，非有事實證明此人意圖欺騙，且行將走路[1]，不能封其戶口、物業，遂別，共往加拿大小敘，巧遇趙樹泰。

午在溫沙午食，初與戴月波先生相見，下午返院，亞一宿於東山三十一號，七時許迺往｛略｝。

九時三個骨返太平。

電話陳宗桐，借款伍佰元。

1　此處“走路”是粵語用詞，“路”按粵語聲調唸作第二聲，意即“逃匿”。

6月4日　星期二

提　要：四月廿九，仍雨。

晨早起，照常辦公，卓兄云，他甚思疑羅早等靠不住，且也炭精及鏡等甚糊塗，着余寫信問 HUGO，並向 WAY 定鏡一對，余諾之。

午於溫沙畢，赴會亞一於東山三十一號，{ 略 }，下午四時返院，問宗桐借，答言明天，甚緊。

有人送一中堂至，余着仕可送還。

夜梁日餘之弟□〔星？〕南結婚，在院內借用設宴。

6月5日　星期三

提　要：四月卅。

晨晏起，因昨夜大雨未止，醒來已十一時矣，午溫沙，澤民至，下午返院，得宗桐允暫借一百元。

錫藩、衍藩生日。

碧翠來函，謂碧梅有疾，遂命亞五往視之。

夜陸羽，日餘、亞一及余三人，日餘云，他自願夜間做巡場，日間去稿，並謂蔡謙、源廉、錫康、鐸垣俱有炒票，最好命區啟新日間負責，夜間由日餘負責，每人先做一套製〔制〕服，以為鑑別。

朱少梅至，索回《杜十娘》廿元，並交他《七劍十三俠》六十元。

6月6日　星期四

提　要：四月 { 應為五月 } 初一。

晨如常工作，午會譚芳於中華，下午溫沙午食，何澤民談及借款弍佰元，下午返院，約西電亞賽代定 REFLECTOR MIRROR，由□〔君？石？〕機代定，並同時換聲筒，該賽亞介紹往娛樂商量云。

夜往陸羽，四眼仔請消夜。

戲院鬧出是非，往往都係戲票問題，故事〈事？〉小心。

中國婦女會之款暫由卓兄代墊，擬於日間璧回。

6月7日 星期五

提　要：四月{應為五月}初弍，青年劇團頭台，《六國封相》、《花蛱蝶》、《十萬童屍》，滿座。

仍雨。

晨如常，早往華威公司，何頌祺商量片事，後得悉馮某着與民權商量，午依然溫沙午食，每人加奬一元，與侍役為過節之用，下午與澤民返其寫字樓略談。

下午返院工作。

夜大偉又訪問余之狀師費，余答以不知，並見其與立發彼此不談，迨有隱衷也。

觀劇至十二時半始返寓。

6月8日 星期六

提　要：四{原文此處用紅筆更正為"五"}月初三。

{無正文}

6月9日 星期日

提　要：四月{應為五月}初四。

晨如常工作，午往溫沙午食，返院觀劇，楊影霞戲不錯，中規中矩。

玩足球。

晚飯畢，與內子遊車河，食雪糕，後又與亞一再遊車河，見暈[1]，折回，十時返寓休息。

上午十一時馬田啟明事催拍片，拈合同來商量，明日往見關律師。

1 "見"此處為粵語用法，即"有暈眩的感覺"的意思。

6月10日 星期一

提　要：五月初五。

晨如常。

早七時半往海軍球場，與九一八比賽，勝十三對〇，開始在C.R.C.租，五元每次，煤費、水費。

十一時與馬師曾往見關律師祖堯，商量應附〔付〕啟明拍片事，後由關拍和，祇交回二千元作了，並順道問韋寶祥入息稅如何應附〔付〕。

夜照常，與其攀往珍昌消夜，得悉其朗、日如、文棣、源廉俱在珍昌竹戰，而廉則詐為不知，小人也，不足與談，十二時乃睡，聞亞一往澳，未稔是否{是日日記全用紅筆書寫}。

6月11日 星期二

提　要：五月初六，焯明商量炒大金，韋寶祥於金城。

意大利加入戰團[1]。

晨早十時往院辦公，午先往加拿大，與鴻明傾談片事，焯兄至，云鍾少彭意欲炒金，每人埋弍佰元，鍾某則借弍佰立單，余允辦，唯卓兄則要鍾某買賣報告，誠恐他只顧自己而不顧人也。

午與海雲往溫沙午食，並對戴某講明馬還回二千元事。

下午返院工作之時，與馬師曾先往告樓士打，後再往金城，因日前約韋寶祥往講戰稅也，韋某勸馬不如再請大律師研究，計在座者，為譚蘭卿、英理就、其妻、其友、馬師曾、寶祥及余，共七人，至八時余返院工作。

送一ARROW SHIRT與田立發。

馬交一仄NCB NO.C175719與余，交與關祖堯解決啟明合約事，二千元，明日下午往辦。

1　1940年6月10日，意大利法西斯領袖墨索里尼正式向英法兩國宣戰。

6月12日 星期三

提　　要：五月初七。

晨照常工作，午往溫沙午食，二時許交一仄與關狀師解決啟明之糾紛，三時許返院，研究戰稅，現悉七號差館幫辦到巡三樓，甚為憂慮，蓋恐多賣票有礙路口也。

6月13日 星期四

提　　要：五月初八，英皇壽辰，放假一天。

晨如常早起，碧侶等放假回校，昨夜與彼等往中華晚飯，唯碧侶因演說不能同赴，午照常往溫沙，先是，馬到借一百元往石澳，約余同往，余否之，因有要事。

下午讀例書，至五時返寓。

夜青年劇團，淡甚，余勸其休息，民權到訪，隨往陸羽。

巴黎有放棄消息。

6月14日 星期五

提　　要：五月初九，德軍已佔據巴黎。

晨如常，午先往溫沙午食，後返院，下午與王杰同埋[1]陳炳口〔賢？〕醫生診視其弟。

夜定妥王中王，全年二千元，馬大發牢騷，言中有物，指桑罵槐，力詆黃鶴聲不佳也，迨亦妒忌之所致也。

往珍昌消夜。

先是，黃鶴聲向余要求加起多班，另聘新馬，但恐花旦過弱也。

馬取回關狀師之信據並單，二十五元未結。

1　“同埋”是粵語說法，即“連同”的意思。

6月15日　星期六

提　要：五月初十。

晨往踼小型球，詎料對方未到，空走一場，迺返院工作，十一時往交銀李蘭生，不遇，交下與亞吉迺返，遂往溫沙餐室午食，下午返院，照常工作。

夜影《西太后》，收入平常。

下午與小兒輩往中華午茶。

半夜大雨，雷電交加。

簽一支票交與鍾少彭合股睇國幣，但成交多少，必要報告，免誤大事。

譚芳求寫信一封與關口，取消其伴簽字。

6月16日　星期日

提　要：五月十一。

晨如常工作，午乘巴士往溫沙午食，偶然忘帶月票，該稽查員向余檢票，余問他，忘記帶票，應用何手續，他云，簽名可也，余遂簽名，繼遇一總管，竟然索要另納一毛，余反對，既簽名，又奚用繳車費，至娛樂戲院門口，他隨余上溫沙，余遂電召亞開到，然後與他們回院，視察月票，又經田立發解釋，他依然不悟，遂擬警戒之，後該稽查發覺誤會，遂向亞開道歉。

夜亞一到太平觀劇，九時許即別，並由電話通告，謂她患病，且謂今後她不通話，且看余往她處否，余決不往其寓。

夜半仍大雨不止。

6月17日　星期一

提　要：五月十弍。

晨如常工作，着民權定片，他言洪仲豪反對，改為百分之三十分賬，午溫沙午食，下午返院，嘜佛要求三十元，允之，即着黃灶送與他，與堯勳往連卡佛午茶。

往先施定長衫兩件。

卓兄云，戰稅俟徵求蘭生意見先，然後填報。

夜與鍾少彭往陸羽品茗。

是日購入國幣 1 萬 2555[1]。

6 月 19 日　　星期三

提　要：張民權設宴於陶園歲廳，譚芳與余俱食晚飯矣。

五月十四。

6 月 20 日　　星期四

提　要：五月十五。

晨十時半往見關律師，問明馬師曾之填報法，彼云填報盈餘稅可也，且有權除應用之用具，並同時云，如太平之報告，必要問明究竟欠幾多錢，每年應納息幾多，若不盈則虧，可以照此填報云。

東山四十三號。

何澤民之事，暫不能不允。

6 月 21 日　　星期五

提　要：五月十六，上午大雨。

晨如常工作，十弍時許正在往中環之際，突然有一西人及弍口〔華？業？〕差到舍下催租，工人亞五即到，對余說及，余遂攜一仄部返舍下，與該西人討論，結果照六個月租交而已矣。

下午往告樓士打，與馬師曾暢談，他恐美國參戰，欲打消小呂宋之行。

晚飯往東山八十三號。

1　參考 1940 年 6 月 18 日《大公報》第七版的金融行情，可見此處 "2555" 是指每一元國幣乃以 0.2555 港元的價格買入。

夜十時早睡。

6月23日　星期日

提　　要：五月十八。

晨如常工作，午往溫沙，祇得戴月波、張應華、鎮勳及余四人，畢，返院，下午四時往銅鑼灣，觀西園對尖沙咀，前者勝，二對一，後往中華晚飯。

6月25日　星期二

提　　要：庚辰，五月廿日。

晨如常早起，梳洗畢，返院工作，海雲斟影西片，允予弍天，午溫沙午食，下午返院，照常。

晨十一時往告樓士打，交銀100元與何澤民，因失去賽金花合同也。

夜陸羽消夜，民權、潤叔、蘇仔及余。

法軍已投降矣。

6月26日　星期三

提　　要：五月廿一。

晨如常，午往溫沙，下午返院，照常。

是日租與慰勞會歌姬、歌伶籌款。

是日往見李蘭生，得悉按揭，頭號，24000，弍號，40000，三號，四號，605000，俟查明方報戰稅也。

6月28日　星期五

氣　　候：雨
提　　要：五月廿三，港中風雲甚急，疏散人口。

{無正文}

6月30日　星期日

提　要：五月廿五，金城聯宴，仍雨。

晨如常，近日港中風雲甚急，政府下令疏散婦孺，故人心惶惶，何去何從，午溫沙午食畢，往觀電影《攝青鬼》後話。

下午四時半往金城，是日聯敘與各伴，至八時始散，返院工作，夜十時許再往陸羽消夜。

不能入寐，因恐戰事爆發也。

7月1日　星期一

提　要：五月廿六。

晨如常工作，港中疏散人口，人心惶惶，甚敢〔感〕不安，午先溫沙，下午返院，照常，"一"約夜九時往 A.B.C. 傾談，她意欲取款往廣州，余不能答應她所求，十時返院。

內子決攜小兒輩先往澳門一行，看看風頭如何方決定，她與十二家同往。

7月2日　星期二

提　要：五月廿七，依然疏散人口。

晨如常工作，午得悉澳門船票星期五日方有船位，遂着田立發代留，午溫沙午食，下午返院，如常辦工。

市面雖安靜，但人心亦惶惶，夜十時往陸羽消夜。

余意欲着各人聯防自衛，以防不測。

近日時局，衹看英德之戰而已矣。

在戲院借伍佰元，交與內子往澳之用，計共支過戲院：

——中國婦女會 $385.85 陳姑娘 $60.
——舊數賬 $846.44 國棉 15.
——沈吉誠 $100.×× 又 $500

} $1947.29 { 左列各數相加是 1907.29}

7月3日　　星期三

提　要：五月廿八。

晨如常工作，午先往加拿大會廖鴻明，商量片事，後又往溫沙午食，此日間人心略覺安定，唯大雨綿綿，殊礙於旅行，擬定明日再往購船位往澳。

夜與鄧英商量班事，田立發陸羽消夜，十一時迺返。

7月4日　　星期四

提　要：五月廿九。

晨如常工作，十一時往見盧國棉，將合同及收條□〔集？〕齊交與他為租院之用，午溫沙，下午返院，三姑問還款一千元，余答不能，後她見鎮勳、堯勳俱在港，則各人所講之謠言不對也。

夜往陸羽消夜，其攀、立發及余。

7月5日　　星期五

提　要：六月初一，內子、錫藩、衍藩俱往澳門，啟新及日如同往，仍雨。

晨八時內子與小兒錫藩、衍藩、亞五、啟新、日如往澳，余與二弟往送船焉，午溫沙如常午食，下午往中華飲茶，民權與耀甫均在，後往新世界取戲票。

夜八時許接來信云，內子現寓亞洲酒店一〇七號房，容日託鄧祥兄覓屋，余本意不着他們先行，唯時局變幻莫測，不過使彼等得知居安思危矣，如能租得屋住，則不妨暫居也。

夜陸羽消夜。

保衛大同盟會在院演劇籌款，馬、薛俱登場。

7月6日 星期

提　　要：六月初二，藝術名流籌款。

晨如常，得悉劉吉云，內子等在澳甚感不安，擬於日間返港，後於夜七時日如由澳返，始知內子等在鄧祥處居住，而細妹腹痛。

陳錫到，又重申故智，意欲再加四佰元，作才記找換做，余不大信任他，蓋每次分數，他必欠款，且上次漏交"贓錯"，朋友之道，不應如此，故余決不理他，且任他自作自為也，曾某又到訪馬某。

夜壹時柒始返寓休息。

7月7日 星期日

提　　要：六月初三，民三兄壽辰 {"民三兄壽辰"五字有劃掉痕跡}。

七七紀念，是日演《三盜九龍杯》，依然十二點半全院滿座，去函內子，着他暫寓鄧祥處，遲日至叫他們返港。

亞淑專門偷食，有堯動、鎮動為證。

7月8日 星期一

提　　要：六月初四，民三兄壽辰。

晨如常，梳洗，大便，八時往國家醫院賽小型球，三對一，余勝。

午溫沙，下午往東山42號會亞一，至七時返舍下，七時許返院工作，十時往新紀元竹戰。

歐啟新及亞卿由澳返，內子託言，如無事，早日叫他們返港。

交銀往李蘭生，得悉按揭如下：—

弍號，	40000，Full……Int	10%
又	60000，13/20ct……	16.5%
又	20000，18/20ct……	13%
	80000，full……	20.5%

7月9日 星期二

提　要：六月初五，陶園，雨。

晨如常工作，午馬師曾約往銀龍，見小呂宋老闆趙作蘭及衛少芳，商量新班事，衛伶推以回港時再商，卓返院，連卡佛會民權，他的妻兒輩已於是晨晉省，並將《三盜九龍杯》數照分。

夜往陶園消夜，竹戰，往張三友處傾談至二時始返寓休息。

馬往見美國領事。

“一”寓於東山四十二號，電話，適余在陶園。

政府各機關堆重沙包。

7月10日 星期三

提　要：六月初六，寄函內子。

晨如常工作，午往東山四十二號午食，並給柒十與她，下午大雨，返院工作。

晨十一時往見國棉、新靚就，商量華商籌款事。

夜陶園赴民權之宴，十弍時半始返。

其朗請香港仔鎮南樓晚飯。

四時馬師曾請大華。

7月11日 星期四

提　要：六月初七。

晨如常，因昨夜三時始睡，故晏起，至令焯兄久候，簽大通仄也，午溫沙。

7月12日 星期五

提　要：六月初八，往見李子方，內子由澳返，碧侶放暑假，九月六號返校。

晨八時早起，九時往院辦工〔公〕，十一時與卓兄往見李子方，商量報太平溢利稅事，他初以為利息不能計算，先是，蘭生兄約往見他也，及後解明，則照報可也，午溫沙午食，余請食荔枝一元，下午返院，耀甫到坐，午前見炳照，共往中華午食，見譚芳，得悉芳已交十元耀甫晉省，下午四時與亞一飲茶於中華。

上午內子由澳返港，碧侶等放暑假，明天着亞五拈衣服二槓，並帶碧梅往澳一行，十時返寓休息。

7 月 13 日　星期六

提　要：六月初九。

晨如常工作，午陳永貞請金城五樓抗風軒午食，先是往 A.B.C.，黃耀甫借水腳（十元），余給他十元，他請加之，余不允，後返院，照常工作，"亞一" 到，問余是否立意放棄她，余答以非也，且勿亂聽人言，即給她廿元做衣服，下午四時馬師曾至，約星期一往見美領，並往香港仔鎮南晚飯，至八時迺返戲院。

夜十時早睡，明天比賽足球。

7 月 14 日　星期日

提　要：六月初十。

晨八時比賽足球，一對二，輸了汽水七瓶，午溫沙午食，下午返院工作，得悉高陞每日兩套放影，甚旺，故欲效之。

蔡棣借舍下請食晚飯。

7 月 15 日　星期一

提　要：六月十一。

晨如常，着何澤民十一時半與馬師曾往見美領事，商量 VISA 事，辦妥，準廿四號啟程，他借去一百五十元，下午告樓士打，介紹李麗見面。

陸羽消夜，霍海雲請，因是雨天，放影他代理之片《大鬧金銀島》也，奇旺，暑天生意算收得也。

7月16日　　星期二

提　要：六月十弍。

晨如常，往院辦工〔公〕，午往溫沙，得悉林三兄請飲，下午返院，交一百五十元片租與鴻明，三時三個骨往中華，與鎮勳同往，並購皮帶一條。

夜十時馬師曾、何澤民至，共往陶園，賭 POKER，余贏了六元，至十一時迺別，返寓休息。

是日影下集《大鬧金銀島》，極旺。

是晨西報忽來一消息，中日言和，國幣突漲至二六二，後跌回二五七，倘早些起身，定必購入國幣，溢利多少矣。

7月17日　　星期三

提　要：六月十三，馬請金龍，決不往小呂宋。

晨照常工作，午溫沙，先會馮其良，後約張民權往萬國銀行，代他開一戶口，又往加拿大，會"亞一"，然後往溫沙午食，下午四時許返舍下，馬師曾約往金龍晚飯，到步時玩紙牌，輸了三十三元，不能久候，晚飯與澤民共往連卡佛晚餐，畢，返院工作。

查實馬因驗眼不妥，故不往小呂宋，並非其他也，夜早返寓，內子明日往澳也。

西片《口〔噴？〕火車與降傘隊》頭一天收入頗佳。

耀甫再借水腳，余堅不允，且云，早以〔已〕借了十元，焉能再借也。

7月18日　　星期四

提　要：六月十四，內子弍時半搭交通往澳。

晨往比賽小型球，和局，錫廉不文，遂散場，午先往加拿大，後往溫沙食，畢，即往送船，並在房內給內子一百元，午回，略事休息，迺食飯，八時出院辦公，十時陸羽，馮其良約明日十弍時加大再談，廖展衡由省到港。

霍海雲所影之《金銀島》，因發生問題，蓋全港西片公司反對收五先也，故將該合同由余簽蓋，託言簽於五日之前，蓋此時未發生問題也。

夜消夜畢，每人湊一點五元往口〔燕？〕妮處打水圍，至十弍時迺返，源堯勳與內子同行，搭夜三時交通回。

7月19日　星期五

提　要：六月十五。

晨如常工作，約阮達祖到院，商量建設防空室於院內地牢，他云，地牢甚適用，祇各窗口堆砌沙包及釘木，以免轟炸時宸〔震〕蕩可也，且水喉必要關閉，以免喉部爆裂，水花四射，且院內並非軍事要區，決不用鉅形轟炸藥品也，後他約明日往午食，遂別。

下午往皇后六一七會“亞一”。

夜再往陸羽消夜，至十弍時迺返寓休息。

7月20日　星期六

提　要：六月十六。

晨往盧國棉處加簽合約，商賑會事，午溫沙，畢，再往皇后，適亞一外出，原來她與小兒輩往中華食餐，並購玩具與他們，後返舍下，至七時往院辦工〔公〕，夜九時與亞一往觀電影，畢，往陶園消夜，何澤民遊車河，至弍時迺返寓休息。

7月21日　星期日

提　要：六月十七，石澳游水。

晨如常工作，午往溫沙午食，馬師曾到訪，約往石澳，他送一游水褲與余，同行者，應華、王杰、立發、堯、鎮、侶、翠及余，五時許迺返，余與弟兒輩中華晚飯，七時半返院，十時往陶園口〔念？〕廳消夜。

戴月波兄意欲將他租出之澳門住趾〔址〕交余，約往睇屋，余決於日間往澳一行。

7月22日 星期一

提　　要：六月十八，亞冰做〔造〕謠，暫返。

晨照常，梳洗畢，八時趕往國家醫院球場賽球，和局，午往連卡佛午食，澤民、立發、亞一及余四人。

下午五時返舍下，蘇仔及亞碧對余講及亞友過來偷柴，余遂責罰亞冰，應向亞十警告，而當要留心各項，她遂哭，且用力擊門，作聲甚響，遂奔去，對其祖母說及，夜七時她到，談及且責罵堯勳等，余聞之大怒，決不容忍，必趕她走人，尤甚是亞十，不許她到步也。

7月23日 星期二

提　　要：六月十九，雖大暑，甚涼。

晨照舊工作。

因為戰稅時〔事？〕整頓各項收條。

黎民三兄送一 CYMA 手錶與余，甚為精緻，謝謝云。

夜工作至十時半，往陸羽消夜，畢，立發、民權及余三人往探千里紅，至一時迺返寓休息。

7月24日 星期三

提　　要：六月廿，敦請李同到核數。

晨照常。

夜九時敦請李同到核數，後交五十與何澤民於陸羽，他隨即請廣州，至一時許返寓休息。

7 月 25 日　　星期四

提　要：六月廿一。

晨乘東安輪船，與堯勳八時啟程赴澳，十弍時許抵步，寓於東亞 314，即往佛笑樓午食，內子、親友及小兒輩均至，後返酒店，至四時往見戴月波，商量租屋事，傾至七時迺返酒店用晚，彼等竹戰至夜深乃睡。

高遠文到訪。

7 月 26 日　　星期五

提　要：六月廿弍。

晨如常，早起，午佛笑樓，下午弍時半與內子、堯勳等乘東安輪返港，至六時一刻抵港，返寓，洗燥〔澡〕，食飯，出院辦工〔公〕。

九時半往世界戲院，會同民權等往陸羽品茗，至十時與肥仔發乘電車返寓休息。

7 月 27 日　　星期六

提　要：六月廿三。

晨如常工作，午十一時往告樓士打，與澤民午茶，畢，往聖斯略坐，隨返院工作，電話與亞一略談，五時返舍下晚飯，七時三十分往陶園，紙牌戰勝利五元有餘，十一時半返寓休息，明天足球賽。

內子責成渠亞媽，不應容縱亞冰如此大膽也，專造是非，殊可惡之極也。

7 月 28 日　　星期日

提　要：六月廿四，大風，作打風。

晨往國家球場賽球，第一場，一對〇，第二場，三對弍，至十時迺返寓食粥，十弍時往院辦工〔公〕，午溫沙，下午四時連卡佛，何澤民、立發、堯勳及余、亞一五人飲茶。

是日亞妹叫齊亞十及渠亞媽、亞冰，大罵一頓，以了是非，總而言之，小人、女子難養也。

夜與立發往陸羽。

多試牛尾湯。

梁日餘借二十元。

7 月 29 日 星期一

提　　要：六月廿五，《薛剛大鬧花燈》風雨影響。

晨大風大雨，如常梳洗，辦公，午先往加大，得悉鴻明已將《花木蘭》聯同其他表演交高陞矣，大華午食，海雲為東道，因來菜太遲，不歡而散，在這裡與耀洪相見，握手言歡。

下午返院工作，四時往連卡佛飲茶，與民權而已矣。

7 月 30 日 星期二

提　　要：六月廿六。

晨如常工作，午與羅偉權由星州返往溫沙午食，下午遇馬師曾，往告樓士打一敘，原來他已早約華□〔鳳？風？〕彩姑娘往觀電影，迺新進明星也，下午將李桐已核之年結呈交戰稅局。

下午四時許與民權等“亞一”，在連卡佛飲茶，後與她返。

夜十時返寓，早睡。

7 月 31 日 星期三

提　　要：六月廿七。

晨如常工作，午往溫沙食，畢，伯魯到訪，再約劉毓芸往告樓士打地下，商量戲人納稅事，後又往連卡佛會民權，辦妥手續。

立發失約，儆戒之。

夜不赴民權之宴，且由電話責罰立發。

毓芸手續費，每人不多過一百元。

8月1日　星期四

提　要：六月廿八。

晨如常工作，十弍時許往和發成交銀，談及新班事，蘭生兄照舊借款，並云三井洋行各職員多出三個月糧，若三個月後香港絕糧，則由某國接運也。

下午如常，陶淑欲租院，五時連卡佛飲茶，夜陸羽消夜。

無甚紀錄。

8月2日　星期五

提　要：六月廿九。

晨如常工作，午溫沙，下午返院，梁炳照約往中華，他不往，祇余及堯勳二人矣。

馬師曾下午三時來電話，謂他着劉毓芸代報稅，問余取數，余諾之，並將此事詳細對卓兄說明，他亦表同情，着蘭卿、少芳等分途另報，以減負擔。

影《蘇聯空軍七□〔號？三？〕》，甚旺，雖暑風狂雨。

8月3日　星期六

提　要：六月卅，大雨。

晨如常工作，午溫沙，下午返院，得悉亞一患病，下午返舍下，是日偉權宴客。

夜關加伯[1]請陶園，至十弍時半迺返。

1　在日記中又稱關加佰，加佰，加柏，關家柏，Kwan Ka Pak。

8月4日　星期日

提　要：七月初一。

晨如常工作，午與小兒輩溫沙午食，三時馬約往大華飯店，下午四時往連卡佛見澤民及少兒輩，夜亞一到訪，至十時往陸羽消夜而返。

內子云，亞冰層〔曾〕對其祖母說及，謂我層〔曾〕與內子生氣，因她送一包米與她們云，由此可知，此人專造是非，故不理之為妙。

8月5日　星期一

提　要：假期，七月初弍，內子往澳，偉權同行。

沈息柯請客於廣州，畢，再往遊車河，至三時迺返寓。

8月6日　星期二

提　要：七月初三，廣州。

晨如常工作，因昨夜往陶園過夜，遲眠，迫不得已，疲倦，上午溫沙午食，下午連卡佛，關某請茶，夜赴戴月波先生陶園之宴，賭紙牌，淨勝五十八元，至夜深弍時始返寓休息。

太平戲院人工已呈報戰稅局，一概豁免。

8月7日　星期三

提　要：七月初四。

晨如常工作，午溫沙午食，遇卓兄與其兒女們於同樣地點，蓋可門有昆明之行也，下午返院，照常工作，租院與領島及陶淑。

下午四時往連卡佛，澤民、立發三人俱在，夜陶園英君請飲，召妓月嫦，至三時乃返寓。

是日放影《神鞭俠》，奇旺，□〔結？〕柒百餘元。

8月8日　星期四

提　要：七月初五，陶園宴客，找金錶鍊〔鏈〕一條。

晨晏起，因昨夜遲睡，午與衛少芳、卓兄共午食於中華閣仔，她云，對於新班事，俟她興中華之後迺有商量，余對於此事，不甚希罕，另謀別法而已矣，往溫沙交銀與應華、王杰，下午返院，三時半往見關加伯，順探他的國民戲院，四時連卡佛飲茶，“亞一”至，她另坐一台，將日前所定下之錶帶交余，於是澤民、她及余三人往娛樂觀電影《歐州風雲》，並往大華晚飯，夜她苦纏，不欲余往，至十一時半迺往，十弍時半散席，是晚余為東道，計耗去三十五點七五元，後往燕妮處食生果，至夜深弍時迺回。

8月8日　星期五

提　要：七月初六，七姐誕。

晨如常工作，午溫沙，下午連卡佛，夜陸羽。

煲粥消夜。

8月9日　星期六

提　要：七月初七。

晨如常工作，午溫沙，下午連卡佛，與澤民飲茶，夜往陶園賭紙牌，得悉沈息柯個性，如有細 PAIR，則出多錢，如有大 PAIR，則出少錢，蓋恐人不跟也，如再大，則必騎住食，夜召月嫦，她不至埋席，兼向千里紅買花，夜散席後往燕妮處坐，食生果。

亞一在三樓竹戰，仙廳，並通電與余，姑不理之。

8月11日　星期日

提　要：柒月初八。

晨如常工作，午先往溫沙，後往先施，與碧侶、碧翠做衣服，每人兩件花布長衫，返院，至四時與立發、亞一在連卡佛飲茶，馬師曾至，並索報稅手續單，余約夜間七時交他。

卓兄云，做班必要小心，且時界人心不定，不宜於自起班也，馬意八月初十組織，余否之，且看時機。

夜余欲往陶園，適亞一在，遂往加大消夜，然後返寓休息云。

8月12日 星期一

提　要：柒月初九。

內子來函，叫十四日燒〔消〕夜。

晨如常，先溫沙午食，下午連卡佛飲茶，田立發東道。

亞一娛樂觀電影，並往國民消夜。

特稅局徵求卓明兄戲班事如何。

溫可門有昆明之行，入大學也。

8月13日 星期二

提　要：柒月初十，田立發送架啡壺一個，價值十六元。

晨如常，午溫沙，戴月坡問澳們租屋事，下午返院，足球比賽，心甚不安，查高陞影片對於本院極礙，將收入一看便知，往往有比較，則本院□〔奇？〕縮，蓋價目之關係也。

夜鄧英到訪，聞說輝仔第三次走人，各人在陸羽消夜，交片租與林兆業，未有收條。

馬伶問卓兄，往轉稅局如何，余對他說明，並叫他如有詢問，請言太平劇團另有一組織，與太平無涉，且該司理人為源詹勳也。

8月14日 星期三

提　要：柒月十一。

晨如常工作，午十弍時交銀李蘭生，午溫沙，下午民權來電，發覺立發為人太過奸滑〔猾〕，飲食之徒也，必有以防範之。

下午往東山三十九會亞一，夜九時四十五分又往焉。

關加伯請陶園，余決不赴席，亦不願參加也。

余意，定新馬及羅麗娟，以免其缺，或者陣勢雄厚。

8月15日 星期四

提　要：柒月十弍。

晨如常工作，午溫沙，下午往東山三十九略睡，至四時返院，馮興到訪，五時返寓洗燥〔澡〕，六時往游泳棚（南華）食晚飯，夜往陶園，與月嫦、立發、千里紅、兆業共遊車河，並往海口〔周？國？〕納涼而返，十二時許散席，先是"亞一"電話至，謂往高陞觀劇，後又覆電陶園，約明日往加拿大午食云。

8月16日 星期五

提　要：柒月十三。

晨如常，是日上午九時至下午四時租與領島女子中學，價銀一百五十元，連同放影《太平洋上的風雲》。

卓兄往加拿大會亞一，她問余往何處，昨夜余切實言明往陶園，並給她五元。

下午連卡佛，三兄為東道。

戴月坡意欲改革普慶，改為兩場，多收椅墊費，每場一毛，賸椅墊則可矣。

夜郭應濤到訪，云炭精欲平賣，因將來美國貨限制銷路，每院只限供給多少矣，他尚有一千存貨，價銀九十餘元，一百。

8月17日 星期六

提　要：柒月十四，大雨。

1926 1928 1929 1930 1931 1933 1934 1935 1936 1937 1938 1939 1940 1941 1942 1943 1946 1947 1948 1949

晨如常，梳洗畢，午溫沙，下午返院，覆函內子，準星期弍與她們返港。

亞一略知余召月嫦，余給她五十元，並談笑一翻。

馬伯魯告訴地下聽電話之不合理性，時有誤客之罪。

馮其良請飲，余不往，蓋不欲徵逐也。

影《白旋風》，雖大雨，仍收玖佰餘金，可見不妨大雨，祇要好戲矣。

日間勤於編理西報，以補不足，學而後知之，斯言不誤也。

8 月 18 日 星期日

提　要：七月十五。

晨如常，八時起身，梳洗畢，往戲院比賽小型球，我們鎮勳、細九勝堯勳、大九，堯勳過度激刺，足部受傷。

晨十時至十弍時租與陶淑行畢業禮，第弍天《白旋風》仍旺，罕見也，陳天縱電話，得聞之下，大為驚異，他確不知此院之價值也。

夜先往陸羽，後往陶園。

亞一送架厘雞過我食。

月嫦亦夠機械也。

8 月 19 日 星期一

提　要：七月十六。

早晨如常工作，往國棉，收六佰元，下午五時連卡佛飲茶，畢，往精益較〔校〕眼鏡，遇月嫦，共往金龍晚飯，畢，往高陞，請戴月坡夫妻觀劇《九重天》、《夜來香》，十一時與亞一同返。

8 月 20 日 星期二

提　要：七月十七。

晨八時乘東安輪，與日餘往澳，風平浪靜，十二時許抵步，往鄧祥府上共談，後往中央三〇一居留，余允將太平劇團照分，唯清平必要讓頭台過平民義學，即叫覺先聲代籌款也。

余請五洲。

羅偉權十時抵澳，夜一句餘鐘始睡。

8 月 21 日　星期三

提　要：七月十八。

余在澳，得悉打大風，未有輪船來往。

晨鄧祥請回他府上早餐，賓主甚為融洽，回酒店休息。

8 月 22 日　星期四

提　要：七月十九。

風猶未息，但余仍滯留澳地，中了色寶，送一金鈪與內子，迺大南金鋪出品，言明隨時換回二十九元，書明在單內。

余乘三點半夜輪金山，與日餘返港，打風之後，風浪浩大，余覺暈浪，甚不舒適。

祇剩偉權與內子在澳。

8 月 23 日　星期五

提　要：七月廿。

八時抵港，洗燥〔澡〕畢，往院辦公，午溫沙，下午連卡佛飲茶，遇馮其良，他言送一個眼鏡與余，夜亞一到訪，索款一百元，又拾元，余照交她，並謂余不應往澳不通知她云。

往陸羽消夜，澤民及立發在座，後者因《魚腸劍》問題借款，余答允明日再商。

8 月 24 日　　星期六

提　　要：七月廿一。

晨如常，午溫沙，祇余與應華二人而已矣，下午返院，照常工作，四時許與碧侶、碧翠往連卡佛飲茶，至五時往新世界，觀《碧玉簪》，至六時往接東安船，內子及小兒輩全體返港。

夜往陶園，十時召妓，十弍時始至，余勝利三元，賭紙牌。

力辭西區會長。

卓兄擬於星期一與馬共商新班計劃。

找《工商報》日、晚、《天光》弍仟六佰六十三元弍毫，另余清結往年欠數，共卌餘元。

8 月 25 日　　星期日

提　　要：七月廿弍。

晨如常工作，午十二弍時往 A.B.C. 會亞一傾談，不外又是女子善懷，諸多幽怨也，正午溫沙，祇余與應華午食而已，後又來立發、偉權，四時連卡佛飲茶，遇民權，往大新買物，遇內子，立發請新紀元晚飯，在座者，民權、立發、碧侶、偉權及余與內子。

馬夜十弍時至舍下，約明日五時至六時往告樓士打，商量班事。

8 月 26 日　　星期一

提　　要：柒月廿三。

晨如常工作，午至一時半始往溫沙，祇余與澤民而已矣，下午返院工作，五時往連卡佛，民權為東道，五時半往告樓士打見馬師曾，約埋卓兄至，提及定人事，並如何應付蘭卿，蓋她的合同言明，八月初一起計，唯時局關係，可以通融云，並擬上、下期一次過，照關期打算，决不照往年出也。

夜卓兄又有電話問余，云明日再談，因花旦陳豔儂在安南也。

陸羽消夜，立發、偉權及余。

三興不允讓期。

8 月 27 日　　星期二

提　要：柒月廿四，夜燈火管掣〔制〕。

晨如常工作，午溫沙，下午四時約蘭卿告樓士打，商量起班事，十五日則補五日，卅日則補十天，她云容商再行答覆，並允代覓羅麗娟。

八時起放警號，燈火管掣〔制〕，至十時解放，再候半小時始行，全港復照常燈光。

夜影《婆羅州》及《性的生理》，甚旺。

十時往陸羽，至有交通恢復時迺返舍下休息。

亞一電話來，明日或後天往澳，余漫應之，不可以理喻也。

8 月 28 日　　星期三

提　要：柒月廿五，亞一云明日往澳，沈息柯敘餐會。

晨如常工作，午往加拿大，交片租與鴻明，午溫沙午食，下午亞一到訪，云明日往澳，余給她五十元作旅費，五時連卡佛，六時往大華，探視《花上龍吐珠》，晚飯余為東道。

夜十時往陶園，沈息柯為東道，輸了廿六，並給五十元與月嫦，銷金窩，藏春洞，各宜猛省也。

試影國語片，居然有效，亦不弱也。

8 月 29 日　　星期四

提　要：柒月廿六。

晨如常工作，午與堯勳、碧侶加拿大，兼定衣服於先施。

溫沙午食，下午馬約往告樓士打酒店飲茶，再往連卡佛。

九重天頭台，民權、立發、炳照在舍下晚飯，□〔並？〕往院觀劇，又陸羽商量片事，先是，未返寓時，宗桐車余等共往舍下。

碧翠微恙。

民權、譚亮、立發陸羽消夜。

8 月 30 日　星期五

提　要：柒月廿七，夜演九重天《雷峯塔》。

晨如常工作，午溫沙，馬伯魯到訪，並往拍電安南，定《沖天鳳》，用去 26 元，五時連卡佛，商量片事。

澤民尚不欲還五十元與馬伯魯。

周萬成到訪，談及張民權事，甚不滿意，謂他絕對勢利，而他又欲此後片二輪，必要或九如坊先，或國民先，或太平先方合，否則太、國非俟二、三個月不能放影也。

蘭卿八時到院，講妥梁麗姝，每日四百五十元，上、下期俱照各人一樣，並送一照與余，當堂裱之。

陸羽消夜，得悉澤民府庫空虛，四處張羅，移《魚腸劍》之款作拍《賽金花》之用，難矣哉，拍片矣。

8 月 31 日　星期六

提　要：庚辰七月廿九。

晨如常工作，午溫沙，民權到敘，余加餸，並簽合同，收定銀四百元，下午返院，遇馬師曾，共過海見邵老闆，商量十五中秋節之期，叫新世界讓《插翼虎》，余叫他不用免〔勉〕強，祇可通融互商而已矣，畢，返院，夜鄧英、伯魯及余俱往陶園，故不埋席，余與立發、民權三份，每人輸十元。

鄧肇堅約馬、譚星期三午食，余已得他倆同意。

9月1日　星期日

提　要：庚辰年七月廿九，愛爾蘭杯開幕。

晨如常，午溫沙，下午四時往觀愛爾蘭杯賽，太平對電燈，4vs1，張民權請大華晚飯，田立發報效金山橙打半，夜九重天尾戲，甚淡，四日祇得一日人工。

亞一頻頻電話，余卻之。

賽球畢，中華宴球員。

9月2日　星期一

提　要：庚辰，八月初一。

晨如常，午溫沙，民權至，加伯加炸子雞一隻，余加橙二元，下午東山七十八號。

連卡佛下午茶，希立發代往嶺英掛號一年班，蓋培英不能越級，必要再讀幼稚甲，且雖幼甲，亦無位也，故改往嶺英，明早與他們上學。

夜照常，約卓兄明日往中華晚飯，九時往"一"處，十時陸羽。

民權不□{疑為作者劃掉的錯字}在，燕妮已屬沙比利矣，其良有上海之行。

9月3日　星期二

提　要：庚辰八月初二，中華宴巢坤霖夫婦，新紀元民權餞別。

錫、衍藩嶺英初小一乙，七十八元半年。

晨如時與小兒錫藩、衍藩往嶺英考一年級，即交學費七十八元，後得悉他們祇暫取錄一年乙，並同時為來往利便起見，購一月票與易月葵，午溫沙，多謝立發多勞，民權到午食，下午往"亞一"處{略}，畢，返院，馬到候，定妥麥少峯，先取定銀卅元，鄧肇堅約明日午食於山光飯店，五時往連卡佛，六時往建國中華廳，敦請巢坤霖夫婦，聊表師生之情，陪座者，卓明兄、兆明、立發、民權、舍弟堯勳，暢飲而別，後又悉，民權與燕妮分別請新紀元，余與偉權共往，祇作座上客而已矣，民權送她禮券 50 元，從此佳人已屬沙比利矣，一時迺返。

9月4日　星期三

提　要：庚辰年八月初三。

晨如常，梳洗畢，往院辦工〔公〕，午往鄧肇堅府上，與伯魯、蘭卿等共往山光飯店午食，下午返院工作，馬約往告樓士打，會鄧老闆等簽片約，五時再往飲茶於連卡佛，後返舍下晚飯，內子云，她約三哥及亞嫂等俱來道歉，余着她置之不理，此後亦不提可也，總而言之，不可多事也。

夜與偉權往陶園，赴民權之宴，紙牌勝利云。

《關東雙俠》奇淡，祇收得二百餘元，其良有上海之行。

蘭卿來電，梁麗姝四百元每月，做第三個都允，余着她暫時拖住，且看將來應附〔付〕，馬借去一百元。

9月5日　星期四

提　要：庚辰八月初四，C.M. 生辰。

晨如常工作，午先溫沙，與各友略談，後返院工作，馬伯魯約過海，試身於時光衣服店，告樓士打及連卡佛飲茶，夜共往廣州靈山廳，賤〔餞〕別馮其良上海之行。

月嫦暫停交易。

碧侶、碧翠、碧梅返校寄宿，五時半晚飯，六時啟行。

天如學校租院，《泣荊花》、《女攝青鬼》，並加拜登台。

9月6日　星期五

提　要：庚辰八月初五，譚芳生辰、先慈忌辰。

晨如常工作，午溫沙，下午返院，照常工作，伯魯到訪，商量新班事，還回二百元，並請飲於南樓，他云，如遇租院，着余推卻八和，蓋他不欲也。

是日迺先慈忌辰，故請各家人到舍下同敘一餐。

芳兄壽辰，余送他金山□〔橙？〕一打，聊表寸衷。

這兩天為民權租院，每人除費用約得一百餘元。

9月7日　　星期六

提　要：庚辰八月初六。

晨如常工作，午溫沙，偉權到訪，下午代買 RADIOMALT[1] 一罐，送與“亞一”。

連卡佛飲茶畢，分賬 $17.4。

夜早眠，因感覺不適，未赴月坡、師曾之宴，前者陶園，後者南樓。

9月8日　　星期日

提　要：庚辰年八月初七，佳聯對太平，巢府飲茶。

晨如常工作，午溫沙午食，下午三時得悉焯兄往澳，馬伯魯、民權、立發及余四人往□□〔佳聯？〕{該二字似為作者劃掉的錯字}巢府飲茶，並拍一照焉，至五時往觀太平與佳聯比賽，三對一，新紀元晚飯，夜林兆業請廣州，十一時許迺別。

亞廉交銀四十元與余，忽又謂五十元，余不甚清楚，詳細查究。

9月9日　　星期一

提　要：庚辰年八月初捌日。

晨如常工作，午溫沙午食，下午返院，堯勳、鎮勳每人一元，以為返校

1 “Radiomalt” 是 1930-1939 年間英國生產的一種維他命補充品，見英國 Wellcome Library 官方網頁，https://wellcomelibrary.org/item/b28643185#?c=0&m= 0&s=0&cv=0，2021 年 2 月 12 日瀏覽。

駛用，下午五時連卡佛飲茶，畢，往大新購電鐘一個，送與鄧祥，價值十九點二五元。

夜往陸羽消夜，民權、鴻明、立發及余四人，有詩一首，贈與民權兄：世人皆謂神仙好，祇有嬌嬌忘不了，有錢日日借恩情，無錢又隨人去了。

9月10日　星期二

提　要：庚辰年八月初九。

晨如常工作，午袁耀鴻請金城小食，後再往溫沙，又往利舞台視察，袁向余解釋一翻〔番〕，關於馬伯魯事，余諱諾之，下午返院，伯魯約往飲茶，並實行改兩場計劃，定少人，且改燈色，後又請晚飯於金城，約齊蘭卿等竹戰，至夜十時許迺別。

內子質問余，是否數月來往石塘買醉，且召妓月嫦，何由知之，迨必有鬼也，余稔必亞堯無疑，必有以懲之。

余確無心買笑也，不過偶談風月而已矣，何傷大雅。

9月11日　星期三

提　要：庚辰年八月初十，馬拖往月嫦處，"一"無理取鬧。

內子往澳送禮。

晨如常，午溫沙午食畢，往送內子落船往澳，送禮與鄧祥，下午五時連卡佛飲茶，與立發返舍下，馬約往陶園食晚飯，忽然召月嫦到，余甚為驚奇，食畢，馬牽余往月嫦處打水圍，後往鐘聲賞贈品與水藝會各藝員，余於十時許再到陶園，"一"有電話至，謂她至，且決不賞臉也，余迺返寓，不理她如何，如此辦法，余決不遷就，實於面子有礙也。

9月12日　星期四

提　要：庚辰八月十一日，余亦往注射霍亂針，三元。

晨如常工作，午溫沙，民權到，還回一百元，下午先往大華飯店，與伯魯略談，後往連卡佛飲茶，至六時返寓，飯畢，內子由澳返，得悉鄧祥準十六十七或來港一遊云。

晨十一時源廉報告，西營盤潔淨幫到查，謂昨夜有一人患霍亂症，入東華醫院，故將全三樓冼〔洗〕地，余與他談及，着明日九時洒洗，因十二時半有早場開也，他有允意，遂在寫字樓飲酒略談云。

下午令全院夥伴注射霍亂針，□〔聞？〕有人反對。

夜早往陸羽，早返舍下休息。

9月13日　星期五

提　要：庚辰年八月十弍，半夜大雨。

晨如常工作，午溫沙，後返院，王杰、應華商量合作畫片事，余信之，並擬如何還款，下午四時約亞一往告樓士打八樓傾談，並談及過去事情，責她不應如是鹵莽，五時她往觀診脈於李崧處，且夜夜往東區踏雪屐，云借去蘇仔雪屐一對。

夜高遠文由澳來，商量謀一席位，消夜於陸羽，偉權討回一百元，並欲取消同義，一場改期，余堅持不肯，明日辦妥，看他如何。

9月14日　星期六

提　要：庚辰八月十三，麥佛謝酒，新翁之喜。

晨如常，午溫沙午食，下午返院工作，伯魯到，商量定人計劃。

夜九時半與卓兄往陶園三樓，赴麥佛喜酒，繼又往一樓閏叔之宴。

9月15日　星期日

提　要：庚辰八月十四，太平小型球敗於同義，三對一。

晨如常，午溫沙，下午四時與伯魯往連卡佛，繼又往觀小型球，敝隊敗於同義，先勝後負，用人不當之過也，余見譚煥章為人沉默，意用攻他讀英文，觀球畢，往東美林晚飯，返院，眼痛，早睡，因刺激過度，結果至弍時許方入夢。

服瀉丸。

梁麗姝明晚到收定。

9月16日　星期一

提　要：庚辰年八月十五，中秋節{以上用紅筆書寫}。

晨如常，午溫沙，下午四時"一"約往連卡佛，隨後伯魯等至，飲畢，共往商務，購《吟邊燕語》。[1]

環球公司來函，謂敝院不能放影 LOST JUNGLE，因版權關係，余隨即通知鴻明辦妥，他云明日答覆。

夜與家人、碧侶、碧翠、碧梅、堯勳、偉權等往 LIDO 賞月，至十二時許回府休息。

定妥梁麗姝，每月四百元，條件照普通人一樣。

9月17日　星期二

提　要：八月十六，參觀余賀增幻術戲。

晨如常工作，十時許往辦工，鴻明約往中華，商量應付環球事，下午廖來電云，他已允照放影，余隨即叫關律師通函與他，以免將來發生事件。

得悉何英蓮來談，要每月四十五元，還價廿，口不允，靚少鳳則要三點六萬，且不允做日戲，更要夜戲多的份子，如十分勉強，星期日加演日戲而已矣，俱不接納。

夜鄧泉來講，似有挽回黃鶴聲意，余着他早日答覆，免生事端。

定妥趙蘭芳。

1　此即 1904 年林紓與魏易的譯著《吟邊燕語》，大多數故事翻譯自蘭姆姐弟 (Charles and Mary Lamb) 的《莎士比亞戲劇故事集》(*Tales from Shakespeare*)。

9月18日　星期三

提　要：八月十七，廣州靈山宴客。

晨如常工作，午溫沙，下午“一”至，取五十元，且諸多事幹，雅不欲多談，陳永貞到，約往告樓士打飲茶，四時余往李醫生兆基睇眼，洗眼，無甚重要，明日再往。

夜十時往廣州，贏紙牌廿元，召月嫦，如常傾談，至十弍時散，□〔遇？〕亞克於廣州門口，余與偉權俱在座，交銀與李蘭生，他託覓郭鏡清，以完手續。

鄧英到談，云何英蓮有接意，每月廿元。

9月19日　星期四

提　要：八月十八。

晨如常工作，午溫沙，下午四時往李兆基醫生處洗眼，亞一亦至，共行，單獨余往連卡佛。

夜七時半往廣州九江廳，贏十九元，給一百元與月嫦，暢談一頓，迺返院工作。

十時半往陸羽，鄧英為東道，偉權均至。

初，本擬六時與伯魯往澳，後因防疫紙問題，故改派亞申前往，馬車夫因拈人，誤踏西安，適逢開行，他已往澳矣，因釋解黃鶴聲，免誤會也，且海天索價，每月九佰元港紙，仲殊不合理由。

9月20日　星期五

提　要：八月十九。

晨如常工作，午與“亞一”中華午食，後往溫沙會各友，下午返院，馬到，覆函余賀增，不赴茶會，五時洗眼，畢，往連卡佛飲茶，返舍下晚飯，七時赴院工作，九時與內子往皇后觀劇，散場時在電車與亞一相遇。

夜影《萬獸之王》，奇旺。

9月21日 星期六

提　要：八月廿，賽馬。

晨如常工作，午溫沙，後與伯魯往觀賽馬，余勝利三十三元，遂往觀足球，士葛勝南華，一對〇。

夜開始廣州抽水。

馬甚急，黃鶴聲不允，意欲定趙驚雲。

9月22日 星期日

氣　候：熱
提　要：八月廿一，月嫦請往看余賀增。

晨如常工作，午先往 ABC 候亞一，原來她在連卡佛候余，後在溫沙相見，午膳畢，迺往商務購雪屐一對與她。

下午返院，伯魯至，因鶴聲不合，意欲用盧海天，微嫌太貴，且恐對儉□〔至？〕不住，不如改用趙驚雲，俟與卓兄商量迺實。

月嫦請我、民權、立發等共往觀余賀僧法戲，十弍時許送她返寓。

內子們在金城晚飯。

9月23日 星期一

提　要：八月廿弍，碧翠患病，由協恩返寓。

卓兄之妻入養和院。

晨如常工作，午往加大會鴻明，商量片事，後往溫沙，下午返院，得悉碧翠患病，隨着其母過海攜她返寓，卓兄之妻腹痛，入院調理。

伯魯至，謂大鑼蘇不近人情，有接金山意，另聘別人，決意收平，明早繼續照做，不休息，擬定張活游。

新紀元晚飯。

夜鄺山笑到訪，兩場大戲事，每套影片卌元，夜則分賬對分，明日答覆。

9月24日　星期二

提　要：八月廿三。

晨如常工作，午加大商量片期，後溫沙午食，下午連卡佛飲茶，袁耀洪約往廣州，余不到，覺得絕無意味。

夜與鴻明往陸羽消夜，並聞朗云，卓兄謂廖無取一百一十五元事。

9月25日　星期三

提　要：八月廿四，廣州。

晨如常工作，午先往加大，後往溫沙，下午與余賀增、馬師曾等往名園拍照。

夜廣州。

9月26日　星期四

氣　候：熱
提　要：八月廿五。

晨如常，午前鴻明到搵，先晚已經通電不到，藉端索款而已矣，余希他分寫收條，（一）一百一十五元，（弍）數尾，他竟寫明，（一〔三〕）還回一百元，其餘五百三十元，並寫明仄號碼，Nos…… 且有一仄係十月五號兌現，此人極工心計，總而言之，決不交易。

下午月嫦有電話來，謂在溫莎不見余，知其與徐某在廣州飲茶畢，迺往游水，完全製造空氣，余淡然處之，因此事絕不關懷也。

沈息柯租院虧本，明天改影五場不同片，聊以供給駛用也。

東山五十一號。

9月27日　星期五

提　要：八月廿六，余宴客廣州。

晨如常工作，午溫沙。

馬云，定妥張活游，並同時定任劍輝，張某每月七百元，不要上、下期，祇分關期云。

9月28日 星期六

提　要：八月廿七，廣州青山，林兆業因賭博，大罵關加柏。

晨如常，午與內子先往加拿大，蓋她往對海，攜同小女輩返寓，以渡〔度〕月尾假也。

廣州青山廳，林兆業因賭博輸錢，借意大罵關加伯，幾乎動武，少年氣盛，殊屬可鄙，今後小心矣。

仍召月嫦，依然談笑自如。

9月29日 星期日

提　要：八月廿八。

晨如常工作，午先往連卡佛會亞一午食，遇民權，再往溫沙，適月嫦至，午食畢，召的士送她往高陞，余再返溫沙，得悉月波之工人因買物撞傷頭部，危險之致。

下午返院，往觀足球，唐冠雄先生請晚飯於大華飯店，畢，返院，馬師曾電，借弍佰元，卓兄不允，託言租院未便，且定人之過也。

民權到，索去銀紙夾，並邀往告樓士打一行，不過歷｛可能作者想寫的是"謳"字，作巧言解｝言其召妓之手段也，姑妄言之，姑妄聽之。

內子云，余等必有一局，如非，何以晚晚敢〔咁〕夜至返寓也。

東方勝蘇皇軍，四對一。

9月30日 星期一

提　要：八月廿九。

晨如常，早起，午往溫沙，關加伯解釋一切，始知兆業因還債事，至有如斯大炮，究竟都係錢問題也，後七時許加伯拈他署名之仄交來觀視，方知他蓄意口〔整？〕人也。

余請民權、三兄、立發及其愛姬往新紀元晚飯，余打雞，赢了三兄三十五元，不外得一條數，余決意不收，縱他允交，余亦當作請飲論以了之，誠恐他又誤會矣。

十時往娛樂見月嫦，共觀電影《吾兒不肖》。

新班意欲除張活游之外，加聘盧海天，以號召日戲，未稔各人意見如何，容商妥，頭台減價，弍台起價。

10月1日　　星期二

提　　要：九月初一，八和第弍晚聚會。

晨如常工作，午與程湛如往中華，簽妥合約，並交收定銀二千元，畢，往溫沙午食，交埋數尾與沈息柯。

下午馬到訪，欲聘羅麗娟，因她有病，不成，馬在連卡佛茶廳中言，卓兄"疴癬哄過欖"，余甚為不滿意，他在余面言卓兄，焉知在卓兄不能言余乎，後往新紀元晚飯，竹戰至九時乃返。

夜返寓時內子云，一枝梅有何好處，汝不應召她，每月虛費百餘元云，且同時汝又叫月嫦，余不理會，祇求入夢而已矣。

晨賽球，四比弍，太平隊敗北。

馬取去二百元。

10月2日　　星期三

提　　要：九月初弍。

晨如常。

午溫沙。

新紀元，余請馬、譚新紀元，譚因趕上台，不及埋席。

10月3日　星期四

提　　要：九月初三。

晨如常，午往溫沙，{ 略 }。

下午馬到訪，電星架坡，定梁醒波回港，太平對太古，四對〇。

蘭卿問補款如何，容日答覆。

大通保險庫由“九月廿四號起計陽歷〔曆〕算”，B194。

夜“亞一”無理取鬧，余在電話責她不應如此討厭。

馬借弍佰元，鄧泉伙食簽字據兼借六十元。

歐倩明往年身金九百四十元，是年起至二千元，乃馬師曾承認也。

做東家者，為啞忍而已矣，十時迺休息。

10月4日　星期五

提　　要：九月初四，立發請新紀元。

晨如常，午往溫沙，下午與民權弍人往連卡佛，夜一時赴立發之宴新紀元。

馬伯魯來函，不外加薪與倩明至二千元而已矣，他着黃金台還回仄紙一張，二百元。

民權云，徐耀棠着人查月嫦是否與人觀劇，由此觀之，可知他對她之關懷也，好自為之，從此罷手矣。

周萬誠問《空谷蘭》片賬，余直白對他說，俟馮其良來方找數云。

10月5日　星期六

提　　要：九月初五。

晨如常工作，午往觀馬，下午四時往觀東方與米杜息足球賽，三對一。

夜廣州，月嫦遲至，云因紙未到也，姑妄言之，姑妄聽之，余初次敗北，輸五十元，林兆業有錢不還，結果又輸一百二十元，十弍時半返寓，託言試燈。

照此而論，將來必有一天散局而已矣，無入息，多支出，確實難化〔划〕算也。

10月6日　星期日

提　要：九月初六。

晨如常工作，午溫沙畢，返院工作，三時半往尖沙咀碼頭，與內子過海睇足球，南華戰警察，三對弍。

夜高容升到訪，要求加薪至一百五十元，原底每月一百元，余謂實屬無理，恕不答覆。

鄭生到，商量《血灑桃花扇》，如頭兩天收入超乎一千二百元，百分之四十，第三天包一百一十五元底，擬定九、十、十一號，十一日。

馬文星電來，問日期，應之，並求他度妥勝壽年之期。

夜十時返寓，腹胃不寧。

10月7日　星期一

提　要：九月初七，新紀元，武昌滿月酒。

晨如常工作，午溫沙，下午返院，又往連卡佛，見馬伯魯，余談及亞儉之事，並高容升事，不應加價，他意欲津貼而出太平數，余極端反對。

夜七時許往新紀元晚飯，月嫦已至，言談中她云，若要跟佬[1]，必要查清楚，否則大婆趕出嚟，余答曰，通常妾侍趕大婆，有幾多大婆趕妾侍，好似你咁呀，她當堂反面，余亦再不為已甚。

夜返院，與譚蘭卿講及結果，補弍仟元，先交伍佰，其餘盡量年內交清。

陳汝成之女滿月，武昌擺謝酒，余與民權、立發、偉權俱往，後又往千里紅處坐談，而弍時迺返寓休息。

1 "跟佬"，粵語用詞，指風月場女子或有夫之婦另結新歡，與之共同生活。

民權云，月嫦前日與亞徐往中央觀電影，後又往食晚飯，亞徐有意撇[1]她，借機會而已矣，余亦不理，蓋余無心花事也，究竟星月不能爭輝。

10月8日　星期二

提　要：九月初八。

晨如常，午溫沙，加葡國雞，並送戲票兩張與戴月坡，下午往見阮達祖，商量弍樓繪圖事，又與海雲往連卡佛飲茶，又遇民權，與加柏商量《飛手大盜》國民放影事。

夜家慈壽辰，余因候衍藩、錫藩，故遲至七時許乃往賀，因亞二與他們往十弍家處食飯。

澤民認定民權靠不住，並與余往陸羽消夜。

近日時局極度緊張。

10月9日　星期三

提　要：九月初九，太平劇團頭台，《荊棘幽蘭》。

晨如常，午占美，與亞一午食，再往溫沙。

下午返院，馬約往連卡佛，並定其弟，一千二百元，每年上、下期照舊。

廣州之前遇月嫦，往打水圍，又往消夜，十二時返院。

小兒輩由協恩返寓。

請戴月坡觀劇｛是日日記全用紅筆書寫｝。

10月10日　星期四

提　要：九月初十，賽馬，YUET SHEUNG 生辰。

晨遲起，往占美午食，加柏、民權在座，後往觀馬，約三時馬伯魯

1 “撇”，粵語用詞，即“擺脫”或“離開”之意。

至，共往觀足球，詎料滿座，迫不得再入馬場重賭，共計虧去一百五十元。

慰農來函，減卻廿元告白費，俟覆，不外借錢而已矣。

月嫦生日，不到，徐某與民權竹戰於其寓內，由此可知其親熱矣，何去何從，審慎而後行，與其耗去金錢，何不淡然處置之，以觀其變，兵法云，虛者實之，或乘虛而入，總有一天也。

找戒指一隻與內子 { 是日日記全用紅筆書寫 }。

10月11日 星期五

提　要：九月十一，廣州酒家。

晨如常工作，午與亞一占美午食，下午返院工作，往連卡佛飲茶，三兄請廣州。

夜十時往廣州，仍召"月嫦"，又往民權處打水圍。

交伍佰元與小紅，石戒指之用也，尚欠三百。

黃合和到坐，商量拍片事。

覆函馬惠農，力言加告白費之必要，且看他如何答覆。

民權送頸帶二條作禮物云。

鐘聲欠款三百六十四點七元，由太平班關期除作完，每月每關七十九點七四元寸〔算〕。

10月12日 星期六

提　要：九月十弍，立發詐醉割愛。

晨如常工作，午往京都地下午食，下午返院，定實下台起，中間三天大減座價，新戲則照常二點二元云。

下午與"一"飲茶時，馬師曾至，談及新戲《忍棄枕邊人》，並勸立發不可再往尋歡，故立發有詐醉割愛之舉也，此劇在廣州十時許表演，後余與他返千里紅處，下文不知如何。

馬慰農來函，覆實告白費由我們定奪，因我們回信披瀝陳詞，他們父子串謀，不愧父為子忍，子為父忍也。

仍召月嫦，可惜佳人遲暮矣。

10 月 13 日　星期日

提　要：九月十三，馬推卻澳門，事關重要，余函達鄧祥解決。

張民權送頸帶兩條。

晨如常工作，午溫沙，之前往占美，與民權午食，月嫦與愛慕蓮俱至，因她倆到觀劇也。

馬因《星報》發表澳門非世外桃源，故他決意不往，多疑多慮，必誤大局也，查實無事攪〔搞〕事。

夜往陶園消夜，千里紅、立發、民權及余，余為東道。

夜深飽滯，腹部奇痛。

10 月 14 日　星期一

提　要：九月十四，患腹疾，暫休息半天。

晨如常，早起，覺腹疾，不甚要緊，{ 略 }，覺甚疲倦，着文士可診脈，下午返寓休息。

夜照常辦工〔公〕，十時返寓。

10 月 15 日　星期二

提　要：九月十五，余生辰，親友到賀，席設舍下。

晨早起食粥，內子向手取一簽〔籤〕，拈一字，“往”字膽，內子之母祇封回利是一元，不到宴會，似嫌日前是非也，姑置之不理，譚芳亦至，唯立發因往千里紅處，詐為不知，黎民三夜後方知，迺趕做人情，甚歡暢，源廉是十加倍人情，早來恭喜，似有改性 { 以上提要及正文用紅筆書寫 }。

午依然溫沙午食，下午馬師曾到，商量新戲改二點六元，舊戲大減價，他允，並澳事微有轉機，遂往連卡佛飲茶，亞清言，梁醒波日前電報誤會，今次再電，方能回港，諾之，拍電星州〔洲〕。

亞一約往加拿大傾談，言租屋事。

家母言欲取一百元，余言暫商。

10月16日　　星期三

提　要：九月十六，廣州。

晨如常，午溫沙，下午馬伯魯至，借弍佰元，入班數，蘭卿電借五佰元，不外銀紙在人處不如在己處。

原定三、六廣州大食會，民權竟往徐某處打牌，其意不過在個處[1]他可以稱皇稱帝，在別處則不能，該徐某立心鬥氣，逢三、六必在月嫦處屈房[2]，不外阻止她出局矣，然此計策故妙，唯余確無心喚妓，則又何傷也，張某亦可謂勢利小人矣，立發殊不滿意他的行為，各人亦不滿意。

余十弍時散席時，"一"相遇，共往千里紅處食生果，立發又破財矣。

夜三時授廉到訪，謂其女患風痰，入那打蘇[3]調理。

10月17日　　星期四

提　要：九月十七，《英德大戰》。

晨照常工作，午往占美，"亞一"、民權及余三人，余給她五十元，她不要，余任之，下午返院，結雪櫃數四十四點零五元。

四時連卡佛，余收到鄧祥來函，交伯魯閱。

廣州十哥請晚飯，竹戰勝利二十八點六元，徐某到座，由民權介紹，余覦〔趁〕此不叫月嫦矣。

立發心由不憤民權所□〔由？〕{該字疑為作者劃掉的錯字}為，總之風月場中，每多苦況也。

夜影《英德大戰》，奇旺。

---

1 "個處"，粵語用詞，"個"按粵語聲調唸作第二聲，即"該處"、"那裡"的意思。

2 "屈房"，粵語用詞，即在某處臨時寄宿。

3 即那打素醫院。

寄飛機信星架坡三姑。

10月18日　星期五

提　要：九月十八，滇緬路開放。

晨如常工作，午連卡佛，偉權、民權三人在座，食畢，往溫沙一行，下午在溫沙飲茶畢，行至中華車站，遇月嫦，再往中華飲茶，共往新世界戲院一行，然後送她返寓。

余決意不叫她矣。

10月19日　星期六

提　要：九月十九，伯魯不知何故，忽然宣佈散夥，鄧祥為澳事勸伯魯往澳一行，金龍唐君讌客。

晨如常工作，午連卡佛，與民權二人，一時許往觀馬，先是，十時許鄧祥由澳來，余請他往建國酒家午食，後由文仕可、程湛如、吳培等往他寓，敦請馬往唱演，未知如何，夜余在廣州時，忽然有電話謂，馬意欲散班計數，余着他找回舊數，襯〔趁〕此結束，後由焯明兄約他往珍昌談判，但不知如何，祇知明日照常唱演矣。

夜十一時余電話梁后源，談及此事，他堅勸馬來。

唐冠雄先生宴海天游泳團於金龍六樓清暑殿，余在請之列，十弍時埋席。

在馬場見月嫦及"一"，均招呼焉，余勝利，計八十元。

10月20日　星期日

提　要：九月廿。

晨如常工作，午戴月坡請山光飯店午食，到座者，除東家佬外，澤民、立發、民權、閏叔、加柏及余，畢，返院觀劇，月坡到院參觀，立發與愛人觀電影於新世界戲院。

伯魯因畫景激刺，故有散班之議，後由卓兄解釋，始允照做，唯不外浪頭而已矣。

夜十時十五分卓兄往七號差館，因廖他行為不檢，故有此舉，一嗣審妥後，決意將他開辭。

10月21日 星期一

提　　要：九月廿一日，東山七七，馬關於澳事，反覆無常。

晨如常，十時返院辦公，十一時往東山七七見“亞一”，與她齡〔齟〕齬幾句，不外拈酸呷醋，{略}，夜九時又再會。

午溫沙，沈息柯又宴客於廣州，余因事十一時許迺與戴君共往，在廣州門口適逢月嫦，與她共上靈山，並約她禮拜日往山光飯店午飯云。

馬意欲不往澳，故攪〔搞〕埋各人反對，不外有意與東家為難，余欲此後借意散班，反為得意，蓋不欲再幹下去矣，人之無常，馬可謂矣，總有一天，子姑待之。

請卓兄、二婆、大姊等到舍下晚飯。

10月22日 星期二

提　　要：九月廿弍，太平勝摩托，一比〇。

晨照常工作，午會周炳垣，收東莞義學定銀一百元，交卓兄，並請他午食於連卡佛，下午返院，五時往觀太平對摩托，是日偉權不參加，許竟成替代，結果勝利，尤以陳汝誠為妙。

夜關加伯請廣州東山廳，余打雞，贏十八元。

戴月坡云，東樂有盤出，並意欲組織戲院商會，以制戲人，着余起稿，余應之。

大華請許竟成晚飯。

10月23日 星期三

提　　要：九月廿三，大姑娘生日，鄧祥由澳來港，馬允往澳。

晨十時亞福往舍下，言道鄧祥由澳來，遂往院會他，並聯同卓兄等，請他新紀元午食，下午約齊伯魯、蘭卿、湛如、鄧祥六人往告樓士打，商量赴澳，卒至由傅德蔭電話着馬不應恐怕，由他擔保云，結果馬答應往做。

夜往廣州，輸了四十五元，民權還回五元，並往驚雲處食生果，先是，晚飯已往金龍食矣，兆業還十五元，余着他不用還賭賬，祇禮拜六請飲可矣。

惜之生日，內子往賀，並竹戰。

黃合和來電，（一）請□□〔花園？〕午食或晚飯，（弍）請馬師曾介紹，（三）用我名字作監製，余漫應之，明日答覆。

連日腹痛，大抵多食肥膩也。

10月24日　星期四

提　要：九月廿四。

晨如常，午溫沙，下午往阮則師寫字樓。

弍時許內子往送鄧祥夫婦船，四時黃合和到訪，商量，（一）約周萬誠午食，（二）由馬師曾介紹，（三）聘余為監製，對於第三款，余否認，適逢林清源、廖洪明到訪，遂別往連卡佛飲茶，張民權在座，立發對余言，千里紅紅潮不來者，已月餘矣，余恭喜之，夜與“一”、“發”三人在加拿大消夜。

余腹痛，食胡椒燉雞。

10月25日　星期五

提　要：九月廿五，天氣忽然轉寒，57°。

“You cannot succeed if you are not united. Quarrels and dissensions are always costly. The price of anger is failure. If any differences arise between you, let your mother be the role judge and arbiter. Remember that luxury is always dangerous. The simple life is the effective life.”

晨如常工作，午溫沙傾談沈息柯之是非，戴某約往澳一行，下午返院工作。

讀書。

10月26日　星期六

氣　　候：寒
提　　要：九月廿六。

晨如常，早起，梳洗畢，往院工作，午溫沙午食，眾人提議搬往別處，余反對，遂決在溫沙仍舊，下午碧侶等月尾假，返寓，全體先往連卡佛飲茶，炳照亦在焉，後往觀足球，東方勝香港會，六比弍。

夜演《刁蠻宮主戇駙馬》，因加價，不能滿座，俟異日再減價，連演柒天。

廣州，月嫦因有客，託言因趕埋席，不至云，民權不到，據月坡云，加伯不欲太平先過國民放影《風流皇后》。

昨耀洪云，勝壽年頭台查實覺先聲，此人奸滑〔猾〕異常，容觀其變，太平劇團慢步方有交易。

10月27日　星期日

提　　要：九月廿七，山光飯店宴客，南、星大戰，二比二。

晨如常，梳洗畢，午先往山光飯店，到者，沈息柯、民權及余三人，先在菩苑進茶，至一時迺返山光用午，月嫦亦至，濟濟一堂，計赴席者，有加柏、澤民、立發、應華、王傑〔杰〕、民權、月坡、兆業、息柯、月嫦及余。余自備巨拔蘭地酒一枝，至三時由立發送她返，適逢她已約徐某往觀足球，由此可知，此人立心尚未定，用情，枉耗金錢矣，後余往觀足球，甚擠擁，夜往廣州晚飯，得悉戴月坡被摸去銀包一百六十元。

10月28日　星期一

提　　要：九月廿八。

晨與偉權商量往澳事。

下午兩點半乘交通輪往澳，六時抵步，住東亞七〇二號，忽然感冒疾作，宿於七一五亞一個房，她於五時乘濠江赴澳。

10月29日 星期二

提　　要：九月廿九，燈火管掣〔制〕。

仍逗留在澳，候兩點半船，因西安入澳，故改明日始返。

由鄧祥處搬回衣物。

｛略｝

10月30日 星期三

提　　要：九月卅，燈火管掣〔制〕。

晨乘東安輪返港，照常工作，即度妥北河，因避覺先聲在利舞台頭台開幕也。

下午返院，照常整理文件，計妥賬單。

簽妥《風流皇后》合同，先演四天，如佳，演足五天，百分之四十。

11月1日 期五

提　　要：九月｛應為十月｝初弍，夜六時至九時大雨。

晨照常，梳洗畢，飲茶，碧侶等昨天行畢業禮，放假一天，故宿於舍下，余交她卅元作補習用，午溫沙，此月有會友不參徵，嫌是非，天下無不散之筵席，誠哉斯言也。

下午購馬票，民權尚欠十元，明日始交。

通知棠姊，如有事，告知我，恐防別有事情也。

還回弍佰元與三姑。

11 月 2 日　星期六

提　要：九{應為十月}月初三，賽馬，毛毛雨，北河唱演，太平劇團。

晨如常工作，午先往占美，與民權午食，後往溫沙，約齊各人明日赴張之山光宴會，下午觀馬，四時觀足球，東、南大戰，各入弍球，平均〔分〕春色。

夜照常在院工作，因雨，早返舍下休息。

因事不赴宴。

11 月 3 日　星期日

提　要：九{應為十月}月初四.

民權請山光飯店午食。

往觀星、士之戰。

11 月 4 日　星期一

提　要：九{應為十月}月初五。

愛爾蘭杯，太平勝南華，四比一。

11 月 5 日　星期二

提　要：十月初六。

晨如常工作。

往達祖寫字樓取回院圖則，以備間房[1]之用。

1 "間房"，粵語用詞，"間"字按粵語聲調唸作第三聲，此處意思是建牆劃分使用空間。

11月7日 星期四

提　要：十月初八

亞妹撞見亞一，決趕她出院，余置之不理，唯有返舍下休息而已矣，她的皮〔脾〕氣過於剛愎，殊難征服。

晨如常工作，午先加拿大，後往溫沙，不外應酬王傑〔杰〕及應華借款事。

其攀託寫信義勇軍，長期告假。

民三到舍下，傾談至十一時迺別。

11月8日 星期五

提　要：十月初九，醒波由星州〔洲〕返，全年七千二百元，水腳由他自負。

晨照常早起，梳洗畢，即往院辦工，午溫沙，民三加入，王杰催款事，下午返院工作，譚芳約往告樓士打傾談，後又往連卡佛，張問昨晚事，余云已警戒民三，不應將此事作為笑話。

夜問馬師曾對於工傷〔商？〕局籌款事新戲如何，他云照辦，隨即覆函渠等，他反對減價，余解釋理由，蓋他恐分賬少也，且師贊問，何以不往利舞台，余不答之，伯魯腳痛，余冷眼觀之，後出台無事。

“一”約星期一會面。

11月9日 星期六

提　要：十月初十，蕙芬生辰。

晨如常工作，照常辦工，內子云，月來不見經期到，好似有孕，未知是否。

午山光飯店，余潤為東道，澤民因事不至，下午往觀足球。

內子生辰，其母、其弟均至，唯余生日他則不到，小人之事也，余置之不理，民三、鄧英均有做人情，譚芳亦至。

夜廣州，余交書藉〔籍〕與月坡，兆業輸三十五元。

11 月 11 日　星期一

提　要：十月十弍和平紀念，放假一天。

晨如常工作，午先往東山四十一會亞一，然後再往溫沙午食，下午返院之前，民權往名苑影相。

夜再往東山，希亞一往借一萬元，明日答覆，詎料此人必要有物業按揭，余否之。

鄭生租院，每天二百五十元。

11 月 12 日　星期二

提　要：十月十三，中山壽辰紀念。

晨如常，碧侶等誤會非假期，早返校，後知悉，欲回家，不許，故留校，午亞一來電，云岑某非有物業揸手[1]恕不放款，下午源永昌到訪，共往連卡佛飲茶，馬至，共往做衣料。

夜與蘇仔共往陸羽消夜。

11 月 13 日　星期三

提　要：十月十四。

晨如常，鄧文釗因保衛大同盟會事追數，約下星期二到訪。

午溫沙午食，畢，往探陳宗桐，加柏請告樓士打飲茶，下午連卡佛，先是午食，應華幾乎反面，因席姑娘事。

夜廣州竹戰，十弍時返寓。

小紅到索款，即交三佰元。

1 “揸手”，粵語用詞，此處意思是“持有物業”。

11 月 14 日　　星期四

提　要：十月十五。

晨如常早起，午先往加拿大，後往溫沙，下午返院，照常工作，夜十時返寓。

夜六時晚飯於陸羽，民權在座，遇黃花節、鄺山笑等，共談一片。

11 月 15 日　　星期五

提　要：十月十六，馬師式 4 時半電話，取回戰稅紙，並吩咐各數由他住家支銷。

晨如常，午溫沙，應華云，六姑有交狀師收事，余託她再找王杰商量，不外人情冷暖，自私自利而已矣，下午返院，師式來電云，大哥之數如未繳納，交他們自己清結，並此後衣服數由他住家自行清結，余遂將此事對卓兄說明，並即晚寫信一封，並仄一張，送回他們，由祝三手交，以完手續。

夜陸羽消夜，遇見鄺山笑、黃花節，一百五十元出賣三套名片，星期一答覆。

11 月 16 日　　星期六

提　要：十月十七，賽馬。

晨如常工作，午溫沙午食，下午往觀賽馬，大敗，輸了六十餘元，宴於廣州。

梁醒波登台，甚博得好評。

11 月 17 日　　星期日

提　要：十月十八，廣州，恭賀民權生日，並送禮券一張與立發。

晨如常工作，午溫沙，下午返觀足球，並在太平館晚飯，夜十時往廣州青山，是夜□〔穿？〕生花，甚輝煌，鮑翅、乳豬、一品官燕，甚樂，同時送禮券與立發，他不受，且諸多怨言，結果不歡而散。

亞一來電話，余不理會她。

由朗手借三百元，言明兩個月為期，□｛疑為作者劃掉的錯字｝利息不計。

11 月 18 日　　星期一

提　要：十月十九。

晨如常工作，午往溫沙，下午返院，鄺山笑、黃花節商量趕班事。

夜在院借三百五十元，民三，弍佰元，源朗，三百元。

余亦要從事撙節，否則不知害伊胡底也。

11 月 19 日　　星期二

提　要：十月廿，民權生辰，新紀元，李福和結婚，設宴於建國酒家。

晨如常工作，午與"亞一"JIMMY 午食，後往溫沙，下午返院，澤民來電云，有商量，不過息口出乎一分之上，余答，不甚要緊，明日再覆。

夜六時先往新紀元，後往賀李子芳新翁之喜，夜九時埋席，十時散席。

嘜佛借廿元。

余向焯兄借三百五十元。

11 月 20 日　　星期三

提　要：十月廿一。

晨如常，午往加大會王杰等，後往溫沙，下午返院，照常工作，夜民權設宴廣州，酬謝各人，並同時送禮券五十元與千里紅，至夜深一時迺返寓，計列席者，月坡、加柏、兆業、民三、偉權、應源、曾姑娘（張之執□〔髮？〕）、王杰、應華、詹勳、立發夫婦等，共十三人，甚高慶〔興〕，但小〔少〕蓮枝與鷩雲，侷促不安矣。

11月21日　星期四

提　要：十月廿弍，仗義每多屠狗輩。

晨照常，午與亞一往占美午食，後返溫沙，下午三時往見鄭生，商量借款事（不料不成事實），由此可知世態炎涼，社會信仰現目未夠也，且加以鴻明各處破壞，更不堪提也，此後唯有自力更生，不可仰賴於人。

下午面勸"亞一"，必要從儉設想，大抵世界不好也。

夜因陳熾英生日，內子往賀，余個人往中華食飯。

此後千萬不可亂向人借款，鑑於澤民、鄭生，可想而知也。

11月22日　星期五

提　要：十月廿三，兆業請廣州，加柏不至，恐防他請也。

馬文星召集全行，反對抽稅事，14C.[1] 起碼。

晨如常，返院辦公，午溫沙，昨日｛原文"昨日"二字似有劃掉痕跡｝下午返院，候鄭生電話，原來不妥，無甚緊要，總之，此後做事，自力更生，力謀積蓄也，依賴非根本辦法也。

夜兆業執籌行頭，請廣州，加柏不至，恐防他要請也，明晚余決定請客，立發聲明不至，余終夕不向他作一言，鄙口〔涉？〕之口〔謂？滑？〕也。

馬叫余過海，因淡，大發牢騷，余略慰之，作辦法，容日另商，做生意，有旺淡，何須過於認真也。

十弍時半乃返。

11月23日　星期六

提　要：十月廿四。

1　此處"14C."可能即"14 cents"，即 0.14。

余請客廣州，月嫦因徐某之愛□由重慶回，她情場失意，甚敢〔感〕不安，擬有滬江之行，可惜憔悴祇管汝憔悴，人地[1]絕不理會也。

晨如常，午仍溫沙，下午觀南華與海軍比賽。

立發因事不至，余勝利於竹戰，並往民三處茶園。

11 月 24 日　　星期日

提　要：十月廿五，督憲杯，華聯勝，一比〇。

晨因昨夜遲睡，晏起，午與錫藩、衍藩、堯、鎮勳往溫沙午食，月嫦又至，略談，後返院與內子往觀足球，新紀元食飯，16 元左右，夜又往陸羽，民權同往。

讀書、勤力、慳儉，迺善法也，不良嗜好當要戒除。

11 月 25 日　　星期一

提　要：十月廿六。

晨如常工作，十弍時先往和發成交銀，然後往溫沙，下午返院，芳約往中華傾談，得悉他召西湖女，已發生關係矣，五時往連卡佛，三兄、民權及余三人飲茶。

夜八時許往新紀元晚飯，余對民權言，他的大姑娘（驚雲）對他款款深情，仰祈慎之，夜十時與炳照往陸羽，又見民權消夜，至夜深十一時乃返寓休息。

是夜月嫦到觀劇，六位，夜演《忍棄枕邊人》，義演，購募寒衣，明後兩晚八和籌款。

11 月 26 日　　星期二

提　要：十月廿七。

---

1 “人地”，粵語用詞，此處是“人家、別人”的意思，全句解作“他才不理會哩！”。

晨如常，鴻明往見鄭生，意欲發生訟務，下午鄭某勸他到訪，查實馮某作怪，兼出訟費，余大〔不？〕□〔理？〕之，可知廖某不思報恩，只求謀利矣，今後唯有各走極端，且必出法子以警戒此馮某，且看他又如何。

夜廣州，戴月坡請飲，月嫦忽然下淚，迨亦遭人見棄也，可惜可惜。

11 月 27 日　　星期三

提　要：十月廿八日。

晨如常工作，午溫沙。

在陸羽與鴻明沖〔衝〕突，得悉他着馮某將《美德大戰》之數交鄭生收，余與鄭某商量收其駛用三十五元，然後食晚飯開消。

11 月 28 日　　星期四

提　要：十月廿九，新劇《琴劍靖皇宮》，金女生日。

晨如常工作，午溫沙，再往 A.B.C. 會亞一，並給她卅元，下午四時往觀西園對同義，言和，殊屬不文。

卓兄云，該鄧文釗追討款項一千六百元。

夜十時用汽車接內子，由炮〔跑〕馬地回來，因她的家姊生日也，馬公權言，欲不妨試辦減收一點七元。

11 月 29 日　　星期五

提　要：十一月初一。

晨如常工作，午先往加大，與梁迪文即晚七時請大同晚飯，午溫沙畢，返院工作，梁某來電話云，今晚到觀劇，五位。

夜七時往大同晚飯，後返院，十時許又往陸羽。

馬欲度利舞台，余反對，謂他優待覺先聲，薄視太平劇團，此後必要自力更生，奮鬥圖存也。

11 月 30 日　　星期六

提　要：十一月初弍，廣州，第弍週開始。

晨如常工作，午往勝斯午食，畢，往觀賽馬，不能勝利，此後不宜多往，後往觀足球，夜返寓，女兒輩月尾假，由九龍返。

廣州，每位卅元作局，第弍週開始，戴某、民三、兆業、民權、立發、其良及余共柒人，馮其良竹戰欠余廿元。

月嫦席上諸多談及徐某不是，迨亦張某假意殷勤也，今後小心，免墮其計。

12 月 1 日　　星期日

提　要：十一月初三，往利舞台視察。

晨如常工作，午溫沙，戴月坡云，對於月某之事，千祈小心，一失足成千古恨也。

下午往觀東方與聖約瑟聯賽，四比一。

夜往利舞台視察，演覺先聲，寥寥無幾，甚淡，至十時半余迺返舍下，月某坐第三行五位。

12 月 2 日　　星期一

提　要：十一月初四，馬問普慶日期，巢公代寫信，關乎移民局事。

{ 無正文 }

12 月 3 日　　星期二

提　要：十一月初五。

晨照常工作，午溫沙，月嫦到訪午食，夜約往九點觀電影，下午三時半金港戲院會議，應附〔付〕起娛樂稅事，大意由一仙至五毛，百分之十，其餘照舊，此議原由政府內定，其中有等院仔[1]反對，以為不應多納娛樂稅，余不能耐煩，祇交弍元與陳君超，作附和此議，並趕往觀太平與同義比賽，結果弍對弍和局，做成太平有冠軍希望。

新紀元晚飯。

12 月 4 日　星期三

提　要：十一月初六，內子極端反對一枝梅，通宵吵鬧，天明乃睡，余允拋棄此人，但必從長設法也。

卓兄追問票尾事，並云馬極端反對多度對海，意謂太平與普慶間有運動云，余甚奇之，若下次再有星期六、星期日在普慶做，他唯有腳痛，他祇聽讒言，卻不知慶院之難也，且各期卓兄明白，由馬文星自己改妥，有信底為據，收入佳則無事，收入不佳則難言矣。

夜廣州，民三宴客，兆業打茶圍。

月嫦云，"一"另有所歡，為一廿餘歲少年也。

12 月 5 日　星期四

提　要：十一月初七，與戴月坡往喇沙書院，其子兆光入學宿舍。

晨如常工作，午先往加大，後往溫沙，得悉應華欲拍片，奈資本不足，欲向月坡商量，後又中止，午與月坡、其子往喇沙書院，由神父領導，入校週〔周〕圍觀察，該書院確屬名貴，不愧為全港之冠，當時交書金一百元，其餘當特別駛用。

夜與堯勳往陸羽飲茶、亞女來函，催交學宿費，共 188.5 元。

12 月 6 日　星期五

提　要：十一月初八。

1 "院仔"，粵語說法，即規模較小的戲院。

晨如常，午溫沙，下午返院，候潮州班到租院，每天叁佰元，先交定銀一千元。

四時四十五分與譚亮往連卡佛飲茶，遇肇堅，約往找民權，至夜十時方找到，余與堯勳、鎮勳往陸羽飲茶。

戴月坡先生送來鮑魚四十隻，以酬日前與其子入喇沙之口〔用？〕。

12月7日　星期六

提　要：晨十一月初九。

晨如常工作，午溫沙，下午往觀南華對士葛。

夜廣州，一時迺返。

西園商量冠軍賽。

12月8日　星期日

提　要：晨十一月初十。

晨如常，午與錫藩、衍藩往溫沙飲茶，下午往觀東、星大戰，結果弍比弍言和。

夜九時許與月嫦等往陸羽品茗，又往新世界取票。

12月9日　星期一

提　要：十一月十一，五一〇食晚飯。

晨如常工作，午溫沙午食，下午返院工作，四時返舍下竹戰，五時半往中華買生果，後往愛慕蓮處食晚飯，畢，返院，九時卅分往皇后，與月嫦觀電影《木偶奇遇》，至十一時半送她返寓，後往五一〇消夜，十弍時許迺返寓休息。

1926 1928 1929 1930 1931 1933 1934 1935 1936 1937 1938 1939 1940 1941 1942 1943 1946 1947 1948 1949

12月11日 星期三

提　要：十一月十三。

晨如常工作，午溫沙，先往東山五十三，後往午食，下午返院工作，四時洗燥〔澡〕，五時連卡佛飲茶，六時中華晚飯，九時返院。

是日租院與中泰公司，余恐其《血海花》不甚收得也。

12月12日 星期四

提　要：十一月十四。

晨如常工作，午溫沙，後往探戴月坡，他患血壓高病，年老人大多如是，凡事小心，小食燉品可也。

黎伯云，月嫦與一少年在街閒遊，特此佈告，並懇明日到食晚飯云。

夜陸羽消夜，日如宴客。

大姑娘生日，內子往賀。

12月13日 星期五

提　要：十一月十五。

晨如常工作，午與巢坤霖、卓兄三人在連卡佛午食，後往溫沙，是晚晚飯於五一六美英處，黎伯為東道，東樂來電話，星期一、二改戲，休息，改為影片。

戴月坡交來一百元飲費，存余代理。

照余觀察，各人都是好玩貪皮兒，無人願損失。

巢公云，小童宜於十歲大方可寄宿，否則將來對於家庭思想有不留意矣，此言可為一般家室好教訓者喻，不能為無家庭教育者言之也。

但子女求學，視乎將來彼輩欲如何謀生也。

12月14日　星期六

提　　要：十一月十六，賽馬，廣州。

晨如常，午先往新紀元午食，偉權、民權等共往觀賽馬，畢，往建國晚飯，返院工作，叫日如問師曾，對於工務局義演事如何，他負氣而言：“乜都好。”余將此事對卓兄言及，他誤會別情，余不理會，且來年普慶有易主之變，元月頭台又為覺先聲所奪，除此何〔外？〕則無別處矣。

廣州，叫月嫦往打水圍，至十弍時許迺返寓。

12月15日　星期日

提　　要：十一月十七。

晨如常工作，午溫沙畢，往見戴月坡，商量借款事，下午三時半返院，往觀足球，東方勝警察，四比弍。

夜見馬師曾，商量（一）來年元日演十五天，（2）《漢高祖》送演五天，（三）新力〔曆〕年四、五號工務局籌款，並向他解釋普慶禮拜六之事，及日戲多多改量〔良〕，俟後新戲加價，舊戲減價。

夜月嫦到觀劇，詎料亞一又至，民權約往消夜，何口〔輯？〕有份睇戲。

12月16日　星期一

提　　要：十一月十八，戴月坡借伍仟元｛以上提要用紅筆書寫｝。

晨如常工作，早起，十一時半往見曹學愚，詢問移民證手續，得悉有商業人名錄，亦可以證明，並同時往見戴月坡，借款五仟元，立單三個月期，每百元一分息。

下午五時嘜佛之大仔結婚，香港大酒店行禮，夜往千里紅處晚飯，濟濟一堂，甚高慶〔興〕也。

12月17日　　星期二

提　要：十一月十九。

偶患風寒，不甚舒適，疲於辦公，略事休息。

約亞一會於占美，給她三十元，月嫦約往觀電影，余卻以病。

12月18日　　星期三

提　要：十一月廿，太平榮獲愛爾蘭杯冠軍，宴於廣州 {“太平”以下語句用紅筆書寫}。

晨如常，午溫沙，下午在院工作，畢，往觀愛爾蘭杯冠軍，對聯隊，弍比三，太平榮獲冠軍，宴客廣州三樓，打通四個廳，敦請各球員及各老友，唐先生冠熊亦至，余召月嫦至，與各人招呼，散席至，適耀棠落電梯，與月嫦相遇，她怒他而之陶園，唯民權則無故殷勤，殊可鄙也，後余重返廣州，又與她相遇，再返廣州，給她弍百元渡〔度〕冬節，以完手續。

兆業與民三共敘於蓮紅處。

12月19日　　星期四

提　要：十一月廿弍。

晨如常工常〔作〕，午溫沙午食，下午三時半往娛樂戲院會議娛樂稅事，先是，上午十一時往觀《大地回春》試片，中泰慘淡，下午還回一千元，李六姑，與袁耀鴻電話談及，問他是否不演粵劇，他云試辦三個月，如國語片不得時，再試粵劇，余諾之，他允容日再談。

夜早睡。

十時往陸羽。

12月20日　　星期五

提　要：十一月廿弍，黃元印假票被開除。

晨如常工作，卓兄叫余出院，云亞黃串同灣仔達英印務館購假票，立即開除，以免多生事端，難保其他伙〔夥〕記不同謀作弊也。

午溫沙午食，下午返院，碧侶、碧翠、碧梅由協恩返寓，過耶穌誕。

蓮紅處晚飯，得悉各人賭博均存自私自利之心，余輸去三十四元，作一大教訓也。

初演《漢高祖》。

12 月 21 日　星期六

提　要：十一月廿三。

與亞一午食於京都大酒店地下。

夜廣州，十弍時許始返。

12 月 22 日　星期日

提　要：十一月廿四，冬節。

晨照常辦工〔公〕，午溫沙午食，下午往觀慈善足球賽，至五時返舍下晚飯，略睡片時，八時半往院辦公，九時半與月嫦往皇后觀《縮形怪醫》，至十一時許返院，然後返寓休息。

12 月 23 日　星期一

提　要：十一月廿五。

晨如常工作，午溫沙品茗，下午返院工作，畢，與日如往連卡佛飲茶。

夜江文聲請消夜於陸羽。

12 月 24 日　星期二

提　要：十一月廿六，馬質問侯壽南之座位。

晨如常工作，午溫沙，下午照常辦工〔公〕，與民權六時在連卡佛飲茶，民權找一手錶與其妻，余給弍佰元與內子。

夜馬師曾派肥牛、祝三質問侯壽南之位是否晚晚要到座，余遂着他往問卓兄，隨即標一紙在票房閘，任何人未經寫字樓許可，不得劃位，且警戒炒票，聊以塞責，近來馬諸多騷擾，究不如下屆再次不幹可也，戲人俱多多靠不住，非虛語也。

慶祝聖誕，舍下在座者，曾金琦、源朗、啟新、蔡棣、亞廉、偉權等，請戴月坡觀劇，並各報界參觀《漢高祖》。

12 月 25 日　星期三

提　要：十一月廿七，廣州。

{ 無正文 }

12 月 26 日　星期四

提　要：十一月廿八，粉嶺賽馬。

晨如常工作，午與譚芳、坤叔、民權加拿大午食，畢，往粉嶺觀賽馬，首次敗北，賽畢，往普慶一行，在印度餐室晚飯，夜返院工作，又往陸羽消夜，畢，返寓休息。

據余觀察，興中華可謂奇旺矣。

12 月 27 日　星期五

提　要：十一月廿九，東山七十一號。

肥仔關請艾菲午茶，遇見施玉麒，明日見他，商量移民證事。

油灰水，保記話只得捌佰元，遲日再借數佰元，余允他，容日商量，唯必要先造〔做〕妥一半，然後有交易。

12 月 28 日　星期六

提　要：十一月卅。

晨如常工作，午十一時與月坡往見施玉麒，商量取護照事，蓋他不主張取十年移民證，余亦行將轉護照也，午返院，後與內子往觀足球，舍下晚飯。

夜八時往東山七十一號，與亞一相見，十時再往廣州，至夜深一時迺返，月嫦約明夜往觀新劇《蝦兵蟹將》。

12月29日　　星期日

提　要：十弍月初一，娛樂。

晨如常工作，午往京都地下，會劉蔭蓀父子、戴月坡，四人共商量租普慶事，並談及馬伯魯之家族會議扭計，至弍時半始別。

下午照常工作，五時與源廉、堯、鎮勳等陸羽晚飯，後往盧信隆定長衫兩件，返院，仍繼續工作。

夜九時半往娛樂，與月嫦看電影，散場時遇見民權及海雲等，余乘的士送她返寓，然後返舍下休息。

12月30日　　星期一

提　要：十二月初弍。

晨如常工作，午溫沙，下午返院，五時告樓士打，與民權二人飲茶，六時返寓，夜七時往美英處晚飯，兆業近來出言不信〔遜〕，諸多揶揄月嫦，吾恐他必有一件不可對人之語，花月場中，每多是非，余亦姑妄言之，姑妄聽之可也。

源詹勳先生日記

1941年

1月1日　星期三

提　要：庚辰，十二月初四。

晨照常工作，午勝斯午食，先往京都地下，民權請馮其良，兼請及余，畢，迺往勝斯，下午弍時許與內子往觀足球，華聯勝利，四比一，晚飯小兒輩於新紀元，夜惠農談及劃位事，並矦壽南之不合理號位，十時往廣州靈山，只立發、民權、偉權及余四人，月坡患病，月嫦遲至，散席畢，"亞一"遇見，略行海邊十餘分鐘，乃返寓。

是年預算購地置業，實行儲蓄｛是日日記全用紅筆書寫｝。

1月2日　星期四

提　要：庚辰年十弍月初五，劉少蔭請廣州靈山。

晨照常工作，偉權往澳義賽，午未往勝斯前，亞一到找晦氣，余憤然不理，午食畢，往大通入銀，適祝三到支，余着他明日到取，下午返院照常工作，五時告樓士打飲茶，改為連卡佛。

夜伯魯請余上後台云，因生意淡：意欲散班，余云，祇可埋頭苦幹，決不可無意義犧牲，安慰他一頓就了之，然後往廣州，十弍〈時〉許乃返寓休息。

1月3日　星期五

提　要：庚辰十弍月初六。

晨如常工作，午勝斯，下午返院照常，夜未屆十時返寓休息，《鬼妻》奇淡，迨亦價目過昂之故也，成本過昂，若然減價，則滿座猶不敷數，若起價，則觀眾聊〔寥〕聊〔寥〕無幾，殊可慮也。

1月4日　星期六

提　要：庚辰，十二，初八。

晨照常工作，十弍時往勝斯午食，下午入□ [201?] 略座〔坐〕，戴某商量移民證事，三時再往加拿大會應華，談及辦報事，他有允意，並意欲拉攏余□〔巨？〕□〔資？〕入股，余叫他暫不宜宣佈，渡海，往觀東方對九龍，前者勝，五比三，舍下晚飯。

廣州，仍舊十弍時半返寓。

追問 B 仔風扇並舍下風扇抹油事。

1月5日 星期日

提　要：庚辰，十二，初八。

晨如常，午勝斯，下午往海軍球場觀足球，星島為海軍所敗，弍比一，馬師曾請食蛇羹於南樓，因事不到，並送回弍元嚮導費與他。

夜陸羽消夜，民權及余二人。

月嫦到觀《鬼妻》。

余查得，文錫康及周通每晚十時俱不在院內，尤其是錫康，在於影戲，五點一場往往不在院服務，三次警告，必革職也。

曾昌話 B 仔盜去風扇，查實非也，不外妒忌而已矣。

1月6日 星期一

提　要：庚十二日初九。

往見源永昌，代戴月坡取移民證。

1月7日 星期二

提　要：庚辰年十弍月初十。

晨如常工作，午與關加伯，□ □〔祥？〕、海雲四人京都地下小食，下午往東山五十二號與亞一相見，坦白談判，結果她卻不願余再召月嫦也。

五時連卡佛品茗，八時北極晚飯，八時半在普慶定妥日期，並約馬君明日在加拿大傾談，十時半陸羽，鼎辰言及，立法之妾，腹中一塊肉實屬贋鼎[1]，且立法層〔曾〕言他為太平劇團董事，總而言之，不外認闊佬矣，拭目以俟之。

返寓時適月嫦在太平落車，相逢又一面不□〔闇？〕，返寓時內子先一步回家，倘遲一步，則大家相見矣。

1月8日　星期三

提　要：庚辰年十二月十一日。

晨如常，午先往加大會馬文星，約明晚金龍晚飯，商量他與戴月波事。

下午返院，照常工作，五時往連卡佛飲茶，畢，返舍下食飯。

夜廣州，歡送馮其良有重慶之行，十弍時許散席，月嫦請余往坐，余失約，殊不有趣味也。

內子插骨入嚨喉。

三姑先借弍佰元，允於舊力〔曆〕廿再借三佰元，還回弍佰元與亞堯，取回士擔紙。

1月9日　星期四

提　要：庚辰年十弍月十弍，金龍，馬文星、月坡、民權、偉權及余，又廣州，驚魂，糖水，二千元。

晨十一時往庫房，察查利舞台收入及各院覆函半價券事，正午與亞一、炳照午食於京都地下，下午返院工作，代卓兄簽移民證，託永昌辦理，下午五時連卡佛，與民權飲茶，並交他仄三百餘元，遇薛覺先，略談多少，遂往金龍六樓絳雲廳候馬文星，並預備二千元，頭台扣回，晚飯畢，又往廣州消夜，畢，又往驚魂處打水圍，先是她拈糖水到湖州廳，各人分惠，月嫦腹痛，想亦婦科病也。

偉權借一百元，還回弍佰元，又一百元與其朗。

梁日餘弄璋之喜。

---

1 “贗鼎”，即造假，偽冒。

1月10日 星期五

提　要：庚辰十二月十三。

晨如常，早起，梳洗畢，往院辦公，午與民權往京都午食，畢，往勝斯一行，下午返院，"一"欲借弍佰元，余允遲日答覆，四時三個骨與江民聲、立法在告樓士打八樓飲茶，忽見民權與月嫦等至，余招呼她等坐下，畢，送她返寓，她請余吃飯，余卻之。

下午四時層〔曾〕見《大公報》郭某到訪，同時警告他不應大放厥詞，謂各院被迫停業，他允明日更正，並找告白費，十時許返舍下消夜。

晚飯與錫、衍藩、堯勳等於中華閣仔。

1月11日 星期六

提　要：庚辰十弍月十四，嘜佛借五十元。

晨如常工作，午往對海寶漢，會齊女兒們午食，適碧翠因在宿舍打架，扣一小過，不准放假外出，碧梅因未明數學，留堂補習，碧侶又以外出食畢返校，責成她們一頓，然後返港，方往觀友義足球賽，五時理髮於思豪酒家，夜廣州竹戰，敗北，柒元。

1月12日 星期日

提　要：庚辰年十弍十六{應為十五日}，星、南大戰，三比一，大雨。

晨如常工作，午勝斯，畢，往觀足球，星島勝南華，三比一，對於譚蘭卿事，余對卓兄言，暫以不了了之之態度應附〔付〕。

夜九時月嫦有電話至，意欲不往，余云隨她，及後她又云欲往，余見得離奇，遂親往她處，適逢她外出，遂乘車往娛樂候她，共觀電影《海上霸王》，十一時三個骨返院。

意決明年不幹班事，迫馬師曾還款及組織兄弟班。

1月13日 星期一

提　要：庚辰年十弍月十六，尾禡。

晨如常工作，勝斯午食畢，下午返院，四時許往連卡佛，遇周寶森，商量排片事，又與民權共行。

夜做尾禡，在舍下食飯，竹戰，九時出院辦公□｛疑為作者劃掉的字｝。

馬師曾借三百元，卓兄不與，且云叫他在他的住家支取，他竟不支，可見他為人刻薄也，後在電車撞見何芙連、靚少鳳，得悉馬對他們云，他個人自動加伙食三元，可見他名利雙收，絕對不為東家設想也。

日如請陸羽□□｛疑為"午食"二字，被作者劃掉｝消夜，余着李遠寫稿，明日送回廿元與他作酬金，收到盧信隆衣服。

1月14日 星期二

提　要：庚辰年十弍月十七。

晨如常工作，午與永昌、□〔家？〕先生二人往 PARISIAN GRILL 午食，並同時取回戴月坡移民證，下午二時親自送往他府上。

下午三時連卡佛，與民權傾談，叫他給五十元與鴻明，作《進行曲》片租，他允照辦。

夜與"亞一"加大傾談，並還回她一百元，後又往陸羽消夜。

1月15日 星期三

提　要：庚辰，十二，十八。

晨如常工作，午先加拿大，後勝斯，畢，返院工作，舍下灑灰水，余查亞五的數，她似嫌多問，且發脾氣，余遂叫亞根來院，即找 24.55 元與她。

夜九時半與月嫦往觀《皇后離婚血案》，至十一時迺返，並往廣州靈山，三人夜宴，即立發、偉權及余，亞一在中途兜截，余憤然不理，任她與立法談論，余返舍下休息。

1月16日　星期四

提　要：庚辰十二月十九。

晨如常工作，午與巢坤林、立法三人午食於京都地下，後往勝斯，下午返院，照常工作。

五時與更新往連卡佛飲茶，遇民權，共返新世界，傾至七時，約埋堯勳晚飯，八時返院，九時鄭德芬到訪，略談，迺返寓休息。

立法云：“亞一話，亞九癲起嚟唔同人噉品，必要制止佢。”余懶理。

1月17日　星期五

提　要：庚辰十二月廿。

晨如常，午勝斯，先是，往加拿大會應華、王傑，均允明日請飲，且改期，下午返院，詢問呂滄亭何以不寫牌，他大罵梁日餘。

下午五時梁日餘云，民權約往大酒店飲茶，又遇何澤民，略談，返寓，夜七號差館到查，云三樓賣票太多，恐有口〔意？〕，似不宜過賣，且如下次過犯，定必探究，並抄去各式座位幾多，以便下次參考。

夜十時半往陸羽消夜，先是，約九時亞一及月嫦俱有電話，均應附〔付〕了之，馬借二百元，並允明晚到訪，商量新戲，元月出世云。

1月18日　星期六

提　要：庚辰年十弍月廿一，大雨。

晨如常工作，午先往和發成交息，蘭生意欲太平能於可能範圍內唱演廖俠懷班，以免互相鬥頂，總而言之，姑妄言之，姑妄聽之，畢，往尖沙咀碼頭，攜同內子、梁炳照等往寰樂園，會齊碧侶、碧翠、碧梅到午食，後慢行至協恩，余三人乘車、乘輪返港，往觀足球，東方敗於南華，弍比三。

夜應華請客於廣州靈山，濟濟一堂，加伯、兆業、偉權及余往紅蓮處打茶圍，至一時半返寓。

初演《摩登盤絲洞》，雖下雨，仍暢旺。

1月19日　星期日

提　要：庚辰十弍月廿二。

晨如常工作，午往勝斯午食，先往大酒店會應華、王傑，商量普慶事，渠云，聘余為永遠顧問，每月支薪一百元，另花紅，余着他問實他的東家方可進行云。

下午與內子往觀傢私，至四時往新紀元竹戰，輸去十二元幾，八時返院，得悉《紅衣女俠》一片已排在高陞，遂向民權提及，着他向洪仲豪交，結果共往陸羽，撞見何頌祺，警告了事。

夜十一時返寓。

是日影《摩登盤絲洞》，甚旺，可見宣傳最握要之事也。

余特給廿元與李遠寫段特稿。

1月20日　星期一

提　要：庚辰年十弍／廿三日，購傢私，梳化一套口（120）元，另衣櫃85元。

晨如常，午勝斯，先往加拿大會應華，得悉他的東家嫌普慶條件太辣，有不辦意，下午在院候馬師曾，定妥戲本，因欲點《寶劍名花》，發覺戲橋有錯漏處，他大發牢騷，並提議收二點二元，余同情其意，共往告樓士打飲茶，後立法至，找數，共行街數分鐘，鄧英云，黎民三每夜六時左右必往美英處一行，其妻甚為擔心。

夜往東山四十八號見亞一，{略}。

後往陸羽，祇余及偉權二人。

1月21日　星期二

提　要：庚辰年十弍月廿四，大雨。

晨早往院辦公，適滅火局士幾夫至，共談搭棚、油灰水事，他云，拆去一位，將杉放在其中，則無阻路矣，並問是否意欲加位，余將上稟請求，他云，汝可以進行，約莫一百位左右，遂別。

午勝斯，王傑〔杰〕問數，下午告樓士打，余請戴某、田、張飲茶。

後往新世界看電影，金龍晚飯，又往廣州竹戰，至一時迺返。

{略}

近日體重一百八十二磅，誠恐過重，從事體育工作也。

1月22日　星期三

提　要：庚辰年十弍月廿五，廣州敘餐，民三之妻及其大姨到訪。

晨如常工作，午勝斯，下午返院，民三之妻及其大姨到訪，求余向民三兄規諫，不宜再往美英，余諾之，並言其流連處，余一笑了之，夜仍往廣州，即晚收爐。

開始在連卡佛簽字，偉權、鎮勳三人飲下午茶，灰水佬亦要加油一層。

月嫦送臘腸到院，亞關不知，竟將其拈回舍下，且言五姑娘送到，余遂云乃馬師曾之亞十送來，方能解圍。

1月23日　星期四

提　要：庚辰年十弍月廿六。

晨如常工作，午勝斯午食，下午返院，叫亞一到，問亞廉取一百五十元，過年之用。

四時與江民聲往連卡佛，遇月嫦，請她們四人飲茶。

夜溫榮光請陸羽，在座者，偉權、亮孫、李遠及余，畢，往遊車河，至西灣河而回，溫某言口〔轉？〕報1/10作1/20，1/5作1/10，1/6作1/8，1/4作1/6，1/2作1/4，並懇求多登日報，余允之，容後商量。

1月24日　星期五

提　要：晨，庚辰年十弍月廿七。

晨如常工作，午加拿大，畢，往勝斯午食，月坡云，中泰暫不支息與他，俟收到太平片租方支結，且陳君超有意在西營盤、灣仔、對海謀建戲院三所，余聽之□。

下午早返舍下。

夜陸羽消夜畢，民權、偉權、立發及余四人往美英處食生果，得悉美英已有人在，彼此皆然，招待一樣，約十弍時半返舍下休息。

碧侶、碧翠、碧梅由協恩中學返寓。

1月25日　星期六

提　要：晨，庚辰十二月廿八日。

晨如常工作，午勝斯，先是，亞一來電，謂杜興之妻妾有不軌行為，被逐外出，住居於大東酒店，由她往調停，余叫她切勿干預，此乃人家事也，否則如有其他事故，余決不理。

午後返院，清理報紙數，仕可借四十元，作恩賞辦，是日開除李柏明。

叫源廉送一百五十元與月嫦，作結數論，夜十時與民三往陸羽消夜，在座者，民權及余，並民三兄妾，不外談及美英事而已矣，伯魯招不來，換伍佰元。

1月26日　星期日

提　要：庚辰年十弍月廿九。

晨如常工作，午亦往勝斯，下午返院，早返舍下，因年夜與卓兄計報紙數，得悉尚餘柒佰餘元，因移其他報費，以補劇團過事宣傳之報費也。

夜十時往中華見月嫦，共飲茶，至十弍時送一領帶與堯勳，並購恤衫三件迺返，連連炮竹之戰，擾人清夢，殊難入睡也，一年又過，因是記之，明春發奮圖強，以謀最後勝利。

1月27日　星期一

提　要：庚辰年已去，辛巳年又來了，恭喜恭喜，勝利年來了。

晨如常恭喜，蔡棣、歐辛、日如、源廉俱到府拜年、飲茶，畢，各人返院辦公。

余與內人及兒女們往五姐、七姐處拜年，後返舍下，民三兄至，遂往新紀元午食。

下午往觀麗華杯賽，中國隊敗於軍聯，4 比 1。

夜廣州，〇〇召月嫦，照常一式，麻雀勝利。

余是年計劃清償外債，努力積蓄，發展前途，以為將來計也｛是日日記全用紅筆書寫｝。

1 月 28 日　星期二

提　　要：辛巳年正月初二。

晨照常一樣，午勝斯，下午觀足球，南華與海軍，夜仍廣州，月約明日往觀《月宮寶盒》，林兆業兄往蓮紅處煎茶，至一時迺返。

1 月 29 日　星期三

提　　要：辛巳年正月初三。

晨照常工作，午先往取回鑽戒與內子，由偉權手帶返，他索的士費弍元，午食畢，往娛樂觀電影，月嫦共往，大酒店飲茶，遇見鄧肇堅，後又與譚芳往連卡佛，夜與民權往龍泉，商量《紅粉佳人》片期事。

夜內子責罰堯勳，不應瞞她，且與亞一往食午食，此話由亞碧、亞侶對亞妹講嘅，童子無知，姑妄聽，女子脾氣太壞，萬難遷就，余唯有不理解脫之。

1 月 30 日　星期四

氣　　候：54°
溫　　度：寒
提　　要：辛巳元月初四。

晨如常工作，午勝斯，找上期午膳費，每位口〔十七？十九？〕元，由戴某多附〔付〕弍元，下午亞一到賀新年，並略談往事，五時往大酒〈店〉，與惠儂飲茶。

夜月某到觀劇，十時往陸羽品茗，譚亮、偉權、日如、民權、李□〔因？園？〕五人在座，至十一時返寓。

1月31日 星期五

氣　候：42.8°
溫　度：大寒
提　要：辛巳年正月初五。

晨如常，午勝斯，下午返院，四時往告樓士打，偉權請飲茶，後汪福慶及民權又到，共談至六時，各人分途返寓，夜演《鬼妻》，甚旺，比較去歲收入略差，唯能支持久旺，故收廉價亦無害也。

下午在院，遇見四姑妳到院購票，余着亞廉不應向其索票價，且嗣後亦不應如此辦法也，遂送她贈券數張。

夜陸羽品茗。

2月1日 星期六

溫　度：50°
提　要：辛巳，元月，初六 {原文記作“七”，後塗改為“六”}。

晨如常工作，午勝斯，下午與立發往告樓士打飲茶，夜往廣州佛山，得悉月嫦感懷身世，有擇人而事之勢，此後小心，切勿亂動。

天氣奇寒。

月坡有自辦普慶之意。

2月2日 星期日

提　要：辛巳年，正月，初七。

晨如常工作，午勝斯午食，下午返院辦公，三時許往觀足球，東方戰炮聯，前者勝，三比〇。

夜張民權到訪，請讓《紅粉佳人》之期，即十六至十八三天，余允之，同時周萬誠亦到商量，定妥《洪承疇》、《喜事重重》之影期。

伯晃來電，義聯堂買鋪一所在銅鑼灣，日間往簽字。

是年大收效，唯錢不及往年之多，因廉收座價也，但望其長力過於往年，蓋一連演拾五天也。

2月3日　星期一

提　要：辛巳年元月初八。

晨如常，午請巢坤霖、月坡、立法等在告樓士打九樓午食，並同時應允梁某租院，一天二百五十元，容日簽約，下午返院工作，該冷氣機人到接洽，商量安置冷氣事，余着他另草計劃說明書，並預算每月耗電多少，以備巧〔考〕慮，下午四時三十五分連卡佛，民權二人飲茶，夜陸羽消夜。

余牙裡出血，日間必要大加整頓。

{略}

2月4日　星期二

提　要：元月初九。

晨如常，午勝斯午食，畢，返院，下午四時往連卡佛飲茶，五時往娛樂觀電影，同埋亞一，七時返舍下，八時返院辦公，夜袁耀洪、李大口〔裕？珍？〕、毛文口〔鵬？〕到訪，暢談一頓，至十時往陸羽，十一時返寓休息。

得悉興中華甚旺，想亦戲本關係也。

2月5日　星期三

提　要：元月初十。

晨如常工作，午告樓士打八樓，余請民權、偉權等午食，微雨，下午返院工作，陳宗桐到訪，訂實三月一號至五號放影《胡不歸》，一連五天，40%分賬，第四、五天三百伍拾元包底，後共往加拿大飲茶，余返舍下，蓋各家母及家姊均到食飯也，新年團敘，斯為第一口〔遭？〕也，次乾之妻約往其府上敘餐，余諾之。

夜廣州，召月嫦等往其人處打水圍，出門時黎伯之妻在廣州門口截獲民三，適與其美英同行也。

2月6日 星期四

提　要：元月十一。

晨如常，早起，舍下洗地，午勝斯，下午與亞月嫦往觀電影《大口仔遇福星》，又往大酒店飲茶，田立發請，後送她返寓，又往良友覓馬師曾，夜七時返，與馬談及戲場事，並允借二百五十元與白劍郎。

陸羽消夜。

2月7日 星期五

溫　度：64°，微雨
提　要：辛巳元月十弍。

晨如常，早起，往院，炳照為移民證約往加大傾談，余教他如何填格，遂別，午勝斯午食畢，往東山五十一號見亞一，{略}，四時返院，返舍下，至八時出院辦公，不赴周泰之宴，兆業、民權、亞崔及余四人陸羽，畢，百樂門觀舞，至十弍時返舍下。

2月8日 星期六

提　要：辛巳年元月十五日{應為“十三日”}。

晨內子往沙田祝福，午往連卡佛午食，巢坤霖、碧翠、立法及余，畢，行街，遇見錦興、柏舟、耀東三人，傾談一頓遂別，後往告樓士打與應華飲茶，商量組織畫片公司，民權反對，遂罷議，四時迺返，中途遇見譚芳，他送雪屐二對與碧侶、碧翠。

廣州，召妓至一時迺返。

2月9日 星期日

提　要：辛巳年元月十六{應為"十四日"}。

晨如常，午月坡來電，云往澳一行，對於〇〇，託余代辦，午食畢，返院，下午大酒店會聯美大班，畢，返舍下睡覺，內子觀球畢，返院，{略}，畢，晚飯往院，民權約往新紀元，杜興言其妻妾幾為老三所累。

是晚影《紅粉佳人》，空前紀錄，收入一千一百一十元。

梁日餘弄璋之慶，珍昌宴客，余等宴畢乘車往麗池一遊，至一時迺返。

2月10日 星期一

提　要：辛巳年元月十五，廣州岐山，亞一到會，十弍家壽辰，在其府上晚飯。

晨與內子{略}，感覺她似乎有孕，午巢坤霖請大酒店午食，畢，往院，戴月坡與其新租客趙作榮在連卡佛相見，得悉普慶已由趙某租妥，據云條件照他辦理，夜廣州岐山作局，亞一親到，余未召月嫦，後又往金龍，春宴太平劇團高級職員，至三時迺返。

2月11日 星期二

提　要：元月十六。

內子往沙田，余一早與她往購馬票，午勝斯午食，下午返院工作。

夜赴梁日餘之宴，弄璋之慶。

2月12日 星期三

提　要：辛巳年元月十七。

晨如常工作，午勝斯午食，先是，美英到訪，民三共午食，大抵有從良意味。

夜廣州，未召月嫦，到座者共九人，祇民三兄召妓而已矣。

杜興云，檢驗電線有漏，無怪乎耗電之多也。

未稔月嫦用意如何，候觀其變。

2月13日 星期四

提　要：辛巳年元月十八。

晨如常工作，午京都午食，下午返院工作，約譚芳往連卡佛飲茶，後往大姑娘處食飯。

夜十時亞一到找晦氣，余大罵之下，幾成決裂，且謂她不應太不近理性，若要脫離，準〔准〕可在即，且她苦苦追問馬牌及波券，余一概屏絕，恕不交出，女子小人多數難養，此之謂也。

2月15日 星期六

氣　候：寒
溫　度：58°
提　要：辛巳年元月廿，因雨，賽馬改期。

晨如常工作，十式時民權來電話，因雨，改期賽馬，遂與他往連卡佛午食。

下午三時返舍下，交銀二百元與亞妹，着她將會銀退回，以免渠亞姊標空會，且時時與她填轉也。

夜九時半往皇后觀電影，後往陶園，源口與月嫦同往也。

肇堅請午食，其妻到打戲釘[1]，免費。

2月16日 星期日

提　要：辛巳年元月廿一，仍雨。

晨如常工作，午勝斯午食，下午返院工作，又往連卡佛飲茶，夜陸羽消夜，先是，下午陪民三兄往美英處，可知女色迷人，牢不可拔也。

---

1 “打戲釘”即不購票進場看戲。

2月17日　星期一

提　要：辛巳年元月廿弍，賽馬第一天。

晨如常工作，午勝斯午食，下午往觀賽馬，微雨，民權勝利，共往告樓士打八樓飲茶，遇見兆業、福慶、崔某，五時畢迺返。

夜大叔到訪，商量大觀聲片事，暫交陳某辦理。

陸羽消夜，花節談及廣告事，並賣片事，言之成理。

民權云，徐某在馬會對他說，他不召月嫦之後，每月仍供給她三百元，至過年時他預備一千元與她，詎料她索二千元，故靳而不與，亦從此斷絕矣，姑聽之，以觀其變。

馬云，東樂水喉不妥，不出枱，余遂通知羅楝勳轉飭｛"飭"的通假字｝東樂解決此事（夜柒時半）。

2月18日　星期二

提　要：辛巳年正月廿三，第弍日賽馬，騎士受傷二人。

晨如常工作，午勝斯午食，傾盤〔盆〕大雨，下午三時許與蔡謙往觀賽馬。

夜七時半返院辦公，十時許得悉仕可弄錯了，東樂不派贈券，後更正之。

十時往陸羽，十一時返寓休息。

2月19日　星期三

提　要：辛巳年元月廿五｛應為"廿四"｝。

晨如常工作，是日天雨，改期賽馬，下星期六開跑，下午返院，五時與三兄、兆業連卡佛飲茶，並定妥《花好月圓》，日期定妥。

夜廣州，兆業輸錢約弍佰元，民權為驚魂催找數，余亦可□〔累？慮？〕，難免月嫦將來不出此手段也，夜難睡，因飽食之故也。

｛略｝

2月20日　　星期四

提　　要：辛巳年元月廿五，東山五十一號。

晨如常工作，午勝斯，之前往威士文午食，焯明、民權及余三人。

下午往五十一號會亞一，她云往食齋，余姑聽之，敷衍了事。

至四時返寓，又往威士文飲茶。

夜李桐到核數，預備戊寅年年結，以備呈往戰稅局，約十一時半迺返寓。

月嫦約往觀電影，余卻之，言有事。

余意，雅不欲下屆重組太平劇團，據仕可言，衣新什□〔半？〕{意思不明}過於氣炎也，與其將來兩□〔受？〕氣，不若早日解決了之也。

2月21日　　星期五

提　　要：辛巳年正月廿六，陳毛到訪，欲謀其兄之鋪位。

晨如常，午勝斯，送馬牌一個與戴月坡，下午返院工作，陳毛到訪，欲謀其兄之鋪位。

夜耀東到訪，欲度興中華日期於普慶，問我若何，余亂答之，並同時繕函東樂留日子。

夜與立法往陸羽消夜，得悉明日取消賽馬。

馬與余飲茶於告樓士打，並借三百元。

碧梅生日，萍〔蘋〕果半打，雞蛋一打，疍〔蛋〕糕一個，另燒甲〔鴨〕脾一隻{該段用紅筆書寫}。

曾寶琦到舍下竹戰，余輸去六元，購□〔洋？〕毛連袖 SWEATER 一件，四十五元，並給五十元亞一。

2月22日　　星期六

提　　要：辛巳年元月廿七，麗池，月嫦一百元，趙作榮到訪。

晨如常工作，十一時往見李蘭生，他云，由下月初一起，所有按揭轉還他名字，並允暫時加回人工弍成，後余與卓兄商量，究不如加回一成，以免交少銀與他，且加二成，即每年交三千餘元也，下午返院，照常工作，五時。

2月23日 星期日

提　要：辛巳年元月廿八。

晨如常工作，午勝斯，下午過海，觀東方戰光華，二比一，乘就□〔百？白？而？昌？〕車往返。

夜陸羽消夜。

定妥普慶日期，三月十一至十五，趙□〔耀？〕榮手簽妥。

2月24日 星期一

提　要：辛巳年元月廿九。

晨如常工作，上午往觀賽馬，戴月坡請山光飯店午食，下午輸□大馬票，開彩後即返院。

夜柏舟、耀東到，辦妥興中華日期。

馬云，燈光管掣〔制〕，實行休息，改影《女鏢師》。

余決不與民權合作，嫌其過梟〔囂〕張也。

2月25日 星期二

提　要：元月卅。

晨如常，午往馬會，赴鄧肇堅午餐於廿三號房，下午觀馬，至四時與馬師曾在告樓士打飲茶，是日輸去四十六元，馬借一百元，允明日以仄對換。

夜廣州，月坡不至，祇余、偉權、民權、民三及亞廉，夜大雨，余召月嫦，在梯口相見，她約余明日往觀電影，余卻之，因連日往觀跑馬，未返院辦公，容日再商，實余固〔故〕意奚落她，此後亦不叫，{略}，覺得不甚高慶〔興〕，同時不甚愉快也，且民權將來必多是非，究不如早日避免，從此修心養性，做好仔也。

2月26日　　星期三

提　　要：辛巳年弍月初一，燈光管掣〔制〕。

晨如常工作，午勝斯，余對立發言，嗣後不與民權言談，蓋此人重利忘義，甚麼場合亦不與他共席也，下午四時返寓，夜十時半已在寓入夢矣。

燈光管掣〔制〕時間——九時半，約一個骨鐘後，原十一時，約40分鐘解除，成績頗佳。

2月27日　　星期四

提　　要：辛巳年二月初弍，燈光管掣〔制〕，抵制張某。

晨如常工作，午勝斯午食，下午如常辦公。

余近覺得民權非常勢利，且往往移是非作人情，且目空一切，囂誇無□〔他？〕，查實他絕無理由問及《紅粉佳人》之款是否全用去，且不應問卓兄，並不應叫周萬誠晚晚到收數，余決不理他，亦羞與為伍也。

今後絕不與他合作，唯有自行其道，小人之致，雅不欲見其衰樣也，必有以警之。

與亞一先往京都午食。

2月28日　　星期五

提　　要：辛巳年弍月初四｛應為“初三”｝，是晚不□〔舉？〕行燈光管掣〔制〕。

晨如常工作，午勝斯，之前往連卡佛，與田立發午食，得悉民權有說話講，且講余閒話，余決應附〔付〕他，並同時取同樣步驟以待他。

下午李根源到探，取去贈券六張，少青到租院，三百元，內子見亞一到太平，又大肆咆哮，余淡然處之。

夜在院工作，搵關加伯說明民權之壞旦〔蛋〕，並對老黃講明，同時責成周萬成。

3月1日　星期六

提　要：辛巳年弍月初五｛實際應為“初四”｝。

晨如常工作，午勝斯午食，畢，返院，不往觀馬，下午照常工作，五時返寓，曹弍姑到訪，言及雪梅專講人閒話，不了了之。

夜廣州，余不召月嫦，忽然在街撞見，遂與她同□〔返？〕香巢，月坡索她照片一幀，並親筆簽字，至一時半迺返。

余對民權甚不滿意，且他專言其“本事”，不理人地，借故尋釁，必有以警之，此迺小人向〔鄉〕愿之，羞與為伍。

找南洋數，找中泰數，氣弄張某，以令他羞□〔斷？〕無地。

余叫蘭卿起價，對於張某不大信任。

3月2日　星期日

提　要：辛巳年弍月初五，近日政府規定，柴銀每一元四十擔，亦有取巧，將柴淋水，以重其斤兩。

晨如常工作，午勝斯午食，下午返院，與內子等往海軍球場觀賽足球，畢，在國民晚飯，唯內子終日悶悶不樂，似另有懷抱，余亦不理之，蓋女子與小人極難養也，照事實而論，余之內子不應如是也。

周萬誠、陳次福、周詩祿三人到訪，講及民權之不是，余亦不理會他，蓋張某為人，勢利之徒也，尤其是田立發亦然。

十一時返寓。

先是，六時亞一到取廿元。

3月3日　星期一

提　要：辛巳年弍月初六。

晨如常工作，午先往見張榮棣醫生，他託代為吹嘘，余允之，至下午一時半迺往勝斯午食，下午返院，照常工作，四時往連卡佛，江民聲、譚芳及余三人飲茶，傾談不久，亞一至，余不招呼，余對於她，印象不佳，芳勸余，與其長期痛苦，不如從早分手，余採納其獻議。

夜照常工作，鄧英到訪，述及黃不廢約明日往商量日期，夜亞一有電話來，云見余與月嫦往觀電影，且有帶埋之意，余不理會，十時返寓。

偉權由昨夜起不在舍下歇宿。

3月4日　星期二

提　　要：辛巳年弍月初七。

晨如常工作，午與鄧英、黃不廢三人新紀元午食，商量勝利年日期，下午返院工作，五時告樓士打飲茶，譚芳在舍下晚飯。

夜十時往龍泉見酈山笑，商量日子，新班開身。

華南，不往赴席。

3月5日　星期三

提　　要：弍月初八，廣州改為陶園。

晨照常工作，午先往東山會亞一，後因多事，遂往勝斯午食，戴某往澳，催趙□〔耀？〕榮返港辦理手續，下午返院略工作，與譚芳往告樓士打飲茶，談及張某之不是，此後各行其志，恕不與他交手。

夜余往陶園，□〔九？八？〕時即返舍下，此後不叫老舉，不徵逐，一味搵錢，免是非也。

3月6日　星期四

提　　要：弍月初九，雨，潮濕。

晨如常工作，午往勝斯，下午與張應華領十年移民證，後又與他往告樓士打飲茶，意欲組織寫字樓，合作影片，他亦不滿意民權所為，夜朱少梅到座，商量片事，余極端反對九如坊先過太平。

夜民三與余往加拿大食粥，並說及其他事宜。

內子患神經衰弱症，着葉大禎到診，勸她不用擔心，且多服維他B。

電告何珍，不用候余，因有要事，並言明天叫亞廉送她駛用。

3 月 7 日　　星期五

提　要：辛巳弍月初十日，口〔耀？〕榮交來一千五百元，作按稅用。

晨如常，午勝斯，口〔耀？〕榮到訪，商量一千五百元按稅事，下午他交來 1500 元。

下午與伯魯往告樓士打飲茶，並往各公司購彩券數張。

夜啟新請往加拿大食粥。

加柏約明日往京都食晏。

對於民權事，宜謹慎應附〔付〕，以防其中傷也。

3 月 8 日　　星期六

提　要：弍月初九 { 應為 "十一" }。

廣州口〔作〕，只得數人，民權未至，不久結束矣。

3 月 9 日　　星期日

提　要：弍月十弍日，譚芳在舍下宴客。

余因昨夜多食傷胃，終宵腹痛，至是日午一時迺往勝斯午食，只食炸魚一碟而已矣，下午在勝斯賭博，民三兄輸三百餘元。

芳兄在舍下宴客，偉權大醉，芳又醉，十弍家又醉，彼此均大醉如泥。

十時半大同晚飯，加伯請飲，畢，即返院。

蔡棣云，卓兄追問他，余是否在普慶借弍仟元，還回一千，何以近日不見交銀到來，此後不用遮瞞，凡事留心，余忖此事必有人對他講及，姑無論如何，總而言之，身得身當，命得命抵，大丈夫不忍乎無立身之地也。

3 月 10 日　　星期一

提　要：辛巳年二月十三，惠農七時半提議組兄弟班。

晨如常工作，午勝斯午食，下午返院，棣對余說及，此後在對海支銀，祇可每次二三百，不可過多，恐防卓兄有誤會也。

夜惠農言及蘭卿人工太貴，宜削皮費，且伯魯是年正月較之往年相差三千餘元，余不大注意，後聞他說，將來必要組織兄弟班，伯魯人工祇計每日一百元，另開戲一百元，其意即謂，其子過於辛苦，且筆金宜多潤，余不理之，只計數而已矣。

十時半返寓閱書，休息。

先是，晚飯時余與堯勳往中華食西餐。

3月11日　　星期二

提　要：辛巳年弍月十四日。

晨如常，早起，十二時往和發成交銀，午勝斯，月坡問伍仟元款項事，余允先還二千。

下午返院，照常工作，與應華往告樓士打飲茶，並交《趙子龍》款項與他，叫他代籌三百元，星期五答覆。

夜院內工作，與立發陸羽消夜，過新世界門口見衰仔民權在焉，余不屑見他，應華勸余不了了之，求其當他是死物可也，小人當以利合、以利分也，且云他向朱少梅買片《濟公活佛》，每套一百五十元，九如坊一期。

3月12日　　星期三

提　要：辛巳年弍月十五，總理忌辰。

晨如常工作午，與碧侶、碧翠、碧梅、堯勳、鎮勳等往勝斯飲茶，畢，彼等往麗池踏雪屐，下午五時在連卡佛飲茶，民權、兆業俱至，但余堅持冷淡應附〔付〕他，蓋不欲多言也，在座者，羅偉權表哥康冠雄、偉權、立發、《大公報》郭某。

夜偉權在舍下請客，後又往廣州，至十弍時三個骨迺返舍下。

余召月嫦，她不至，必有原故也。

交張應華移民證一份。

周萬成云，不日叫邵老闆請食飯，俾得余與張言歸於好，余決不與他為伍也。

3月13日 星期四

提　要：辛巳年弍月十七{應為“十六”}，先嚴忌辰，大雨且寒。

晨如常工作，午勝斯午食，下午返院，伯魯到訪，共往告樓士打飲茶，遇見蘭卿與叔雲在，共議價目，余只聽其講，不加咀焉。

五時後往五姐處拜先嚴，並在這裡食飯，又往珍昌，又往陸羽消夜。

近聞堯勳晚晚往“泵波拿”[1]，且好與朋友三群兩隊夜行。

3月14日 星期五

提　要：二月十七，生{原文用紅筆更正為“自”}力更新。

晨如常工作，午勝斯，譚芳到訪，後定實往廣州消夜，下午弍時半與惜之返舍下竹戰，至五時伯魯訪問，改期演《妾朱唇》，他借去五十元，在告樓士打飲茶。

夜廣州，余召月嫦，她云民權對她說是非，且此後互不招呼也，大笑之，可見此人勢利之極，且逢人便說是非也，姑暫忍之，容日必令其不堪也，他云，無渠則吾等必不能往尋歡也。

戴某請客，譚芳亦到。

3月15日 星期六

提　要：二月十八，大雨，賽馬改期。

晨如常工作，午勝斯，下午竹戰不成，改玩牌九，耗去十四元，並言明民權之不是，對三兄說及也，下午三時半往香港會觀足球，三比二，東方勝，夜照常工作，《花好月圓》生意極好，九百元以上。

田立發請陸羽消夜。

1　即“Tombola”，源於意大利的一種賭博遊戲。

3 月 16 日 星期日

提　要：二月十九，督憲杯改期。

晨如常，早起，午勝斯，兆業請大同，畢，往 201 一行，二時半會內子，得悉督憲杯改期，因連日大雨之故也。

夜七時半往國泰觀劇《魂斷藍橋》，至九時與內子返，十時與日如回家消夜，早睡，日如云，其朗迺勢利之人，凡事小心。

3 月 17 日 星期一

提　要：二月廿，慈珍來函。

晨一早起身，往院辦公，因交銀往和發成也，畢，往勝斯，後返院，收慈珍來函，不外問余何以將她嫌氣〔棄〕也，蓋余意以家庭不能許可，無使我負人，欲她從〔重〕覓一如意郎君也，故出此手段，亦雅不欲多些負擔，□〔我？〕收函之後，余亦不致覆。

夜與高遠文往陸羽消夜。

3 月 18 日 星期二

提　要：辛巳年弍月廿一。

晨如常工作，午勝斯午食，是日不見田立發，趙作榮之伴到談，余要求他先患〔聘〕二千元，他允容日答覆，永昌代偉權取之移民證交回自辦，余隨即命黃灶拈往，星期六到領譚芳夫婦之證，已領妥，在告樓士打交他云。

夜阮達祖到參觀，方芳及梅□〔初？伊？〕草蘆被人擯出，與關祖堯商量，結果"鬥爛"[1]而已矣。

---

1 "鬥爛"，粵語詞彙，即雙方競爭非以比對方更優秀取勝，而是以比對方表現更差劣為目的。

3月19日　星期三

提　　要：辛巳年二月廿二。

晨如常，午勝斯午食，約麥佛明日往金龍蓬萊宮晚飯，趙某允應酬款項。

夜芳請戴、黎、田、羅、余及其夥伴於廣州佛山，余召月嫦，詎料不出，並覆函奇淡，殊屬可惜，姑且了之。

觀足球，南華勝警察，四比弍，大同晚飯。

3月20日　星期四

提　　要：辛巳年二月廿三。

晨如常工作，午勝斯，下午金龍蓬萊宮，趙作榮請嘜佛晚飯，余與馬文星、月坡在請之列，夜返院，後十時往陸羽。

因飲濃茶過多，失眠。

3月21日　星期五

提　　要：辛巳年二月廿四。

晨如常工作，午告樓士打與立發午食，先是，十一時與趙□〔耀？〕榮等往韋寶祥寫字樓辦妥普慶牌照事，下午返院，代譚芳寫信 C.R.C.，四時半威士文飲茶，遇見袞仔民權及三兄。

夜查各項座位，得悉地下帶位放人入座，嚴格取締，並扣周通太平東西一位，以為警戒，嗣後每夜交帶源廉及四眼仔查位，以□〔請？清？〕座位，後往珍昌消夜。

3月22日　星期六

提　　要：辛巳年弍月廿五。

晨如常，午勝斯，下午觀賽馬，輸去六十餘元，中華晚飯，夜廣州，十弍時散席。

對於太平劇團組織事，下屆決不再起。

3 月 23 日　　星期日

提　要：辛巳二月廿六。

晨如常工作，午勝斯午食，畢，返院工作，下午三時往觀南、聖之戰，七比一，又往告樓士打食雪糕，然後返舍下，因碧侶等全體放月尾假返家也。

夜往陸羽消夜，畢，返院之際，在電車裡撞見亞一與弍青年載言載笑，余不理之，至落車時她約明日相見云。

繕函問民權，清舊賬。

3 月 24 日　　星期一

提　要：辛巳年二月廿七，廣州餞別（岐山）偉權往菲律賓。

晨如常，修函託立法往收民權數，午在東山六十一號傾談，下午三時往皇后口〔四十五？〕號見口〔耀？〕榮，商量壹千元，他已答應，下午五時在告樓士打飲茶，立法云張榮往澳未返，余託他明日辦妥。

夜九時許偉權來電，約往陸羽，十時余請他、李遠、源朗、亞廉、蔡棣、江民聲等在廣州岐山廳話別，竹戰至二時迺返。

麥佛到坐，言及利舞台事。

3 月 25 日　　星期二

提　要：辛巳年弍月廿八。

晨如常工作，午勝斯午食，下午筲箕灣主會到買戲，余允明日答覆。

夜七時伯魯意欲休息，余勸他不可，故照常唱演，八時余問卓兄，索價若干，他云五千五百，唯收定時將此款還回蘭生，言外有口〔言？〕，余諾之，明日再商。

夜口〔十？〕時往陸羽，是夜雖演舊戲《鬥戲姑爺》，收入勝乎新戲。

3 月 26 日　　星期三

提　要：辛巳年弍月廿九。

晨如常工作，午勝斯，與廖祥飲茶，下午連卡佛，內子、一家、十弍家、譚芳共往大同晚飯，畢，余返院工作，夜往廣州，召鳳兒。

筲箕灣買戲，價目五千二百元，馬只出日戲（禮拜日），馬言明閒日不出，並同時交兩張照片來，代取移民證兩份，其口及其他。

3 月 27 日　　星期四

提　要：辛巳年二月卅。

晨如常，午勝斯，畢，下午返院工作，四時往連卡佛會譚芳，後返舍下，得悉內子們往告樓士打飲茶，並往中華晚飯，余與鄧英共往告樓士打飲酒，又往中華晚飯。

夜初演興中華，白玉棠、陳非儂合作演《淚灑斷腸花》，頗可觀。

因下月一號港例起收娛樂稅，故先在普慶減價，收一點二元，演《鬥氣姑爺》。

3 月 28 日　　星期五

提　要：辛巳年三月初一。

晨如常工作，午勝斯，下午返院，收筲箕灣三仟元定銀，夜八時卓兄追問該款，並對余說及欠街外數幾何，余代汝設法，叫余真實對他說明，余諾之，云欠戴某弍仟元，華商約千餘元，鐘聲伍佰元左右，其他則可迎刃而解也，卓兄之對余，可謂人〔仁〕智〔至〕義盡，余亦當努力節儉，切勿浪用也，余交他二千元，內四百元對數。

此後對於片租定銀，決不先用也。

3月29日　星期六

提　　要：三月初二，澳門國際飯店七〇一。

{無正文}

3月30日　星期日

提　　要：三月初三，在澳，鄧祥買戲，梁後源接洽。

{無正文}

4月1日　星期二

提　　要：三月初五。

三月初三迺伯魯壽辰，卓兄與余送他長壽墨水筆一枝〔支〕，他於是夜設宴香港仔廬山酬謝，至十二時迺返。

月波追問該款事，余推遲兩三天。

往澳暈浪，猶覺得不妥。

4月2日　星期三

提　　要：三月初六。

晨如常工作，午勝斯午食，下午返院，老正興班交來定銀二千元，每月租五天演潮劇。

下午五時連卡佛飲茶，內子、立發一家及余四人在他府上竹戰，後余與民三、立發直往廣州晚飯，召鳳兒，後返院辦公，畢，十一時又往，至十弍時迺返。

月坡昨電話催還款，余允此星期，是晚他不至，蓋或往普慶觀劇也，兆業因輸錢，大發火，不終席而散。

4月3日 星期四

提　要：三月初七。

晨如常，午勝斯午食，畢，牌九，下午告樓士打飲茶，譚芳回舍下晚飯，夜請月嫦觀劇。

兆業云，民權諸多言語誹謗，故妄聽之。

梅水茂君到訪，商量《大鄉里》排片事，余允做兩天，百分之三十或百分之三十五分賬，並談及民權之弍號陳宗桐。

4月4日 星期五

提　要：三月初八。

晨如常工作，午香港大酒店，中英文化協會午餐，巢坤霖請余及立法等午，亦港督在座，下午返院工作，譚夫人約星期三往堅道參觀練戲，下午四時半在告樓士打飲茶，立法言，國棉對他講，余用去鐘聲按櫃伍佰元，余請他向卓兄提及。

夜高可寧電訪，商量買戲事，約明日下午七時半到訪。

夜十一時立法到舍下傾談。

4月5日 星期六

提　要：三月初九，$675，$155 win。

晨如常工作，午勝斯，下午往觀足球，南華蟬聯四屆旭和杯。

夜高可寧到，拜候馬伯魯，商量往澳事，馬允容日簽合同。

夜廣州，召鳳兒，往美英處打水圍。

戴某云，因風潮關係，各銀主催還款，迫不得已向余追還款項。

4月6日 星期日

提　要：辛巳年三月初十。

晨如常工作，午勝斯，畢，在二〇一牌九，輸去廿餘元，是年賭博，不甚相宜，似宜戒之。

下午四時在連卡佛飲茶，得悉高伯往澳，容日着人往澳簽妥，兼收定二千元，以完手續。

夜譚云不往澳門，余不理之，祇求伯魯願意往澳則可也。

夜十一時早睡。

亞一明日往澳。

4月7日　星期一

提　要：辛巳年三月十一，先父先忌，伯魯有疾，在普慶休息一晚。

晨如常工作，午勝斯，着啟新往取移民證，往澳商量□〔七？〕買戲事，並攜備合同，預備收定二千元。

下午馬伯魯有電話來，因患足疾，休息一天，余往他府上商量，唯有臨時休息，對院方接洽，如必要時，補回院租弍佰餘元，眾兄弟補回一天作休息計，下午四時半在告樓士打，與澤民飲茶，談及 S.Y 事，余不便處決。

夜與民三兄陸羽消夜，他與美英極度戀愛。

上午與卓兄往和發成交銀，見亞一與一少年分乘人力車。

4月8日　星期二

提　要：辛巳年三月十弍。

晨如常工作，午連卡佛，請澤民、德光午食，下午返院工作，至四時往告樓士打地下飲茶，後返舍下晚飯，內子忽言有所觸，大發牢騷，余迺曰，如果中意，各人遠，都記得，如果不喜歡，日日對住都無用，言中有物，任她聽之，世事焉有十全十美，皆由少讀詩書，不明世故也。

隨與民三兄往陸羽消夜，不外他□〔中？〕情美英，余決他不至五日將上街矣。

啟新為澳門事往澳收定，兼攜備合同。

4 月 9 日　　星期三

提　要：辛巳年三月十三，立法弄璋之喜，每位科銀伍元｛該提要用紅筆書寫｝。

｛無正文｝

4 月 10 日　　星期四

提　要：辛巳年三月十四。

晨如常，午勝斯，下午返院，還回二千元與戴月坡，下午四時連卡佛飲茶，偉權由菲返港。

夜八時大同五樓，“米仔”請飲，又陳君超等在青山玩牌，余勝利，至十二時迺返。

上午十二時往移民局取入境證 135，琨與陳君漢明接洽。

4 月 15 日　　星期五

提　要：三月十九，宴八叔、大同夥計於廣州岐山，余為東道。

｛無正文｝

4 月 16 日　　星期三

提　要：辛巳年三月廿。

晨如常工作，午勝斯午食，下午往告樓士打，商量戲本兼減價事，馬允新戲照收，舊戲減價，夜往廣州，召鳳兒。

東山四十三號。

4 月 17 日　　星期四

提　要：辛巳年三月廿一日，燈火管掣〔制〕，東山四十七號，十時解放。

晨如常，午與永昌兄往連卡佛午食，後往勝斯一行，返院，至四時半與內子往連卡佛飲茶。

嘜佛來電云，譚夫人對庫務司提及免稅，對於敝院諸多攻擊，余決不理會，且看他如何鋪排。

夜七時半往會亞一，{ 略 }，她云往習英語，未知是否，十時迺別。

夜十時半舍下消夜。

是日演《今宵重見月團圓》片。

4 月 18 日　　星期五

提　要：辛巳年三月廿弍。

晨如常工作，午勝斯，月嫦到，言因不知地址，故未到，實深抱歉。

下午返院工作，先是，晨十一時嘜佛約往連卡佛門口傾談，謂庫房特查本院之稅，各事宜小心，余諾之，並言譚夫人之事。

下午四時連卡佛飲茶，□〔同？〕偉權往 Parisian GRILL 晚飯，後於十時往見澤民於陸羽。

4 月 19 日　　星期六

提　要：辛巳年三月廿三。

晨十時半往移民局取移民證 143，至十一時迺往加拿大，午勝斯，至三時與內子往觀督憲杯，三比三言和。

夜往廣州晚飯，八時芳與其夫人、永權俱至，送威士忌一枝〔支〕，三兄因賭牌九，微有誤會，少年人處世宜檢點，不可造次，雖知如此幹法，必討人厭也，且該黎某情形古怪，用火柴，又用□〔片 ?〕，每樣兩枝，到賠銀時只云兩枝，到贏時□〔則？〕云共計，可謂人格破產。

戴某請食生果，十點八元，但他贏二十餘元。

4 月 20 日　星期日

提　要：辛巳年三月廿四。

晨如常工作，午勝斯午食，畢，與譚芳、永權往購夏天白帽一頂，銀 2.8 元，後往大同少座，至四時半往連卡佛飲茶，夜往皇后觀“新月”聲片，不甚好，觀近日生意，奇淡，《史可法》第弍晚已收三百餘元，可見大戲之難做也。

着蔡棣往見趙口〔耀？〕榮，借款一千元始夠出關期。

4 月 21 日　星期一

提　要：辛巳年三月廿五。

晨如常，午與陳宗桐威士文午食，商量應附〔付〕梁偉文事，下午返院，與黃合和四時半再往連卡佛飲茶。

夜觀劇，至十一時返寓。

由四月初六起實行大減價，太平位、太平東西廂房一點二元，大堂中七毛，大堂東西四毛，超等四毛，三樓一點七毛，如遇新劇，衹太平位收二點四元。

4 月 22 日　星期二

提　要：辛巳年三月廿六，北河打交，應華請英京，宗桐、合和、譚芳、英理就及余六人。

晨如常工作，午先往加拿大，後往勝斯，因張秀麗移民證事往移民局，下午四時半威士文飲茶，畢，張應華請食晚飯，五時許吳培來電，謂北河大打鬥，各老倌意欲不登台，後伯魯又來電，提及北河太無理，將各伶人口〔座？〕口〔大？〕，必要警戒，余決不登台，余着他不用鼓噪，宜向顏鏡海接洽，後他與英理就到英京訪余，與應華一齊過海，此事就解決，查該院之守戲台者，陳全之弟，因干涉伶人企場口，用手推他，遂起誤會，先由戲班將他打倒，後該受傷者班人[1]將他打回，且聲明逢戲班佬便打，故伯魯大發□矣，後經查明，往華樂尋覓該什差，□就了事，而伯魯因見淡泊，乘機怠工，此人專事機械，不宜合作也。

夜因有感觸，不能入夢。

4 月 23 日　　星期三

溫　　度：雨
提　　要：辛巳年三月廿七，廣州，大勝。

晨如常，午勝斯，下午告樓士打，畢，返舍下洗燥〔澡〕，然後往廣州玩紙牌，大勝利六十八元，至夜深十弍時迺返。

《殺人王》祇映一天。

4 月 24 日　　星期四

提　　要：辛巳年三月廿八。

晨如常工作，午京都酒店，與亞一午食，下午照常在院工作，連卡佛飲茶，夜舍下竹戰，至九時迺返院，十時與田立發、郭□〔昌？呂？〕飲茶於陸羽。

4 月 26 日　　星期六

提　　要：四月初一，廣州。

晨如常工作，~~立發請往威士文食餐，下午返院~~，{ 原文“立發……返院”一句被劃掉 } 與杏村往加拿大，談及《華商晚報》事、告白事，後往觀賽馬，夜廣州賭博，又輸，是日共輸七十餘元，此後戒賭博。

夜大雨，十弍時許迺返寓。

盧國棉催交鐘聲及《華商》事款，余準〔准〕星期一答覆。

---

1 “班”，粵語用詞，此處即“糾集”、“召喚”的意思。

4月27日 星期日

提　要：辛巳年四月初三{應為初二}，微雨。

晨如常工作，午山光飯店午食，下午四時往觀華聯、西聯督憲杯比賽，弍比〇，華聯敗北。

英京，小兒們及內子、鎮勳晚飯。

卓兄云，告白不可多刊，因減價已夠力矣，並問蔡謙何以不將前座全部沽清。

源朗、源廉往澳一行。

4月28日 星期一

提　要：辛巳年四月初四{應為初三}。

晨如常工作，午先往加拿大，應華移民證取妥，後往勝斯飲茶，遂作局於廣州，下午五時往威士文會譚芳，後往告樓士打八樓會亞月嫦、老四、亞一，又往國民，與黃君往觀《天涯慈父》。

夜八時傾盤〔盆〕大雨，余乘車往廣州，立發因余通知巢公，大發牢騷，後無耐，和解無事，余賭紙牌，勝利五十餘元。

譚芳仍佔西湖女。

4月29日 星期二

提　要：辛巳年四月初四，微雨。

晨如常工作，午勝斯午食，戴月坡送薯仔雞一隻到食，並談及昨夜廣州紙牌之役，他過於度量狹窄也。

下午返院照常工作，五時告樓士打午茶，黃合和、譚芳、偉權。

余寫一仄，一千，與盧國棉君，關於華商總會事。

夜陸羽消夜，堯勳、鎮勳及余三人。

源朗、廉往澳未返。

伯魯有函來，召余往澳，余卻之不往。

4月30日　星期三

提　要：辛巳年四月初五，廣州，大勝，民三輸一千二百七十元，打雞{該提要用紅筆書寫}。

晨如常工作，午勝斯，下午返院工作，陳次福、周萬誠到訪，周某代表南洋公司借五百元，余諾之。

夜在舍下晚飯，先是，下午往觀東方、星島義賽，二比二言和。

夜往廣州，與民三兄打雞，余與月坡、立法三份，共勝一千二百七十元，除一百元□〔水？〕之外，其餘每位欠三百九十元，後與鳳兒遊車河至筲箕灣，然後返寓。

5月1日　星期四

提　要：辛巳年四月初六{此句用紅筆書寫}，太平劇團初次大減價，每太平位一點二元，《賊王子》上、下卷，全院客滿。

晨如常工作，午勝斯午食，下午連卡佛。

5月2日　星期五

提　要：辛巳年四月初柒日{此句用紅筆書寫}。

晨如常工作，午先往東山到會亞一，後往聖斯午食，至1.45□卓兄約往美璋一行，商量應附〔付〕馬伯魯事，（一）着人往澳訂立條件，（弍）籌款伙食，（三）對他講明合同內容並日子。

下午連卡佛，三兄請飲茶，談及民權事，余不理之，蓋均勢利小人也，夜與亞一、偉權三人轉別居消夜。

啟新明日往澳，接洽院事。

5月3日　星期六

提　要：辛巳年四月初八。

梅永茂因《大鄉里》之事親自拜訪道歉，余允改期。

夜廣州。

上海與香港隊賽球，為籌紀念陳烈士鎮和。

暨南學□〔顧？願？〕□〔入？〕場，每位弍元。

5月4日　星期日

提　要：辛巳年四月初九。

晨立法到舍下約余外出，孫啟瑞請午餐於京都，在華人行巴士站遇鳳兒，她往換手袋於伊利，原來該物乃梁某叔送。

下午返院，換至她所座〔坐〕之太平位。

三時半威士文，譚芳及合和。

五時至告樓士打，約馬師曾到談，他竟大發牢騷，云及炒票及不聽電話等事，氣吞牛鬥〔斗〕，喧〔煊〕吓〔赫〕一世，余甚鄙之，余作他大放臭屁而已耳，澳門之台已度妥，由啟新手訂條件分賬。

5月5日　星期一

提　要：辛巳年四月初十，為黃合和事請巢坤霖先生於大酒店。

晨如常工作，上午往理髮，不□〔食？〕，往合成覓黃合和，同往大酒店會巢公及立法，商量移民局見職事，下午四時連卡佛，辦妥。

陳碧泉請食晚飯於新紀元，麻雀勝利。

5月6日　星期二

提　要：辛巳年四月十一，廣州，朱仔請晚飯。

晨如常工作，午勝斯，畢，往見陳漢明先生，為黃合和事，四時連卡佛，發兄之友朱仔請晚飯於新紀元，十一時後遊車河，食雪糕於淺水灣酒店。

下午四時余往連卡佛，遇見馬師曾，適逢他與卓兄由告樓士打出，因伙食事，不過他亦要求先發出告示，□〔兩？〕餐兄弟日包，不得時，然後派伙食，每份三毛，繼又云有人買戲，着余等候，余笑而諾之。

5月7日 星期三

提　要：辛巳年四月十三。

晨如常工作，先往勝斯，亞一至，後又往陸羽會內子，下午返院照常工作，夜廣州，黎伯還賭賬一百元，即由三百九十元折收也。

余仍召鳳兒。

去函國棉，商量延期附〔付〕款事。

立發頻頻託言戴月坡追黎伯還賭款事，此人各人甚不滿意，太滑也。

5月8日 星期四

提　要：四月十四，芳請廣州，兼往西湖女處坐。

晨如常，午先往加拿大，芳代民三交仄三百九十元，與戴月坡、田立發當堂反睦〔目〕，謂不應剃眼眉，因其妻往上海也，可知人情冷暖，世態炎涼，夜廣州晚飯，後往亞女處一坐。

亞一約余行街，勸余不可再召鳳兒云。

夜炎熱難睡，至四時方入夢。

偉權連日夜回，必有外約也。

5月10日 星期六

提　要：辛巳年四月十五，賽馬，無故休息，蓄意架〔嫁〕害。

夜七時許余由馬會返，得悉伯魯提議休息，臨時派錢，料此人立心扭計也，既不開誠佈〔布〕公，何不互拉機械，余決不理會他，他迺由電話通知卓哥並余，不外云他有要事，暫停演四天，繼悉他與全體藝員往香港仔竹戰，立心不軌，必無好結果。

立發設宴於廣州，余十時許迺至，芳夫婦有事往長州〔洲〕，衰仔民權又至，余語多譏諷｛是日日記全用紅筆書寫｝。

5月11日　星期日

提　要：辛巳年四月十六，戴月坡請廣州。

晨如常工作，午先與立法往 PARISAN [PARISIAN] GRILL 午食，後往勝斯，畢，直往廣州竹戰，十六圈麻雀，余可謂紀錄矣，至夜九時迺別。

余返院之際，見馬師曾在門口候人，余不理會他，甚鄙其所為也，損人利己，不配之極。

5月12日　星期一

提　要：四月十七，立法宴客。

晨如常工作，午大酒店，立法請偉權餞行，到坐〔座〕者，月坡、立法、譚芳及其夫人、合和、偉權及余。

下午返院工作，有人到租院，余索價院租一百二十五元，另按稅四百，在立合同之日清交。

下午四時在連卡佛飲茶，亞一撞見，諸多騷擾，夜在火併相候，索銀十元。

余六時赴立法之宴，九時散席，與月坡、合和共往南洋，觀試《陌路妻兒》，平平無奇，十一時返寓。

5月13日　星期二

提　要：四月十八，大通有電來，因華商｛該"華商"應指華商總會，盧國棉曾任職該處，故索引歸入"華商總會"一欄｝之仄事。

盧國棉允代辦妥，詎料二三其德，余認他為太滑，宜小心交易也。

黎民三請飲於廣州，美英在座，不終席而往別處。

5月14日　星期三

提　要：四月十九，冼秉熹律師來函，為華商事。

晨如常工作，午個人往 PARISAN GRILL 午食，得悉日餘云，國棉、學愚均屬滑頭，後向吳澤華領教，得悉真情，下午接冼某來函，談及此事，余感覺得非開源節流，不足以抵抗外侮，此後樣樣小心。

夜黃合和設宴於廣州，田立發因譚芳扣數，遂向余當眾索卅元，余諾之，允明日奉還，可見勢利小人，不宜多相交也，宜遠之。

休息四天已完，即晚照常開演。

與鄧英往告樓士打飲酒，至十弍時迺返寓，偉權明日往南遊。

5 月 15 日　　星期四

提　要：四月廿，金城酒家，唛佛讚，張民權話炒票余有份。

晨如常工作，午先往加拿大會亞一，她云，日前因余叫月嫦，她已將腹中一塊肉墮去，聲淚俱下，余遂行，不願再多逗留，下午返院照常工作，劉叔□〔村？〕到訪，談及買戲事，明晚到訪，他索鞋金[1]多少，余本羊毛出在羊身上宗旨。

偉權本擬即晨放行，因船期，改為明天。

唛佛到借弍十元，云民權謂，太平炒票，汝亦有份，此人毀〔譭〕謗我名譽，必有儆戒，以箝其口實。

夜十一時再往金城。

5 月 16 日　　星期五

提　要：辛巳年四月廿一，葉盈枝到買戲，在普慶籌款，千一元一天，另院租。

晨照常早起，與民三在加拿大飲茶，得悉他非常滿意美英。

午勝斯，月坡加牛腩，下午四時馬在連卡佛候余，商量伙食事，他云，叫櫃台照大倉餸，拉晝照派，余着他慢步商量，夜葉盈枝與劉叔□〔村？〕到訪，商量買太平劇團在普慶籌款，戲金一千一百元每天。

夜往陸羽，靚少鳳商量日期起班，余諾之，允明日（即星期日）答覆。

1　此處“鞋金”應該是指中間人收取的佣金或額外費用。

5月18日　星期日

提　要：辛巳年四月廿三。

晨如常工作，午勝斯午食，下午連卡佛，余將實情華商[1]之事對芳兄說明，並同時對他言及該一千元恐難如命，如必要時，唯有退出，芳云到時方談及，且亦不欲與焯兄相〔商〕量也。

六時許往麗池，與內子一行，並往十弍家處晚飯，返院，繼往金城一轉，又往牛奶公司食雪糕，始返寓休息。

靚少鳳與何芙連到商量日期，余允下星期三覆實。

5月19日　星期一

提　要：辛巳年四月廿四。

晨如常工作，午往大酒店，巢公、合和、立法及余四人午食，巢公一心提拔合和在港工作，余允請他睇《難分真假淚》，下午立法交回合和申請書，內有不明白處，着他詳細報告。

夜余往普慶，得悉情形奇淡，並見小鶯鶯守閘絕無規矩，□□〔而？〕□〔長？〕□〔政？〕，殊失觀瞻，至十時乃返。

5月20日　星期二

提　要：辛巳年四月廿五。

晨如常工作，午勝斯午食，畢，返院工作，下午往金龍玩紙牌，與戴某俱勝利，獨有一湖藉〔籍〕人周柏青輸七十餘元，後芳召十五號，共往牛奶公司食雪糕，又遊車河至淺水灣折回。

夜十時返院。

卓兄允明日找妥鐘聲數，同時余找妥華商數，$1160。

1　此"華商"應指華商總會。

5 月 21 日　　星期三

提　　要：辛巳年四月廿六。

晨如常工作，午連卡佛，立法，午食，下午返院工作，與芳兄借二百五十元以備應附〔付〕華商，後聞日餘云，該吳澤華要收足此款，余決交國棉辦理，夜廣州，余紙牌勝利，十二時返寓。

卓兄找我鐘聲數。

5 月 22 日　　星期四

提　　要：辛巳年五月 { 應為四月 } 廿柒，碧翠生日，連卡佛蛋〔蛋〕糕一個 {“碧翠生日……”此句用紅筆書寫 }。

晨照常工作，午大酒店，余請永權、八叔、立法午食，再往勝斯傾談。

四時連卡佛，遇林兆業，他云，約民權飲茶，趙樹泰商量日期，一致答允，伯魯借款不遂。

夜金城晚飯，鄧英云，薛覺先欲與余商量新班事，容日再談。

鄧英云，民權有日請他斯豪飲茶。

5 月 23 日　　星期五

提　　要：四 { 原寫作“五”，後被改正為“四” } 月廿八，碧侶生日，兼適逢英皇壽辰，放假返寓 { 該提要全用紅筆書寫 }。

{ 無正文 }

5 月 24 日　　星期六

提　　要：四 { 原寫作“五”，後被改正為“四” } 月廿九，廣州 { 該提要全用紅筆書寫 }。

{ 無正文 }

5月25日 星期日

氣　　候：雨
提　　要：四{原寫作"五"，後被改正為"四"}月卅，錫藩、衍藩生日{該提要全用紅筆書寫}。

晨如常工作，午 PARISAN [PARISIAN] GRILL 午食，下午返院照常工作，連卡佛，交回呈書與合和，後返舍下晚飯，立法、芳兄均到竹戰，因錫藩、衍藩生日，故請飯一頓，且適逢女輩放假。

夜亞一到，問余，有身己如何，余答云，凡事小心，切勿造次，於十一時託言馬借一百元，與民三借款一百元，着亞廉明早交中國銀行。

5月26日 星期一

提　　要：四月{應為五月}初一，衛少芳薑酌，S.K.S.，大酒店。

晨如常工作，午勝斯，譚芳、鄧英午食，代月坡寫信告假，下午四時半在大酒店會薛覺先，商量班事，他允受薪式，余擬日間答覆。

夜七時灣仔大三元，衛少芳薑酌，八時往金城，至十時迺返。

伯魯已寫妥對聯與巢公。

5月27日 星期二

提　　要：初二（五{原寫作"五"，後被改正為"四"}月）。

晨如常工作，午大酒店午食，送伯魯寫之對聯與巢坤霖先生。

下午連卡佛，內子到飲茶，夜牛奶公司食牛扒。

5月28日 星期三

提　　要：辛巳年五月初三。

晨如常，午十一時往東山四十八號會亞一，她云身中有孕，余聽之，後往勝斯，下午二時半往普慶，代葉盈枝先生租院，每天二百七十元，三時許大觀午食，四時連卡佛，內子亦在焉，夜廣州，送乳豬一隻。

借譚芳三百元還數，實四百八十元。

夜演《轟天雷》，奇旺。

5月29日 星期四

提　要：辛巳年五月初四。

晨如常工作，午先往東山，與亞一｛略｝，後往勝斯，下午照常工作，交數與新階段。

夜林兆業到訪，請廣州，臨時召集譚芳、立法、民三數人，余召鳳兒，十一時散席，往飲冰。

還回200元與譚芳，欠立法一百三十元。

5月30日 星期五

提　要：辛巳年五月初五｛原寫作“六”，後被改正為“五”｝，廣州，端午節。

晨照常工作，午牛奶公司午食，余對張覺可談及李遠不靠得住事，下午返院照常工作，每日巡視五點賣票及大堂。

夜朱少梅到訪，商量日子，定妥美高梅片，按金弍佰元，去函定反光鏡一對。

夜廣州，余贏廿餘元，給廿元與鳳兒，並往美英處打水圍，夜深十弍時迺返。

5月31日 星期六

提　要：五月初六，賽馬。

晨如常工作，借一百元往觀賽馬，與源廉每人合股卅元，大敗而回。

夜金陵晚飯，後與鄧英二人往牛奶公司飲冰。

6月2日　星期一

提　要：五月初八，賽馬勝利。

晨十二時往勝斯食西餐，午後往觀馬，勝利伍十餘元，又在廣州紙牌，戰勝廿元。

夜再往牛奶公司飲冰，（十五）在內。

碧侶等放假已完，明日返校。

6月3日　星期二

提　要：五月初九。

晨如常辦公，午加拿大，與廖鴻明午食，下午四時中華，傾談片事，廖云，先除一百，余伍成對分。

夜廣州，梁碧泉生日，三園宴客，後又往牛奶公司飲冰，至十時廼返寓。

6月4日　星期三

提　要：五月初十。

晨如常工作，午先在加大，後往勝斯，及後返院，照常辦公，美華交四百元按櫃至，還戴月坡息二百六十元，找米銀 64. □元。

夜廣州消夜，余召鳳兒，適她有人晚飯，故遲到，十一時半廼到，遂往牛奶公司再飲冰。

6月5日　星期四

提　要：辛巳年五月十一。

筲箕灣頭台《六國大封相》，余九時到視察，兼收戲金五百元，隨又與蔡棣、蘇仔往牛奶公司飲冰。

馬師曾往家商量加價新戲，他們家族會議牟利而已矣。

6月6日　　星期五

提　　要：辛巳年五月十二，瞭望員敘集，首次參加。

晨如常工作，午勝斯，下午往馬伯魯處商量宣傳。

下午連卡佛，約同戴月坡往會議，畢，金城晚飯，余輸去八元，竹戰，嗣後決不玩麻雀。

6月7日　　星期六

提　　要：（廣州）五月十三。

{無正文}

6月8日　　星期日

提　　要：五月十四，金城，放影美高梅三集《野人記》。

晨如常工作，午加拿大午食，在□〔於？〕試《陌路妻兒》，之後下午返院工作，畢，往連卡佛，至五時許往金城晚飯。

夜八時與民三往牛奶公司，撞見卓哥及其家人，月嫦約往食粥，余着立法往推，託言不暇，並約她晚飯，她不特已不到，且連電話都無回音，不了了之。

6月9日　　星期一

提　　要：辛巳年五月十五，何老大請金陵銀漢廳，兼跳舞。

晨如常工作，午先會亞一於京都，下午返院工作，五時返舍下，八時往金陵，因何老大之"風 LAN"[1]為戴月坡醫好，且同時公宴八叔，故大請特請，余本不召鳳兒，適為黎伯撞見，遂牽之入廳，後余往金陵跳舞廳，撞見

1　疑即粵語稱為"風爛（'爛'字粵音唸作第三聲）"之皮膚病，即風疹塊、蕁麻疹。

鄧肇堅。

筲箕灣尾台，余頻於籌款，長此已〔以〕往，必不堪設想，不如早從節儉着想，兼辦法也。

6月10日　星期二

提　要：辛巳年五月十六｛原寫作“七”，後被改正為“六”｝。

晨如常，午先往連卡佛見陳宗桐，商量片事，他云，先計片租四十元，後五成對分，余諾之，容日有期始商妥。

夜演新劇《擊鼓催花》，三元、二元、一元、八毛、六毛、三毛，因宣傳關係，頗旺。

與亞一往牛奶公司食雪糕。

余返寓時在三樓轉角流〔樓〕梯口撞見一“小摩”[1]，朦面用鐵枝指向余，喝令舉手，余大聲喝他，他逃去，後余上樓，脫了外衣，與堯仔追下樓覓此人，在火井相遇，他竟向余道歉，余亦不再追究也。

6月11日　星期三

提　要：五月十七。

晨如常工作，午先往勝斯，後接伯魯來電，請求擴大宣傳，蓋其意欲普慶亦照新劇《擊鼓催花》一樣大面版，查實他老早已有用心，因是年新班多執宣傳費廿元，而且配景、服裝宣傳亦在皮費內，無論如何，駛去亦係咁多皮，他多的喧〔宣〕傳，多的收入，多的收入，他又佔多的分賬，用心奸險，可見一斑矣。

6月12日　星期四

提　要：辛巳年五月十八，英皇壽辰，金城晚飯。

---

1 “摩”此處可能應是“摸”的諧音字，即小偷的意思。

晨如常工作，午與余文芳、立法三人往 PARISIAN GRILL 午食，畢，再往勝斯，下午在院候新運會蘇安平到接洽，商量租院事，余索他每天三百元，另捐一百元，先交定銀一千元，連四佰元按稅在內，後她電話裡云，吳公虎[1]與馬師曾相交好，料必能減院租，余答云，若再俟馬君到談，則院租四百矣，並允她星期六日到談，否則取消日期，羅文塤因《工商》之故，頻頻到座，他云，《誠報》，馬師曾拈稿往，並要請孫啟瑞飲茶，余大罵他出言不洵〔遜〕，且太平絕對不靠任何一伶人也。

6月13日 星期五

提　要：辛巳年五月十九。

晨如常工作，午勝斯午食，下午返院辦公，五時往告樓士打八樓，赴伍華之約，召集西區會議瞭望員事。

夜十時芳請十五及余牛奶公司消夜。

譚夫人約往堅道商量，余派仕可往接洽。

近來人心不古，凡事小心為好。

6月14日 星期六

提　要：辛巳年五月廿。

廣州，贏民三八十元。

伯魯與余往告樓士打飲茶，商量日子及告白事，余直言，三人分份，一人負擔，將來不知誰人找告白數也。

他云，暫一兩套如此辦法，再下次則不用矣。

1　吳公虎（?-1977），廣東南海人，著名書畫家，長居香港，其逝世消息見《香港工商晚報》1977 年 9 月 18 日第 2 頁。

6月15日　星期日

提　要：辛巳年五月廿一。

晨已改為標準時間，即每日提前一點，午金龍午食，至下午晚飯。

夜十一時返寓。

馬伯魯派人質問，何以不登告白，適逢余往外，故不理他也，無他，他欲多登廣告，廣事宣傳，而收錢則他個人收也，今後決不理會。

6月16日　星期一

氣　候：雨
提　要：辛巳年五月廿弍，起首在中華午食，每人每。

晨如常工作，是日起節省陽光，提前一小時，因勝斯關係，各人自動退出，起在中華午食，每人每 { 此處可能未寫完 }。

下午照常辦公，馬師曾介紹陸愛花到，商量告白事，他極注意告白，且云救亡工作，後與他往告樓士打飲茶，遇馮鉅非，轉往牛奶公司。

夜十姑娘到訪，余託言請她為售票員，每月廿元薪水，二千元擔保，她允，並欲存款在太平，每千元六厘息寸〔算〕，後因趕送戲票各人，余華石至，遂往牛奶公司消夜。

6月18日　星期三

提　要：辛巳年五月廿四。

晨如常，午先往加拿大見石某，雷電華片事，後往中華，下午返院照常辦公，合和約往連卡佛傾談，芳有事不到。

夜廣州，余召鳳兒，先是，下午與亞一出，會於皇后607。

通知潘日如，此後有誰向《華僑》落告白，非經本人同意，恕不負責。

還回卅元與立法，尚欠七十。

林兆業到敘，輸五十元。

6 月 19 日　　星期四

提　要：辛巳年五月廿五，義演籌款，收入 825.41
187.09
45.95
1058.45{ 該提要全用紅筆書寫 }。

晨如常工作，午先往加拿大，與雷電華簽約，後往中華午食，鳳兒又到，連日大雨，不便行街。

是夜義演，因價錢太昂（迫不得起價），收入大減，余曩者已言，加價及大宣傳祇可生效一時，不能長此已〔以〕往也，故余決是台必不能收效也。

碧翠來函，全用文言，井井有條，此女天生聰穎，惜脾氣太壞，修養未夠也，其姊碧侶比較溫和些，或者年幾〔紀〕關係也。

余與立法往牛奶公司食晚飯。

6 月 20 日　　星期五

提　要：五月廿六，鄧祥由澳來，在舍下早飯，石明之女滿月。

馬因淡，大言散班，余否之，並將其事詳細對卓兄說明，可知戲人多數靠不住也。

下午三時譚亮約余往加拿大，商量蘭卿加入錦添花事，余不答覆，祇云班必起，蘭必用，如有意者，可在太平唱演。

6 月 21 日　　星期六

提　要：五月廿七，余請鄧祥金龍晚飯，內子在焉。

晨如常工作，午中華飲茶，戴某連日不見到，可知彼已老早立心散局矣。

下午在芳兄處得悉他內人染了風流病，而該醫生又請他到調理。

夜晚飯畢，返院工作，後往廣州召鳳兒，並代她取移民證一張。

鄧祥對余云，馬話，九路無用，問卓哥可也，余諾之，將來有事他就知也。

6 月 22 日　星期日

提　要：辛巳年五月廿八，票尾三點五元。

晨如常工作，午中華午食，畢，即往金城三樓長樂宮竹戰，是日譚芳請鄧祥晚飯，至八時迺散，對於學生賑濟會籌款事，余決照平民義學價目出沽，即每日八百四十元，另院租由他自理，警察消防初擬由他辦理，後嫌瑣碎，故取消。

夜往大姑娘處，與內子返寓。

擴大宣傳祇可一處，多則人不“領野”[1]，大抵世界不好，百物騰貴也。

《大公報》來電，話德蘇已正式開戰。

6 月 23 日　星期一

提　要：五月廿九。

放影《俾斯麥浮沉記》，收入驚人，仟餘元，暑天有此收入，可謂意外也。

6 月 24 日　星期二

提　要：五月卅，馬借二百元。

晨如常，午中華午食，下午返院照常工作，陸紹勳、余巨賢、姚湘勤懇求不可進行告訴，並同時宣佈如何組織《現象報》，余均諾之。

夜與立法、堯、鎮勳等往牛奶公司食冰。

6 月 25 日　星期三

提　要：六月初一，廣州。

1 “領野”，粵語用詞，此處可引申為“受落”。

晨如常工作，午中華午食，下午返院照常工作，打乒乓波。

夜廣州，召鳳兒，並給她移民證一張，迺口〔四？〕年的，亞一跟隨坐電車，余個人返寓。

欠譚芳雞數二十一元，立法二十六元，但民三欠余六十七元。

6月26日　星期四

提　要：辛巳年六月初三。

晨如常工作，午中華午食，下午返院，公事畢，遊戲，《俾思〔斯〕麥》分賬，柒佰餘元，暫移交蔡棣，此人多言誤事，祇顧私利。

夜還回二十一元與譚芳，金城晚飯，後往牛奶公司飲冰。

6月27日　星期五

提　要：辛巳年六月初四，廣州〇〇尾聲。

晨如常工作，午中華，之前在加拿大遇見亞一，後往午食，下午返院辦公，四時往連卡佛飲茶，兼買蛋〔蛋〕糕一個，因碧侶等放月尾假。

廣州〇〇尾聲，譚芳包起包〔鮑〕翅乳豬。

是日黎民三壽辰，他飲酒助慶，且風騷滿面，但他輸去雞銀六十五元，余送麥皮餅二罐，兼金山橙一打作賀，馬師曾中暑昏厥，是晚不能登台，明日亦不能，祇蘭卿往出普慶，可謂倒楣之極也。

6月28日　星期六

提　要：請看前頁。

馬中暑不能登台，由醒波代替。

6月29日　星期日

提　要：六月初五，七號風球。

晨如常工作，午約文仕可往見馬師曾，因渠病，商量休息三天，至星期方照常登台，其初，蘭卿應允照做，但日戲則改戲，後又反悔，余絕對不理會，但卓兄過於忠厚，故有此累贅也，夜臨時改戲，且大風襲港之勢，故收入僅五十餘元，可謂記錄矣。

夜赴金城曾寶琦之約，八時返院，譚夫人租院。

劉□〔玉？〕□〔祥？〕借銀伍佰元，每佰元行息三元，按月交息，取本時一日通知。

6月30日　星期一

提　要：六月初六，颶風襲港。

晨碧侶等上學，因颶風襲港，過海輪船一律停航，至夜九時風勢轉緩。

下午四時與鎮勳往加拿大午食，夜立法請牛奶公司，先食雪糕，後再往陸羽消夜，碧侶食滯，嘔吐。

夜懸五號風球，風勢仍不弱，至九時許方有電車。

戲箱搬運不能渡海。

7月1日　星期二

提　要：六月初七。

晨如常，風波已下，碧侶等下午迺返校，下午在院照常辦公。

夜廣州打雞，適有差人到圍捕，幸機警，且各人下註太少，故不至受辱，而二樓之廳則全體被捕差館去矣。

7月2日　星期三

提　要：辛巳年六月初八，馬約談新班計劃，廣州。

晨如常工作，午中華，之前往加拿大約王杰，談及北河之期，他已允，後往中華，姚湘勤、應華、巨賢到談，共商《現象》進行組織事。

下午張宗祜到租院，三百元，星期五再交按稅三百元。

夜內子共往加路連山一行，遇見亞一，後與錫、衍返寓，往廣州，共打雞贏十餘元。

共存伍拾元在朗兄處。

7月3日　星期四

提　要：辛巳年六月初九，金龍晚飯。

晨照常工作，午先往中華午食，後返院工作，下午三時半周三姑拈來士擔紙一張，簽妥，贖回一千元之揭款，言明此款將來為其孫攻書教學之用。

卓哥與余共封奠儀卅元與已故的譚鶴坡家屬，由仕可親自送往。

下午五時在連卡佛飲茶，遇見民權、兆業、式柯等，小人以利合，結果又以利分矣。

夜金龍晚飯，余勝利卅元，同行之人多數招着數，由其是立法也。

夜十時返寓，內子勸余勤儉為主。

7月5日　星期六

提　要：六月十一。

晨如常工作，午中華，畢，往東山二十三，得悉一與彼等互相口角，憤而離開，現迫余交她伍佰至六佰元，余答應，此事萬不能喧〔宣〕傳，祇可靜靜幹去，為將來設想，不可造次，至五時乃返寓，夜九時半往廣州，余請晚飯十元。

晨十一時半交現銀一千元與石某，為□〔普？〕□〔慶？〕事，可知戴某可與共安樂，不可以共患難。

《陌路妻兒》開片，連日大雨，且升風波。

7月6日　星期日

提　要：六月十弍，大雨，又懸風球六號。

晨如常工作，午陸羽，立法、堯勳、鎮勳及余四人飲茶，下午返院，遊戲乒乓波，大勝堯勳，夜照常工作。

日餘請新世界消夜，至十弍時迺返寓。

7月7日 星期一

提　要：六月十三，七七紀念，全港素食。

晨如常工作，午中華午食，關加柏及馬師曾俱至，下午返院，馬往舍下竹戰，余與芳兄往金城晚餐，是日七七紀念，全港素食，芳兄大宴其姨仔（十五親戚），後余往東山二十三號，商量亞一還款事，明日她搬往亞婆處居住，尚欠六佰餘元。

7月8日 星期二

提　要：辛巳年六月十四，忽然有告示到，明天洗地。

晨如常工作，午中華午食，得悉偉權由星州返，下午返院，於三時半突有一告示來，明天洗地。

夜金城消夜，至一時迺返寓。

加拿大，給亞一卅元。

廖鴻明借五十元，作《英空軍大戰》片租算。

7月9日 星期三

提　要：辛巳年六月十五。

晨如常工作，午中華午食，美高梅曾某到訪，周萬誠又到訪。

夜廣州，余召鳳兒，並給她廿元作找數，得悉薛某召月嫦，並於明晚在其巢內晚飯云。

7月10日 星期四

提　要：辛巳年六月十六，新運會籌款。

晨如常工作，午先往加拿大，後往中華，下午返院照常辦公，蕭佩煊、李福杖等共往牛奶公司飲冰。

夜李桐到，代整理年結、進支表、盈虧表、存欠表，以備呈交戰稅局納稅之用。

田立發請新世界消夜。

前日月坡來電，催還一千元，余諾之下星期四云。

7 月 11 日　　星期五

提　　要：六月十七。

晨如常工作，午先往加拿大，後往中華，下午連卡佛，商量輪運事，夜發覺源廉因詢〔徇〕情，將一百元位改劃為十元，以改太平位，紛紛亂亂，而且劣紳何甘棠竟然十元自行坐在百元位內，惡霸橫行，殊可鄙也。

梁日餘去錯告白，誤將《難測婦人心》改為《四進士》，應份記大過一次。

7 月 12 日　　星期六

提　　要：六月十八，碧侶等放暑假，金陵。

《現象報》籌辦，在南華會議收股。

7 月 13 日　　星期日

提　　要：六月十九，新紀元請應華、王杰等午食。

晨如常工作，午新紀元，請應華、王杰等午食，余及弟兒女輩一群，下午返院，芳約往廣州晚飯、竹戰，余諾之。

夜八時許返院，後與偉權往牛奶公司飲冰，十一時返寓。

周炎荔先生到訪，定期逢一、二、三、四補習小兒輩，鎮勳因余做衣服與堯勳，大呷醋焉。

7月14日 星期一

提　要：辛巳年六月廿日。

晨如常工作，午約坤霖、立法往大華午食，下午返太平，與碧侶、碧翠往拔佳購鞋，又往告樓士打飲茶，黃合和約放影《天涯慈父》，余允於燈光管掣〔制〕夜放影，並加插跳舞云。

夜張振波倩人送回代製跌打丸之18..6元。

秉堯之母過身，準明日往送殯。

7月15日 星期二

提　要：六月廿一，秉堯之母逝世，送殯。

晨如常工作，午十時往院辦〈公〉，十弍時中華午膳，後過海送殯，下午返港，牛奶公司飲冰，夜演《怪電人》，奇淡，後往英京，赴譚芳之宴。

碧侶等開始補習，周炎荔先生，每日酬勞卅元。

7月16日 星期三

提　要：六月廿弍。

晨如常工作，午往陸羽品茗，下午與FRED往告樓士打飲茶。

月坡來電問還款事，明日還款一千元。

下次燈火管掣〔制〕，休息三天。

澳門演太平劇團《賊王子》，頗旺云。

廣州，黎伯打雞，至十弍時半返寓。

7月17日 星期四

提　要：六月廿三。

晨如常工作，午先往陸羽，後往中華交銀一千元與月坡，亞一又至食午膳，且又往廣州食晚飯，輸麻雀廿九元九毛，九時許散席，她返安蘭街。

四時半連卡佛飲茶。

7 月 18 日　　星期五

提　　要：辛巳年六月廿四，蘭生問卓兄九千元借款事，並言利息不用納稅。

晨如常早起，與碧侶、碧翠往加拿大早餐，後給她們弍元買書籍。

沛然由澳攜馬函至，上碼頭時被竊去書信一封，並揭曉獎格，忡〔匆〕忙到舍下呈報，余着他速返澳說明，因戲橋亦同時被竊去。

伯祺云急用弍佰五十元。

湘勤在加大交股本部。

夜往益記，周偉權被車撞傷，後返舍下休息。

7 月 20 日　　星期日

提　　要：六月廿六。

晨如常工作，午先往南濱，後往陸羽飲茶，下午返院照常工作，馬師曾請余商量新班事，並欲定李翠芳，余言萬不能行，且黃豔濃不適合潮流也。

余對卓兄言，倘迫馬收回捌仟元欠款事，可託言李蘭生向余追討，余焉不能向閣下追問也，卓兄甚贊成，此翻說話，容日面談。

夜與碧侶往觀《鴛鴦劫》，後往中華晚飯，然後返院工作。

黃匡國、周伯祺事，層〔曾〕訪卓兄，故是日睇戲，順便到訪，且允代攪〔搞〕妥其照事。

7 月 21 日　　星期一

提　　要：六月廿柒。

晨如常工作，午加大，亞一云，搬往安蘭街六三一房，每月四十五元，另租傢私十五元，余允之，約明日再斟，下午往院照常工作，有一上海人到租院，共弍星期，每天三百元。

夜燈火管制，演《海底針》片，加跳舞，奇旺。

7月22日　星期二

提　要：辛巳年六月廿八，燈火管掣〔制〕第弍天。

晨如常工作，午先往加拿大，後往陸羽，得悉亞一已租妥屋，準日間搬入，並租稼〔傢〕私云。

下午返院照常工作，黃合和請廣州晚飯。

大姑娘在舍下渡宿，因燈火管掣〔制〕，同時雀戰至四點餘鐘，夜在舍下消夜。

因新運會之娛樂稅不在，甚掛心，恐亦摩地一時忙〔忘〕記也。

其朗、日餘每人一百元。

7月23日　星期三

提　要：六月廿九，原定第三天燈火管掣〔制〕，因臨時有變，停止執行。

夜與梁孝勉、劉煥文等往廣州作局。

7月24日　星期四

提　要：辛巳年閏六月初一。

晨如常工作，午陸羽，下午忽吳培報告，蘭卿因病肚痛，是晚不能登台，遂改影名片《司馬相如》半晚，明日亦影《花好月圓》。

夜七時半赴伯祺大同之約，後與馬伯魯乘車往探蘭卿，蓋馬亦念念不忘她也，虛情假義，可見一斑矣。

後與馬往廣州，召鳳兒，至十二時半迺返寓。

7月25日　星期五

提　要：又六月初二，往普慶度日子，順探月坡叔。

{無正文}

7月26日　星期六

提　要：又六月初三，廣州，黃湘雲。

晨如常工作，午陸羽品茗，下午返院，隨與伯魯告樓士打飲茶，夜往廣州，召鳳兒，先往露天舞場參觀跳舞，數人科銀十元，召黃湘雲坐台，後又叫她至廣州飲酒消夜，此人借酒發氣，很是令人陶醉。

十二時返寓。

7月27日　星期日

提　要：又六月初四，夜演《三娘教子》。

晨如常工作，午陸羽，約文丕顯到談於陸羽，以助譚重鼎補習之用。

下午返寓休息，夜照常辦理。

天氣炎熱，生意奇淡。

曾自憐託取移民證一張，並針紙一張。

7月28日　星期一

提　要：又六月初五，廣州賭，敗於余華石。

英美凍結日本基金。

晨照常工作，午往陸羽，下午返院，伯魯約往商量減價之期並戲，夜廣州晚飯，先是，竹戰贏五元，後打雞大敗，黃合和誓願再不到廣州矣。

黃匡國到院，商量寫信送其照入癲狂院，並介紹往見蔣法賢醫生。

十二時返寓休息。

7月29日　星期二

提　要：又六月初六。

馬云，街外人評蘭卿，同時又講話你搵薛覺先合作。

7月30日　星期三

提　要：又六月初七。

晨如常工作，午先往陸羽，後往南華，交瞭望員人名與伍華，余正賢約明日往南華傾談，關乎《現象報》事，下午四時馬約往告樓士打，商量減價、點戲，議決點舊點新，並交藝術號獻金銀 476.2 元與他，由余發支票。

夜廣州消夜，永權宴客，黎伯大輪特輪。

7月31日　星期四

提　要：又六月初八。

晨如常工作，午先往陸羽，後往南華，商量《現象報》事，下午返院工作，馬到看《春意》，影片甚奇，觀後往告樓士打，FRED 等飲茶，畢，返寓。

夜鴻明到訪，新接辦《中國晚報》到接稿，又往新世界消夜，余返安瀾街六號弍樓一歇，即返寓。

周萬誠允計《春閨三鳳》75%，準明天送其照往馬利〔瑪麗？〕醫院，再入神經療治院。

8月1日　星期五

提　要：又六月初九，先送其照往馬利〔瑪麗？〕醫院，再送往癲狂院治療（下午三時）。

晨照常工作，先繕一函往七號差館，後於下午三時會同華探先填一紙，送往馬利〔瑪麗？〕醫院，再送其照往癲狂院治療，須〔需〕時三句餘鐘，至五時乃返院，交按櫃三十元，每天收費用伍毫。

伯魯改戲，着譽可與亞廉往辦妥。

往福記購柴十元，四百六十斤。

買入大洋，下午沽出大洋□□〔三萬？〕，□〔164？〕.—。

夜與肥仔發弍人往廣州消夜。

8月2日 星期六

提　要：又六月初十。

晨如常工作，午陸羽飲茶，芳與其妻入院休養，下午照常工作。

夜廣州輸雞，欠民三六十元。

《木偶奇遇》奇淡，因中央先幾日做過也。

梁日如、仕可搬上三樓，與滄亭等合作做宣傳部。

8月3日 星期日

提　要：辛巳年又六月十一｛原寫作"十弍"，後被改正為"十一"｝日。

｛無正文｝

8月4日 星期一

提　要：辛巳，又六月，十弍日，打風，懸八號風球，改為一號。

晨如常工作，午往陸羽，下午與鴻明論片於加拿大，在廣州晚飯。

夜太平尾台減價，演《子母碑》，滿座。

偉權舍下消夜，架厘雞、牛腩等。

鄧祥之子如文往滬，由卓兄繕函介紹，結識其女，以便入滬江攻讀也。

8月5日 星期二

提　要：辛巳年又六月十三，精神欠佳，許地山逝世。

晨照常工作，午陸羽品茗，下午國幣情形不佳，余立即割去，以免牽延誤事。

夜因身體不舒暢，遂休息片時，至九時廼往院辦公，衹食麥片不食飯。

中國婦女會到租院，全索其租金九百元，另按稅一仟元，方允立合約云，其書記黎□〔掄？倫？〕□〔允？兄？〕云，尚欠一百七十五點零五元。

8月6日 星期三

提　要：辛巳年又六月十四。

晨照常工作，午往陸羽飲茶，"一"往探八嫂於養和院三十一房，下午鴻明來電話，謂姚仔追問張民權，何以話他受｛原文此處空了一格｝貼，張否認此事，料必九路中傷，他必問肇堅講明也，余得聆此事，遂電問姚仔究竟如何，他云他確未有宣佈誰人講此事。

夜廣州晚飯。

文塤有未做人情之嫌。

廖某到取告白，且往新世界試片。

8月11日 星期一

提　要：夜九時入太和院，調治腸熱症。

｛無正文｝

9月8日 星期一

提　要：調治痊癒，九時出院，返舍下休養一星期方照常工作。

｛無正文｝

9月15日 星期一

提　要：辛巳年七月廿四，照常辦公。

晨十時開始照常辦公，先是，八月十一號由葉大楨醫生驗血，證實大腸熱症，余遂於九時入太和院二十三號房調理，是夜燒至103°，至明天，余乃對醫生講，請私家看護，（日）曾潤森，（夜）陳醒民，後者小心之極，堪稱上材，同時葉醫生發覺有一新藥，名TYPHOIDFAGO，對於腸熱症極有把握，故入院兩星期則退燒，每日多飲橙汁薏米水，隔日放瀉，在於第二三星期內不許妄動，余入院兩星期後即告痊癒，不過休養兩星期方出院，且回舍下休養一星期方照常辦公也，各親友紛紛慰問，五中感激，容日酬報{是日日記全用紅筆書寫}。

9月16日　星期二

提　要：辛巳年七月廿五，打風，懸九號風球，小口〔學？〕停課。

晨十時往院辦公，是日大風，懸九號風球，交通停頓，余下午再往院，各人均不在寫字樓，可知彼等殊不負責辦事人也。

夜舍下竹戰，至十弍時迺睡。

9月17日　星期三

提　要：辛巳年七月廿六。

晨八時早起，梳洗畢，照常食牛肉粥，十時返院辦公，十二時午食，由舍下送飯來院，一時往勝斯會彼等，得悉大同公司行將析股，下午代余華石之楊靜儀取移民證一份，三時半往告樓士打飲茶。

夜吉誠到座，嘜佛云，他現已開始查票，每晚上號碼，並言將日前應交之稅照補，並借五十元。

9月18日　星期四

提　要：辛巳年七月廿柒。

晨晏起，因昨夜失眠之故，十一時睡覺，迺梳洗，趕往院辦公，並通知卓兄，明晚蘭卿請食飯於金龍，六時半至七時，她云她前者着約埋老大，余答曰，不妨問她一聲，至夜，余與她通話，由她找老大。

八和會館來電，甚唐突，余警戒周某出言不洵〔遜〕云，耀鴻電約星期六日大酒店午食，三兄約明日下午五時連卡佛飲茶。

嘜佛借卅元。

上海班推廿八日答覆，余不理他。

9月19日 星期五

提　要：辛巳七月廿八，兆業，五時連卡佛，蘭卿，金龍蓬萊宮晚飯。

晨如常工作，仍然早起，梳洗，食牛肉粥，十二時用飯於院，正午往勝斯傾談，後街上撞見加伯，略應酬，寒暄數語，迺返院工作。

下午三時鴻明到座，商量籌款辦義學事，並往威士文飲茶。

下午六時返舍下用晚，七時往金龍赴蘭卿之宴，席中祇她三姊弟及卓兄與余，□〔耀？〕榮因事不至，馬師曾託言腳痛，實與邵老三往大華晚飯，由吉誠電告他，並命亞牛寫信與蘭卿，諸多虛偽，殊屬可鄙，蘭接信之後聲淚俱下，可見癡心之極，惜乎此人太無理，甚為可惡也。

9月20日 星期六

提　要：辛巳年七月廿九，碧紅誕生於八時卅分（標準時間）。

晨照常，梳洗畢，食牛肉粥，十時半往院辦公，午大酒店，與袁耀鴻君午食，商量國華片事。

下午三時內子腹瀉，叫大楨醫生到診，謂其為痢症，至八時見她頻頻作痛，余迺出院，欲叫醫生代她打針止痛，詎料八時半工人亞根來報喜，謂她已分娩一女矣，余遂回家視察，聞說當時接生，陪月未至，祇得其母、亞五、亞三、亞根幾人侍候她。

夜與亞廉往消夜，十一時迺回｛是日日記全用紅筆書寫｝。

9月21日 星期日

提　要：辛巳八月初一。

晨如常，梳洗畢，往院辦公，午 PARISIAN GRILL，與立發午食，後往大同會綠衣郎，商量日期，余着他且候趙□〔耀？〕榮起班否，下午乃返院視察內子，四時往告樓士打八樓見汪福慶，商量片事，至五時半迺往觀足球義賽，南遊[1]與西聯，前者淨勝五球。

夜早眠，但睡至三時半則醒。

9月22日　星期一

提　要：辛巳年八月初弍。

晨照常辦公，往和發成交銀，略傾談，後往大酒店午食，再往（與耀洪）拜候月坡，探病焉，下午三時返院工作。

夜演國技環球藝術團，成績不弱。

十時半與鄧英往占美消夜。

內子仍見骨病。

9月23日　星期二

提　要：辛巳年八月初三，阿Q[2]勝南華，中華銀盾。

晨早起，梳洗畢，即往院辦公。

9月24日　星期三

提　要：八月初四。

晨梳洗畢，即往院辦公，午與譚芳、FRED三人大酒店午食，下午弍時許往協恩探碧侶等，給她們蛋〔蛋〕糕及金山橙，至三時廼返院，八叔（李錫齡）到院觀劇，談及譚芳虧空事，余遂約他及鄧英往告樓士打飲茶。

夜黃不廢到訪問頭台，余謂現時不能答覆，如貴班在高陞做完來太平，余則無嫌矣。

吉誠及□〔蔡？縈〕波到訪，因王先生事，云馬師曾已將八名單交與邵老三，預備來年元月到星架坡唱演。

1　該球隊全名為"南華南遊隊"，見《大公報》1941年9月22日第七版報道。

2　"阿Q"為當時一球隊名字。

朱少梅到座，商量片事。

9月25日　星期四

提　要：八月初五，去函馬師曾，問日期開台及小卿卿如何答覆。

晨如常早起，十時半往院辦公，十弍時半往大酒店，敦請巢公午食，並合和、立法、偉權等在座，下午返院，鴻明到座，共往告樓士打飲茶，汪福慶到，共談片事，後往購火酒一瓶，乃返舍下。

夜鄧英到座，云馬有往星架坡意，且此說由譚亮言，並同時余與譚亮通話，其意整成好似不欲接班之勢，余約得與口〔耀？〕榮商妥再作其他辦法。

朱少梅賣《小泰山》及《同心結》共一百二十元與余，即交銀，後迺與鄧英往占美消夜。

碧紅因先天不足，胃滯。

9月26日　星期五

提　要：八月初六。

晨如常早起，十時半往院辦公，上午十一時往大酒店，與汪福慶共飲茶，十二時返院午食，下午照常工作，至四時半與偉權往大酒店飲茶，找炳照，不遇，遇其母，寒暄數語迺別。

夜鄧英借十五元，允星期一晚奉還，並允明晚請消夜，余恐此人又車大炮也。

譚亮借人抄曲，並請占美消夜，約五點一元。

9月27日　星期六

提　要：八月初七，碧紅送入兒童保育院打理。

晨如常工作，午先在舍下，搬午食到院，食畢，迺往勝斯一行，與譚芳先往養和探其妻，後一齊觀賽馬，勝利九元餘，又往觀足球，東方對米杜息，前者大勝，六對零，返寓時得悉碧紅因先天不足，意欲送她入兒童院打理，遂執行，先交按金十元。

夜與鄧英往占美消夜，至十一時迺返寓休息。

9月28日　星期日

提　要：八月初八，田立法利園街請客。

晨因昨夜睡眠不足，故晏起，同時小女輩月尾假回家，午民三兄請午食於 PARISIAN GRILL，後又往勝斯，芳、權、法四人，再用午食，然後往合成會齊合和，往法之八姑娘處晚飯，未食之前竹戰，至六時迺各自返家，余又在舍下玩牌，九時迺往院辦公，曾自憐決於後天拈弍仟元來院貯下，作附項行息，並送金山橙與余云。

9月29日　星期一

提　要：八月初九日。

晨照常工作，午勝斯略坐，下午返院辦公，四時半告樓士打見汪福慶，商量租廠事，華石在座，合和不至。

院加拜黃夏飛、馬廷芳登台，連片三成分賬。

夜九時半汪福慶又約往溫沙，再傾租廠事，余與華石靜聽之，後余往占美見亞廉，至十一時迺返。

下午五時馬伯魯至余舍下，云不欲明晚赴席，因亞蘭在，他去完小呂宋之後，往星州一行約兩個月迺返，並同時定小卿卿及蟾宮女，並在舍下晚飯。

9月30日　星期二

提　要：八月初十，設宴金龍五樓太和殿，賤〔餞〕別譚蘭卿。

晨往院辦公，十一時往視察幼女碧紅近狀，同時高景芬醫生商量覓乳母，十二時返院辦公，自己個人往大酒店午食。

下午四時到金龍五樓太和殿，到坐者，譚氏三姊弟、卓兄、□〔催？〕

榮及余，不歡而散，得悉馬有在星洲與蘭卿合作元月之勢，暫時忍耐，以觀其究竟。

七時許返院，代她收銀仄，納戰稅。

十時半陸海通食粥。

下午弍時曾口〔瑪？〕利借款三千元，每月行息十六元，半年支息一次。

10月1日　星期三

提　要：八月十一，嘜佛之妻到訪，借三百元（時間撥遲半點，上午四時起，凌晨計寸〔算〕）。

晨如常工作，午院內用膳，正午往勝斯，還回一千元與合和，尚欠他一千元，下午在院辦公，葛閏生到租院，先交四百元定銀（明日送到），三時許因黎寶銘查移民證事，余拈數部往見副局長，幸不辱命，下午五時與芳兄二人告樓士打飲茶。

夜照常工作，先在舍下竹戰，一坐落即食三翻〔番〕，共溢利六元，即往院辦公，十時許與周萬誠及亞廉往占美消夜。

10月2日　星期四

提　要：八月十弍，戲院職工會籌款，院租二百五十元。

晨梳洗畢，即往院辦公，午先往聖斯午食，後再往威靈頓閣仔會嘜佛，他不外商量取款事，並索借款一百元，余不能答應，祇允卅元，星期六交他而已矣，此人貪得無厭，將必自焚。

鄧祥由澳來港，余有事，不能拜候，容日再訪。

夜鴻明請飲，因籌款有利。

余前日交銀三百元，而內子則云弍佰，實屬不明所以，不知余誤抑或被竊，容查續究。

代馬師曾拍電星洲，為小卿卿事。

10 月 3 日　　星期五

提　　要：八月十三，發覺交內子之三百元少壹佰元。

晨如常工作，上午十一時與卓兄往和發成交銀，後轉回太平午食，後又往勝斯，至弍時往定馬票一六二二，然後往探鄧祥，兼送船，他云節後又到香港，下午 49.5 分 { 此處用蘇州碼寫，的確作“49.5 分”，未知何意 }《現象》會友齊集於寰翠閣，李廷玉、鴻明、廖□ 、達〔連？〕權、法兄、巨賢、王杰等，先定預算，再組織辦法，六時許往珍昌會真廳，蔡棣娶平妻謝酒，夜與鴻明往占美消夜，至十一時半由王閏送余返寓，晨發覺交內子之三百元少壹百元，未知是否誤交，嗣後給銀與她以碎紙，一百還一百可也。

10 月 4 日　　星期六

提　　要：八月十四，廣州靈山，碧翠喉核發炎。

晨如常工作，嘜佛藉故借卅元，午先往探視碧洪 { 之前作“碧紅” }，後返院午食，再往勝斯一行，下午返院，兒輩月尾假及節假公眾假期返寓，余與碧侶往觀星島、光華足球比賽，三：三，後往大酒店，二人食晚飯。

九時許往廣州靈山，鴻明俱往，召鳳兒，至十一時半迺別，在電車內眼見亞一四圍探望，實屬舉動令人討厭，且粗身大勢，余已命她不可多出入，而竟置若妄聞，余決不理會也，余在院門前落車，着王閏送余返寓，至三時許因木虱〔蝨〕咬，迺醒，且腹中作痛。

10 月 5 日　　星期日

提　　要：辛巳年八月十五，中秋節。

晨晏起，午與周炎荔、王杰等大同午食，畢，返院，託立法兄拈白絨袂〔褲〕兩條往乾洗，下午返院略辦公，三時許再往加山觀足球比賽，東、南大戰，各一，返舍下晚飯，十時半返寓賞月。

碧翠已痊癒，大抵喉核發炎矣。

10月6日　　星期一

提　要：八月十六。

晨照常工作，午勝斯午食，下午返院工作，與伯魯往大華飲茶，遇見馮其良，談及其境遇甚劣，且環境甚惡，其子在滬被幫〔綁〕票，其幼子夭折，意欲代排其公司之片，以蘇其困，余諾之。

夜合和、立法俱至舍下晚飯，七時同至院，觀電影《裸女集中營》及《中華精武義俠團》，突然大破紀錄，收入千餘元。

余華石宴客於廣州靈山廳，祇譚亞芳缺席。

10月7日　　星期二

提　要：八月十七。

晨如常工作，午院內午食，勝斯傾偈，下午照常在院，先是，與馬託拍片往星定蟾宮女、小卿卿等，並云他去定星紙一千元，余諾之，下午三時潮州班交來補期一百四十元，並黃花節定銀三百元，三時半往加拿大會“亞一”，商量將來她分娩時之處置及其他瑣碎事也。

夜早睡，內子返來食椰子燉烏豆，醫好了失眠，其方如下，先將椰子開一小孔，連水，用十個南棗去皮去核，只用肉塞入椰【入】，繼用青皮烏豆塞滿該椰，然後燉三個鐘頭方食，則可治失眠矣。

10月8日　　星期三

提　要：辛巳年八月十八。

晨如常，早起，梳洗畢，先飲橙汁，後飲牛肉粥，往院辦公，收陶淑定四十元，共六十元，十一時半往探視碧洪，畢，往大同，後往勝斯，與永權等食西餐，{ 略 }，二時半返院，鴻明借卌元，四時半中華飲茶，夜十時許與鎮芬、亞廉往占美消夜。

10月9日 星期四

提　要：八月十九。

晨如常工作，午在院用膳，下午返院辦公，四時半中華飲茶，買維他命B一瓶與內子，計十五元，因鎳幣短絕，找回禮券五毛。

夜碧侶因明天放假回家一轉。

三份之片租，每人先分一百元。

10月10日 星期五

提　要：八月廿日，雙十節，賽馬，十一時半起，公眾假期。

廣州佛山宴客。

晨如常，早起，梳洗畢，食牛肉粥，十時許迺往院辦公，十弍時往中華午食，畢，往觀賽馬，又往觀足球，雙十節義賽。

余給一百元與內子。

夜廣州，余收三元一份包尾，干〔乾〕燒翅及雀肉燒雞、包〔鮑〕魚燉雞腳，約七十餘元，召柏仔唱野[1]，慶祝雙十勝利，十弍時返寓。

10月11日 星期六

提　要：辛巳年八月廿一日，問馬師曾取回四千元，碧洪希望極微。

晨早起，照常，梳洗畢，食牛肉粥，往院辦公，十弍時往大同公司，十二時半往大酒店候偉權交銀二百元，往觀賽馬，二時到馬會，五時馬師曾到訪，商量拍電星洲事，來電云，匯一萬元往星洲，則小卿卿等可於OCTOBER十五以前抵港，余與他返院擬稿，畢，即拍，余向他索四千元，並云，該定人之款，容日逐計，若不發還，則信用極失，不能再向李某移挪，且納息一點五分，他云，他亦苦極，倘汝不能照還，則將來不能起

1 "唱野"，"野"在粵語一般解作"東西"，此處即"唱曲"。

班，請勿誤會，他允容日商量，余料他必毅然有去志矣。

碧洪魂歸天國，造物弄人，可謂玄機莫測也。

10月12日　　星期日

提　要：辛巳八月廿弍。

晨亞五對余云，昨夜碧洪已夭折於聖嘉諾撒育嬰院，索銀卌元下葬，否則火葬而已矣，余遂給她卌元，計由他出世至故，共二十二天在人世，並聞葬於對海荔枝角道　｛空格為原文所有｝號碼　｛空格為原文所有｝，家人暫守秘密，不向她母洩露，誠恐她傷心也。

下午二時半華南大觀《現象報》會議，余認股五百元，下午四時與鴻明飲茶於中華，然後往觀足球，東方勝星島，五比二。

自力更新，發奮圖強，方為人上策，薛岳將軍云，苦鬥必生，苦幹必成。

10月13日　　星期一

提　要：八月廿三。

晨如常，梳洗畢，食牛肉粥，午在院內午食，對卓兄談及馬之事，他云此人必要□〔察？密？〕問方妥，下午四時中華飲茶，與鴻明暢談。

夜照常，但亞五仍未對內子說及碧洪已故。

伯魯請一女嚮導及余在大華晚飯，他寓所斯三〇捌號房。

十一時許返寓，打爛樸〔撲〕滿，共121.4元，計（一）26.9元，（二）28.7元，（三）34.4元，（四）30.4元，一元紙幣，另有柒元貯下，將此款續夠200，打金鍊〔鏈〕一條。

10月14日　　星期二

提　要：八月廿四。

晨如常，梳洗，因昨夜失眠，晏起，至十一時迺返院辦公，先往和發成交銀，迺往勝斯午食，下午返院，耀鴻來電，約九時再談，又改為明天下午答覆，因他意欲將星期日讓與別人義演，余諾之，所排之片，因大戲院每片放影二三天，口〔而？〕敝院放影一天，恐於他有礙，故大戲院未影之片影二天，其餘則放影一天矣。

夜授廉請太平館消夜，呂昌交廿元，尚欠一元。

因念碧洪，心感不安，難於入寐，至五時迺入夢。

10月15日　　星期三

提　要：八月廿五。

晨如常，午先往新紀元與綠衣郎談話，商量班事，後往勝斯傾談，下午返院工作，四時往中華飲茶，後往德祥試身。

夜查娛樂稅。

十時與偉權等東山消夜，十一時返寓，着四眼仔拈銀往安瀾街，她外出（廿元）。

{略}，恐多復〔服〕鐵燐丸之故也。

函知碧侶。

10月16日　　星期四

提　要：八月廿六，B.W.O.F. 籌款。

晨如常，梳洗畢，至院辦公，十弍時半南華三樓午食，余鉅賢請商量《現象晚報》事，下午返院工作，四時中華飲茶。

夜梁鳳歧到訪，租院事，因張託他覓溫兄，至有在外候多時，此可謂陰險之極也。

黎民三請東山消夜，食葡國雞，內子諸多無理之事，余決不理會，任她自斷，婦人為難養也。

鴻明借一百元，容日奉回 I.O.U.。

10月17日 星期五

提　要：八月廿七，往探鄧祥，皇后七二四。

晨如常工作，午在院午膳，後往勝斯一行，送生果與馬師曾，下午四時中華閣仔飲茶，五時往探鄧祥，他與余、鄧英、就口〔瓜？〕等往遠東食川菜，八時返院，對卓兄言及錦班九時到斟，余候至九時許，鄧英回報謂，准明日三時覆實。

沈秋雁之日期不合，余決不理他，無論如何，決不租院，由他自理。

10月18日 星期六

提　要：八月廿八。

晨如常工作，空出一萬，一六三五〇，在院午膳畢，迺往勝斯，嘜佛借卅元，下午返院，少新權、亞口〔蝦？林？〕、亞亨、鄧英到簽錦班合約。

夜往新紀元晚飯，眼見人多轉往大同，與肥仔發共食，用去十元，至十時發仔請牛奶公司食雪糕，十一時返寓休息。

10月19日 星期日

提　要：八月廿九，曾寶琦壽辰。

晨如常工作，午與立法往中華午食，畢，返院游〔遊〕戲，梅芳到租院，余索價三百元，一經簽約，立即交租，恕不收定，下午在院，照常工作，五時返舍下洗燥〔澡〕，原定是日為碧洪滿月之期，奈其夭折，故不舉行，但鄧祥到港，其妻晨早到舍下早飯，余請鄧祥、德興、立法、偉權、鄧英等在廣州華山晚飯，錦添花之陸愛花到廣州，對余云及錦棠病轉劇，迫不得已改期，余允之，十時許返院，與萬成等往飲冰，十弍時返寓。

10月20日 星期一

提　要：辛巳年九月初一｛原寫作“二”，後用紅筆更正為“一”｝。

晨如常工作，午十一時由卓兄手在有利支出伍佰元作辦《現象報》股本，祇姚尚芹索還，王及余三人共交一千二百元，後在勝斯飲茶，下午返院，照常工作。

陳醒民姑娘到，謝胃藥，同時卓兄取弍瓶。

夜牛奶公司消夜，鄧英、源廉及余三人。

還回一千元與黃合和，共二千元完數。

10月21日　星期二

提　要：辛巳年九月初弍。

晨如常工作，午院內午膳，畢，往勝斯，下午照常工作。

夜忌連爵氏到查娛樂稅，余約他星期六（廿五號）往廣州鶴山廳一敘。

下午結廣州酒席單，127.24元，五時中華飲茶，因國幣有口〔微？〕利。

鄧英、偉權等牛奶公司消夜。

肥仔發有要挾加飯圈意，余否之。

10月22日　星期三

提　要：九月初三，治平借卅元，燈火管掣〔制〕一宵，購氈一張，口 [45?49?] 元。

晨照常工作，午在院午食，下午返院辦公，五時太平館飲茶，買餅乾罐一個，一點五元。

夜燈火管掣〔制〕，八時許與立法往牛奶公司飲冰，後返院，得悉每逢燈火管掣〔制〕，七點一場例必滿座，是晚影《三笑》，奇旺。

內子胃痛，用熱水敷方能入睡云。

消夜，在舍下食雞一隻。

梁鳳歧到訪，為華員會租院事。

10月23日　星期四

提　要：九月初四。

晨如常工作，午新紀元，請梁炳照、譚芳午食，並謝炳照送與內子絨衫一領，下午返院，照常工作，四時往中華飲茶，國幣溢利四十二元，與戴月坡通話，夜與耀鴻往占美消夜。

卓兄云有一仄玖百元代交，遍覓仄部不見，收條又未有，而日餘則云，親見其仄書明九百元，實屬離奇之致，容查續報。

10月25日　星期六

提　要：初六{原寫作“五”，後用紅筆更正為“六”}九月辛巳。

晨如常，午往勝斯，譚芳、其子及余三人午食，畢，聯袂往觀賽馬，溢利十二元。

夜宴GRAINGERS及其友鄭某、潘、關、女友，卓兄、合和、立發及余九人在廣州岐山廳，九時埋席，唱曲，十時許散席，席中嘜佛召洪文閣[1]奉觴，甚雅觀，畢，該西人由嘜佛轉急借一百元開銷，後余與洪、和往牛奶公司飲冰，十一時四十五分返寓休息。

碧侶、翠、梅放月尾假。

女人馬牌交與內子保管。

10月26日　星期日

提　要：辛巳年九月初七，放影《希特勒》。

晨照常，梳洗畢，食牛肉粥，午與小兒輩新紀元午食，並各人購鞋一對，下午返院，照常工作，夜蘇安平到訪，商量租院事，同時清遠同鄉會又到，余索他先交八百五十元作定，否則不允相租，李遠多索三元作酬勞費。

與鄧英往高陞消夜，至三時醒，覺天氣乍變，寒甚。

《星海之戰》與內子同觀，着民三交卅元與亞一，未見她在屋內，由頭房轉交。

1　洪文閣是塘西有名的妓女，見羅澧銘：《塘西花月痕》上，第171-172頁。

10月27日　　星期一

提　要：九月初八，《現象報》首次會議。

晨因失眠晏起，十一時迺往院辦公，孫口〔泰？秦？〕借款，余不允，午新紀元，黃育根、李因及余三人午食，商量《周氏反嫁》及《珠江風月》事，每套五十元。

下午照常工作，李因借弍元，國幣溢利三十六元，中華，與內子飲茶。

家母壽辰，余着內子給她五元果金。

《現象晚報》股東會議選余為董事會主席，社長姚湘芹，編輯黃天石，司理兼司庫李亭玉，‥90、‥60、‥50，伕馬費。

10月28日　　星期二

提　要：九月初九，腹痛。

晨照常工作，午新紀元，與譚芳等午食，畢，他們往登高，內子與十二家、偉權往扯旗山頂。

下午照常工作，內子月事過多，往見葉醫生診斷。

余三時起患腹疾，至天明腹瀉。

嘜佛到借三十元，並云，核數見發號碼跳至二千餘票，查實因色水問題，而區辛往三四星期後忽然轉一號碼，以免觀眾乘機用舊票。

10月29日　　星期三

提　要：辛巳年九月初十日，巢坤霖請午食於威士文。

晨如常，梳洗，唯腹痛，屙兩次，余乃食“鎂養”四枚，節飲食，往院辦公，因卓兄與啟新往見庫務司，解釋號碼跳號事，大抵因沽出之票分四種顏色，故其號碼不符也。

午巢公請食西餐於威士文，四人在座，其妻、肥仔發，得悉郵政局欲籌款云。

下午四時許中華會《現象》各人，簽仄，明日往南屏敘集，六時返院，收新運會仄三百元作十一月廿弍號之定云。

晚餐食麥粉，略睡，弍時精神略佳，早睡。

10 月 30 日　星期四

提　要：九月十一。

晨照常工作，午在院食麥粉，後往新紀元，再往南屏會《現象晚報》等人，進行注〔註〕冊工作。下午 134 寸〔算〕扣回國幣二萬元貯備，蘭卿到取溢利 510 元，中華計數，又溢利 40.45 元。

夜照常工作，十時許返寓休息。

10 月 31 日　星期五

提　要：九月十弍。

晨如常，梳洗畢，午勝斯午食，與黃花節商量購□〔戲？〕事，他云每月加插小明星、小燕飛唱曲，與院對分，除皮之外，將他所獲之溢利 1/3 歸余所得，余答不能，且此辦祇可以幫汝忙，則《紅船外史》改為《皇姑嫁何人》出賣與余，價銀五十元可也。

下午中華飲茶，計國幣數，得悉趙樹允將舊片每套五十元出賣，並同時要求放影他的新片，互訂一合約云。

11 月 3 日　星期一

提　要：九月十五，生辰。

是日為余生辰之日，早食粥，授廉與其妾到賀，午勝斯午食，國幣購 136 弍萬，下午收郵政局定銀柒佰元。

到舍下晚飯者，計黃合和、鄧祥夫婦、鴻明、立法及其他親友，濟濟一堂，譚芳其子代表，民三缺席，鄧英到，共飲威士忌三枝。

後又往廣州，三羊啟泰，至十弍迺返，召鳳兒。

碧侶、碧翠、碧梅由校返，食晚飯｛是日日記全用紅筆書寫｝。

11 月 4 日　　星期二

提　要：九月十六。

晨如常，午在院午食，因昨夜碧侶等返舍歇宿，是晨乘車與她等返校，其母打罵三妹，謂其懶於補習，過海軍，返院，往永亨，代蘭卿收國幣 3 萬元，下午返院，收清遠同鄉會定金柒百五十元。

四時許往中華飲茶，後又往告樓士打，與鳳兒共飲，譚芳在焉，畢，返新紀元四樓晚飯，請蘭卿、其姊、其弟，卓兄在焉，將散席時鄧祥及新靚就至，盡歡而散，夜與卓兄將譚亮凍結花旦之事對卓兄講及，容商，再擬辦法。

黃花節到談，至十一時乃休息。

11 月 5 日　　星期三

提　要：九月十七，鄧祥生日，宴客廣州，上舞場，大醉如泥。

晨如常，午換國幣，入利百餘元，交石戒指與內子，赴鄧祥廣州之宴，午勝斯，與王杰午食，借 100 元與他，下午返院，照常工作，夜柒時半赴廣州鄧祥之宴，並同時與蘭卿商量新班辦法，余飲酒過量，大醉，上舞場，後返院嘔吐，飲淨架啡解酒，唯不能入夢，至天明迺睡片時。

11 月 6 日　　星期四

提　要：九月十八，謠傳凍結華人港幣，各銀行擠兌。

晨照常工作，午將屆時洪明來電話，謠傳本港凍結港紙，余即問大通施普惠先生，他着余往他處有話講，余忖其意，有着余起銀之勢，遂往各處起回貯款。

下午照常工作，四時中華飲茶，未往中華之前，往見關律師，商量回信戰稅局事，並蒙他指導，收定人祇可賠損失，萬不能要求無理的十倍或廿倍賠償。

少新權弍時半到，借港紙五百元，立單，行息每百元 2 分。

通知陳鐵一，通告庫房演劇事。

夜與李遠太平館消夜。

11月7日　　星期五

提　要：九月十九，港府宣佈限制國幣，無早市，下午開市。

晨如常工作，閱報，得悉港府限制國幣，余隨即打聽消息，着亞廉向富源先取一萬元，後由富源買入二萬，14寸〔算〕，預備蘭卿隨時提款，下午將所有國幣割，計溢利31元，下午四時許請湘芹、巨賢、洪明、施某、亭玉飲茶於中華，夜柏舟到，商量興中華日期，隨又命鄧英打探錦班是否下月廿五到本院唱演，十時洪明借100元，共往太平館消夜。

余擬一辦法，（一）元月頭台分賬略起，（2）尾台必要在本院散班，（3）做完元月之台，必要繼續兩個台。

11月8日　　星期六

提　要：辛巳年九月廿日。

晨早起，因每晚必睡至三時則醒矣，天明方再入夢，故余亦不理，唯感覺疲倦而已矣，午請綠衣郎等新紀元午食，余溢利四十八元，與亞佩、綠衣郎等每人科銀五十元，觀賽馬娛樂。

夜往院，照常辦公，何柏舟所定之日期，無論如何，郵務員決不允改期，因彼等均已放假舉行云。

十時半返寓，早睡。

協恩開賣場會，彼等過海換物游〔遊〕戲，甚為得意，碧侶等放假至十弍號晚止，故返寓。

11月9日　　星期日

提　要：九月廿一，由亞廉手還回150元與黃閏之母，作弍百元算。

晨如常工作，午新紀元，與立法二人午食，後返院，理髮，下午□

〔四？回？〕，先往告樓士打飲茶，後與內子往觀足球，南華負與蘇皇軍，零比一，亞廉收余一百五十元，作還回二百元與黃閏之母。

夜余對亞廉講，汝不應拒絕永安交來之衣物，顯見汝太過奸猾，且對待我不應如此辦法，豈票房廿元都無乎。

夜又患失眠，容日再研究。

11 月 10 日　星期一

提　要：九月廿弍。

晨照常工作，午新紀元，鄧祥請午食，下午照常辦公，收妥鐘聲定銀六百元。

夜廣州，田立法包尾，結數五十元與 F.Y.。

因國幣上落大，該兩銀號倒□〔盤？〕。

溢利 350 元。

合和誤會，因譚芳□〔淡？談？〕友，故有牽動他少聰也，由此觀之，交友之道，淡如水勝甜如蜜也，小心。

下午五時蘭卿八樓飲茶。

11 月 11 日　星期二

提　要：九月廿三，和平紀念，放假一天，下午有雨，至七時甚大，影響收入。

晨十時半乘車，渡海，往大埔南園一行，兼午食，計共往者，余、內子、十二家、堯、鎮、侶、翠、偉權及其表哥，至下午三時四十五分方回院辦公。

是日大雨，演《珠江風月》，奇淡，廿。

11 月 12 日　星期三

提　要：辛巳年九月廿四，總理紀念日，各校放假一天。

晨照常工作，午新紀元午食，是日租與梅芳行懇親大會，查實籌款獻機，下午中華飲茶，立法在座，夜華石到訪，與鄧英等共往國民消夜，源朗代日餘還回十八元與華石。

捐國幣弍佰元與馬師曾祖母之祭。

定山光飯店廳，準備星期日請巢公夫婦午食，夜服 SEDOBROL[1]，較之往夜，睡眠略有進境。

勤儉方能有積蓄。

11 月 13 日　星期四

提　要：辛巳年九月廿五。

晨如常工作，今晨貿易場停止交易，午新紀元，亞佩請午食，下午在院，照常工作，洪明借一百元，由三友公司借轉，晚飯於蓬萊，合和、立法、洪明及余四人。

夜鄧英云，黃不廢後晚到訪。

劉仕錦壽辰，余因未賀禮，不往。

11 月 14 日　星期五

提　要：九月廿六，金銀貿易場止買賣國幣。

燈火管掣〔制〕。

晨如常工作，午新紀元，下午返院工作，四時往中華飲茶，得悉《第弍次湘北大戰》一片有的字幕要刪改，購罐頭食物，送一罐與洪明。

月坡來電，請後天攜眷往宴，因他的父母雙壽也。

芳兄索回 52 元，不願請不合意之人往食，只余一人可耳。

11 月 15 日　星期六

提　要：九月廿七。

1　一種治療癲癇、神經系統疾病的西藥。

晨如常。

下午往觀南華與九龍比賽。

夜勝利年黃不廢到探，商量頭台事，條件，（一）尾台在太平開演，（二）頭台分賬，35% 院佔，（三）做完頭台再做兩台。

黃合和請蓬萊消夜。

11 月 16 日　　星期日

提　要：九月廿八，戴月坡之父母雙壽，設宴廣州。

晨如常工作，午山光飯店，請巢坤霖夫婦、田立法、譚蘭卿、偉權、合和、唐冠雄先生，用五十二元。

下午四時過海觀足球，東、光之戰，前者淨勝三球，夜赴月坡之壽筵，畢，往麗池，與鳳兒同往，至一時迺返寓休息。

堯勳衣服三十九元。

《湘北第二次大捷》收入驚人，迫不得展期又展。

11 月 18 日　　星期二

提　要：九月卅，《第二次湘北大捷》展期三次，依然擠擁。

晨如常工作，午先往加大，與芳兄略談，後往勝斯食西餐，戴月坡親到送壽桃與各位，以誌紀念，且同時謂，廣州不忠，實靠不住，下午四時江民聲到訪，共往中華飲茶，亮宣欲攪〔搞〕人登台，惜乎無日期，徐啟連又欲斟院，余婉辭推之，M.G.M. GREEN BIRD 到訪，不外售片事，余力卻之。

夜蓬萊，與鎮勳、偉權消夜。

{ 略 }

立發送日記部一本，值銀四元 { 該段用紅筆書寫 }。

11 月 19 日　　星期三

提　要：辛巳年十月初壹 { 原寫作“弍”，後用紅筆更正為“壹” }，設宴廣州，《湘北大捷》仍要展期。

晨如常工作，午先往加拿大，得悉他已蓄意脫離大同，另起爐灶，暫搭碧泉辦事處，後共往勝斯，余將日前他託代做丸散之 52 元交回與他，並允借打字機他用，下午院內游〔遊〕戲。

夜蘇安平到訪，余意取消她的日期，並叫她另覓別班，不可專靠平劇也。

夜除抽水之外，余包尾，於廣州，仍召鳳兒，合和不到。

多食金山橙則肚痛。

錫藩讀書不及衍藩，想法子教導。

11 月 20 日　星期四

提　要：辛巳年十月初二｛該句用紅筆書寫｝，關於頭台事，余決不答允，非有十分把握，決不起班。

晨照常工作，午新紀元，朱仔請午食，下午返院，照常工作，身體感覺不安，服食甘和茶，並食麥粉。

夜八時伯魯車余到他府上，問實新班情形，余答，頭台並非畀非儂，亦候汝也，他云，小呂宋甚旺，因奔喪故，搵少萬餘金，余只聽之，候他往見邵老二再解決，余將此事對卓兄講及，卓兄寧願犧牲欠款，亦不願起班也，如有暇見他面，當照云，非還回款項不能籌劃，必俟汝所答應之事履行，方能辦理也，況不知他往星洲定人將來駛用如何，究不如不幹也。

11 月 21 日　星期五

提　要：十月初三，GREENWOOD 到查（滅火局事），一百元。

｛無正文｝

11 月 22 日　星期六

提　要：十月初四，馬伕罷工，馬會改期下月六號賽馬，廣州。

｛無正文｝

11 月 23 日　　星期日

提　要：十月初五，德興設宴於蓬萊酒家，嘉年華會，蔡惠全、哈孟、陶冠球網球比賽於中華游〔遊〕樂會。

晨照常，罷工，午往新紀元午食，後往中華游〔遊〕樂會觀網球比賽，惠全勝潤培，陶冠球勝哈孟，很是可觀，後五時往觀足，光、聖之戰，夜七時關德興請蓬萊晚飯，八時許回院，近二天放影《蘇聯抗戰特輯》，不旺，原因中央層〔曾〕經放影，且不甚惹人注意，俱是時事片也。

十時許與立法往牛奶公司飲冰。

11 月 24 日　　星期一

提　要：十月初六，立法請廣州，與其內子一週年紀念。

晨照常工作，午勝斯，之前與肥仔發往 PARISIAN GRILL 食西餐，後傾談於原日地點，下午往中華飲茶，之前交仄與周萬誠，了結《湘北》之款。

晚飯於蓬萊，鄧祥之親戚請客，並與新靚就商量登台法，50%，容日答覆。

下午託曾某往見 M.G.M，答覆改期。

下午三點五十分電話馬師曾，非汝繳回欠款，則不能答覆起班，他允俟南洋一二日後方答覆，約五分鐘他即來電，問是否頭台讓與別人，余答非也，夜立法請廣州，小明星登台，很旺。

11 月 25 日　　星期二

提　要：十月初七，責罵錫藩不應懶惰，同時請周炎荔先生補習。

{ 無正文 }

11 月 26 日　　星期三

提　要：十月初八。

晨如常，梳洗畢，閱報，得悉政府頒發緊急通告，午勝斯，下午如常中華飲茶，鳳兒生日（昨天），到訪略坐，迺下樓聽野。

夜鄧、關到訪，調查生意，福杖商量安設放音機，牛奶公司消夜。

11 月 27 日　星期四

提　要：十月初九，馬師曾因沈秋雁事來電話，允日間還款。

晨如常，梳洗畢，閱報，午連卡佛，與澤民午食，商量登台事，花節上午親自到斟登台事，余着其起預算表，下午三時告樓士打，交銀與仲儀，因感覺略不適，回府休息。

八時再往院辦公，鄧祥、德興到訪，共往牛奶公司消夜。

李遠因《循環日報》錯發一稿，向余道歉。

11 月 28 日　星期五

提　要：十月初十，內子壽辰，眾賓齊集。

晨照常，梳洗畢，閱報，食粥，往太平辦公，午勝斯午食，下午陳文達到訪，商量登台事，後往中華飲茶，會齊各人到舍下晚飯，計新友、黃合和、鄧祥、關德興、鄧英、民三、洪明、立法、寶琦等，濟濟一堂，甚為高慶〔興〕，晚飯畢，聯袂廣州，盡情快樂，至一時迺返。

何柏舟到定戲本，且同時定實告白位也｛是日日記全用紅筆書寫｝。

11 月 29 日　星期六

提　要：十月初十一，燈火管掣〔制〕，蘭卿告行，遇馬記。

晨如常，梳洗畢，閱報，將大洋三萬交偉權貯下榮益處，共四萬。

午勝斯午食，下午返院，該陳利權到訪，約定錦班弍枱，余允之。

四時與蘭卿、亮孫往告行八樓飲茶，適馬在座，他詐為不見，余亦不理之，後在電梯他撞見卓兄，卓兄允與院在舊力〔曆〕下年六月後交與譚蘭卿，作基本院合作辦法，（一）兩人合股，（二）全東，（三）她照馬師曾辦法，卓兄答允先定辦法合作，容日切實答覆，夜燈火管掣〔制〕，十時返寓。

11 月 30 日　　星期日

提　要：十月十弍，夜八時馬電話來，定頭台。

晨如常，梳洗畢，閱報，午新紀元，內子及小兒輩，午食畢，購一毛衫（十元）送與亞 B，後共往加年華會，隨返舍下，小兒輩放月尾假，午前曾一度接洽廷玉，商量三百元及《現象報》事。

夜八時馬師曾來電話詢問頭台，余答以未有人定，余答，倘再起班，余決不任度院之職，因前車可鑑，（二）對海日期絕成問題，（三）還款方有辦法，（四）皮費及時間必要仔細磋商，並主張他往廣州灣一行，他有取消星洲之行意，北極消夜畢，往攔內子回家。

12 月 1 日　　星期一

提　要：十月十三，綠衣郎，新紀元午食，辭行往廣州灣一行。

時局緊張，宣佈疏散，由 ZEK[1] 播音。

12 月 2 日　　星期二

提　要：十月十四。

晨照常，梳洗畢，往太平辦公，午蓬萊午食，下午照常辦公，得悉國幣跌價，於是午 158 沽出，暫由唐冠熊兄代管揸主意[2]。

夜演興中華《乞米養狀元》，甚旺。

芳兄請陶園，立法輸麻雀，面即改容，可見他視財如命也。

政府現僱一船疏散英藉〔籍〕華人。

---

1 "ZEK" 是當時的中文廣播頻道，見 *Hong Kong Daily Press* 1939 年 10 月 6 日第 6 頁報道。

2 "揸主意"，粵語用詞，即 "做決定"、"主事" 的意思。

《現象報》湘芹、亭玉、施某到訪，由余代廖洪明扣起《殺人王》一百元，交足股本與《現象》，廖仍欠三十元。

12月3日 星期三

提　　要：十月十五。

晨如常工作，午蓬萊午食，畢，返院，下午四時中華品茗，唐先生交來溢利□[292？242？]元，由余請飲茶，夜鳳兒送來架厘雞一隻，合和、立法、偉權、亞廉共食。

工務局西人到訪，問 CANOPY 事，余不理之，任他進行報告云。

夜后□〔袁？表？〕□〔準？輩？〕到談《賣瘋救狀元》，至十一時共往牛奶公司消夜云。

12月5日 星期五

提　　要：十月十七，蓬萊晚飯。

晨照常工作，午蓬萊午食，下午蘇安平催款，兵災會亦如是。

夜內子等蓬萊晚飯。

立法云，他現有九千餘元貯在保險箱，如必要時，準可借弍仟元應用，余諾之，夜演興中華新劇《雷劈好心人》，奇旺，並聞薛仔組織半班，分七時、九時計劃，且勝前年，度實東樂頭台。

余文芳請牛奶公司飲冰。

源詹勳先生日記

1942年[1]

1 1942年的日記記於生活書店出版的《民國二十八年生活日記》，每日之月、日、星期由作者填寫，格式不一。

3 月 19 日　　星期四

院商會議：（1）水費自理｛是日日記全用紅筆書寫｝。

3 月 21 日　　星期六｛以上日期、星期用紅筆書寫｝壬午年二月初六

晨如常工作，對卓兄言，此人非常陰險，凡事宜小心提防，下午他竟向余索疏散費，並同時講及告白佣，他原本是夥伴，不應諸多盤問，究竟他以何地位而言，殊令人可哂，且云，將來太平命運，從此已矣，而汝本人（即指我而言）有壽仔之名，“人地話你太笨實。”此口〔言？〕含有挑撥意，但際此亂世時期，勢利小人每多乘機搗亂。

3 月 24 日　　星期弎

晨如常，K.L. 諸多說及 C.M. 壞話，但不足信，蓋社會蜚短流長，在所不免，他（1）要求多發疏散費，余答以祇畀 $56 ÷[1]，（2）繼又要求多給半月薪金，但照 $56 ÷ 計算，余允之，並不欲多生事端也。

余將此事向卓兄說明，口〔只？且？〕求息事，大眾明白可也，總而言之，女子與小人為難養也。

大班因地點問題，均不欲到唱演，余亦不甚興趣，祇求盡職而已矣。

堯勳查問存款幾多，余着他看數部可也｛是日日記全用紅筆書寫｝。

3 月 28 日　　星期六｛以上日期、星期用紅筆書寫｝

晨如常工作，叫亞棣照九十六元入數，因 K.L. 返鄉，此人拔〔跋〕扈挑撥，將來必有報應也。

黃合和，譚芳等商量黃浦之事，已有頭緒，不日起程，着兒女輩預備相片，不日往中〔種〕痘，兼打針。

1　此年及下一年的日記的貨幣符號有時用 $，有時寫作“H.K.C”或“港紙”，有時寫作“¥”或“Yang”（應是日本貨幣單位即 yen 的音譯）。

Y.F. 日日查數部及檢查數項，鬼鬼祟祟，勢利小人，不足垂青也。

卓兄與其攀 $150。

意欲每月加多十元與蔡棣，兼理數目。

3 月 30 日　　星期一

鎮勳與 K.L. 返鄉。

五姐問今後蘇仔學費及家用如何，余答以商量辦法｛以上第一、二段及日期、星期用紅筆書寫｝。

余着蘇仔問六姐，

（1）我們全體回鄉如何

（2）匯兌如何

（3）返鄉情形

（4）各人安好

合和、芬、權、法、民三及余大同飲茶。

煤汽〔氣〕不用大紙。

蔡棣每月加十元，以補其朗之缺，凡事從長計劃，以生事端。

蘭卿交來景租四十二元。

3 月 31 日　　星期 2

晨如常，託高遠文組織班事，午三龍飲茶，結 $50 數與民三，大雨之際，與亞一往安樂園飲架啡。

堯仔意欲另謀職業，余允代覓，致〔至〕於他欲在舍下搭食，余允之不卻。

是日米期，各人往分米，下午弍時許往交水錶按櫃 $100，其中有一名鄧漢生，在這裡辦公。

得悉黃不廢另組班事。

4 月 1 日　星期 3 二月十六 壬午

晨如常工作，午大景象，下午合和、譚芳、立法到舍下聚餐。

是日加影夜場，七點正，收入 $6300，頗有可觀。

先嚴忌辰｛以上第二、三段以及日期、星期用紅筆書寫｝。

《香江日報》兩月份報費 $ 72.00。

李開、源廉返鄉，每人多發半月糧。

4 月 2 日　星期 4

晨往報道部排片，午三龍，下午返院，照常工作，心中作痛，精神病苦，失眠。

源廉不辭而別，迨亦有難言之隱也｛是日日記全用紅筆書寫｝。

4 月 3 日　星期 6｛應為"星期 5"｝

晨如常工作，午三龍午食，下午游〔遊〕戲。

得悉 Y. F. 及 K.D. 檢查□〔工？2？〕□〔作？〕人數及入場券｛以上第一、二段及日期、星期用紅筆書寫｝。

少年人不懂事務，且看日後如何。

胃痛甚劇。

4 月 4 日　星期 6

晨照常工作，午三龍，巢公、立法、民三及余飲茶，下午松原[1]小食。

夜查數部，得悉源朗已列數，其攀、其照借五十元，遂將此事對其攀講明，他云："他之畀伍十元與我者，唔通[2]兄弟都不顧也。"言中有物，余姑忍之。

1　即"告羅士打樓"，日據時期改名"松原"。

2　"唔通"，粵語用詞，即"難道"的意思。

4月5日　　星期日 {以上日期、星期用紅筆書寫}

晨如常，午三龍，夜照常工作。

清明人多，步行往掃墓。

歐漢扶身故，其子亞口〔添？〕到，捐助三元。

亞洪交枱椅租 $24.00，其初，他欲交 $21.00，為高遠文對余說及，余遂將其申飭，並不許他以後混賬。

4月6日　　星期 1

晨如常，午十二時加拿大，收回六十元，下午收到 L.H. 景租 $42.00 元，交 $5.00 與堯勳，餘未計數，後與立法、堯勳二人往春山飲茶，途中遇見卓明兄，談及將來起班，決不用太平劇團名字，因恐多糾紛也。

夜收入頗有口〔可？〕觀，連夕失眠，胃痛甚烈。

如祥兄處有地块，余或往覓他也。

4月8日　　星期 3

晨如常，午交銀 $30.00，與合和、譚芳、法四人往龍記午食。

報登出保險箱開放，各人均眉飛色舞。

下午乒乓波游〔遊〕戲。

是日片《火燒少林寺》略有起色，收入突破紀錄。

所有各數已與焯兄分妥，Y.F. 眼望望[1]，含有懷疑之意。

舍下五家到訪。

4月10日　星期 4 {以上日期、星期主要用紅筆書寫，唯“10”用黑筆覆蓋原有的紅字（疑為“9”）；又，1942 年 4 月 10 日對應為星期五}

晨如常，早大同，與口〔現？玩？〕文飲茶，商量生意經。

1　“眼望望”是粵語表述，如下文所說，即格外注視，表示猜疑。

午三龍，芳、三、法、和及余午食，下午再往春山飲茶。

余勉 Y.F.，不可過□〔火？〕，由余與他填數。

不能往澳云。

合和攪〔搞〕事，走沙頭角，先科每份 $100，余應之。

夜食糯米飯一碗作消夜。

意埋班一月，卓兄贊成，試辦一枱，始再商量。

4 月 11 日　　星期 6 {以上日期、星期用紅筆書寫}

晨照常，食飯一碗以充饑〔飢〕，後往院辦公，陳宗桐先生約往春山小敘，抵步時他已別往，後與肥仔飲茶，畢，又往加拿大之約，正午三龍會芳、和、三、法，同時給五十元與三作結數論，畢，返院工作，至五時與焯兄談及□〔輸？〕□〔運？達？〕事，他有意答允，並給他魚油丸，二百作四十二元景租計，每份應得 $21。

夜立法請往春山試乞戟[1]，很可口，高遠文交景租 $12，共 $36，即六天計算，同時叫他往見黃泰初，取回所借之景三幅。

送港幣五十元與郭煒文，作程儀[2]之用，並同時畀五百元法幣與堯勳，留回將來之用，他隨即問價於□〔義？〕生，約值每佰元 $18.80。

敏於事而慎於言。

4 月 17 日　星期 4 三月初弍壬午 {若以“三月初弍”及“星期四”為依據，則對應新曆日期應為 4 月 16 日}

晨往南屏四一三會 Y.，十二時許與羅文塤往京滬午食，下午與芳兄步行到京滬，見陳伯蓀，遂小茗而別。

民三兄因戒嚴，被固化鋪內，余着亞五往取回首飾，暫貯在大姑娘處。

夜春山，叫鄧英往見少新權，斟班事。

舍下竹戲，至十二時洒睡。

1　“乞戟”估計為“hot cake”的粵語音譯。

2　“程儀”即路費。

約九時在中環車站遇見“亞一”與一群人等步行。

4月18日 星期6

M.S. 明日不暇往三龍，同事逗留在鋪內。

十八日芳、和、法及余設法找羅某商量辦法，晨三龍，午亦然。

下午候音訊，未見有何示覆，靚東全之班事，人才缺乏，替不應承，柏兄租片，每天 $2.50，電話譚芳，明日過港一談，鳳凰立實日期。

水費估價十分犀利，容日駁數 { 是日日記全用紅筆書寫 }。

4月20日 星期1 { 以上日期、星期用紅筆書寫 }

晨九時亞洪入住家，云民三兄之妻因刺激過步跳樓，余遂梳洗畢即往探視，得悉情形，不甚重要，着杜閣臣醫生診斷，祇勸她休養，因失眠及思想過度之故也。

午建國品茗，閒談一頓，下午立法往探民三，情形頗佳，後在春山飲茶。

因《大光報》事，余已與亞一談判，她否認有此事，但空穴來風，由來有漸，姑且查究，以便明白。

4月21日 星期2

院商會議 :-

偉權往探黎伯，明天赴澳賽球，H.L.$100，由 F.A.T. 手。

夜春山飲茶。

4月23日 星期4

晨如常，午與內子在電車內，問余是否搬亞一往安瀾街住，且生下一仔一女，並同時《大光報》刊出，她已與汝脫離，不日重登舞席，余一笑置之。

此事何由知之？

料必十二講也，或明星[1]口頭，其他人提及，尚未可料，總而言之，蜚短流長，在所不免，冷靜頭腦，以觀其變。

4 月 26 日 星期日

二十五、二十六二天賽馬，二十六天大雨｛以上正文及日期、星期用紅筆書寫｝，內子與立法往診頸癧，三時往觀馬。

夜與口〔現？玩？〕文往金陵飲茶，得悉亞廉尚在廣州，回鄉水道不通之故也。

五家到舍下居住。

4 月 30 日 星期 4

晨如常，午芳、法、和及余溫沙品茗，日前託筱蓀所辦之事，未見答覆，條件為，所成之事，每月租金一餘計寸〔算〕。

顏蝦到，要求多式成分椅墊，余着亞棣與之。

夜東口〔天？〕紅飲茶。

5 月 2 日 星期 6｛以上日期、星期用紅筆書寫｝

五月一號（三月十七，壬午年），民三之妻盧佩蘭身故於東華，下午四時立法及李賢送終。

二號芳兄由對海晨至，商量辦理她的身後事，大概由其姨媽打理，計存在彼處大洋有七千元，另四姑處又三千元，西紙三百五十元交鄧英之妻手，作辦事用。

保險箱之匙，公議由亞巧往開，田立法與她共往點視多寡交來太平保管。

---

1 源碧福女士指此可能是“明星足球隊”。

5月3日　星期日｛以上日期、星期用紅筆書寫｝

晨十一時往 N.P.224 見何某，共談舊話，並給她 $50 ∴，後往陸羽午食，每份派數 $2.10，二時正齊集南濱，點交佩蘭所餘之物，余因事返院辦公，將所有之物暫時不動，嗣民三兄活動時再作第二步辦法，三時芳、法及余往 Lido 飲茶，遇見文權、子文，傾偈至四時迺返寓。

是日傾盤〔盆〕大雨，收入略有影響，影陳雲裳主演之《相思案》。

夜照常辦公。

克儉克勤，方有作有為。

5月5日　星期一｛以上日期、星期用紅筆書寫｝

晨如常工作，午快朵頤午食，下午返院，老正興到訪，商量日期，余因片期關係，暫不能度日子，賽乒乓球。

十姑十五元由日如手交，精神不妥，倦極欲眠。

漣漣大雨。

5月8日　星期五

晨如常｛以上第一段及日期、星期用紅筆書寫｝。

午陸羽品茗，下午返院工作，芳、和、法在舍下歇宿。

溫可煌借去 Hall & Knight: High algebra 一本及 Kay 一本，由焯兄手寄澳。

5月8日　星期五｛5月8日的日記出現兩處，本則日記原記於5月15日的下一個頁面，根據內文“准〔準〕星期一在京滬再商量”與5月11日（星期一）所記的“午京滬午食”前後對應，以及“五姐准〔準〕明天或後天返鄉”與5月11日的“五姐準日間上省返鄉”亦前後對應，編者將本則日記移至此，置於上一則5月8日紀事之後。另一方面，編者亦不排除作者將5月9日誤記為5月8日之可能，假若如此，則內文“五姐准〔準〕明天或後天返鄉”與5月11日的“五姐準日間上省返鄉”的對應時間更準確，亦不存在日期重複的

問題。不論是 5 月 8 日還是 9 日，為何這則日記出現數頁後，暫未可考。}

晨如常工作，電話焯兄，商量討取營業證，他叫余自理，余遂於下午約文化支配人[1]口〔花？〕仲到快朵頤，商量申請事，並商量每份一毛，計四十份，共二十五元，准〔準〕星期一在京滬再商量。

連日大雨，步路維艱。

雨天放影《鐵扇宮〔公〕主》，收入平平。

五姐准〔準〕明天或後天返鄉。

5 月 10 日　星期日 {以上日期、星期用紅筆書寫}

晨如常，午與內子及小女輩往中華午食，後步行返院工作。

潮州班展期弍天。

卓明兄借弍百元，由月薪扣償，且云他的幼兒患病於鄉。

5 月 11 日　星期一

晨如常，十一時合和與余往東亞開新戶口，並同時取回各物，貯下在保險箱。

午京滬午食，下午在院照常工作，用港幣八元購了西文書籍六大本。

夜快朵頤飲茶，源堯勳為東道。

余交大洋（交通）弍仟元與堯勳交與煥蓉二姊，作寄回鄉家用，然難保無其他說話也。

五姐準日間上省返鄉，不外想取多少盤川也。

5 月 15 日　星期五

院商同人十二時同人大會，兼拍照。

東方戲院因事停業三天。

1 "支配人" 是日語，即經理或管理人的意思。

五姐與煥蓉二姊，余請她們往京滬午食，堯勳亦往，並給五姐國幣一千元作返鄉用，同時託堯勳匯款國幣二千元返鄉作家用。

金陵消夜。

下午五時有人到查院主，司理人名姓住趾〔址〕填數。

特聘馬公文星為本院大戲主任，酬勞條件為，（1）本院衹收回每天□〔150？〕元，其餘由他支配。

（2）少過此數不用補償。

（3）以一年為期｛是日日記全用紅筆書寫｝。

"四月二十六日"　星期弍

｛是日日記無法斷定準確日期，大致有以下三種情況：1. 這是新曆 4 月 26 日，但 4 月 26 日對應應為星期日；2. 這是新曆 5 月 26 日，作者誤將月份記為"四月"，如此則日期與星期能對應，前後時間也大致銜接上；3. 這是舊曆四月二十六日，即新曆 6 月 9 日，這樣日期與星期也能對應。若從正文內容與前後文的連貫性出發，三種情況都難以找到有力的證據證實或證偽。｝

晨十時半迺起，因昨夜木虱〔蝨〕過多，不能入寐之故也。

午在 H.C. 午食。

十二時開院商會議，討論申請營業事宜，擬交黃泰初則師辦理。

下午松原午茶，與堯勳二人。

坤霖兄商量回鄉計劃，並往大來溶首飾[1]，共 $47。

夜因街上謠言，影響戲院收入，且電費過昂，疲於奔命也｛是日日記全用紅筆書寫｝。

5 月 29 日　　星期五

晨如常，午陸羽，下午四時往見陳昭庭，商量報營業申請事，容日再與卓兄商量。

夜給十元與堯勳，畫租事。

前日卓兄借二百元，由本月人工扣｛以上三段及日期、星期用紅筆書

1　"溶"首飾即用火器將金屬首飾熔解成塊狀。

寫}。

午食畢，在先施公司門前撞見秉彝，他追問太平分數事，且言中多藐視態度，迨亦其朗個中作弄之故也，余着他見焯兄説明，余亦不用多説話也。

5月30日 星期六

晨如常工作，午陸羽飲茶，下午返院工作，四時往快朵頤午茶，並擬約陳昭庭，商量申請事，他適外出，改為星期一再約。

夜有大幫警查到捕歹徒，後至十一時許迺工作完畢。

6月7日 星期日

晨如常工作，午蓬萊閣小食，得悉源廉層〔曾〕一度竊其朗 $35.00，故此後台三樓加配鎖匙一把，此人無惡不作，貪心之故也。

午後照常工作，夜影《永春三娘》，平平收入。

其朗層〔曾〕一度挑撥堯勳回鄉，把持地田，任得我們在港流離，此人可謂可惡之極也，將來必吩咐各人牢牢緊記。

中央戲院陳君超腸熱身故，余着文仕可代表送殯{是日日記全用紅筆書寫}。

6月29日 星期一 17/5/ 壬午{1942年6月29日對應舊曆為五月十六日}。

晨如常，午京滬午食，一時返院工作，下午與堯勳往飲茶，返院時適立法在，他追索晚餐錢 $14.00 元，蓋上星期余上期支給他，但他太勢利，樣樣算實，吩咐文棣對數，實數不合，且此數上期暫記，並云："可以取消，余亦返家食飯，不用多候也。" 由此觀之，除了搵着數[1]及有利可圖之外，友誼不計也，今後對於此人，不加以重視，余於八時許返院，得悉他已對蔡棣云，明日返家，決不等候，余叫蔡棣照支，等候與否，由他卓奪，凡事留心，步步防範可也。

---

1 "搵着數"，粵語，即"找好處"。

7月1日　　星期3

晨如常，午陸羽品茗，下午大雨，時在巴氏站與羅嗣超先生相遇，在春山飲茶，後迺返院，照常工作，三時潤威到訪，欲借多少，云："因落定做旬[1]，需款八百元。"余叫他舊力〔曆〕廿到取，並云所存不過8471{墨水已化，筆跡模糊，亦可能是81171}元左右，後又聞他因即晚往大同赴宴，且命人熨好新西裝，弍世祖如此，行為可想而知也。

夜照常工作，唯天色不佳，生意有影響。

由即日起，夜場略加座價1、2、3、4，但每兩天一期畫，生意亦有問題也。

各片在院內放影，必要留心。

7月3日　　星期5

晨如常，臨出門口時內子大肆咆哮，大抵因昨夜各人傾談過夜，有礙其入夢也，余姑置之不理。

有電器班人到查燈位□□〔事？〕，隨即着人覓周石威代點，以便報告。

夜早睡，但難入夢{是日日記全用紅筆書寫}。

7月8日　　星期3

晨如常工作，午陸羽，巢坤霖先生陸羽飲茶，下午返院工作，但每期影兩天之畫，必受影響，且連日大雨，收入奇淡，一天祇收七十餘元。

夜梁蘇亞到訪，借去$3.00，並送與他跌打丸半打，並米一包，他不知何故，遍體麟〔鱗〕傷。

---

1 "做旬"俗稱"做七"，即人去世後每七天超渡一次，一旬七天，共做七旬。

7月13日　　星期1

下午三時黎潤威、賴大姑、鄧二姑及其蝦女瑞璋、田立法等點收回日前貯下之首飾，只贖一口〔全？〕錢，余不交回，因謂此物留回將來亞女用，各物由亞威簽收，立法、二姑作見證人。

8月1日　　星期六

晨照常工作，得悉卓兄不欲登記，且他層〔曾〕對蘭生講明，蘭生亦言其悽良〔淒涼〕處，容日商量。

午往亞楊處午食，下午返院辦公，近日收入奇淡，入不敷出，前途極悲觀也。

下午弍時執委會議舉行，救濟院商辦法，並公舉余為委員之一，準星期一舉行。

是日縮為兩場，不設三樓沽票，希望節縮電費，減輕皮費，或可支持耐的[1]，並擬日間加插女伶唱野，雙料娛樂。

月來俱大雨，鄉間水浸 {是日日記全用紅筆書寫}。

8月7日 卅一年　　星期五

晨因覺不適，往快朵頤食鮮奶一枝，後往中華理髮，東亞，與立法午食(昨天，壬午年六月廿五)為立法之第弍仔滿月，余贈利是一封，年票五元。

下午與卓兄往見李蘭生，因家屋登記事[2]，據卓兄云，文權太大貪，欲將沽得之價為二千五百元，如納柒佰，則其餘交與他，見蘭生畢，蘭生有允意，代設法納登記費，又往陳昭庭辦事處，商量辦法，並抄下按款：-

2nd Mortgage 3rd Jan 1922 40.000

Fourth Charge 23rd June 1924 60.000

1　“耐的”一般寫作“耐啲”，粵語，意即“久一些”。

2　淪陷期間香港居民的物業登記，在1942年8月1日開始實行，日軍當局成立了“家屋登記所”，限令全港擁有房產物業的人士必須繳費登記，參見鄺智文：《重光之路 —— 日據香港與太平洋戰爭》，香港：天地圖書有限公司，2015年，第155-166頁。

Fourth Charge 10th Nov 1924 20.000

4th Mortgage 8th Sep 1925 50.000

31.000

另連士德，$14.000。

8 月 19 日　星期 3

晨如常工作，午楊宅午食，下午與董梓君在東亞飲冰，得悉老大已與耀洪入桂林，並悉普慶交協會辦理，故有西口〔片？〕《野人王》九龍開片，奇事也，四時卓兄着往叫陳昭庭劃則，以備登記。

是日狂風暴雨，收入大受打擊 { 是日日記全用紅筆書寫 }。

8 月 26 日　星期 3

壬午年七月十五日。

晨焯兄要求每天交他十五元，以備納差餉之用，因各事俱上他名也，此人誠恐各人用錢太多，余順及他之掛借，他允隨時可以拈出，余不允每天廿元，祇允每天十五元而止矣。

下午 Yat 食午，並口口 { 似是兩個三角符號 }。

下午四時商量新辦法。

勢利小人，至死不變 { 是日日記全用紅筆書寫 }。

9 月 7 日

下午五時半沈式柯，田立法及余三人飲茶於 Fuji[1]，沈商量排西片辦法：- 15% 由我方分得之賬，即每百元要畀他七元五毛，大戲亦照此辦法。

余要求他照舊計回墊費。

1　富士酒家即淪陷前的灣仔英京酒家，參見謝永光：《三年零八個月的苦難》，第 103 頁。

和久田[1]要求商會改組，每個理事保證金￥500.00，余反對，當然以戲院為保證方合。

9月13日 Sunday

晨早起，是日放影《月宮寶盒》，收入軍票￥342.85，成績可算不弱，下午三時往觀馬，虧去五十元港幣，四時許返院，照常辦公。

卓兄最擔心就是家屋地稅，着高仔代購炭精一百對，值￥100，卓兄云，有戲票兩袋，不明來歷，查實該票原屬太平開張時所存，迨後改價，故戰後檢討，始由寫字樓搬往□〔後？〕台工〔三？〕樓，故他誤會云。

9月14日 星期1

晨如常工作，午東亞午食畢，返亞一處，並交她□〔稅？梘？〕費$160，下午返院，照常工作。

連日大戒嚴。

小兒輩今天上學。

梁日餘病大腸熱，送入太和院葉醫生，□〔免？〕診金，未知他允入否。

10月9日 星期五

晨如常，午東亞品茗，得悉報道部近埋兩班，（1）大東亞，（2）新香港，惜乎，（1）在普慶頭台，（2）在高陞頭台矣。

往探六嬸，渠病屙，後往探張梅初先生，取朱砂桂以療其屙〔疴〕也。

夜八時返院，照常工作，近日本□〔區？〕各人紛紛遷移，大有人去樓空之歎也。

此乃十月八日之誌。

1　和久田即和久田幸助，精通粵語和中文，戰時被徵服役，編入香港佔領軍，在報道部任"藝能班"班長，負責香港戲劇文化界工作。參見和久田幸助：《梅蘭芳與胡蝶戰時在香港》及《香港淪陷後與薛覺先二三事》，收入梅蘭芳、馬連良、程硯秋等著：《中國戲劇大師的命運》，北京：作家出版社，2006年，第229-235，236-240頁。

又，芳兄來函，問及肥法之事，法仔近來傲杌不上前，恐亦過於受氣也。

10月10日 星期六

晨如常工作，午先往楊宅食晏，下午往觀賽馬，七時返寓。

是日因《殺虎案》奇爛，遂改影《紅粉佳人》。

是日大風大雨，似乎不甚點綴慶祝也。

10月14日 星期3

舍下，355，357，搬出戲院居住（壬午年九月初五）。

10月18日 星期日

立法要求割愛 Suit Length 一套，余不允，他云："予與汝做工夫，勞而無功，區區一套衣裳，猶不允相讓，確令余灰心也。"余答曰："彼此老友，事事根據酬勞，吾恐從此已矣，如兄認為不值得幫忙，可以罷手，余亦多謝矣。"他嘿然而返，余這番言詞，義正詞嚴，他小人之心，亦覺得無地自容也。

託呂佩寄函返鄉。

"一"往拜山。

10月29日 星期5

晨如常工作，午東亞，與董梓君等品茗於東亞中二階，是晚影《海上霸王》，收入不弱，雖在燈火管掣〔制〕中。

11月17日 星期2

晨如常工作，午娛樂二樓午食，與王中王、譚仔、立法等傾談。

下午返院，照常工作。

內子生辰，親朋滿座，甚熱鬧也，惜乎時值非常。

晚飯畢，鄧英約往告樓士打食冰，至七時返。

欠偉權四百八十。

11 月 24 日　　星期 2

As usual. It occured[occurred] to me that much people were left to starvation so much so that breads I bought were robbed in the Centre of Queen's Road.

I was informed that □ [Fatty?] 4 would be sailing for Kwangchowan[1] pretty soon. I wish her to take my daughter there, but I do not know how shall I raise funds for them as passage money, yet I'll try my best of[if?] I can get them $1,000 H.K.C. Try every means to redeem the diamond □ .

Write to □ of Macao stating that if Cheung Tsing comes back to H.K., I □ [advised?] him to take Leung's place with salary of 40 H.K.C to start.

11 月 25 日　　星期 3

Yuen Ki Pan neglected to hear the phone, while I instructed him. He not only disobeyed order, also show no attention to whatever instructed. I pretended not knowing it so was[as?] to let him to ill temper. He is a hopeless youth.

11 月 27 日　　星期 5

Lee Yiu resigned from service as he was going to get a new living; I gave him 1 month extra pay & took him to Gloucester tea.

Maid servant Ah Sam also resigned from service on account of the own accord{ 以上正文及 11 月 25 日的日記記於同一頁面，下文內容另起一頁；又，以上正文之日期記為"27/11/42"}.

1　一般拼作"Kwang Chow Wan"或"Kwang-Chou-Wan"，即廣州灣，相當於今天的湛江，1899 至 1943 年間為法國租借地，1943 年初被日軍佔領。

My wife went to see for the redeem of diamond ring which valued at HK$4,000. Her sister phoned me stating that Lo would redeem it in due course and requested me not to worry about. And also he wanted to get some one to identify □ [same?] when redeemed. I did tell □ [same?] to my wife.

Another Air Raid Siren.

I had raised price of admission from 5 to 10 &10 to 15 for F.S.[1] only.

11 月 28 日　　Saturday

Wake up at 10.a.m. As usual morning routine. In the previous day, I took Li Yiu to tea at Gloucester Hotel on a/c of his leave from service and arranged with him for some business done if circumstance permitted.

My radio submitted to inspection and attention. Receipt No. 589. Miss Tam leaving for Macao, she asked me for the receipt of Radiogram which long been delayed by Man □ [Hay? Hong?]. I wrote to Tam telling him[her?] all about delay & asking if □ [Chung?] □ [Ting? Ying?] able to come to H.K. 伯晃 came to my residence for a 呼寄證[2]. I promised to do & also answer Yuen Loong Cheung's demand note for a repayment of money owed, $1500.

12 月 3 日　　Thursday

Wake up at 10 a.m. Usual Routine. At 12., went to Yat's residence after taking tiffen[tiffin] with L.F.

After noon working as usual, business did not see □ [well?], though 12' o'clock show was added. It might be unknown to people on a/c no strong propaganda.

At night, 小紅 came to live in my residence, playing majohong with Y.F.,

---

1 "F.S." 應為 "Front Seat"（前座）的縮寫。

2 據陳力偉教授指，日語 "呼寄證" 是指二戰期間在香港或朝鮮等日本佔領區的人，向日佔當局申請的證明，以讓家人和親屬來相聚，也可以指或親屬抵達後所持之證件。

who said that if he did additional work, he ought to have more pay and also said why you not be a maidservant if I would conduct seats. From this, I could see that he aimed at money without paying any respect to his brother & some other high officials. I considered him as hopeless youth. And would take every precaution against his rudeness.

12 月 6 日 Sun.

Early morning, woke up, telling elder daughter to borrow fifty Yang{ 某種貨幣，Yen？} from 表哥 who said that he had spend[spent] all his money in purchase of goods. Afterwards my wife gave them to me under the pretext that she advanced them from 表哥 . I took tiffen[tiffin] at Tao Hotel with L. F., Y. F. & B.L. Went to Race, suffering a considerable loss of HK$120.

Very cold. About □[4?] p.m I teaed with my □[con?[1]] Y at Dairy Farm and afterwards went straight home. At night, Mr Cheung Pak Ling brought me to 仙境 to have a cup of tea before retiring; L. F was also the guest.

Bought 23 catties of rice @ $2.90 each catty.

12 月 8 日 Tuesday

Anniversary for the outbreak of Asiatic War in commemoration of, flag was hoisted everywhere under instruction. Blackout occurred at 6.45 p.m., so that in H.K side, there was no 7 p.m. show, but Kowloon different. I returned fifty "Yang" to Mr Leung and the remaining would be returned if available. Very hard up during this [these] 3 months. I tried every means to make money, but circumstances do not allow.

Mr. Wan said that Registration fee would cost about 1000 yang compound with National Theatre. Very cold, about 64°.

1　可能是"concubine"的簡寫。

12 月 {原文“12”的“2”處有塗改痕跡，覆蓋原來的“1”} 9 日

Wednesday {原文有塗改痕跡，覆蓋原來的“Thurs.”}

Getting up as usual, I pawned my overcoat to raise ¥40 in order to meet the payment of Film Rental. Taking tiffen[tiffin] at Yat's residence, happened to meet Mr Chiu[Chin?]. At 2.30.p.m Theatre Association[1] meeting for the purpose of donating a day's receipt to 忠靈塔 [2]; no expenses were allowed to be deducted, scheduled on 10/12/31.[3]

Afternoon tea at Fuji, Mr Lung & I seated together to chat about the failure of attending the prescribed meeting so incidentally. L. F. was very anxious for his □ overcoat I promised to gift. He also invited to take lunch before retiring at Kam Ling.

My two sons were studying at home.

12 月 10 日 Thurs.

壬午年十月初三源其照仙遊於神經病院，10/12/42。

This morning about 9.a.m. I was awaked[awaken] up by Ki Pan who said that his brother Ki Chue died in Mental Hospital & asked for a loan of 120 dollars for the funeral business. I discuss with C.M for the cancellation of his salary. He agreed. Also I paid ¥20 to Chan Chue Ling for the Registration fee.

Tiffen[Tiffin] at Tao 5th floor.

Borrow: ¥50 from Lau Ki Cheung,

25 from Man Sik Hong,

---

1 此處提及的“Theatre Association”，在 1943 年 1 月 20 日的紀事也有提及，在該日日記中，還提到“組合”一詞，很可能就是由戲院商人組成的“香九戲院組合”（見謝永光《三年零八個月的苦難》第 259 頁），而“Theatre Association”則為其前身。

2 日據期間佔領地政府擬建“忠靈塔”紀念在香港攻略戰中陣亡的日軍，一直未完工，已建成部分戰後被拆毀。

3 此處“31”應該是指至民國三十一年。

26 from Yip Kau.

Man Sik Hong presented me one old jade chain. I deeply thanked him.

12月11日 星期5

Wake up as usual. Tiffen[Tiffin] at Tao. Understanding that as a vice chairman, I had to attend the 獻金 ceremony on 14th □ with Mr Leung Ki Shui, the chairman.

Afternoon, teaed at Tao gr. floor with Yat.

About 7.p.m., being informed that Cheung Mui Cho would be critical soon. I then went to see him with my wife and as my diamond ring had been mortgaged at his hand, I asked him to loan another thousand dollar more to □[cover?] the loss in case he is dead. But I feel that he was not so serious as expected. Everything put to alerting, we could not fight against our luck. Went home at 8.20 p.m.

12月17日 Thursday 11/11/壬午

Morning went to Central Theatre waiting for Ah Ng's Gold Bar Exchange.

Soon tiffened[tiffined] at Tao Hotel with Mr. □[Tung?]. Afternoon attended the meeting of Enforcement of Entertainment Tax till 5 p.m.

2 days ago Wong Cho died. I promised to give his son 20 dollars (HK) a month as pension and also told his wife to bring up the child with care.

L.F. Tin considered to do business by share at HK$500.00 each.

W.K. Lo would go to Kwong Chaw Wan few days later.

12月21日 Monday

L. F. felt unhappy. I didn't know what he aimed for. According to Y. F.'s statement that he wished to increase his salary which would be unreasonable. I strongly objected. He now was getting intimate with 何鉅 who invited him to dine frequently, therefore he felt without him, he would feel unhappy. But it was a sign of untrue friendship, he would turn his face to other side.

Write to K. L.

A certain guide named 黃□〔閏？〕、黃□ borrowed $20. from me.

I repaid $20. to Lau.

12月23日 星期3

Bringing Big Lui to consult Dr. S. □[T? Y?]. Wong for her eye trouble, I paid ¥7.50 for medical fees. At noon dined at Yat's residence. I resigned as vice chairman of Theatrical Asso.

At 5 pm C. M talked to us □[as?] Y. F. & I that Li Lan Sang had called on him to discuss the redeem of 2nd mortgage which was amounting to 91 hundred thousand HK dollars and thus as he had all the □[Two's?] shares in his hand, he would sell them at □ each in order to cover all mortgages. But C. M. requested him to wait till they get up to 70. He did agree to consult with his brother Li Ze Fong. Also we could get rid of all debts. Full of Hope.

Lo Wai Kuen went to Kwong Chow Wan tomorrow.

12月25日 星期5

Morning as usual routine. Noon tiffened[tiffined] at Matsubara[1] and went to see Yat. Coming back at 2.30 p.m. I received a telephone call from Mr C.K. Tung who teaed with me at Fuji.

牛安 signed a document for the acknowledgement of nothing containing in all the trunks placed in Theatre being witnessed by Man Shii Ho, Ko Yuen Man & Leung Tak. I gave him HK$40 as compliment and a □[note?] addressed to Ma.

Taking Lunch before retiring with Lau Ki Cheung at Kam Ling Hotel. I do the boss.

1 即"松原"，亦即告羅（樓）士打餐廳。

Warned Tung not to exhibit himself so □ [shinely?] in public.

12 月 26 日 星期 6

Teaching Hin Fan not so naughty as he had sold his pencil sharpener to Ah Kwong for 10 cts [cents?], I beat him seriously which was the first time I so heavily punished him, as a father I had to think out some ways to teach children, but in the war time, I was afraid they would receive no □ [better? best?] education. He was detained in Ah 6[6's] Room.

12 月 27 日 Sunday

Morning as usual Routine. Tiffened [Tiffined] a[at?] Kaw Shing with my 3rd daughter & Mr Tung of Lee Theatre. At 2. p.m., back to office, I told Wai Chai not to come back again as I had no position to offer to him.

At 4 p.m went to tea with Yat at Dairy Farm and afterwards went back suppered.

My mother-in-law birthday.

Lunch, before retiring at Kam Ling Restaurant with Yat.

12 月 30 日 星期 3

A sudden call-up was held at Press Bureau's office. A new organization for the distribution of pictures was likely to open. The chair man (former) was disappeared. It was suggested to form a □ company to deal will all theatres.

□ [Yü? Tu?] wished to increase salary. He asked me whether Tai had increased or not. I said "NO". He pretended that he wished to increase all minor staffs. I know his idea but I didn't reply him. I understood that he had attribute □ [Shum?]'s share HK$79.90 into his own pocket. I did not disclose his false pretense. I doubted his action, as □ [Shum?] being detained.

12月31日 星期4

We were instructed to hand our all tickets to Tax office to be stamped, even complimentary tickets were also inclusive.

Lee Yiu's wife resigned from employment, as his[her?] husband went to Wai Chow to trade.

Afternoon tea at Dairy Farm, with □[Tung?] who came to visit us, Tin & me, Mr Chan Che Man took the hospitality.

At 4 p.m, returned home, supper.

Plenty of Pressmen came to □[theatre?] for settlement of a/cs.

源詹勳先生日記

1943年[1]

1　此年1月1、2、7日的日記記於1942年（即《民國二十八年生活日記》）的日記本，置於12月31日日記的5頁後。從1月17日起，則全部記在一本粉綠色封面印有銀色的"會文日記"四字的小本子內。每日之月、日、星期乃作者手書，格式不一。

1月1日　　星期5 壬午年十一月廿五

Happy new year { 以上一段及日期、星期用紅筆書寫 }.

I went to Kowloon with Mr Tung immediately after taking tiffen[tiffin] at Fuji, seeing that many pedestrians walking to & fro in that area, and theatre being full of capacity. What a good scenery! It seemed that they had forgotten that that place had【had】been at war one year since. At 4, we back to H Kong teaed at Fuji again, meeting Mr □[Wai?] who recently came back from Canton where business were prosperous as before, particularly entertainment places. Many changes would occur as Film Asso[1] was banished.

Entertainment Tax being extorted.

1月2日　　星期6

Meeting at Yü Lok at 2 p.m. for the distribution of pictures since the dissolve of Film Association, I instructed L. F. to represent Tai Ping while I tendered a letter of resignation as Vice Chairman of Theatre Asso. At the same time, I learned that the Character was requested to change as 組合[2].

Afternoon as usual.

I suggested:

(1) each day deducting $50 as rate of electricity;

(2) $ picture shares;

(3) Tax;

and (4) then defray other expenses.

So it would not mix up with all accounts.

1　此處"Film Association"很可能即"香港電影協會"，有別於 1942 年及下文提到的 Theatre Association，見謝永光《三年零八個月的苦難》第 259 頁。

2　此處提到"組合"一詞，很可能就是由戲院商人組成的"香九戲院組合"（見謝永光《三年零八個月的苦難》第 259 頁），而"Theatre Association"則為其前身。

1月7日　　星期4 {以上日期、星期用紅筆書寫}

晨如常工作，午金城酒家午膳，下午午茶於東亞地下，晚飯於碧紅，董梓君在座，余售口〔梘〕一箱與他，¥40，另車費一元，由"y"手交。

上日有憲兵到查華南電影協會事[1]，余照直說明。

1月17日　　星期日

東山 Lo Shun Hing 組班事，1.30p.m. 與董先生，後往大眾劇團一敘{以上一段及日期、星期用紅筆書寫}。

呂佩十五日返鄉，今晨到舍下一敘，每仟元軍票玖拾円。

1月18日

{無正文；又，以上兩日日記記於同一頁面}

1月27日　　星期3

為傾班事奔走甚忙，口〔迨？〕亦人事不能勝天也。

Y. F. 甚懶，祇知娛樂，不明大體，且不負責任，前途甚悲觀，近且引誘 K. P. L. T.{有可能是兩個人名，K. P. 為其攀，L. T. 則暫未可考}合共竹戰，可知彼自身不守，其誰能從汝之命乎，既不能令，又不受命，嗚呼哀哉。

馬文星、董梓君及余三人金陵消夜，談及配給事。

演大亞洲頭台，人數頗佳。

1　此"華南電影協會"是否等同上文提到的"Film Association"，一時未能查考。據錢似鶯口述，淪陷期間，其夫洪仲豪是華南電影協會會長。錢是演員，洪是導演，二人於 1928 年結婚，合辦金龍影業公司，30 年代末在香港開辦華南等製片廠，淪陷後不久重返上海。見邱淑婷：《港日影人口述歷史》，香港：香港大學出版社，2012 年，第 59、62 頁。

1月31日 Sunday {以上日期、星期用紅筆書寫}

陳利權還回港紙 $500{ 以上兩日日記記於同一頁面 }。

2月2日 {原文“2月”的“2”處有塗改痕跡，覆蓋原來的“1”} 星期2

Y. F. 無錢，大發脾氣，告知人不能自立，徒然依賴，則無用之極，且他本人向外表示闊佬[1]，而對內則無孔不入，殊令人可鄙也。

李蘭先生借軍票柒百元，每月扣回，其餘由院科夠[2]，明日解決。

此後每日先執電費，片租然後計算，以免牽連太大也。

2月3日 星期2{原文記為“1月3日 星期二”，根據下文緊接為2月4日，以及2月2日的上述誤記，初步判斷此處應為作者誤將“2月”記為“1月”，星期亦忘記更新，即應為“星期3”}

交登記費¥1000，午大同午食，下午牛奶公司，商量乾坤事，夜請鉅、肥法、梓君金陵消夜。

年晚在即，收入平常，但仍照常開影也{ 以上兩日日記記於同一頁面 }。

2月4日 星期4

晨如常工作，得悉怡和紗廠股份已起至五十餘元，則太平之按揭不久可以告一段落也，但未知日前先父交卓兄之怡和股份又如何？

午大同午餐，往東亞，不見顧天吾，往八口〔州？〕覓他們，又不見，返院，適桂少梅到，余決意院期改為舊曆十二（元月）起，演六天，其餘恕不答覆。

是日為壬午年卅晚，本院向來是日休息，唯近放影畫片，故是日仍照常

1 “闊佬”，粵語，即“闊綽”，此處“表示闊佬”意即“充作闊綽”。

2 “科夠”，粵語，“科款”即收集款項以共同負擔某項支出，此處即由戲院收集此等款項，以足夠應付所需。

放影云。

夜微雨，與肥法、羅早、攀仔、堯芬等數人將所贏之雀數往四時新消夜。

堯芬因梁德不服從命令，將他除職，後由其母苦勸，故辭意打消，誠屬兒戲之極也。

2月5日　　星期5　癸未年元旦

晨老例恭喜發財，禮畢，往院辦公，是日影《觀音化銀》，收入可觀，富士午食，余與法仔二人。

下午二時燃放炮竹，因犯規，為梁釗所長責罰余與立法，並由該憲查466，梁德主駛〔使〕，後余外出，梁某由差館來電話，傳支配人到查辦，法□〔與？〕堯勳共往，又被責罵一翻〔番〕，原來有先示在先，燃炮時間為上午九時至十二時，余等確屬過時，遂要求其原諒，後於五時許余與葉九共往見他，解釋一翻〔番〕。

夜與各伴往四時新消夜，細雨溶溶，春雨悶人也 {是日日記全用紅筆書寫}。

2月6日　　星期6

機房忽然聲損壞，耗去￥90・—始修理妥當。

午往Y處午食，與立法同往，下午往富士。

2月7日　　星期日

賽馬。

2月8日

Y. F. very rude to me, I should give or teach him a good lesson. Receiving a letter from 六姐 telling me that she had sold the □[Door?] □[guard?] for

□[YN?] $3000 to meet other expenses and also her own articles to maintain family livelihood. I writed[wrote] to reply to her that I had suffered plenty from this naughty guy, Went to T. L. F.'s residence, giving his son & daughter each HK$10.00.

Black □[Ones?].

羅舜卿電話關照渠的薪金，夜 8.p.m.

法消夜 { 以上兩段用紅筆書寫；又，以上三日日記記於同一頁面 }。

2 月 11 日　　星期 4

購馬票，□[1/4?] □〔霍〕□〔勳？照？然？〕，117。

午食占美，下午每人科￥250，購大彩票 11 條，No □。

□〔蕭？〕老□〔六？〕到訪，向利舞台再借 150，在牛奶公司答允，畢，董兄、碧梅及余往明治[1]觀劇，又往新□〔世？石？麗？〕赴何鉅之晚飯約也。

夜仍燈火管掣〔制〕{ 是日日記全用紅筆書寫 }。

2 月 12 日　　星期 5 元月初八

晨如常，午金城午食，下午民治部該人到取圖則，允明日九時半交他。

夜十時許內子忽然腹部作動，下部流水，隨喚施文蔚醫生到診，並送他入養和園□[54？] 號房，余往伴焉，據醫生云，她於日間分娩，余恐其早產也，但生育過多，亦可慮也。

2 月 14 日　　星期日

晨十時往玩足球，10—4，午大同飲茶，後往觀賽馬，五時往探內子，與碧翠、碧梅往三龍晚飯，畢，往亞 Y 處，柒時報到，內子入產房，九時許誕生一男孩，此孩不足月，但盡人事而已矣。

---

1 即皇后戲院，見謝永光：《三年零八個月的苦難》，第 271 頁。

夜往藏前[1]區談話，遇一日人到玩乒乓波，遂返寓云。

立法兄請廣州消夜｛是日日記全用紅筆書寫｝。

2月15日 癸未正月十二　星期一

晨早起，午東亞大閣飲茶，派三人數，連堯仔計，下午往探內子於養和院，據該看護云，此子緊〔僅〕得六個月左右。

董梓君對余言及，民治部有徵用本院為宿泊所[2]，着余調查，余遂將此事對卓兄言及。

晚飯新亞，梓君為東道，適與馮某相遇。

消夜於廣州，余為東道，六元，和菜。

余託馮燊林代查此事。

2月16日

配給社由兒井介紹，認識前田廉，商量租院為宿泊所用｛是日日記原記於下一條日記之後，編者按日期順序提前至此｝。

2月18日

往報道部見前田廉宣傳班長，並光畑□〔紀？〕一｛以上三日日記記於同一頁面｝。

2月19日　星期5

晨十時半會同立法、卓明兄三人往見浜本所，關於租借本院作為宿泊所事，要求租金￥1000.00，他有允意，十二時到本院參觀一二。

1　淪陷期間，“香港佔領地總督部” 在 1942 年 2 月成立並確立分區管治的制度，7 月 20 日將港島劃為十二區，“藏前區” 即西營盤末段至石塘咀，參見謝永光：《三年零八個月的苦難》，第 83 頁。

2　“宿泊所” 是日語，此處指簡易旅館或宿舍，作為歸鄉難民臨時寄宿用，詳見本年 2 月 25 日注譯。

午東亞大閣午食，下午三時往見李蘭生，商量租借事，他云，先父所按下之股份已到價，計余等所欠之款，已還清，他並代貯十萬元，並息兩年，預備還回頭號按揭，是則太平已盡歸吾所有也，此事只卓哥及余知之，□〔暫？〕未宣佈。

下午四時東亞飲茶，卓兄亦至，董君等商量用□[F.?]. □〔車？〕，他未表同情，畢，往探內子，晚飯於 Y 處。

開燈 { 是日日記全用紅筆書寫 }。

2 月 20 日 18 { 原文記日期於正文之後，記為“（20.2.18）”，其中“18”應指昭和十八年，即 1943 年 }

晨如常，往馬會一行。

2 月 21 日 { 原文“21”的“1”處有塗改痕跡，覆蓋原來的“2” } Sun { 原文的“S”處有塗改痕跡，覆蓋原來的“6” }

晨十時到養和院，與內子出院，用去￥240，午大同午食，何鉅、立法及余三人，後遇到基肇、兆璋，言及請飲事。

午後觀馬，是日賽大馬，甚為擠擁，余與梓君晚飯於山珍。

夜因立法與堯仔事，堯仔談及，立法與何鉅串埋[1]，買了我之雪櫃，￥50，後賣往海軍特務部，￥200 元，乘人之危，諸多挑撥，此人必要小心，又對堯仔談及，余將太平之畫買去，並支出之 15% 佣，應份[2]分的，最好叫余往外一行，由他揸數[3]，則太平可以蒸蒸日上也。

2 月 23 日 { 原文“23”的“3”處有塗改痕跡，覆蓋原來的“4” } 星期 2

{ 無正文 }

---

1 “串埋”，粵語，即串通合謀。

2 “應份分的”，“應份”是粵語表述，“理應”、“理所當然”的意思。

3 “揸數”，粵語，即主理賬目。

2月24日 星期3

晨通知湯島先生照會電燈公司，轉換電燈事。

去函：-

警務課、稅務所、配給社、電器班，但電話與水匠不允收信，祇叫他□〔更？〕名義。

2月25日 星期4

是日正式交院與歸鄉事務所[1]。

拆椅。

下午三時許該光畑□〔紀？〕一到，商量院租事，決實一千元，明日候他電話往簽合約。

電燈公司派單催按櫃[2]，余將該單一齊交與光畑先生，由他解決。

4098/7T/19232 m 38926	￥263.—
4099/7T/19229/1m.38036	78.—
4100/7T/19230/m.38037	￥455—
4101/7T/19231/m.38038	￥210—
4102/7T/19232/1m.38927	￥75.—
4103/7T/19233 m.39972	￥28.—
	￥1109.—

送票陳元龍及□〔柯？〕先生。

2月26日 星期5

晨，waiting for the signing of contract, but no sign expected.

搬椅，苦力 20 円，日前搬移之際，失去鎖匙，至令即晚配匙，用去

1 "歸鄉事務所" 全名是 "歸鄉指導事務所"，主持疏導市民回鄉事宜，解決糧荒問題。太平戲院此時被徵用為 "宿泊所"，作為歸鄉難民臨時寄宿用，因此要移交該所。參見謝永光：《三年零八個月的苦難》，第 24 頁。

2 即按金。

¥1.00，但先是叫利安到配，索價¥35.00，可謂奢極也。

陶園午食，何鉅、立法及余三人，W.K. 請富士 { 是日日記全用紅筆書寫 }。

2月28日　　日

賽馬，借董梓君¥30{ 以上兩日日記記於同一頁面 }。

3月1日　　星期1

晨如常早起，候簽約，午金成 { 金“城”飯店？}，立法，商量買馬文星機器事，還價¥11,000.—，收實九千，下午四時在東亞冰室，還回¥30. 與董梓君。

夜閒談，找清雀數 $7.50 與 W.K.，電費絕無辦法減底〔低？〕，料並不收按櫃。

3月2日　32.

晨如常，該光烟□〔紀〕一又云，下午三時簽約，候至四時尚未見有電話到。

下午二時許司徒□〔芳？〕到，追電燈數，着肥仔法明日往交涉，先交一半，其餘分期照交。

下午五時與梓君往見吳伯陶，商量租院事，幸堯 { 堯勳？或名為“幸堯”的人？} 他已定班，故將該事押後。

夜陳元龍君請飲架啡於江記，至十二時迺返睡 { 以上兩日日記記於同一頁面 }。

3月3日　　星期3

晨如常，江記早茶，午大同，與肥仔法同敘，向明治索戲票六位，下午往 Y 處，適她外出，折回返院工作，四時牛奶公司，夜七時立法云，該光烟對他說，該合約已交經理部，嗣批准正式通知云。

因電燈事，余問堯勳，他惡言回答，余大罵之，不留餘地。

欠：

肥法￥11.50。

亞五 60.00。

3月4日 星期4

晨如常，午大同，仍候該約簽字，下午返院照常工作，四時大公司飲茶，理髮，兼晚飯於中華閣仔。

NO. 69、7，與董兄兩份。

3月5日 18.

晨如常，十時許往Y處，她近來往換B.N.作生計，亦謀生之一也，她給余￥5.00，余心甚感她，她託余代謀針紙，余託□〔亦？每？〕□〔亮？〕兄代勞，但因手續麻煩，恐不能辦託〔妥〕也，午大同飲茶，□〔水？〕道班取回按櫃，必於十五日後方能辦妥，借偉權軍票五元，交梓君￥8.80。

夜炳照到食飯，他備餸也，渠亞媽燉鯉魚都叫亞姊食，但不叫亞妹，何其心之偏也。

3月6日 星期6

晨仍候該約簽字，湯先生交回￥65，由Y. F.手，午大閣（東亞）找《南華報》，孫啟瑞￥10，作完，下午四時在東亞冰室，KOI先生着馮姑娘到坐，云經理部允加1250円，余謝之，後亞{以上正文與3月4、5日的日記記於同一頁面，下文內容另起一頁；又，以上正文之日期記為“3.6.18”，即昭和十八年（1943）}

【亞】一至，余還回她￥5.，另給她￥5.，後與董談及賣炭精事，他允借￥150.與余，余勸他將來合作辦院，看他如何，計回租￥500.，另組一公司辦理，物業還物業，生意還生意，炳照到食飯，余警戒亞洪，不應如此做法。

各伴好似轉東主，甚為懶慢，余決另聘夥計也。

3月7日 18 （日）

晨如常，遇文先生，着他往押大衣，¥40，往賽馬，午金城午食，董為東道，後往觀賽馬，平口而已矣，公中贏¥37.50，往新亞晚飯，後又往金陵消夜，游〔遊〕娛樂區，十時許返院。

七時許晚飯，後層〔曾〕往利舞台觀劇。

3月8日 星期1｛以上日期、星期用紅筆書寫｝

晨如常，午占美午食，因食馬票錢也，下午返院工作，梓君借銀¥150與余，下午東亞冰室飲茶，與“Y”共行，梓君五時方至，余已他往，夜七時許往利舞台觀劇，至九時迺返。｛以上正文與3月6日（另頁起計）、7日的日記記於同一頁面，下文內容另起一頁；又，以上正文之日期記為“3.8.18(1)”｝。

合約尚未簽妥，源廉有信來，鄉間平靜。

3月9日 2

晨如常，午東亞閣仔品茗畢，往Y處，下午冰室與董兄談及做大戲事，得悉他有意拋珠〔磚〕引玉，他亦盡力於利舞台也。

是日為癸未二月初四，YF生辰之日也｛該雙劃線用紅筆書寫｝。

借易五[1]¥160，納稅之用也。

炭精託T.C.K賣，為價¥200，each100.

---

1 據源碧福女士稱，易五八歲時被源家買下為婢，她稱之為“五姐”。在下文用英文寫的日記中，寫作“Yick Ng”。

3 月 10-11 日　　43.｛原文“3”處有塗改痕跡，覆蓋原來的“2”｝

晨往太平一行，打針，午東亞閣仔品茗，下午冰室，夜七時因針氣反響故，發燒，遂休息，至明天乃辦公。

梓君與陳子榮君斟妥，每百對￥200，余先賣 100pr[1].，另 50 枝細嘅[2]，共￥240，託肥仔法收錢，明天（12/3/32）交易，是日下午 W. K. 請 Fuji 午茶，余與梓君購買套頭票弍套，共￥10，NO. 69、14｛以上 3 月 8 日（另頁起計）、9 日、10—11 日日記記於同一頁面｝。

3 月 12 日｛原文“2”處有塗改痕跡｝　　星期 5

晨病癒，照常工作，買炭 200pairs & 50 枝細炭精，共￥240，由田立法手收，還回 K.L.￥100, 法 20，交回￥100 與易五，東亞午食，余為東道。

下午返亞一處，供港紙四十元，四時東亞冰室，與元龍、壽南相遇，前者送蜜柑一包與余。

夜羅早問及租院事，余俟與焯兄商量妥再起稿云。

3 月 14 日　　Sun.

內子患腹疾，下午往見施文蔚醫生，余往觀賽馬，約溢利￥22.00，晚飯於海珠會館，後返院工作，該合約尚未見簽妥，明日往見濱本二人，詢問如何解決。

邱公學費￥35，月票到期，明日更換｛以上兩日日記記於同一頁面｝。

3 月 15 日　　星期 1

晨如常工作，午往 Y 處食粥，後往東亞，K. L. 午食，後返院，終日無工夫可做，與焯兄商量明日着 L. F. 往見濱本，詢問合約事，問他如何處置

1 “pr.”即“pairs”（對）。

2 “細嘅”，粵語，即“小的”。

租項及契約，下午牛奶公司飲茶，余為東道。

Y. F. 近日好蕩游〔遊？〕，余對於他不甚歡喜，且有分開食之意，此人近來詭計，好似慌余知其有錢，專作死及多誑語也[1]，所結交者盡下流之人。

3月16日

晨如常工作，午前約十時許着肥仔法往見濱本，追問院租事，並聲明要足一千元方允，他云下午答覆，至夜仍未見有答覆，隨命肥法明天再往見他，追問一切，董君明日往澳。

3月17日 (舊二月十二)

Y 生日 { 此行及上行日期用紅筆書寫 }。

晨如常工作，午占美午食，後往東亞大閣，與董兄合份購馬票 69 及 21 兩套。

夜照常工作。

仍託法兄去追問合約。

桃山雪屐場開幕。

表哥借入￥20 { 以上三日日記記於同一頁面 }。

3月18日

晨立法又往見光畑，詢問租約事，仍答再俟一二天，十二時余往快朵頤見他，後余返一處，至三時與她往桃山溜冰場。

下午未去飲茶，與□〔亦？每？〕□〔亮？〕往江記飲架啡一杯，至十二時再消夜迺睡。

章瑜到斟畫景，法仔云，李某有欲余合作起戲班事。

---

1 此句"好似慌余"和"作死"皆為粵語說法，前者意思是"好像恐怕我知道他有錢"，後者可解作"找死"，引申為刻意做些不好的事。

3月19日　星期五

晨如常工作，午往東亞閣仔，下午返院，照常工作，夜往桃山一行，她問余，主張她在桃山幹工否？每月¥35，余答曰，暫時無害，若余有租收，則不可也，後與亞女往江記飲架啡，此店生意甚暢旺，日來不知租項若何，甚苦悶也。

下午焯兄抵余舍下，謂他見蘭生，但他謂，怡和暫時停頓，未知如何，余謂，他已答允，豈可中途反悔，各安天命而已矣｛以上兩日日記記於同一頁面｝。

3月20日　癸未二月十五　星期六　｛以上日期、星期用紅筆書寫｝

晨早起，港督到參閱宿泊所，九時起戒嚴，余與內子往別處，余後往Y處，她云，上工去，每月¥35，余云，且看生意如何，後她借銀與余，余不取，往東亞午食，由肥仔法塾轉，下午東亞冰室，周石威請飲茶，因取馬牌事，夜無聊之極，閱書至一時許始睡，但難入夢。

3月21日　（二月十六先嚴忌辰）　星期日

晨祀先君，伏禱比方，是日清租，午由五手借¥50，往觀賽，大北，鬍子波不允交十元與余，蓋他不知何故，云不便也，後董君由澳再借¥20與余，又輸埋，個人返舍下食晚飯，計欠何鉅¥10，董君¥20，連日心緒不寧，對於租務，甚為擔心也。

38926之電鏢〔錶〕由歸鄉會□〔到？〕割[1]，着法兄往質問｛以上兩日日記記於同一頁面｝。

1　此處“割”指“割去電錶”，即切斷電線，拆除電錶，斷絕電源。

3 月 22 日　　星期一

晨如常，早十一時往 Y 處，後往東亞，法云，李某意欲與余合作組班省海珠事，約明日十一時快朵頤商量，午東亞畢，返院，三時往催歸鄉會之租項，云已定實一千元，只欠部長給印矣，姑妄聽之，下午東亞冰室，董兄再借￥30 與余，共￥100。

{ 略 }

六姐來函，問家用事，余付之一笑，蓋她以為香港大把貨[1]也。

3 月 23 日

晨照常工作，與焯兄談及其朗之挑撥事，且多談是非，實屬不堪入耳，極為不平，午先往快朵頤，與李岑先生傾，談及租廣州海珠戲院事，余允代〔待〕調查畢，方敢開始談條件也，他云，俟他晉省後來函，方動糧晉省，午東亞，董兄請客，下午仍舊冰室，租項仍未有着落，再俟數天再看情形。

電燈公司派人到查燈位，因歸鄉事務所申請廢棄多餘之燈，已命 B 仔開始辦理也 { 以上兩日日記記於同一頁面 }。

3 月 24 日　　星期 3

晨如常工作，午東亞閣仔，又松原餐室，下午冰室，取回水鏢〔錶〕按櫃￥25，由法手，錫、衍藩懶讀書，被其母大打特大〔打？〕，夜江記飲茶，尚未交租，不知是否爛尾也。

3 月 25 日　　Thursday.

晨如常，十一時上環遇肥法，共往東亞飲茶，適梓君及他友們俱到，由他付帳，下午返院，內子往新世界觀劇，余三時許往 Y 處，五時返寓，夜

1　“大把貨”，粵語，此處意思大概是“很多錢財”或“很多資產”。

如常，租仍未妥，昨夜余責罵亞啟辛，不應擅搬余的衣櫃。

3月26日 Friday

晨如常，法往問濱本，據云，部長尚未蓋印，非俟二三日不可，而戲院各伴均出糧薪金優待。

蔡文棣請消夜於金陵，法、新及余｛以上三日日記記於同一頁面｝。

3月27日 星期6

晨如常，下午配給社交還￥70. 作院租，肥仔法借￥20。

3月28日 日.

賽馬皆北。

院租尚未交還，准〔準〕星期二□〔日？〕再催，免誤時刻也，Y. F. 祇顧自己，其他不理也，食大佬迺亞公的應份事，渠自己搵的，渠自己本領，□〔祇？〕供□〔自？〕供揮霍，余亦不欲多言，今後各行其道，拭目以觀之。

3月29日 1

晨如常，邱先生未到，午東亞飲茶，下午大雨，院內工作，電器事因未收租，容日解決，下午冰室，照常飲茶，梓君代斟片事，院內派煙仔 Capstan，每人一包，三樓借去一百火燈膽一個，夜打乒乓波，飲茶於江記，對於租項，極為擔心，楊鑑到坐，謂伴言及，近日之薪金較勝乎自己做，比較上有四倍強，尚有二千元未妥也｛以上三日日記記於同一頁面｝。

3月30日 星期2

晨如常工作，午東亞午茶，往見浜本，仍推未給印，肥法口述，夜，肥四嫁女，內子往食飯，連夜難入寐，鄉中五姐來函，不外謂鎮勳失學事，院中未有院租收，姑妄聽之。

3月31日　　3

內子往金女處，因其夫納寵，波及余受訓一番，且云余有一子，已七歲，同時已死了？空穴來風，人言可畏，余亦設法將她警戒，使她知教訓也。

4月1日　　星4

內子謂，她已準備旅費，余晉省，同時預備渡航證一份，與亞五以伴上落云，租項仍未解決，明日往見浜本。

4月2日　　5

立法如常往問浜本，仍推明日十一時，且着攜備小章到取，試看明日又如何，夜七時許往高陞，看顧天吾《武松殺嫂》，至十時往金陵消夜，十一時迺返（請顧、董、法、陳六嫂、三妹），¥20.50，賭撲克，至五時迺睡，Y.F. 借與余¥10，代支¥5.00，實欠¥5.00{ 以上四日日記記於同一頁面 }。

4月3日　　星期六

上午往見浜本，則云下午，下午再見，則云經理部只給¥600，另稅由政府自費，由一日人用英語通譯，又着星期一往收款。

4月4日　　日

賽馬又輸¥70，未完場即回，深感不舒適，日前草就之合同已交羅早轉交薛某，未獲答覆。

4月5日 1.

又往見浜本，十時許猶不在，在快朵頤見到曹二姑，云由省來，住在京都六三三云，交下圖章及條件，託立法候領款。

4月6日 2

下午往見浜本，並將合約交他，他批准由光畑轉呈經理部，至四時半先交租銀六百円，到十日又交六百円，此後每月交二百円，俱於一日清數，如遇星期日，則改為二日找數，法仔支五十円。

余染疾，食瀉藥，終夜發燒。

着堯勳回信鄉間，講及香港之困難及其他情形｛以上四日日記記於同一頁面｝。

4月7日 星期3

有恙。

4月8日 星期4

晨如常，午東亞，下午往亞"Y"處，K.L. 借￥31.00，湊足￥150，夜往江記飲茶，溫之妹由澳來港購買布料。

4月9日 星期5

晨如常，午啟新請東亞飲茶，及余之子女輩，下午往娛樂區游〔遊〕技，中了猴子一隻，送與肥法，並交太平圖章及本人印鑑與他往收月租，由三月廿五至四月廿四，租￥600，此為第一次余交印鑑與人。

4月10日

往見光畑，又云話病，俟星期一方能照交，電燈公司派人到追電費，着法仔見他，俟收妥租後方能照交，因第一期只可維持生活｛以上四日日記記於同一頁面｝。

4月11日　星期日

往觀賽馬，允借畫景與顧天吾，詎料該林蘇殊大枝野[1]，故戲弄他云，借董兄共￥200。

4月12日　1

晨新東亞到借景，余決不與，以儆戒林蘇也，午東亞午食，下午返院，往見浜本，仍未收到第二次之￥600，因光畑病也，明日再往。

夜梓君、華俊及余往娛樂區一行，並在金陵消夜，畢，返寓，內子親調河粉消夜，確美味也。

4月13日　2

晨如常工作，何區長夫人、郭太、譚俱到舍下游〔遊〕戲兼晚飯，租仍未收妥，午後冰室飲茶，夜利舞台觀劇，碧翠、梅俱同行，梓君請消夜於金星酒家，至十一時迺乘人力車返院。

4月14日

顧天吾請金陵消夜，盛筵美宴。

---

1 “大枝野”，粵語詞彙，意即自以為是、囂張。

4月15日

往利舞台觀《周瑜歸天》。

先嚴生忌｛以上五日日記記於同一頁面｝。

4月16日 星期5

宿泊所搬台口椅入戲台內，安設收音機（星期二，三月十二日）｛“三月十二日”應為農曆，能與1943年新曆4月16日對應，但此日期對應為星期五，該“星期二”或為誤記？｝。

4月18日｛原文記為“16日”，疑為誤記，此處根據“星期日”的線索，改為“18日”｝ 星期日

晨往江記，如〔與？〕元龍傾談，又在廣州午食，下午往觀賽馬，借K. L¥50，新亞晚飯，K. L. 為東道。

4月19日

下午東亞，見李蘭生，講及有一日人，想租太平作為做日本戲之用，明日下午再談，余與卓兄同往，後往東亞冰室飲茶，約明日晚飯。

地稅單交立法，往交浜本轉納。

4月20日

上午往Y處，下午二時半往東亞銀行，見第一產業公司黃仲民及豐德忠烈｛未入索引｝，商量收回戲院作日本戲事，討論合作問題，余卻之，並云轉租可也，夜晚飯新亞，後往娛樂區一行，並取溢利格式表填寫｛以上四日日記記於同一頁面｝。

4月23日 癸未，三月十九 星期5

鄉中來函，催還按款，即紛函鄉、澳、港各地，預備還款，午東亞飲茶，下午約燕玲往松原一敘，託其致意芳兄，夜金陵請天吾、□〔秋？〕□〔槳？〕等消夜。

4月24日 星6.

晨如常，午東亞，天吾請飲茶，下午往"Y"處，四時再往東亞冰室，往十二家處食炒粉、白粥，並步行返家，夜燈火管掣〔制〕，戴月波有問顧班事，伶人起價。

4月25日 星期日

晨如常，早起，{略}。

還回¥90與K. L.，輸¥80{以上三日日記記於同一頁面}。

4月26日 {原文"6"處有塗改痕跡，覆蓋原來的"7"} 星期1

晨如常，午東亞飲茶，下午冰室晚飯，{略}。

余迺對亞五言："此後凡事留心，余將有遠行，但此後各事，汝對於兒女，盡力維持，萬不可放棄。"

4月27日 星期2

晨如常工作，午冰室，K.L請午食，遇戴月波，步行返院，下午立法請午茶，往"Y"處略談一二，六時返寓，碧翠寄寓亞三處，與卓兄商量租院事。

4月28日 3

鄉間來信，謂已籌款還妥，但每百元每月息銀三元，余回信，決由本港自理，可見六姐純為家也，並非經由港中自理，如其他庶母焉，下午五時伯晃兄到訪，商量還款事，余託他寫信託兄還二千元作了｛此處字跡只能勉強辨認，但似乎與下文5月17日提到之事相關。｝，未稔他允否，容後回信，夜，第四夜燈火管掣〔制〕，余步行娛樂區，顧某送票六位與元龍兄，他上午請午食於廣州酒家，約伯晃於下星期二到取二千元捐款。

4月29日 4

下午往冰室，｛略｝，夜往高陞觀劇《周瑜歸天》，｛略｝。

黃不廢欲買畫，柏舟斟合作事｛以上三日日記記於同一頁面｝。

4月30日 星期5

張應華，昭南島金昇律一百三十二番。

晨如常工作，十一時往辦公，｛略｝，九時許余與K. L. 往廣州消夜，｛略｝，至十時迺返，｛略｝。

5月1日 星期6

晨內子□〔自？日？〕行倒水，余不欲觀之，遂往後台洗面，後辦公，收租六百円，卓明支￥200，立法￥50，午十一時碧侶、碧翠、碧梅三人向其母認罪，姑念其為母也，查實不合，下午往老松打波，又冰室，夜與梓君晚飯於山珍，又往區役所一行，娛樂區射槍□〔中？〕正｛以上兩日日記記於同一頁面｝。

5月2日 星期日

晨如常，十一時往“Y”處，給她￥□[50？52？]作家用，午松原，肥仔法，午食，下午返寓，與錫藩、衍藩往香港ホチレ理髮，該店為日人料理，彼二子誠得意，每人￥70，後又往東亞冰室食雪糕，步行往又新購鞋，惜乎太貴，每對約￥28.00，夜晚飯後，與Y. F. 往馬來食堂晚飯，因他未食飯也。

5月3日　星期一

晨如常工作，午東亞，K. L. 請飲茶，下午返院候該查稅人，不見，到四時返東亞冰室午茶，借K. L.￥40，共￥150，夜辦公室授兒夜課。

立法喪了一牛，甚苦，余對於W. F. 甚消極，惡其太放肆也。

5月4日

晨如常工作，午東亞，下午返院，稅務專員到調查數目支銷，又支電費￥147.38，下午冰室談話，余對於W. F. 甚不滿意，且持消極態度，放棄主義，夜董君及陳君共往馬來食堂消夜，甚頗〔破？〕費也（舊四月初一）{以上三日日記記於同一頁面}。

5月{原文"5"處有塗改痕跡，覆蓋原來的"4"}5日{原文"5"處有塗改痕跡}星期3

晨如常辦公，午建國，余為東道，￥11.70，下午返院辦公，又往冰室，不暇赴義聯會之議，夜無聊之極，候W. F至十時許始返，往"Y"處。

5月{原文記為"4月"，根據前後日記的日期塗改，判斷此處為作者誤記，並漏掉更正為"5月"}6日　星期4

晨如常，午東亞，文堉至，共品茗，午後返院工作，下午往冰室，與息柯相遇，共飲冰，K. L. 請飲茶，步行返院，夜往區役所填名，錫藩懶讀書，不給飯與他食，米價突起，戲院參觀證已交涉獲得，秉怡云，他返鄉時曾見家母，着余寄銀返鄉，分開寄云。

5月{原文"5"處有塗改痕跡，覆蓋原來的"4"}7日　星期5

晨如常，午東亞，下午"Y"處，夜高陞觀"光華劇團"，十時返寓，竹戰。

5月{原文"5"處有塗改痕跡，覆蓋原來的"4"}8日　星期6

開始第二次複〔復〕查戶口，晨如常，午"Y"處，與肥法午食，又往東亞，下午冰室，與內子往觀《野花那有家花香》，詎料臨時燈火管掣〔制〕，返寓時W. K.約往西口〔厤？寓？〕樓{以上正文與5月5日、6日、7日的日記記於同一頁面，下文內容另起一頁}，至十二時迺返，飲啤酒，遇一人曰少娟，已徐娘矣，余召燕玲給她¥5.00。

5月9日　日

賽馬，還回¥50與K.L.，交大洋2000與鄉間，救濟費，夜如常休息。

5月10日　星期1

港府宣佈，6月1日廢除港幣[1]及其他通貨（四月初七，舊），午與文塤東亞飲茶，下午冰室敘，夜如常，燈火管掣〔制〕，黎明輝到，借¥5。

5月11日　星期2

晨如常工作，午東亞，先往"Y"處，下午返院，下午又往冰室飲茶，六姐有信來，堯芬諸多責成，且云，買了她母的衣服，不可通知與余，可見彼等朋比為奸，凡事都蒙被我也，唯我姑妄聽之，以觀其變{以上5月8日（另頁起計）、9日、10日、11日日記記於同一頁面}。

1　據謝永光《三年零八個月的苦難》（第182頁），港幣由1943年6月30日起開始禁用，日期與源先生所載不同，有可能是政策在當時延後執行。

5月12日　　星期3

晨如常，午東亞，肥法不到，司徒秩交軍票￥100，作購□〔金？全？〕場正□〔通？〕一副，即交銀，明天送貨，戴月波電話，問轉單事，同樣事件十姑亦已於前晚問過一切，解除燈火管掣〔制〕，“Y”￥40，因□〔麥？〕□〔中？〕遷移事，已往區政所查詢。

5月13日　　星4

晨如常，午東亞冰室，下午返寓，至六時往觀小型球，夜□〔會？合？〕元樓消夜，伯晃兄來，元龍叔允收$2000作完，並問交契事，他不負責中途寄失，日間完了此手續，以免鄉間責罵，百物騰物｛貴？｝，不易居也。

5月14日　　星5

晨如常，午東亞，與廖了了飲茶，下午“Y”處，戲院會議，午茶在冰室，後與基兆、K.L.等再往松原，夜江記，劉永達請飲架啡，並借去圖則一套，立法不見到。

鄉間各物騰貴，有分錢□〔稅？〕，變物購金｛以上三日日記記於同一頁面｝。

5月16日　　星期日

晨如常，午往東亞午食，下午二時往觀賽馬，六時返寓，夜與羅早商量老薛租院事，司徒秩買幕事，索價￥450，明日候覆，卓兄意欲賣了什物，以救濟各人，但不顧其中股東有一人餓死，余諾之，他似甚旁〔徬〕惶〔徨〕。

5月17日　　星1　14/4

晨如常，午東亞午茶，下午冰室，三時許與“Y”往贊育探望盧佩玉，生下一女，四時往購□〔西？〕藥，狂起，肥法連晚不到戲院，碧翠有病，往探元龍，問口｛此處筆跡已模糊，似“刂半”，又似是用蘇州碼寫的“二千”｝寄事。

5月18日　　星2.

晨如常，因彼等不弄飯，故將彼等責罵，午東亞，下午亦冰室，陳元龍壽辰，席設廣州二樓，唱月兒（舊四月十五日），夜赴宴，十時半返寓，法仔無到，太平辦公。

5月19日　　星3　16/4

往寶血醫院探問，五家之女公子病腦膜炎｛以上四日日記記於同一頁面｝。

5月20日　　星期4

晨如常，早起食飯，後往九龍寶血醫院，探望黃緯裳之病況，料難痊癒，午返冰室午食，下午三時與十二家大姑娘相遇，共敘茶，候曾伯至，彼此談至四時K. L.至，迺步行一週〔周〕，他云雪景與口〔狂？極？〕獅最有希望。

5月21日　　星5　舊四・十八

黃緯裳身故於寶血醫院。

C. M., L. F.往見浜本，關於家屋稅及土地稅事，聞已辦妥｛以上兩日日記記於同一頁面｝。

5月22日　　星期6

晨如常，下雨，午東亞，後往老松打乒乓波，下午往“Y”處，四時冰室，五時返寓，解除燈火管掣〔制〕，明日尋馬師僧之幕。

5 月 23 日　　星期日

賽馬。

5 月 24 日　　星期 1

{ 無正文 }

5 月 27 日　　星期 4

內子購月票乙張，大母親來函，謂六姐有款借與別人，而各人則捱饑〔飢〕受苦，殊不值其所為，着余寄信，問她何故，且鎮動不應捱苦也，余日間回鄉，再作良圖，家事紛紛，殊無意識也。

{ 以上四日日記記於同一頁面 }

5 月 29 日　　星期 6

晨如常工作，午東亞，下午"Y"處，四時冰室，亞炗因漏單，託余認數，余諾之，共￥250，肥仔法出糠，明日交還￥100. 與 K.L.，內子深夜患腹痛，大雨傾盤〔盆〕，鄉間有信來，講及家事也。

5 月 30 日　　Sun 27/4

晨如常，午告樓士打午食，下午大雨，與 K.L. 往觀賽馬，並還回￥100 與他，未終場，返冰室飲冰，是日"□〔春？眷？〕花"大爆冷門，￥111，夜因大雨，仍舊在家裡工作，因食炒麵，不能入夢，或者食滯之故也。

源碧翠生辰。{ 此句用紅筆書寫 }

5 月 31 日　　S1 28/4

晨如常，午與碧侶東亞午食，兼執點心與小兒輩食，因碧侶生日也，下午返院，照常工作，對於 W. K.，甚不滿意，夜與 Y. F. 賽乒乓波，他輸三盤，請食炒飯作了事｛以上三日日記記於同一頁面｝。

6 月｛原文“6”處有塗改痕跡，覆蓋原來的“5”｝1 日　　星期 2　30/4

晨如常，Y.F. 屢次追問租事，余決不理之，同時他云，蘇仔在鄉做後生[1]，余不聞其報告，姑且聽之，午往東亞飲茶，下午與內子往購鐵床一對，因吳某取回貯下口〔之？〕木床，並封回利是，該床銀￥45，下午四時往冰室，隨後撞見“Y”，向她借￥100，轉借與 K.L.，肥仔法請食晚飯於龍記，共“Y”24，後往豐園一行，至九時迺返，順道往觀足球。

內子往診症，施醫生云，病染神經衰弱，必要小心打理，恐將來噲〔會〕變化最深程度。

6 月 3 日｛原文記為“5.3”，根據前後日記的日期塗改，編者判斷此處為作者誤記，並漏掉更正為“6.3”｝　S4　1/5

晨如常，午東亞，下午冰室，夜因內子與小兒輩往對海，無甚紀錄。

6 月｛原文“6”處有塗改痕跡，覆蓋原來的“5”｝4 日　　星期 5

晨照常工作，午東亞餐室，後往“Y”處，下午冰室，不見口〔鍾？〕口〔祥？〕，往富士飲茶，K.L. 還回￥50，黎瑞璋由鄉來函，欲變買金錢，先｛以上正文與 6 月 1 日、3 日的日記記於同一頁面，下文內容另起一頁；又，以上正文之日期記為“6.4.S5 2/5.”｝取六成，後取四成，大抵搭貨用，余不允口〔路？〕給，祇將舊布衫銀￥37.10 及￥30.10 交陳就成帶返與她云，內子一干人等往利舞台，她先往豐園。

6 月 6 日

觀馬，小型球及口〔適？〕可晚飯。

1　“做後生”一般是指“做夥計”或“當學徒”，意即最初級的員工。

6月7日 S1 5/5

田立法君生日，余請他往“Y”處午｛原文“午”處有塗改痕跡，覆蓋原來的“晚”｝飯，午回家，下午冰室飲茶，內子往打針，夜燈火管掣〔制〕，留在家裡。

C.M. 討￥100，余卻之。

6月9日 S3. 7/5

晨如常，午東亞，與肥仔法鬧意見，下午東亞冰室，十二姑請飲茶，夜大雨，游〔遊〕車河，往利舞台觀劇，“Y70”，淺綠絨衫｛以上6月4日（另頁起計）、6日、7日、9日日記記於同一頁面｝。

6月10日 星期4

晨焯兄有電話來，余往美璋見他，他云蘭生反口，謂該怡和現不值錢，究不如將戲院出賣多少，以清手續，與當時他云承受口〔起？〕大不相同，唯有置之不理而已矣，世事變遷，殊不可限也，夜往利舞台觀劇，八時許解嚴禁｛此處“解嚴禁”可能原來是想寫“戒嚴”。｝，燈火管掣〔制〕。

6月11日 S6｛原文“11”的第二個“1”處有塗改痕跡，覆蓋原來的“2”，唯星期沒有相應更改，實際應為“S5”｝

晨如常，午東亞午食，下午冰室與“Y”，借“Y”300，W. K. 有病，與內子往診，後同返寓，燈火管掣〔制〕。

6月12日 S6 五月初十

晨如常工作，下午三時 C.M. 約余會於院辦事處，因他沽去股票，每股值口[HK?]63，將數尾￥1000元交與余，其餘￥1700，比對再餘￥237。

匯交攀仔家用，並由余簽回收條，以便將來互相說話也，夜燈火管掣〔制〕｛是日日記全用紅筆書寫；又，以上三日日記記於同一頁面｝。

6 月 13 日　　星期日　11/5

晨如常工作，午東亞飲茶，下午往觀賽馬，W.K. 欠￥25，夜赴大景象，赴贊之薑酌，後往高陞觀劇，輝仔又借￥5.00。

6 月 14 日 {原文“4”處有塗改痕跡，覆蓋原來的“5”}　12/5

晨如常，午東亞畢，往口〔日？白？月？〕華打乒乓波，下午二時返院，少新權來電，余未接聽，{略}。

6 月 15 日　　星期 2

晨如常，午東亞飲茶，下午余返院，{略}，夜{以上正文與 6 月 13 日、14 日的日記記於同一頁面，下文內容另起一頁；又，以上正文之日期記為“6:15 13/5 S2”}碧梅往陶園歌壇消遣，八時返，內子及兒輩共往豐園一行，立法之心陰險，凡事小心。

6 月 16 日　　S3　14/5

晨如常，內子啼哭無常，午往“Y”處，返院時適大雨，遇 K. L.，共往告樓士打午食，下午返院，寄信與大母親，四時往冰室，遺下之日記部拾回，夜威仔意欲將該金錢交換作五百元了事，即他處取￥200，餘￥300 交與亞女，余再思量方答允辦法，夜竹戰至天明，頗疲倦。

6 月 17 日　　S4　15/5

晨如常，午往“Y”處午食，下午再冰室飲冰，文塤、K. L.、W. K. 等俱在座，夜法到院行，仍繼續燈火管掣〔制〕{以上 6 月 15 日（另頁起計）、16 日、17 日日記記於同一頁面}。

6月19日　　星期6

晨照常工作，午東亞，下午冰室，夜七時往“Y”處，立法未交銀取馬票，余借￥15.00往取，前夕起解除燈火管掣〔制〕。

6.20　　S日　18/5

晨如常工作，午松原，約董兄，誰料他往九樓，余在地階相候，後“Y”至，着她往九樓試探，是否他在上便□〔泰？〕然，余遂上會他，共往觀馬，是日獲利多少，往新亞晚飯，各食物□□未有飯賣，又往觀足球，八時返寓竹戰，一時迺休息。

6月21日　　S1　19/5

晨如常，午東亞飲茶，K.L. 借￥50與余，下午冰室，內子俱至，她往診脈，夜未有外出，潤威到，借￥10，卓明賣了金仔作還，不能入寐。

{以上三日日記記於同一頁面}

6月22日　　星期2

堯芬欠￥53.25，立心抵賴，余堅持收足，他只曉還別人，大概好少理余，決不讓步，午往“Y”處，下午返院，冰室飲茶，近日少野食[1]，不如勿往，鄉中有信來，亦不過匯款事，法仔云，有人租院，每月￥1,100，但由他做司理，電費着〔酌〕量減輕云，余着容日商量。

6月23日　　S3

晨如常，午“Y”處小食，下午與內子往冰室飲茶，她夜往蓮香聆曲，十時返院，患病，先服亞司匹羅，終夜骨痛，其攀清雀數，堯勳不理，隻字

1 “少野食”，粵語，此處即很少食物可供選擇。

不提，立心抵賴，余不理之，他有錢還別人，自己人則立心不理，可鄙之極也。

6 月 24 日　　S4　22/5

如常，內子患病，午往“Y”處，是日大雨，文塤在舍下晚飯，夜與他往美利權飲冰，責成 Y. F. 不應狂賭，鄉間有信來，六姐操縱田地，刻薄家人，蘇仔極為痛苦｛以上三日日記記於同一頁面｝。

6 月 25 日　　星期 5

惠芬患足疾，影響發熱，由施文蔚醫生診治，午“Y”處及東亞飲茶，下午與施文遇，共飲冰於東亞冰室，夜與立法、碧梅等共遊一週〔周〕，柏舟有租景意，連曲每套￥100。

6 月 27 日　　星期日

賽馬，中了第五場，“69”，弍彩，9/14，得銀￥540.，與立法□〔均？〕照分，往新亞晚飯。

6 月 28 日　5/26

“Y”處午食。

6 月 29 日　　星期 2

晨如常工作，午東亞，先往松原鄧英之約，他叫余先交他￥100，然後每次由他交米十斤或 20 斤作數，余諾之，下午冰室，卓兄問余，啟新之病是否｛以上正文與 6 月 25 日、27 日、28 日的日記記於同一頁面，下文內容另起一頁；又，以上正文之日期記為“6/29　5/27”｝腸熱症，余着他往驗血，並交卓兄￥32.43，立法請午茶，內子往診脈，後中華飲茶，夜由昨晚起，每屆十二點，全港燈火管掣〔制〕。

7月2日　S5 1/6

鄉中有信來，病重，大母親，又云股票起價有十餘萬溢利，余一笑置之，同時將信交與 Y. F. 一看，夜往利舞台觀劇，內子忽患腹痛，至九時迺攜她返寓。

7月4日 {原文“4”處有塗改痕跡，疑似覆蓋原來的“3”}　S1.{1943年7月4日對應星期為“S日”，即星期日}　3/6

晨如常，午東亞，“Y”電話來，欲頂手快朵頤事，因已有人先頂，故不能如命，下午返院，五姨媽及亞成等在舍下竹戰，至夜十一時迺返他家裡{以上6月29日（另頁起計）、7月2日、4日日記記於同一頁面}。

7月5日　星期1

晨如常工作，午東亞，內子過海，無事可做，悶極。

7月6日　S2 6/5

晨如常，午娛樂閣仔飲茶，K. L 告假休養，下午冰室，威仔夜到，借三四元，余不答允，云他已寄信，云將金仔變了¥534，即他要起¥234，其餘¥300貯下，交亞女將來用。

7月8日　S4　6/7{原文“6”和“7”處有塗改痕跡，分別覆蓋原來的“7”和“6”}

晨十一時與卓兄往東亞，見李蘭生，因為 Y. W. 事，訂實原欠幾多，暫擬每股 $65.00 出賣，陸續還款，先還款口，繼還積欠之款，後由卓兄下午往見他再解決，並給十元與他，代 K. L 手也，往配給社打乒乓波，全勝。

胡早望、陳口〔伯？陶？〕、K. L. 在舍下晚飯，至十一時迺各自返寓，借 W. K.¥200{以上三日日記記於同一頁面}。

7月11日 星期日

晨如常，午東亞冰室，十一時先與 Y. F. 往松原，下午往□〔日？白？月？〕華打乒乓波，下午又松原，K. L. 為東道，夜伯晃到問款項，約下星期日到收￥500，往利舞台觀續集《半夜歌聲》{ 應為《夜半歌聲》}。

7月12日 S1

晨如常工作，午東亞飲茶，下午松原，伯晃到訪，鎮芬、六姐來函，亦不外取款而已矣，夜與碧侶往東亞打乒乓波，又往廣州消夜。

7月14日 { 原文"4"處有塗改痕跡，覆蓋原來的"5"} S3

晨如常工作，午中華飲茶，遇見戴月坡，往配給社睇、打乒乓波，余輕敵，輸了與王某，下午松原飲茶，伯晃到訪，商量還款事，鄉下各人主張契據交回□〔原？{ 似乎此字已刪除 }〕鄉收事，實可笑，誰人收亦如是也，余允星期一再還清款項 { 以上三日日記記於同一頁面 }。

7月15日 星期4

晨如常，午建國飲茶，下午松原，"Y"借來￥1300.00，C. M. 約下星期一往見 Li Lan San，解決 Yee Wo 事，Wai chai 又來借錢，與元龍在廣州□〔燒？〕夜，略醉，託 K. L. 賣炭精。

7月19日 S1.

往見 Li Lan San，為股票事，他大意亦欲揸回[1]股票，訂價為□[$？] 65.00 每股，卓兄意欲先賣夠還按揭後，其餘交回余等保管。

---

1 "揸回"，"揸"是粵語動詞，即持有、手拿，此處即"重新持有"。

7月20日 S2

陳元龍先生請往他府上吃晚飯，K.L. 交￥300.00 與余，其餘食晚飯。

7.月30日 S5

病了五天，現已痊癒，仍在家休養，一連三天空襲，夜解除燈火管掣〔制〕{以上四日日記記於同一頁面}。

7月31日 星期6 舊六月卅日

晨如常，先食飯，仍舊出汗，午東亞，與 K.L.、L.F. 一敘，返院工作，下午四時富士飲午茶，夜食飯，往四海□〔春？〕打乒乓波，至十時返寓休息，寄信回鄉，交收據與肥仔法，往收租。

8月1日 S日 七月初一癸未年

晨早膳畢，往東亞，與顧某暢談，下午在寓休息，夜陳元龍兄約往飲福建茶，食福建麵，至十一時許迺返寓。

8月3日 S2 4/7{1943年8月3日對應舊曆為七月初三日}

晨如常工作，午東亞，K. L. 借￥50，先是，十一時往見 L. S.，他因事未出東亞，下午返院，與 K. L.、亞威等玩撲克，至四時松原飲茶，後又往富士見鄺老三，共往參觀廣州歌壇佈景，畢，各返其寓，夜四海□〔春？〕打乒乓波{以上三日日記記於同一頁面}。

8月4日 星期3

晨如常，午東亞，吳多太請客，鄺老三、林蘇等商量畫景事，他們在富士，願出銀￥20.00每天，余有允意，夜與元龍、柯君、□〔崔？〕君等在四時春消夜，至十二時迺返。

8月5日 S4

晨如常早餐，午與堯勳往富士午食，下午着亞洪交￥100，與Y100，十姑到久候，殊令人討厭也，四時在寓休息，五時往昭南飲架啡，遇鮑君，商量補習事，夜往觀乒乓波，堯勳大敗，在廣州消夜，夜深始返，新時代借衣服未送回，立法搬牛房往對海。

8月8日 S日

晨九時與K. L.江記飲茶，午松原九樓午食，下午五時半練習足球，晚飯於廣州酒家，￥24.40{以上三日日記記於同一頁面}。

8月9日 星期1

晨如常工作，午東亞，關家柏兄請飲茶，下午返院，與K. L.暢談，下午四時往"Y"處，後往松原午茶，返寓，至八時與K. L.見元龍，往康樂園一敘，又往海角再談，十時半返寓休息。

8月10日 S2

晨如常，午東亞，下午返院工作，焯兄約星期四日往見Li Lan San，夜與K. L.打乒乓波，連日大雨。

8月21日 {原文"1"處有塗改痕跡，覆蓋原來的"2"}

晨照常，早起，服藥，因病惡性□〔發？〕冷症，這數天暫覺痊癒，仍須服藥、打針，終日困守家園，殊苦悶也，易五因余鬧她，她竟連日不理余之病況，苟他日有事，余必照樣處之{以上三日日記記於同一頁面}。

8月24日　　星期2

晨如常工作，午因候立法事，至一時往區役所，與孫區長午食於廣州，下午五時半足球於亞類斯球場，夜立法請元龍晚飯於廣州，¥26.00。

還回¥30.00與K. L.，夜後一時半始與Y. F.返寓，仍繼續注射。

9月2日 {原文“2”處有塗改痕跡，覆蓋原來的“3”}　　星期4

陳就、輝仔到取款，每人收¥28.00，午舍下午食，夜足球賽，後陳元龍府上晚飯，至十二時迺返寓休息。

9月6日 32/8/8 {以上日期用紅筆書寫}

晨如常（打風），午中華與K. L.午食，下午沽出炭精100 pairs，0.5，陳子榮，¥300，夜交¥200.00與Yat，適逢她到娛樂區訪余也，廖偉約賴汝口〔某？〕明日往松原道歉。

9月13日 32 14/8 {以上日期用紅筆書寫}

晨如常工作，午金城，下午球賽，夜往元龍處晚飯。

9月14日 {原文“4”處有塗改痕跡，覆蓋原來的“5”；又，是日日記原記於8月24日的日記之後，且記於同一頁面，日期記為“14/9/32”} 15/8/癸未 {原文“5”處有塗改痕跡，覆蓋原來的“7”}

晨如常，午“Y”處，下午五時半預備出戰，六時全體球員雙方發動，事緣陳元龍與孫區長各領其隊參加訓練，詎料因些少誤會，致攪〔搞〕成相〔雙〕方不睦，且陳某從而挑撥，而鍾光甫詐醉搗亂，鍾幹材故意踢波傷人，致有余與光甫用武，但此怨，余必有以懲之。

1926 1928 1929 1930 1931 1933 1934 1935 1936 1937 1938 1939 1940 1941 1942 1943 1946 1947 1948 1949

9月15日 32 16/8

午與孫往午茗，下午寓內休息，夜往區役所略談，得悉陳某不是人類，而鍾某趨炎附勢，可鄙之極也{以上9月2日、6日、13日、15日日記記於同一頁面}。

9月22日 星期3

與記者賽於☐{自？}修球場，畢（5—0），陶然俱樂部晚飯，孫區長召集各球員，組織體育會，夜深十二時返寓休息。

9月24日 32 25/8/ S5

晨如常，午金城品茗，下午練習足球，夜與廣權、元龍、劉八在舍下竹戰，抽對家，余大敗，堯勳等往賭三公，大敗於元龍手，楊鑑到索款。

9月28日 32 29/8/ S2

晨如常，午安樂園午食，下午練習足球，K.L. 云，有人欲租太平，每月租金¥1,000，三年為期，余答以與焯兄商量方允，連夕在區役所暢談。

{略}{以上三日日記記於同一頁面}。

9月29日 星期3

晨如常，午金城與蔡主任、孫區長等品茗，下午舍下休息，夜陳元龍約到街食麵，並往京滬飲架啡，後又往其府上聽女伶，至夜深十二時迺返。

9月30日 32 S4 2/9

晨如常，午立法請富士午食，下午往松原，約孫區長，夜他生日，往其府上食飯，並在舍下由十時起竹戰，抽閒家，焯兄追問畫景事，余答云，祇借用，並不是賣斷云。

10月1日 32 S5 3/9

琼珍入院。

晨照常工作，午先往金城，後□她入院，下午辦公，夜六時孫區長生日之讌，因譚榮光遲至，八時迺入席。{是日日記全用紅筆書寫；又，以上三日日記記於同一頁面}

10月3日 星期1

晨如常，由十二家借￥100.00。

輸了馬票￥70.00，遇伯晃，問他屋契事，東西區分鬥籃球，後者男子隊勝{是日日記全用紅筆書寫}。

10月5日 32.

晨如常，午大元品茗，下午松原，K. L.、W. K 共飲茶，夜四時新消夜，陳元龍約明日往售謝某之鑽石。

10月7日 32

晨如常，午中華閣仔午食，下午四時與記者賽足球，4—0，余祇賽半場，五時許往松原見何洪略[1]，允於省方代取渡航，並鄺山笑商量開班事。

10月8日 32

晨如常工作，午往探"Y"，並給她￥30，下午回府休息，四時往松原飲茶，同 K. L. 購油七斤事，五時往聖類斯{以上正文與10月3日、5日、7日日記記於同一頁面，下文內容另起一頁}練球，畢，往大元食晚，至一時迺返舍下。

1 本年10月28日提及一演員名何鴻略，很可能為同一人。

10月9日 32

與李蘭生君比對妥，先交欠款，收條交焯明兄拍照存底｛是日日記全用紅筆書寫；又，是日日記原記於10月10日的日記之後｝。

10月10日 32 12/9

晨七時許早起，九時半往自修球場練習足球，至十二時返寓休息，下午四時往區所一行，六時往松原見唐滌生，商量新戲事，因昨夜往高陞觀《落霞孤霧〔鶩〕》下集，夜練波，往聖類斯一行，孫處食飯｛以上10月8日（另頁起計）、9日、10日日記記於同一頁面｝。

10月11日 星期1｛以上日期、星期用紅筆書寫｝

晨照常工作，午因早練波，猶睡未起，下午與K. L.往松原一敘，他取去生油11斤，共¥84.00，未交款也，Yat返家見趙某。

10月13日 32 15/9

余生辰，是日祇田立法詐言不知，且不做人情，可知此人勢〔世〕態炎涼，可鄙之極，況事前內子已對他言及也，余暫忍他，近來祇領人工，而不見他到，或者新近發大財未定也，到開幕時必去之。

元龍與堯仔討論歸鄉事務所事，不外欲藉端尋金也。

Yat請高口〔長？氏？〕午膳，下午返院，焯兄、鄧英俱到｛是日日記全用紅筆書寫；又，以上三日日記記於同一頁面｝。

10月18日｛原文“8”處有塗改痕跡，覆蓋原來的“9”｝ 星期1｛原文“1”處有塗改痕跡，覆蓋原來的“2”｝

院商會同人大會，如常，午往“Y”處，她適外出，下午照常工作，先是午食與元某，下午松原，立法請客，夜華記消夜，¥84.00。

10月20日 22/9

米，荳各半配給。

晨如常，午金城，下午得悉，由明天起米、荳各半配給｛是日日記全用紅筆書寫｝。

10月24日｛原文“4”處有塗改痕跡，覆蓋原來的“5”｝ 32 9/26｛原文“6”處有塗改痕跡，覆蓋原來的“7”｝

9.25.am., a Daughter was born to “Yat” at Chan Yuk｛是日日記全用紅筆書寫｝。

10月｛原文“1”處有塗改痕跡，覆蓋原來的“2”｝25日 32.

胡□〔塗？〕｛人名？未入索引｝言及 W. K. 確有與朱少□〔靈？〕戀愛事，且又有手尾跟，慎與其交也｛是日日記全用紅筆書寫；又，以上四日日記記於同一頁面｝。

10月｛原文“1”和“0”處有塗改痕跡，分別覆蓋原來的“2”及疑似覆蓋原來的“6”｝26日　星期2

陳元龍足球事，正午壹時東亞午餐，余因事缺席，往探 Yat，明日着肥仔法交□〔接？〕消火栓事｛是日日記全用紅筆書寫｝。

10月27日

Y. F. 連夕未返｛是日日記全用紅筆書寫｝。

10 月 28 日 32

晨如常，午四時新午食，輝仔因借不遂，大肆咆哮，謂余欠他款項，見死不救，余決處置他，下午回院，照常工作，五時往松原，得悉唐滌生脫離義班，對於畫景發生問題，又聞該班下月繼續，送花籃一個與何鴻略，並於夜九時往聆他奏曲，十二時由區政所返寓，着人查□〔沛？〕成｛未入索引｝米票。

Yat 着改名與其小女｛以上三日日記記於同一頁面｝。

11 月 1 日 ｛原文“1”日的“1”處有塗改痕跡，疑似覆蓋原來的“2”｝ 星期 1

晨如常工作，午與田立法京滬飲茶，下午義擎天交回畫景並租，收妥，準明天交回按櫃與他，對於藏前區足球隊成立不感興趣，日間自行退出，蓋不欲多生是非也，Yat 出院，命名碧瑛。

11 月 2 日 32 5/10

晨如常，午東亞閣仔午食，柯先生、立法及余因不赴元龍之約，下午與三妹往診脈，¥6.00，斷她生癪[1]，下午松原午茶，余等決不參加□〔武？〕山｛未入索引｝之宴會，因每份派¥□〔6000? 5000?〕。

內子大罵堯勳往賭博，且不理家也｛是日日記全用紅筆書寫；又，以上兩日日記記於同一頁面｝。

11 月 3 日 星期三

晨如常，午中華閣仔品茗，下午返院，照常工作，夜五時練波，晚飯大元，內子關於 Y. F. 事，涉及余之私事，余甚不滿意，鄧英到江記飲架啡，余勸卓兄將存款□□□還款，俟看大局如何，方可決斷也，輝仔到借¥10

---

1 “生癪”是粵語說法，即中醫說的疳積病，指飲食不節、飢飽不勻所致的小兒脾胃虛損。

返鄉，他形容牯〔枯〕槁，面目口〔黧？〕黑，甚難觀也。

11月4日 32 10/7{原文“0”處有塗改痕跡}

晨如常，午東亞閣仔，與立法飲茶，下午松原，將單約交與董君，在澳見孫，共食麵，他赴山下義清之宴。

夜區長譚榮光請飲架啡於江記，十二時返寓休息。

天氣已變寒矣。

與林榮淦先生購馬票一本，（231991）（232000）；（231821—231830）托〔託〕鄧肇堅君代買，他云佔一半，但未交款。

着立法下午三時往見燗田，戲院是否繼用，據云15號方能答覆{以上兩日日記記於同一頁面}。

11月5日 星期5

晨如常，午田立法約往東亞，他忘記，轉往中華，後又返舍下，下午約松原，余不往，夜練波，炳坤到，意欲參加入藏前隊，江記追陳元龍數，並不許簽字，弄至極大風波。

田立法取去玻璃兩塊，此人極工心計。

11月7日 32 10/10

內子生辰，照常慶祝，午往觀賽馬，略仍〔贏〕多少，晚飯回家同敘，夜江記飲架啡，黃閏為東道。

十二、大姑娘等在舍下通宵竹戰{以上正文用紅筆書寫}。

11月8日 32

晨如常，午天日午食，下午因病休息，夜在區役所暢談，日來Y. F.不在宿舍往{住？}，夜出不歸，舉動可鄙，殊不可教也{以上正文及11月5日、7日日記記於同一頁面}。

	Scrip NO.	Share NO.		NAME
26/2/1926	9904	739246 to 545 619099 to 298		Li Koon Chun 500
24/2/1925	9205	655317 to 816		Li Koon Chun 500
13/2/1934	21168	936544 937043		500
5/2/1923	7407	515846 to 860 532986 533300 6951/60 514036 to 045 715787/811 462857 to 981	15 315 10 10 25 125	500

{此表佔全頁，另有"given to C. M. 13/1/33"寫於右頁"26/2/1926"一行的"Li Koon Chun 500"之右側。表格內的"15"和 4 個"500"，以及最後一段文字用紅筆書寫；又，該表格及文字分別寫於新的兩頁，不能確定實際寫於何日。}

11 月 14 日　星期日

晨如常，午往觀賽馬，是日蓬萊杯，元龍 vis 煙草，Kuramae[1] Vis Yuen Yat，2-1；4-0。

區役所晚飯。

11 月 17 日 {原文"7"處有塗改痕跡，覆蓋原來的"8"}　S3　20/10

晨如常工作，午天日小飲，下午往觀賽球，田立法請食晚飯於新亞，Yat 處商量事。

夜燈火管掣〔制〕。

---

1 "Kuramae"是日文"藏前"的拉丁拼寫，見本年 2 月 14 日日記之註譯。

11月18日　S4 21/10

晨如常，午舍下午食，下午松原，與幹材同往，夜共往□〔維？〕新消夜，每位派數￥8.00。

元龍□〔對？〕□〔於？〕□〔波？〕□辭職｛以上三日日記記於同一頁面｝。

11月20日　星期6｛以上日期、星期用紅筆書寫｝

晨如常，午天日飲茶，夜往□〔會？〕元食晚飯，與孫暢談，至夜深迺返舍下休息。

11月21日　32: 10/24/ 癸未

碧瑛滿月：給她￥100，往觀賽馬｛是日日記全用紅筆書寫｝。

11月22日　32 10/26

晨如常工作，午往 Yat 處午食，下午往松原 ，田立法五時往見嫻畑，云繼續租至19年3月，至於加租，去函問佐藤可也，余遂與 K. L 往觀足球，他請食晚飯於蓬萊餐室。

袁耀洪托〔託〕馬文星交來 M. A. 字條，問候近好｛以上三日日記記於同一頁面｝。

11月24日　星期3

晨如常，午往打乒乓波，下午松原，個人往見 K.L.，約明晚往觀劇於他戲院，得悉宿泊所再租，□〔構？〕□〔圖？〕擴張，夜譚某到座，因他□□〔客？容？〕後也。

1926
1928
1929
1930
1931
1933
1934
1935
1936
1937
1938
1939
1940
1941
1942
1943
1946
1947
1948
1949

11月26日 32

晨如常，午舍下食麵，下午往富士見K. L.，商量取馬牌事，下午往觀足球小型賽。

夜照常工作，日來億〔倦？〕甚，無甚工作，甚苦悶也，意欲謀生路。

11月30日 32

晨如常，午天日飲架啡，下午松原，與立法步行，由三時起至四時迺往，夜黃太意欲將復興頂手，¥15,000，余代問可也，麻雀輸13500@¥5.00，each 1,000，與胡祖望｛以上三日日記記於同一頁面｝。

12月5日 星期日

晨如常工作，午天日飲茶，下午往陳□〔慈？〕寶，收¥92.75。

十二姑已回家，由一日至四日，共四天。

夜賽甚早休息，聞說藏前有退出事。

12月9日 32 13/11/癸未

晨如常工作，午天日，下午往"Y"處，下午三時十五分靚次伯到購幕"僧獅馬"，甚合意，但余索價由他自定，他云着亞安答覆。

燈火管掣〔制〕，Y. F. 調往北角收容所，羅文塤之父身故，捐助¥10｛以上兩日日記記於同一頁面｝。

"會文日記"本的附錄及夾附紙片

中國藝林彩印股份有限公司

服務認『真』印刷精『美』設備完『善』取價低『廉』

上海南京西路一四一號 電話：三四七二〇

戶名	電話	戶名	電話
報道部	23298	梁仲平	27794
鄧次乾	26966	黃清 錦通476 5階	
陳昭庭	21003	吳泉記	30421
韋文諾	23232	何鉅	32331
戲院商會	34083	藏前區	23263
快樂照相	21707		
華僑	21864 23984		
香島	26368		
香江日報	28387		
汪福慶	28272		
明治	31453		
電機行	32904		
八和	20278		

永祥印書館

承接各種鉛印・有悠久的歷史

上海山東路永樂里二十七號 電話：九二五一〇

收支日記

是一本家庭個人商店活用的帳冊

◀請向下列各經售處購買▶

川 漢 古 蔡 一

文 安 仟

六 姐

版

會文 記

翻印

出版社

書館

路永樂里二七號

電話：九二五一〇

總經售處：世界書局

福州路中

代售處：大新 永安 新新 先施 麗華及本外埠各大書局

家庭新帳冊

表格詳盡・記載便利

◀請向以上各經售處購買▶

寫有“茲五月初三日陳就成手收到九叔軍票卅元正”（正面）及“另衣服銀口 37.10 元姨媽手”等字樣的紙片

源詹勳先生日記

1946年[1]

1 此年日記見於“1936、1946-64 年合記本”，未見單本。

1月20日

通告

本院守閘員、帶位員之工作略有更改。

現由本月二十號起，以上人員依照左列規條辦理，務希各宜遵守盡責，如敢故違，嚴懲不貸，此佈。

守閘員、帶位員工作規條

▲超等守閘：周通。

▲地下守閘：葉森，▲日場協助守閘：陳惠嫻、陳麗｛原文“麗”處有塗改痕跡，覆蓋原來的“惠”｝雲。

▲超等帶位：林麗瓊、張錦冰。

▲後座帶位：陳惠嫻、羅麗娟、黃少英、陳惠金。

▲前座帶位：陳麗雲、文秀英、袁惠貞。

▲周通：負責每天擦樓｛原文“樓”處有塗改痕跡，覆蓋原來的“舞”｝下：二樓及門口票之銅具。

▲葉森：負責畫片取送事宜。

▲周通、葉森兩人負責張貼街牌及輪流清掃戲台。

▲黃少英、羅麗娟負責地下每場電燈開熄事項。

▲文秀英、陳惠嫻負責地下每場落簾、拉簾事項。

▲陳惠金負責地下東邊出路門。

▲陳麗雲〃〃橫門〃。

▲袁惠貞〃〃西邊〃。

▲周通〃二樓門口〃。

以上四人，每場完場時必要開啟各出路門及每晚加鎖關妥，鎖匙安放寫字樓玻璃櫃內，翌日返工時，須將鎖立即開解。

▲林麗瓊負責二樓每場拉簾、落簾，及每晚六時半前須將東邊窗門開之，至尾場完場時關閉。

▲張錦冰負責二樓每場電燈開熄事項，及每時〔晚〕六時半前須將西邊窗門開之，至尾場完場時關閉。

▲林麗瓊負責東邊出路門，張錦冰負責西邊出路門，每晚完場後加鎖關妥鎖匙，安放寫字樓玻璃櫃內，翌日返工時須將鎖立即開之。

▲凡守閘員，工作時間不得擅離職守，衣履務須端正，免礙觀瞻。

▲凡帶位員，每早須將各座位清歸，工作時間不得擅離職守，尤須嚴密巡察，觀眾亂坐，予以糾正。

▲守閘員、帶位員管理人

田立發、馬摩地。

太平戲院院主白

民國卅五年元月廿日

1月24日 星期4

通告25日洗地。

1月26日 1946{原文用藍色日期印蓋上}

梁日如借$40.00，分捌期扣數。

Fire Supply Continuance Services，由何鉅到修理。

着高捷修理電線工程約仟餘元。

支新生日、晚報告白費，$219.00。

支華僑日、晚報告白費，$314.00{以上兩日日記記於同一頁面}。

1月27日

通告

由本月廿八號（星期一日）{由此可推知，此處的“元月”、“廿八”等字眼，應指新曆}晨早八時起，以後每逢星期一洗大堂、地下，星期四洗二、三樓地，凡左列工作人員，務希遵照辦理，毋違，此佈。

主要工作者：黃潤、周通、黎立、黃訴及衛生清潔人員。

協助者：梁德、李然、馬摩地、梁日如。

（凡帶位員，於該日須以布拭淨座位。）

監督：源堯勳。

本院院主白

民国卅五年元月廿七日

2月17日{原文"7"處有塗改痕跡，覆蓋原來的"6"} 星期日 1946

由是日起加價，前座40ct^，後座70〃，超等1.20〃，三場一樣。

貼街招，□〔陳？〕昭每期$1.00。

亞訴每日工銀$1.00，取消以前每日伍毛。

勳

16/2/46{是日日記全用紅筆書寫}

2月18日 46

（1）新票通知書

（2）加價通知書 18/2/46

勳{以上兩日日記記於同一頁面}

3月11日 星期1 1946

下午發覺門口燈膽被人竊去。

擬由黃閏及其他每晚由散場後看更至明晨9時止，加工每人$2.00，由他輪值{是日日記全用紅筆書寫}。

3月18日 1946{原文用紅色日期印蓋上}

（《百戰千軍》大結局）。

About 8:30 p.m. Mr Mugfad came to catch a man who sold T. S. tickets about 40 in number in black market. He took away the tickets and warned the fellow for doing so. I replied if you like you might take him to a police station, but I didn't want to be involved. He then let the matter drop, but cautioned him.

He asked for 6 tickets & the □.{以上正文與3月11日的日記記於同一頁面，下文內容另起一頁，起首用紅色日期印蓋為"18. MAR 1946"}

門口加蓋水銀罩二個，路口一個，後街一個｛以上一段用紅筆書｝。

葉□〔允？兄？〕要抹油電扇四十九把，共 $300。

余還價 $250，未妥，容日格價。

3月27日 1946 ｛原文用紅色日期印蓋上｝

27 Books of Life｛原文此處刪去"lend to"兩詞｝taken home｛是日日記全用紅筆書寫｝.

4月11日 1946 ｛原文用紅色日期印蓋上，又，該日期印旁有一"TP"字樣印章｝

葉□〔允？兄？〕開除；李明復員，照他的薪水，兼從〔重〕新購置機械，約 $20.00，所有大號及細電線均被他盜去矣。

此人不堪抬舉（10/3/ 丙戌）｛以上 3 月 18 日（另頁起計）、27 日、4 月 11 日日記記於同一頁面｝。

4月12日 1946 ｛原文用紅色日期印蓋上"12 APR 1946"字樣｝

Y. Y. requested to increase his pay together with Chan Tar Kwong, to $3.00 a day in addition to □[their?] usual wages. The reason was due to words spoken by Yuen Yiu Fun, while in a tea party at □[Chim? Chiu?] □[Kee? Ku?] few days before, stating that he was foolish to act so many positions with such a minimum of pay which would lead him to T. B soon, during which □[time?], Lau Wing Tat, □[Tung?] & several others were chattering. Under these circumstances & after careful □[conversation?], I complied with his request. But I should teach the spoker[speaker] a good lesson.

Commencing from 13/4/46.

4月12日 46

失去燈膽弍枚，（一）在三樓□〔射？時？〕燈，（一）在廿四開牌處｛是日日記全用紅筆書寫｝。

4 月 18 日 46{ 以上日期用紅筆書寫 }

遇馬伯魯於途。

4 月 19 日 1946 { 原文用紅色日期印蓋上 }

Waterworks 來函，嚴禁水廁駁街水喉。

水廁着何鉅修理。

復活節影《太平洋之戰》，甚旺也。

4 月 20 日 1946 { 原文用紅色日期印蓋上 }

起價 :-

前座 $-60

後座 1.00 }《龍種》

超等 1.20 M.G.M{ 是日日記全用紅筆書寫；又，以上 4 月 12 日、18 日、19 日、20 日記記於同一頁面 }

4 月 28 日 1946 { 原文用紅色日期印蓋上 }

晨捌時由淨局工人代洗太平，全院灑臭水、臭粉，甚□〔度？〕□〔潔？〕也，每人分贈劵數張，共一百五十張。

昨天起掣〔制〕水。

5 月 1 日 1946 { 原文用紅色日期印蓋上 }

Civil Government[1] { 是日日記全用紅筆書寫 }.

---

1 1945 年 8 月 14 日，日本宣佈投降，8 月 30 日，英國海軍少將夏愨爵士率領英國太平洋艦隊抵港，成立臨時軍政府。1946 年 5 月 1 日，總督楊慕琦爵士回任，香港正式恢復民政統治。

5月4日 1946 {原文用紅色日期印蓋上}

晨十二時往見關學林，商量控告《紅綠報》事。

午歐仔有斡旋意，余暫置之不理。

昨晚吳彬到收 S.C.，余着他修理聲機，因大部份未妥也。通知後樓各人遷出，因十五號交鋪，現已租成與他 { 以上兩日日記記於同一頁面 }。

5月6日 1946 {原文用紅色日期印蓋上}

田立法不□〔往？〕工作，對於院內辦理，殊欠精神，擬問別人代之，蓋他多腸肥腦滿也。

5月7日 1946 {原文用紅色日期印蓋上}

李少芳及少新權到借 $3000.00，定實六月一號至五號之頭枱，□[50？] 10%，下午五時。

同時《紅綠報》又到道歉 { 是日日記全用紅筆書寫 }。

5月8日 1946 {原文用紅色日期印蓋了三遍}

五龍劇團[1]合約，下午三時半在本院辦公室內簽字。

5月15日 46 {以上日期用紅筆書寫}

吳彬下午二時到檢驗聲機，並言有聲出，賣約□〔收？HK?〕 $2,000.00，而銀幕則值 $300.00{ 以上四日日記記於同一頁面 }。

---

1 香港文化博物館藏太平戲院檔案有一“五龍劇團於太平戲院演出合約連信封”，日期為 1946 年 5 月 7 日，文件編號：2006.49.102。下文 5 月 30 日提及的“小龍劇團”，似乎是“五龍”的誤寫。

5 月 17 日 46

上午十二時堯動電話，報告黃訴勒索中華搬牌之細路[1]十元酬勞費，只交七元，並借他伍元，此人口〔亂？〕言該貼街招之細路作怪，同他往大澳也，不料該細路昨晚到寫字樓講明一切，並言其事，故嚴重查辦，以儆將來。{以下正文同樣用紅色日期印蓋作“17 MAY 1946”，現予以合併；又，以下正文全用紅筆書寫}

下午 5.p.m. 電燈工人及電車全體罷工，但局部有電，而西環則未有電也，本院有休息之虞。

5 月 18 日 46

7.35.pm，由口〔早？〕講妥，恢復電流，開始放映。

微雨，$50.00 as tea money{是日日記全用紅筆書寫；又，以上兩日日記記於同一頁面}.

5 月 20 日 1946 {原文用紅色日期印蓋上}

下午八時忽然 350 口〔汽？〕壞了，迫於停影，改為明晚有效，隨即着人着手調查，大抵總線不妥之故也。

繼續沽票，明晚有效補救，即晚七點之觀眾均守秩序。

罷工風潮仍未解決？

九點仍未有電，後由立法往見 Neres 解決，他云有不法之徒“飛電”所致，擬明日見 Padgett 解決。

余乃繕一函，着立法明日往見該總管，且看如何。

8.15pm 起局部未有電流供給。

5 月 21 日 1946 {原文用紅色日期印蓋上}

今晨去函 Padgett, 即日下午 4.45 p.m 電流恢復，該 Neres 忙個不了。

---

1 “細路”是粵語，可解作弟弟或小廝。

霍士君來電話，要求 Repeat showing。

5月24日 1946 {原文用紅色日期印蓋上}

夜 8.15 p.m 着令黃訴、周通明日不用工作，着令黎立代黃訴工作，而薪金一樣照支。

定實下月起堯勳加人工 190.00，為副司理職，執行一切院務，各人均要聽其命令。

擬調惠嫻為沽票員。

梁德、□□、蔡棣均加工。

5月25日 1946 {原文用紅色日期印蓋上}

黃訴革退。

制服共 135.00{+}22.50，$157.50。

5月26日 1946 {原文用紅色日期印蓋上}

夜 8.25 pm no Electric Current Supply. Mr. Neres came for assistance. Wrote to Mr. Padgett for complaint.

About 10.10 pm, Supply Resumped [Resumed]{以上兩日日記記於同一頁面}.

5月30日 1946 {原文用紅色日期印蓋上}

午 C. M 往見鍾焜庭及周效良君，相擬中華租銀，每月 $50.00，即交 150%，容日答覆，並擬送贈劵與鍾某。

周效良代小〔五？〕龍劇團租院。

咕喱照工會定奪，先做工，後解決。

顧天吾即日搬畫景往香港仔，《工晚》明晚刊出半版作四分之一計，兼報效紅墨[1]。

6月1日 1946 {原文用紅色日期印蓋上}

開演五龍劇團，全院滿座，適逢是日電燈工潮解決，電車、電燈照常供給，故奇旺也。

NO.7 Police Station 加派 CSI Way 到場監視守閘，道〔杜〕絕霸王秩序，頗滿意也。

電車候至完場（11.45.pm.），散場時地下 Switch Board 燒着，隨用滅火筒傾瀉，乃得奏效，明日大修可也。

戲人多不守信義，此五龍又改轅易輒〔轍〕往高陞矣。

6月4日 1946 {原文用紅色日期印蓋上}

About 13, noon together with Ma She Tsang to see the Custodian of Property for the release of his car. It was □ [stated?]:-

1939, model.

1941, valued at $3000.

Requisition by Food Control.

Requisition Receipt □ [Lost?].

伯魯意欲八月後由本院與他合作，余謂，高陞之後，余不允也，他約明日往山光飯店食飯，六時埋席。

五龍有託余起班意。

6月5日 1946{原文用紅色日期印蓋上；又，"5"處有塗改痕跡}

五龍尾晚仍然滿座，票尾每份 $4.50，景租實 $30.00 每天。

下午四時馬師曾請其父及外父於山光飯店會□記，九時迺返院。

電器工人廖安商量電費事，因戴君本月五 6〔日？〕耗去三千餘度，只

1 此處"報效紅墨"應該是指報館用較優惠的價錢以紅色印刷該廣告。

計一千五百度，餘均分，即 $480.00，每人 $240.00，如下月超過此數，則照計，不過，則不用計算也，夜十一時十五分交他 $240.00（入數）。

黃閏個人看更，負責全院巡視。

報告：-

牛奶全不甚合法，盧希亦然，抄票及收錢放人入，不可勝數，容查之？

擬於本星期六除去盧希。

計人工，守前閘 $3.00，後枱 $2.00，黃閏特別 $2.00，三樓人工每天 $1.00，此乃大戲特別費也。

6 月 8 日 1946{ 原文用紅色日期印蓋上 }

林希告辭，交回襟章，昨日通告各人，嚴拿無票入場。

擬一小職員代守閘。

6 月 10 日 1946{ 原文用紅色日期印蓋上 }

下午 2.p.m 商會會議，余託 C.N. 代表：-

1941	頭手	弍手	叁手
全口〔款？〕	54.00	27.00	18.00
1946	165.00	120.00	90.00

兼提出追問歌林比亞炭精。

High	Lau	D.C. While Have	amt[amount?]
500	pcs.	9mm × 20mm	US$54.50
700	pcs.	5/16 × 6mm	$30.10
		Total	US$84.60

Exchange Rate at 25 equal to = HK$338.40{ 以上兩日日記記於同一頁面 }

6 月 11 日 1946{ 原文用紅色日期印蓋上 }

寫字樓從〔重〕新配備梳化椅，各人搬出外便辦事，以免過於人多也。

亮宣斟班事。

五龍，高陞頭一晚。

地稅、滅火喉費、煤汽，電車路加多路燈一盞，甚光。

《壽山》影三天，《幻游〔遊〕南海》提早一天。{ 以下正文原記於 6 月 14 日日記之前，且記於同一頁，因日期同樣用紅色日期印蓋作"JUN. 11 1946"，現按時間順序提前至此 }

蔡棣告辭，日間往兼別職，余允其請，但人工照舊支取，立法日間擔任理數。

該商會後生實屬不法，往往不到收費，而謂本院不交，實屬可惡之極也。

託施普惠先生轉劉君，炭精可計平的，因其索價太高也。

6 月 13 日 1946{ 原文用紅色日期印蓋了三遍 }

李少其拜黃閏為門生，午先在江記，後往陸羽講數，夜四時新晚飯，後往俱樂部坐立。

夜 9.p.m 回，立法告辭，余允之，並着堯仔代理一切，料其必另有高就也。

購炭精 950 對，共 $475.10，商會出讓。

擬定 Simplex 用品。

6 月 14 日 1946{ 原文用紅色日期印蓋上 }

晨洗地，請散工五人，每人 $1.00，十二時半往見鍾得光，共往金城午食（$35.00）。

擬下列人員加薪 :-

Moottee Increased $20.00

Au Kai San $20.00

Leung Tak	$20.00
Li Yin	$20.00

6月15日 1946 {原文用紅色日期印蓋上}

晨如常，文秀英因有孕，告辭，李鶴任守閘兼看更職。

立法之人閒話太多，且云太平非他借款出來，則余不能開辦矣，余必以警之。

Y. F. was not trust worthy, to-day he advanced $30.00 from Tak's booking office to buy a fountain pen. If he was allowed to do that again, he would draw as much as he liked. Such action should be stopped at once.

Tin's service was □ [final?]. I didn't like to say anything about his future. But keep an eye on him.

6月16日 1946 {原文用紅色日期印蓋上}

下午 3.20 p.m. 羅惠娟領導女帶位員詢問加薪事，余答以並無其事，倘加工一律加工，斷□〔不？〕□〔至？〕加彼不加此也，堯芬大怒。

余允，若加工，每人亦不過加 8〔也有可能是蘇州碼的 5〕毛，每日計算矣。

往視察 355、357，且簽字入燈。

何鉅共往江記飲茶。

6月24日 1946 {原文用紅色日期印蓋上}

下午 2.30 p.m 全體機房罷工，余與堯芬往 No.7 Police Station 告訴此事，隨即由該大幫與一差人 C339 到機房駐守，同時黎立亦在，以防彼等之心不執也。

羅早 2.30 p.m 回電，謂不能返工，並未有將鎖匙交來帳房，三人一齊不返院內工作，以致欲交代□〔無？〕由，大可以控其賠損失也。

6月26日 1946 {原文用紅色日期印蓋上}

At 11.A.M., 吳彬到試機，至十一時廿分驗明妥當，遂各人離開機房，堯勳點收鎖匙。

11.45. We confirmed that we have received all equippments[equipments] in good condition, & sent off the Polices back to No7. P.S.{以上正文與6月24日的日記記於同一頁面，下文內容另起一頁，起首用紅色日期印蓋為"JUN. 26 1946"}

12. Noon，中原到租院，交租 $900.00，午陸羽。

卓兄與□[Board?] 大同定銀幕，17×24，約 US$ □[3？8？]00.00，並其他 spare parts。

下午 3.pm 開會，堯勳往學機房，明二時往利舞台。

夜楊子堅到訪，商量勝利到演，因高陞有停演可能性，明日簽約。

6月27日 1946 {原文用紅色日期印蓋上}

{無正文；又，以上6月26日（另頁起計）、27日日記記於同一頁面}

7月2日 1946 {原文用紅色日期印蓋上}

晨十時吳彬到，教練堯勳、周通等開機放影，至十一時共往江記飲茶。

午陸羽，譚芳提議做辦房，約 $20,000 按櫃。

開演雙雄劇團。

影院司機今日再向勞工司取決，但本院決聘新人。

勝利劇團尚未交宣傳件到。

7月3日 1946 {原文用紅色日期印蓋上} Wednesday 5/6/丙戌

晨如常，午與 K. L. 中華閣仔午食，閒談而已。

晨十二時十五分羅早及陳偉攜同機會介紹信到訪，請求復工，余與焯兄商量，隨允其所請，姑念其日治時期有些功勞，准予所請，由堯勳支糧

1926
1928
1929
1930
1931
1933
1934
1935
1936
1937
1938
1939
1940
1941
1942
1943
1946
1947
1948
1949

$87.50，並交代一切，此段風潮遂告解決。

家母、五姐抵港，與秉園撞頭，故未收到匯款十萬元。{ 以上正文與 7 月 2 日的日記記於同一頁面，下文內容另起一頁，起首用紅色日期印蓋為 “JUL. 3 1946” }

下午四時李、姚二君到，詢問潮州班日期，余允以 $900.00 每天租銀，準六日下午三時或六時到交定一半，他們租 14 天，由 7 月 22 日由〔至？〕8 月 4 日，但可以展期，如船期不合。

每天 $900，14 天 =12,600.00。

定銀一半 =6300.00。

勝利劇團交來半版喧〔宣〕傳稿，何英蓮與紅線女互有更動。

7 月 5 日 1946 { 原文用紅色日期印蓋上 }

晨十一時到百貨公司訪周效良先生，因鍾某問對上之租如何，余答以由 1946 年 1 月份起計，即尚欠 5 個月租，共 $250.00，允星期一日送上，並允改裝門口牌，以壯觀瞻。

雙雄之款已交馮肇堅（$50.00）。

雙雄之款已交馬□〔化？〕（$30.00）{ 以上 7 月 3 日（另頁起計）、5 日日記記於同一頁面 }。

7 月 7 日 1946 { 原文用紅色日期印蓋上 }

下午李少其到度院期，兼請食飯於大同酒家地下（顧天吾及其妻均在座）。

夜八時過海往普慶，探戴月坡，兼度妥普慶演八天，太平演六天，下午兆璋面允，但楊某有反悔意，欲度柒天，余不理他，決與雙雄商量演八天，未知如何，且看下回定奪。

電車公司稽查到探，留車十架，明晚送票，免約行程。

焯兄借 $1,000.00，由棣手交他。

7月15日 1946 {原文用紅色日期印蓋上}

避免麻煩，特設二場票，免多生枝節，從〔重〕新照報，照足納稅，各事照軌道而行，不能亂收人錢。

二場票 :-

$3.50

$2.40　共三種

$1.20{ 以上正文與 7 月 7 日的日記記於同一頁面，下文內容另起一頁，起首用紅色日期印蓋為“JUL. 15 1946”}

Monday

下午一時半李然報告失去風扇三把，由李明、李安報案，大抵勝利拉箱時竊去，且看下文如何。

7月17日 46 {以上日期用紅筆書寫}

滅火局 Brooks 仔錯到本院，因他奉命往查西園也。

颱風襲港，班有意停演，余反對之，繼續唱演。

7月18日 46

打風，日夜停演 { 是日日記全用紅筆書寫 }。

7月22日 46

羅早奇自動將前議取消，自願每人每月加薪 60、50、40，余允之，迺由 6 月份一起計，即找數與他們。

勝利借戲服。

少芸租畫，明日赴澳。

□ [Steve ?] 到港 { 以上 7 月 15 日（另頁起計）、17 日、18 日、22 日日記記於同一頁面 }。

7 月 24 日 46 { 以上日期用紅筆書寫 }

{ 無正文 }

7 月 25 日 1946 { 原文用紅色日期印蓋上 }

購燈膽 25 火半打，以換各失去之膽。

購滑油一罐，$26.00{ 以上兩日日記記於同一頁面 }。

8 月 24 日 1946 { 原文用紅色日期印蓋上 }

4.30 p.m. 答允油灰水，樓底包埋，共 $5100，支去 $1000，尚存 $4100.00，雙方應允明日開工。

8 月 31 日 1946 { 原文用紅色日期印蓋上 }

27176 平行線較〔校〕妥，$50.00。

8 月 30 日 1946

高陞重張旗鼓 { 以上 8 月 24、31、30 日日記記於同一頁面，31 及 30 日次序原文如此 }。

9 月 4 日 1946 { 原文用紅色日期印蓋上 }

晨電燈公司派人到查錶，因上月用電過多也。

該公司已免按櫃及允每月口〔除？〕15%，即 85% 找數也。

高陞演唱家班。

9 月 5 日 1946 { 原文用紅色日期印蓋上 }

去函西電定零件，由吳彬轉交也。

9月19日 1946 {原文用紅色日期印蓋上}

昨天起放映《阿利巴巴與四十大盜》，空前擠擁，同時加聘男工三名，林麗瓊之姊代表惠貞，她因事告退{是日日記全用紅筆書寫；又，以上三日日記記於同一頁面}。

9月21日 1946 {原文用紅色日期印蓋上}

晨十一試畫，廖某送 $50 作戲院電費、炭精，而他們竟作為飲茶用，實幹〔干〕法紀，余決心裁制。

10月25日 1946 {原文用紅色日期印蓋上}

11.30 A M, telephoned to Victory Co.[1] ordering Hoses for the coming season, Mr □ [Luk？], □ [promised?] to □ [deliver?] upon arrival about one month from date at $3.00 per ft.

10月27日 1946 {原文用紅色日期印蓋上}

晨 8.30 A.M. 至 11.30 A M.，港九各界反內戰大同盟成立大會。

Inauguration Meeting of Hong Kong Overseas Chinese Anti-civil War League.

院租 $300.-{以上兩日日記記於同一頁面}。

11月5日 46{以上日期用紅筆書寫}

馬師贄抵港，定實元月初一至初七頭枱。

1 即 1946 年 12 月 7 日提到的"高捷公司"。

11月7日 46

託他交信與楊志堅，但聞東樂要求租院，每日 $1500？

李石到租院，9-13 Dec 當中租三天，每天 $1500，但 $1000 亦可。

允旬日答覆。

11月11日 46 {以上日期用紅筆書寫}

蔡棣告假返鄉。

11月15日 46 Friday 22/10/丙戌 {以上日期、星期用紅筆書寫}

戲院商會來電，由明日起，全行抵制華僑日、晚報，必要牠屈服為止。

本院決登《星 {原文“星”處有塗改痕跡} 島日報》作替，由文恨飛介紹 Less 40%。

11月18日 46 {以上日期用紅筆書寫}

Mr D. D. □ [Wighs?] of Water & Electric, □ [Shanghai?] came to visit at 3.p.m.

As circumstances stands, things are apt to exchange, we have to take every precaution{ 原文此處有一 “against” 被劃掉 } to meet the prevailing agitations.

Instruction are given to □ [water?] every where, carefully before or after the show.

Wong Yun{ 黃閏？} is specially responsible for this purpose.

About 10.15.p.m, Tsoi Tai told me that he was going to resign tomorrow. I was stuck dumb at such request so suddenly. I then scolded him & instructed Au, □ [Yiu? Yin?] & □ [Leung?] to check up all his a/cs & follow his □ [system?] of accounting.

11 月 20 日 46 27/10/ 丙戌 { 以上日期用紅筆書寫 }

蔡棣解雇，日如暫代其缺。

夜九時李石派人到□〔推？〕所定籌款 3 期。

嘜佛借 $200，卓兄手交。

制服 $320.00。

11 月 23 日 46 { 以上日期用紅筆書寫 }

馬惠農及其友潘□〔劍？〕□〔雄？〕到，取回車照及燕梳紙，下午三時。

11 月 26 日 46 { 以上日期用紅筆書寫 }

11.30 A.M.，渣甸燕梳公司到查，並取去 File 作報告□〔差？〕事，減收燕梳費。

呂智信幫辦到查廁所，預備換牌。

11 月 29 日 46 { 以上日期用紅筆書寫 }

上午 Palmer and Turner 則師 Smith 及 F. □[Grove? Grose?] 到視察，關於燕梳事。

下午工務局到視察，關於轉牌事（4.pm）{ 以上四日日記記於同一頁面 }。

11 月 30 日 46 { 以上日期用紅筆書寫 }

今晚夜三時撥慢一點。

晨 10 時 A.M 利炳□〔幸？辛？〕來電話，謂於 2/12/46，滅火局長到視察，關於換牌事。

吩咐各人預備，尤其是後枱、三樓等。

12月1日 46 Sunday 8/11/ 丙戌{以上日期、星期用紅筆書寫}

馬師贄到訪，簽妥農歷〔曆〕元日頭枱，初一口〔至？〕初七，並借去$200.00。

355-357 D. V. R. W. 4th floor Deposit Receipt No. D01063. Acct No. 7x/24295/5($75//), 20th June 1946{以上兩日日記記於同一頁面}.

12月2日 46{以上日期用紅筆書寫}

晨 11.15 AM 滅火局到檢驗，預備換牌事，仍然反對（搬遷）二樓住人事，容決之。

交際費隨即交，$200.00。

地下欠絨帶兩條，二樓吩咐用布抹椅。

餘下 355，357，五樓試線駁電鏢〔錶〕。

12月3日 46{以上日期用紅筆書寫}

Letters to Secretary, Urban Council, For spraying whole premises with D.D.T. Solution.

12月5日 46{以上日期用紅筆書寫}

晨 11.20 AM 試《掃蕩香粉寮》。

劉閏洪[1]之口〔件？〕又斟不妥（二枱事）。

德祥定衣服一領。

C. M 允李桐核年結。

催 Liao$ 5000, Loan on 7/12/46{以上三日日記記於同一頁面}.

---

1 據源碧福女士稱，劉閏洪為劇團樂師，時稱“二胡王”。

12 月 7 日 46{ 以上日期用紅筆書寫 }

Com. of Polices 來函，關於整理換牌事，等高捷公司辦事人到訪（7.30 p.m），明日再換議價目。

李桐明晚到本院核數。

立法到院探視，他自離職至今，首次到訪。

12 月 8 日 46

李桐到核數。

7.p.m。

12 月 9 日 1946{ 原文用紅色日期印蓋上 }

晨廖鴻明來電話，該仄 $5000//，明日方可入戶口。

10.30 A.M., Spraying with D.D.T. Solution whole premises, finished at 11.45.A.M.

Preview of "King of Wild" at 12. noon. Mrs Wong, Liao & his wife attended (Monday).

蔣君超 & Liao came to visit me, offering $10,000 per month for the lease of TAI PING for 2 years { 以上正文與 12 月 7 日、8 日的日記記於同一頁面，下文內容另起一頁，起首用紅色日期印蓋為 "DEC. 9 1946" }.

Price □ [Controls?] 來函，問取圖則及票價幾何。

覆函馬師曾，任他度本院舊歷〔曆〕廿二、廿三、廿四，照高陞辦法。

12 月 10 日 1946{ 原文用紅色日期印蓋上 }

晨 11.30 A.M, preview "King of the Wild" .

1926
1928
1929
1930
1931
1933
1934
1935
1936
1937
1938
1939
1940
1941
1942
1943
1946
1947
1948
1949

12 月 12 日 1946 { 原文用紅色日期印蓋上 }

晨 10.45 AM 渣甸燕梳人到訪，視察機房，又電話問高捷公司種種，不堪其討厭也，又謂日間有一西人及一華人到訪，關乎此事。

李桐到核數，6.30 pm to 10.p.m{ 以上一段用藍筆書寫；又，以上 12 月 9 日（另頁起計）、10 日、12 日日記記於同一頁面 }。

12 月 16 日 1946 { 原文用紅色日期印蓋上 }

晨交地稅。

下午 3. p.m 蘇安平到訪，關於婦女新運會事，約 $39 〃．〃。

下午 3.30 pm 燕梳西人到訪機房及種種設施，甚形滿意。

下午五時廖鴻明云演《香粉》$4500. 〃，余還 $4000 〃，且看他與黃伯如何交易。

董梓君來電謂，如即晚《潛艇襲東京》收入 40% 已上全院三場總收入，則多映一天，即三場滿座，三仟餘元，收 1,600 □〔千？〕左右，則 holdover 也。

卓兄招庫房問舊稅（1941）之函，往見 Barton。

八和答允舊力〔曆〕十二月廿三、廿四在本院唱演兩晚。

12 月 17 日 1946 { 原文用 色日期印蓋上 }

晨十時四十五分，報告七號差館林榕漢幫辦，關於和勇義[1]第六枝部欲想打架事，他允即晚派差人到保護，事因昨晚該等人七 { 原文“七”處有塗改痕跡，覆蓋原來的“五” } 人買五票，意圖闖入，守閘李殿 { 上文 6 月 15 日日記“李鶴任守閘” } 攔阻，被打一踭[2]，故雙方堅持打罵，其後該人派

---

1 “和勇義”據說是當時香港三合會的組織，見《工商晚報》1947 年 1 月 5 日第四頁標題為“警探出動圍捕 勒索匪幫落網 搜出三合會‘和勇義’證件”的報道。

2 “打一踭”是粵語表述，即使勁用手肘襲擊對方。

人“班馬”[1]，有復仇意，又云講數[2]，實屬可惡，立心搗亂也。

再去函，敦促煤汽公司着手辦理煤燈，以便申請轉牌｛是日日記全用藍筆書寫｝。

12 月 19 日　1946｛原文用紅色日期印蓋上｝

晨 11.30A.M 蔣君超及廖鴻明到談租院事，條件（1）租每月 $12000，另人工 $1000。

（2）1 年期或 2 年期，但“第弍”年租值，起不能多過 30%，減亦不能低於此數。

（3）按櫃 $24,000，一個月上期租。

（4）差餉、地稅及其他按櫃由他交給。

下午 Wallis □ [Ching？] 到訪，關於國語片事，嗣他返滬再來港時磋商。

下午 5 時袁耀鴻及董梓君在告樓士打九樓，共斟（1）每月租銀 9000，余索□ [$1000? 10000?]｛按照最尾一段，似乎應作 10000？｝。

人工 $1000。

果枱取消，例票亦然。

按金 $50,000。

如做份，他可能代覓辦法。

每月一號交租，裝修期內照計。｛下文內容另起一頁｝

如換機，可將舊機拍賣，補夠新機一批費用，由渠負責。

在租院期內，必要修理之物件，俱由他負責，即如換電線、滅火器具等。

所有院內裝修，退租時由院主接收，不用補錢。

由 1947 年 2 月一日起租。

｛原文此處有一向下的箭頭，指到“所有按櫃”那一行開頭 , 意思應該是這兩段記事是相關的｝一部夥計用回，華民大戲牌十二點人情牌費俱由他支負〔付〕。

1　“班馬”是粵語詞彙，即召喚同黨一起行動。

2　“講數”是粵語詞彙，即討價還價。

《大公報》郭衛民先生送來頭蠟四瓶到訪，適余外出。

所有按櫃俱照交回，並代付差餉、地稅。

9.50 pm 梓君兄來電話，余請他還夠 $10000.// 與 $1000. 人工。

12 月 20 日 1946{ 原文用紅色日期印蓋上 }

晨 12. NOON 告樓士打茶廳商妥租值口〔扣？〕，1st yr $10000。

2nd yr $10000。

3rd yr $9000。

其如〔餘〕照上文辦理，整妥即收定。

12 月 21 日 1946{ 原文用紅色日期印蓋上 }

晨 11.30 A.M 往見韋寶祥，關於租約事，他介紹往見 C. Y Kwan，余即往交他辦理，但必需 Registerer Owner 簽字。

芳兄與楊某到探視本院，因他意欲建築新影院。

12 月 24 日 1946{ 原文用紅色日期印蓋上 }

下午約 3 p.m 電話推卻二嫂元月雄口〔獅？〕之枱。

郭煒文來電話，請明約飲茶，且非常厚意。

午陳宗桐請飲茶 { 以上三日日記記於同一頁面 }。

12 月 25 日 1946{ 原文用紅色日期印蓋上 }

Happy Xmas{ 以上一段用紅筆書寫 }.

夜十時許董梓君交數，西人到探。

12 月 31 日 46{以上日期用紅筆書寫} Tuesday，9/12/ 丙戌{以上星期、舊曆日期用藍筆書寫}

晨如常，十一時往 C.Y 處更正合同，並簽妥收條，關於元月份四萬元事。

夜袁耀洪到□〔行？訪？〕，欲三年後他有權不接該租，但如欲繼續租賃，租值照 $10,000，另人工 $1000，但余等不能因高價另租與別人{是日日記全用藍筆書寫}。

源詹勳先生日記

1947年[1]

1 此年日記見於"1936、1946-64年合記本"，未見單本。

1月1日 1947{原文用紅色日期印蓋上} 10/12/丙戌 Wednesday

恭賀新禧{以上一段及舊曆日期、星期用紅筆書寫}。

首次放映《沙漠情歌》，與利舞台走畫，12，2，5，7 & 9，共五場。

去函換牌{以上兩段用藍筆書寫}。

2月7日 1947{以上日期用紅筆書寫}

十一時晨滅火局再派員到覆驗。

2月14日 1947{以上日期用紅筆書寫}

警司來函，往庫房取牌照。

2月15日 1947{以上日期用紅筆書寫}

由焯兄交 $120.// 與庫房，取大牌{以上四日日記記於同一頁面}。

10月31日 47

NO7 Police Station Inspector came for annual inspection with a view to recommending for renewal of license for 1948, at 3.pm{是日日記全用藍筆書寫；又，是日日記原記於下一條日記之後，現按時間順序提前至此}.

11月4日 星期2

晨 11.AM. 衛生局到訪查，下午三時 P.W.D 到驗，大抵因換牌事{是日日記全用藍筆書寫}。

11月14日 47

Fire Brigade Annual Inspection at 10.30 A.M. □[till?] 11.30.A.M{ 是日日記全用紅筆書寫 }.

12月17日 47

Replying Fire Brigade.

〃 〃 〃 { 意思應該是指 17/12/47}, writing to the Hon. Commissioner of Police applying for Renewal of license for 1948.

12月18日 47

At 11.45.A.M Fire Brigade Re-Inspection (chief officer){ 是日日記全用紅筆書寫；又，以上五日日記記於同一頁面 }.

源詹勳先生日記

1948年

1月1日 THURSDAY 21/11/丁亥

Happy New Year.

~~山珍晚飯~~｛該刪除線為原文所有｝，舍下團敘｛是日日記全用紅筆書寫｝。

1月2日 FRIDAY 22/11/丁亥｛舊曆日期用紅筆書寫｝

晨如常，往香港大酒店，午陸羽，下午先往江記，後請余詹勳等往山珍晚飯，伯魯被請之列。

民樂交來租 $10,000。

1月3日 SATURDAY 23/11/丁亥

匯返鄉 $300，另匯腳[1] $15.00，□〔秉？乘？東？〕開手，$315.00//。

1月4日 SUNDAY 24/1/丁亥

With Sek Fan & Chan Fan to purchase a Jacket for the former at $54.00 each. I tiffened[tiffined] at Luk Yü. K. L & Ma & □[Chü] dined at Kam Ling.

Borrow $800 from theatre. □[Tong？] asked Luk Kam Wing to make good all the cushions which were not matched to the sample.

1月5日 MONDAY

Mrs Tin quarreeled[quarreled] with my wife on account of Mah Johng a/cs.

1 "匯腳" 應是指匯款的手續費。

1月6日 TUESDAY

Chan Fan, Sek Fan & Hin Fan all went back to La Salle College.

Tin & Tze asked me to write for them to China Providers relating to the alleged loan of $15,000.00.

Kam Ling Restaurant, Ma disappeared.

1月7日 WEDNESDAY

Mr Ki Man Chung presented a post dated cheque for a loan of $1500.00. At 2.p.m, after tiffening[tiffining] at Luk Yü.

Luk Kam Wing telephoned to approve the cushion covers which I advised {原文此處有"him to"被劃掉} should be taken to interview Mr. C. M. Wan.

Project Tax $12,394.16//.

Mr. Tang Chi Kin approached me for a loan of HK$3000.00. I promised to help him if he would let me have a post-dated cheque to exchange. He □[quitted？] at 11.p.m. I dined at Kam Ling, Wong took away $41.00 from the pot.

1月8日 THURSDAY 28/11/丁亥

About 2.15.pm, Tang Pak Hy brought me a cheque for $3000.00 on behalf of his father Tang Chi Kin in exchange for a cash cheque from our joint a/c.. The mentioned cheque was post-dated to 2/2/48.

My wife feeling fainted on the way to Kings theatre was conveyed to Dr. She's office for immediate treatment. Afterwards coming back home, she was suffering nerve[nervous] break down.

1月9日 FRIDAY 29/11/丁亥

My 6th mother came to H KONG by train at 2.p.m. I greeted her & talked to her about the family affairs. She asked for $300. as her own expenses & $200. as household expenses in country. Telling her not to argue with NO.5 who is a most troublesome woman & gave more □ [norishies?] food to all family members, I dined with her & some friends.

1月10日 SATURDAY 30/11/丁亥

See Pocket Dairy [Diary].[1]

1月11日 SUNDAY 1/12/丁亥

Chü Kin's wife came to interview 6th mother who recently came to Hong Kong. Lime washing taken place in my residence. □ [Baby?] □ [couching?]. Kam Ling $80. Gained □ [life?] improved. Children back to see "Luk □ [Chai?]".

1月13日 TUESDAY

I was at a lost to understand why every body know that each □ [would?] had $500. each month. In the event of 五姐 asking for more pay, I would curtail her present allowance, and asked her to bring all the matter to lawsuit as to prove that she was really a share holder.

1月14日 WEDNESDAY 4/12/丁亥

Y. F. told me that Luk Chai had told him to ask me money for his own pocket expenses, not necessary to get □ [full?] by over thinking that he had no way to

---

1 源先生同時在袋裝小本日記記事，部分藏香港文化博館。

obtain money as he was one of the share holder,who should have power to draw many as each share having $500 each month. I smiled after hearing, and induced to think that such action would lead to trouble as regards monthly allowance, as they aimed to get more than they had. Continued upper page.

1月15日 THURSDAY 5/12/丁亥

At 11 A.M. Hong Kong Hotel teaed with Tam, Ki & Tin. After Luk Yü, yesterday, I met Mr. Li Chi Wah, inspector of Chinese Vernacular School in Singapore, who recently came back H.K. in sojourn. Richard Li □ Race Badge (ladies). K. L. □ [happened?] in my house.

I didn't attend Tin's dinner in celebration of his newly-born daughter. Lee Theatre screening《一江春水向東流》was very successful, taking about $9,600.00.

1月16日 FRIDAY 6/12/丁亥

Tin Lap Fat borrowed $5000. by using a post-dated cheque for $5000. in exchange of a cash cheque. He handed the cheque to C. M. for endorsement.

Leung □ [Cha?] Ki unable to repay, interviewed me at Luk Yü entreating me to receive interest of $150 in extension for another month.

Selling 2000 pairs of carbon to I.E.E. at the rate of $1.02 per pair, totalling HK$2040.00.

1月17日 SATURDAY

Annual Race Meeting.

A key for the steel cabin was given to Leung Yat Yiu who might use the cabin to store all the carbons.

Yesterday "Shameen Incident" & : "Kowloon Walled City Incident" [1].

1月18日 SUNDAY 8/12/ 丁亥

Giving $100 to Chan Fan for payment of his newly-re-modelled suit, I also gave $1,000.00 to my wife.

1月19日 MONDAY 9/12/ 丁亥

2nd day annual race meeting. Gained $150. T. C. Yuen told me that new building □ [cost?] $138,000. each block, payment 40% upon signing contact, 30% after two months, 30% upon completion, site at 炮壘道 . Ma She Tsang invited me to tiffen[tiffin] at H.K. Hotel.

1月20日 TUESDAY 10/12/ 丁亥

Annual Race Meeting 2855 unplaced □ [started?] $100.

My late mother's Birthday.

A police of No.7 came to inspect machine room if fire appliances were in good working order. He told me he visited every theatre in England once a fortnight.

---

1 二次大戰後，中華民國政府多次重申中國管治九龍寨城主權。1948 年 1 月 5 日，香港警察強拆九龍城民房，拘捕居民代表，時稱"九龍事件"(Kowloon Walled City Incident)，1 月 6 日中華民國正副外交部對英抗議強迫拆遷九龍城民房，8 日外交部重申該城管轄權屬中國；1 月 12 日，香港警察武力對付九龍城居民，傷害十餘人，外交部長王世杰對英大使施諦文嚴重交涉。1 月 16 日，廣州市民為九龍事件遊行示威，焚毀位於沙面之英國領事館，即源先生記載之"Shameen Incident"。詳見郭廷以編著：《中華民國史事日誌》第 4 冊，台北：中央研究院近代史研究所，1985 年，第 716-720 頁。

1月21日 TUESDAY 11/12/丁亥

Promising to subsidy Yiu Fan $100. each month in order to relieve his debts, I undertook to draw up an installment plan for him to clear all subscription money to drawn[draw] □[members]. Each month, he had to hand over all his $300. to me, in addition of which, I had to pay $100 extra to cover his repayment.

1月22日 THURSDAY 12/12/丁亥

Through ticket No.2855 was unplaced. Yuen Chan Chuen came to HK. seeking employment.

Ki Pan borrowed $20.00.

Speaking to Mr Chung Yü Po about Yiu Fan's Installment Repayment Plan. I asked him to accept my terms. He agreed.

1月23日 FRIDAY 13/12/丁亥

Tin Lap Fat repaid $5000 in cash. I returned him his post-dated cheque.

Leung Chan Ki came to Luk Yü as a boss to pay tea account with the intention of asking for another loan of $1000. I refused. Ki Pan's mother □[went?] to dinner at Happy Valley.

1月24日 SATURDAY 14/12/丁亥

4th day, Annual Race Meeting.

A trailer for propaganda of spitting was submitted to the theatre to show as a means of advertising.

Bik Nooi wished to learn to play piano.

Amah Ah Sam asked for a[an] increase of $10. to her wages. My wife agreed, commencing from next month.

1月25日 SUNDAY 15/12/丁亥

Very cold about 41°70", wife went to Yuet Hing to attend her relative's wedding dinner, & returned about 9.p.m. Lee Theatre □[still?] over $10,000, showing《一江春水到東流》.

1月26日 MONDAY 16/12/丁亥

Through ticket No.2855 unplaced, each show got $25, totalling $100. divided by Ki, Tam & me.

Very cold, about 41°, deeply effected, cinema business very quiet. Wong Hup Woo back from Canton. $50 to Richard Li for Ki Man Chung.

Pay in $5,000 to N.C.B as Tin's repayment.

1月27日 TUESDAY 17/12/丁亥

Cold, 43°.

With my wife to see Dr. E. To who said that my wife suffered from Heart trouble, I asked Dr. Shi if the diagnosis was □[cured]. He replied that it was weak heart, but not very serious.

Wong Hup Woo paid for the Train fees $22.00 which was deducted from $66.00, being money advanced by me for his through No.2104. (Annual Race).

1月28日 WEDNESDAY

C. M took away Inland Revenue Demand Note in order to argue with the Unit one for reduction of Profit Tax.

天馬劇團，高陞頭枱。

In the cause of injection, my wife felt fainted thus enabling Dr. Shi to stay besides her for almost one hour. I was afraid she was due to heavy weak & recommended her to consult herb-practioner[herb-practitioner].

To Bik Fook, caster oil was administered.

1月29日 THURSDAY 19/12/丁亥

六姐返鄉, 12.5 A.M. Train. Yiu Fan & Ng Hing Fong accompanied her to board 10.A.M. Train.

Settled Kwai Kee Watch Co a/c $350.

Bik Mui asked my permission to learn piano-playing on payment of $30.00 each month, twice a week.

1月30日 FRIDAY 20/12/丁亥

Yuen Shou Pan came to seek for employment and asked for a loan of $5.00.

Yuen Bik Nooi came back to pass her holidays and informed that Bik Chui, having not taken part in annual examination, would be hard to make up all her lost credits. Bik Chui anxious for her promotion, cried for the lost, which was on a/c of her illness.

1月31日 SATURDAY

4.P.M. Sik Fan phoned me up that Hin Fan was knocked down by a classmate, lying down at the Hotel feeling unconscious. Yiu Fan & I then hastened to La Salle College to see the truth. But, on arriving, found that he was slightly hurt, I gave them each $1.00 & eight dollars to his Uncle, Chan Fan who happened to have gone out. Return at 6.PM, Wü Hing Fong was not in good mood with Mr Richard Li who used the Com. tickets to invite his employees to attend the show. I said to him that the employees in question were his relatives. He suggested to stop use[using] all Com. ticket[tickets] at the commencement of 《一江春水向東流》{1 月 31 日的日記同時記在該日及 2 月 1 日的位置上}.

2月2日 MONDAY 23/12/丁亥

Beginning to show《一江春水向東流》, very successful.

Feeling uncomfortable after playing Ping Pong Ball with Ki Pan. Ki Man Chung repaid $500. being part payment of the loan $1,000.00; the balance would be settled by the end of Feb.

2月3日 TUESDAY 24/12/丁亥

One thousand extra dollars were awarded to us in remuneration of services rendered for the year 1947, by I.E.E. Ltd. Wong Sam Koo (西洋女) phoned me up that she recently returned from Hai Fong in dire need of money to meet her running expenses. So she requested me for a loan of $300.00. I refused even her wish to borrow some furnitures for temporary use.

2月4日 WEDNESDAY 25/12/丁亥

My wife consulted Dr. Wong Sik-to who wrote to Dr. Shi about his diagnosis and advised to test:- Blood, urine, & cells. His consultation fees amounted to $50.00.

After noon, Sam Koo rang up again. I told Yiu Fan to answer the call, learning that she was very anxious about her investment on Yee Woo Cotton Farm shares which we were at a loss to understand as it dated back to the time of my living father. I wrote to CM enclosing $300.00. Messrs Yuen Yiu Hung & H. Lee came to visit me. They were entertained in my office. The former suggested to remove all "words" nailed at the back of all seats of D.C.[1]

1 "D.C." 即 "Dress Circle"，即超等座位。

2月5日 THURSDAY 26/12/48 丁亥

Dr. Shi approached me in discussion of the Blood test concerning my wife as required by Dr. Wong. As my wife was afraid of losing too much blood, she declined to be extracted. { 略 } Her illness would lead to blindness if not properly treated. I doubted if his professional charges were moderate?

2月6日 FRIDAY 27/12/ 丁亥

A nurse came to my resident to take blood from my wife for further examination in accordance with Dr. Wong's advice.

I told C. M. about Wong Sam Koo's statement about Yee Woo shares. He said that he had settled all her debts & as far as Yee Woo was concerned, it was entirely a matter between my father & her.

Liao presented a postdated cheque for a cash cheque promising to repay on 14/2/48.

2月7日 SATURDAY 28/2/ 丁亥

Winning about $1000, I invited Tin, □ & my brothers to supper at "四時新" amounting $40. Yiu Fan paid for a case of apples.

Much to be regretted that Ki Man Chung's younger son died of "pneumonia". He paid $800. first, the balance $700. would be paid on 9/2/47 Monday.

2月8日 SUNDAY

Given $200. to Ki Pan as part of the Balance $500. i.e. $300 remaining in my custody. Tung Chi Kwan approached me that he was unable to return the said $500.00 to me. Tiffened[Tiffined] at Kong Kee to celebrate La Salle's success in defeating Q.C.

2月9日 MONDAY 30/12/丁亥

Motoring to Southern Gr with daughters & taking tea at Gloucester Hotel, we enjoyed the new year (Chinese Lunnar [Lunar]) Eve.

Playing Mah Johng at home, we altogether worshipped ancestors as well as Goddess. Firing of fire crackers being heard everywhere as a sign of prosperity for the forthcoming new year.

2月10日 TUESDAY 初一 / 元月 / 戊子

Every year in the usual way children exchanged greetings with our family members.

Tin's family & C. K. Tung came to my residence to offer congratulations. Stayed at home to play with children.

At 4.p.m, Tin took us to Hong Kong Hotel to tea. To wait for 開年 , I stayed till mid-night to worship goddesses{ 是日日記全用紅筆書寫 }.

2月11日 WEDNESDAY

6 shows a day. Better business especially night performances(7 &9){ 以上一段用紅筆書寫 }.

Tiffened[Tiffined] at Kam Ling Hotel. Suppered at home. Reading, playing Ping Pong Ball.

C.M came to Theatre saying that the Inland Revenue Department assessed our Business Tax in such a manner as from January to Dec, 1947 that January also included, though our lease started at yesterday, without regard our protest.

2月12日 THURSDAY 3/1/ 戊子

Beginning to take tea at Luk Yü, I paid as my children were participating. Staying whole day lay at theatre, I read books to amuse myself. My elder sister visited us in exchange of new year greetings. Bik Chui felt uncomfortable on a/c of her 胃病 . Early to bed. Replacing flowers. My nephew called on me as a sign of amity.

2月13 FRIDAY 4/1/ 戊子

Sent for Dr Shi to attend Bik Chui as she felt a little bit dizzy. He arrived at 2.p.m. & took some Blood from her ear for test to see if were Malaria. Arrived again at 7.pm, he diagnosised[diagnosed] that she was nerve{nervous?} Breakdown, nothing concerned Malaria. Yiu Fan after playing Mah Johng vomited Blood & was afraid of suffering T.B. I suggested him to consult Dr. Wong tomorrow.

2月14日 SATURDAY 5{ 原文“5”處有塗改痕跡 }/1/ 戊子

2.p.m with Yiu Fun to see Dr. T.P. Wu who diagnosised[diagnosed] that he was suffering T.B. 3rd stage & ought to be treated in Hospital, I instantly visit Mr Wü Hing Fong & Yiu Fan reached to Yeung Woo Hospital. Room 35, he stayed in. My wife was very sorry for his trouble as he had mixed up with woman ever since he got T.B.

2月15日 SUNDAY 6/1/ 戊子

To visit Y.F. at H.K. Sanatorium when Dr Wu still not began to treat him, I consulted with C.K as to the report of T.B. to □[Gov't，即 Government?]. I suggested not to make any □[report? reply?], or exchange of address to 355 D V. R. W. {Des Voeux Road West?} top floor{ 是日日記全用藍筆書寫 }.

2月16日 MONDAY 7/1/戊子

At 11.30 A.M visited Y.F, it happened that Tin & Tze came to see Y.F.. All went to Luk Yu by his car. Being informed that Y.F. received injection (1st), I told 易五 to attend him & afraid that he was nervous.

With Bik Chui, I went to Ko Sing to watch Ma's performance in the style of 《傀儡情人》which I felt not interested, & returned at 10.30p.m.

Paid Inland Revenue Dept. Business Tax on a/c $5000.00.

2月17日 TUESDAY 8/1/戊子

About 11.30 AM, I accompanied with my wife to see Dr Wong Man who undertook to treat her eye trouble. Afterward she went to Yeung Woo Hospital alone, while I went to see "Y" at 518.

Luk Yü, I paid for the tea $14.70. At 3.pm with Bik Chui to see Y.F.

Chan Ki repaid $1000. together with interest $50. for the balance of $500.00 unsettled.

2月18日 WEDNESDAY 9/1/戊子

Reply I.R.D. as to the Employee's Return.

With my wife to see Dr. Wong for the treatment of her eyes, subsequently to see Y.F. as his temperature lower down.

Giving $30.00 to Ah Sam as she would go back to her county to participate in her nephew's marriage.

Suppering at Kam Ling with Ki Pan & Bik Chui.

2月19日 THURSDAY 10/1/戊子

Y.F. 打氣 , He was afraid under this kind of treatment, told the amah to inform my wife who & I hastened to see him at Yeung Woo, where I learned that

Yee Mui had visited her yesterday with lots of actions concerning the Theatre.

Ah Sam went back to her country. Hup Woo came back.

2月20日 FRIDAY 11/1/戊子

Borrowing $200 from Wu Hing Fong, I wished to draw $1000 in advance, but too early to do it, I ∴ postponed.

I did not go to see Y.F.. I wished to take a good rest.

My wife to apply violet rays to her neck's ringworm. She was advised to stop. Dr. Wong again for her eye treatment.

2月21日 SATURDAY

Mr R. Li convened all parties concerned to dine at Kam Ling(Gr flr) where I lost $70. in playing M.J.

All played at Kong Kee. I won $8.00.

2月22日 SUNDAY 13/1/戊子

黃耀甫 came to offer greetings. I took him to supper at Kam Ling ($65.00). Afterwards, played M.J. at Kong Kee ($13.00 +).

To visit Y.F.12 30 p.m by the courting of Tze's conveyance.

2月23 MONDAY 14/1/戊子

Bill amounting to $258.15 was □[represented?] by H.K.$ & H.for which a cheque was issued by me.

Paid Luk Yu's Tea Money.

Playing M.J. at Kong Kee where $8.00 gained.

2 月 24 日 TUESDAY 15/1/ 戊子

Rainy.

Licence fees $360. per annum, commencing from this year that meant increasing to 3 times pre-war whereas $120 each year.

2 月 25 日 WEDNESDAY 16/1/ 戊子

At 8.a.m. with my wife, & Messrs Wü Hing Fong, Yuen Ki Pan, I went to worship 車公 where we took breakfast. Afterwards, we taxied back. I went to see my brother Yiu Fun who was better.

Y.F's Jockey club badge borrowed by C.M who asked me to join his partnership to submit □ to Military Department which required $50,000 to be deposited in bank for reference. He would draw $40,000 from Peat, Marwick & Mitchell & Co upon my { 此處有一疑似"promise"的單詞被劃掉 } consent. I promised to pay $4000 □ [for?] my share.

2 月 26 THURSDAY 17/1/ 戊 { 原文"戊"處有塗改痕跡，覆蓋原來的"48" } 子

Lap Yu Kan with her new husband, Mr. □ [Kuck?] came to visit me. I greeted them. At Luk Yü, I talked to Mr C.K. Tung about Chü Ngai's publicity. He seemed not □ [consistent?] with my statement, but insisted on pardoning him.

2 月 27 日 FRIDAY 18/1/ 戊子

Ki Man Chum repaid $500 in settlement of all his debts. All promising notes were returned.

I told my wife to reprimand Y.F. to get into close touch with Chan Wai Han who stealthily visited Y.F. at 6.P.M. every day taking advantage of our absence.

2 月 28 日 SATURDAY 19/1/ 戊子

Early morning at 8.AM with my wife walk to Shatin to worship 車公 . Race winning $450.00. To visit Y.F.

西洋女 wrote letters to C.M & me demanding for the return of 200 Ewo[1] shares. I told Yat Yiu to hand the letters to C.M.

C.K. repaid $500.00 at Race. Tin Lap Fat asked a loan of HK$4000. I refused.

2 月 29 日 SUNDAY 20/1/ 戊子

About 9.a.m. Bik Mui & I went to Gloucester.

11.55.a.m. I. H. Yuen consulted with me for the morning show reducing price to 20, 30 & 50. He came at 7.p.m.

C.M. showed me the letter he received from 西洋女 . He advised me to reject her in whatever manner, not to meet her in the theatre, as it would lead people to think otherwise.

3 月 1 日 MONDAY 21/1/ 戊子

11.30 A.M. to meet Ki Man Chung in HK Hotel. L.F. Tin again asked me to help him with a loan of $2000. which would soon be repaid. I refused him as I was badly in need of cash. He felt upset refusing to play Mah Johng with Lai & Wong who persistently dragged him to go, yet he stubbornly rejected. At night I wrote to Chau □ [Kung?][2] upon Lai's request. Tin did not turn up as no loan was floated.

1　可能即“怡和”。

2　源碧福女士估計這可能是東樂戲院的經理，外號“周公”。

3月2日 TUESDAY 22/1/戊子

To meet Ki Man Chung at HKH, I refused to loan; paid $1073.65 to HK Sanatorium & Hospital. I intended not to visit Y.F. as he was still in love with Chan Wai Han, so that he would learnt that I decided not to allow him to get into close touch with any kind of women. Bought a Mido Automatic wrist watch to Bik Chui who also ordered a Flannel Trousers from Tak Cheung while I 試身 .

3月3日 WEDNESDAY 23/1/戊子

Early morning got up & went to HKH with C.K. Tung who asked for the arrangement of American Exchange. I advised him to see K.Ram. L.F.Tin had consulted with Sze □ [Yid?] Chi to fix up the □ [asset?] required.

My wife had re-examined by Dr. T.Wong who proved that her eyes were O.K. but needed some "Liver Extract Injection".

I wrote to Chan Fan in answer to □ [Hing?] Fan's letter.

Ki Pan bought a watch from Kwai Kee credited to my a/c. I paid him $10.00 in full-payment of his Balance of $300.00 in my custody.

3月4日 THURSDAY 24/1/戊子

Yesterday, I interviewed C.M for the demolition of "self" attached to all seats in the Theater. He raised no objection provided the said Co. placed all materials in good condition & let us have them back when the lease expired. Also gave them all covers which necessitated enlargement. Upon perusal of the draft contract, I agreed to be a member of $4000. I talked to him (C.M.) about the organization.

3月5日 FRIDAY 25/1/戊子

Instructing Yat Yiu to see Y.F. who phoned me up to give him $50.00 to pay interest to Yick Ng & salary to his Amah who would be dismissed on a/c of being unable to understand her dialect.

Went to La Salle to see Chan Fan, Hin & Sik who were playing at school ground. Took them to dine at Sun Sun Hotel with my wife, elder daughter, & Bik Chui. Finally visited Ma She Tsang who had recently born a

3月6日 SATURDAY

Continued. Son. He suggested to rent Ko Sing Theatre in a formation of a private company to run the business, in which I would be appointed as a manager provided I participate in shares.

Dining at Kam Ling Restaurant in celebration of Hok Shan Association, I paid $1200 for my share till 12. mid night.

3月7日 SUNDAY

11.30A.M. to Club Gr. to watch Foot Ball contest between La Salle & E. K., the former won 2 goals.

Y.F. phoned me up to see him, stating that he was now gaining 3 lbs. Chan Fan, Sek Fan, Hin came back to tiffen[tiffin]. R. Li. teaed with me at Kong Kee.

3月8日 MONDAY 28/1/戊子

Continued. I promised to donate HK$300. in reerect"五世"temple[1] in my own village. The decayed temple needed some repair on the roof.

I alone took tiffen[tiffin] at Luk Yü with my wife. I afternoon-teaed at HKH. Suppered at Kong Kee. Wife with Bik Chui went to the Theatre 5.o'clock show.

Purchased 2 new shirts for{ 原文"for"處有塗改痕跡 } Bik Mui.

---

1 指供奉源氏五世祖的祠堂。

3月9日 TUESDAY 29/1/戊子

With Tin teaed at Luk Yü, who tell me that he would soon go to Saigon. Settlement of HKS&H, & T.D. Wü's a/c $261.15 & $230.00.

Bik Chui went to visit Y.F. who asked me to see him. He was better but felt lonesome.

Mr. H.F. Wu sympathised with Y F.'s circumstance which I objected as he should not see even talk to Wai Hanm[?].

3月10日 WEDNESDAY 30/1/戊子

Meeting Ma at HK. Hotel, I teaed with him who told me to help him in the formation of Cantonese troupes, if I would be able to get Yuen Yiu Hung's consent. He □ [presented?] a shirt to Bik Mui with long sleeves.

3月11日 THURSDAY 1/2/戊子

YF. came home to see us, I accompanied him back to Hospital & advised him to take a rest, not even to talk so much, as he needed rest & nourishment, & □ □ his illness was not dangerous, but serious, almost reaching 3rd stage, As lost his lungs perforated. Messers, □ [Liu?] & Lü came to Kong Kee to seek for my opinion as to the getting tired of his □ [idea?] to

3月12日 FRIDAY

Continued.

use their Restaurant to invite friends to attend his son's full moon Festivity. ∵ I promised to do my best.

Ma She Tsang asked me to loan him a tin of SMA in order to feed his new born son.

□ Yuen & □ [Leung?] with few American Film to see me, regarding the additional show for 5.15 pm., showing a picture a day from 14/3/48.

3月13　SATURDAY 3/2/ 戊子

Race.

After Race winning almost $700, I visited Y.F. at Yeung Wo Hospital.

Dining at Kam Ling with family members. Playing Mah Johng at Kong Kee, I won $60.00. I paid the bill for $21.00//.

3月14日　SUNDAY 4/2/ 戊子

Yuen Yiu Fan Birthday.

逢星期日加影 11 點卡通片，每日五點放影超級西片。

是日起影《難測婦人心》，35c、50c、$1.00。

鄉間有信來問堯勳病況。

3月16日　TUESDAY

☐ Blood Test of my wife at Dr. Wong's office.

3月17日　WEDNESDAY

Rec'd a letter from K. L. Chan. Informed Richard Li at once & teaed at Luk Yü where K. L. asked me to inquire there was any chance to show Chinese Film in Australia? He also said that Yuen Yiu Hung wished to change all stalls'chairs & demolish one row in order to distinguish between F/S & B/S. The marking of E would be replaced by A.B.C.D. Sending a Gratis coupon amounting to $200.00 to Ma She Tsang as a compliment to his new born child.

3月18日　THURSDAY 8/2/ 戊子

Meeting Tam Fong & Ki Man Chung at HKH, I told Tam that Wong ☐[Shin? Shiu?] Wai wished to sell his ☐[Culture?] Licence which Tam rejected to accept, and stated that he would ask him to compensate $300 to him to repay to his father as promised. Afterwards, we went to see Yiu Fun at Yeung Woo Hospital.

Mr. I. H. Yuen interviewed me to act for Wü{{ 原文"Wü"處有塗改痕跡，疑似覆蓋原來的"Ng"} Hing Fong during

3月19日 FRIDAY 9/2/ 戊子

Continued.

his departure to Shanghai.

That the unruly manner exhibited to me by T.F. Mugfad, the Inspector of Treasury, should be committed to memory. I pledged that the breach of friendship should {be} inevitable. A lesson should be taught him.

Concerning Tam's leave which I returned to him at HKH.

3月20日 SATURDAY 10/2/ 戊子

Teaed with Wong Hup Woo at Luk Yü. C.K. wanted to install new exit lights to every rear staircase & some alteration regarding that 4"wall. No game on a/c of insufficient member.

Chan Fun wrote for pocket money listed in his letter.

3月22日 MONDAY 12{ 原文"1"處有塗改痕跡，覆蓋原來的"2"}/2{ 原文"2"處有塗改痕跡，覆蓋原來的"3"}/ 戊子 { 原文"戊"處有塗改痕跡，覆蓋原來的"48"}

Donated $300. to rebuild 五世祖 temple in the country, I paid the □ [sum?] to Yuen Bik Chui at 8.p.m. C.M. telephoned me that Mr. Mok Kun Hing of Treasury had sent him an invitation card for his son's forthcoming wedding, & asked if I had received same. I said "I have none." Showing "Bataan" [1] very

---

1 "Bataan"是1943年美高梅公司（Metro-Goldwyn-Mayer）製作的二戰題材電影。

successful.

3 月 23 日 TUESDAY 13/3{ 實際應為 "2" }/ 戊子

Changed to tea at 大中國 with Wong Hup Wo, Tam Fong, & a new friend & my brother Chan Fun, who was on vacation. Yuen Bing Hoi, the runner, asked for a loan of $20.00 which would be repaid next month. Hing Fong scheduled to go to Shanghai by air on 27/3/48. I wished to give a present. But what sort still considered?

3 月 24 日 WEDNESDAY 14/3{ 實際應為 "2" }/ 戊子

Wong Hup Woo wished to hire some timber yard to store his "Sharks fin Bones" which, if shipped to Canton would be used as a kind of fertilizer. The Price in HK. only cost about $6.00, but, if sold in Canton at a price of HK$40.00. That meant a good profit. ∴ He was very anxious to invest, but these goods produced offensive smell, I was afraid it would contravene the regulation of Sanitation. I thought the place for storage needed much consideration.

3 月 26 日 FRIDAY 16/2/ 戊子

Memorial Day for my late father.

3 月 27 日 SATURDAY

Race.

Tang Chi Kin sent for his son to apply a loan of $3000. □ [from?] me in exchange for his post-dated cheque (9.30 P.M).

3 月 28 日 SUNDAY 18/2/ 戊子

Played Mah Johng at Kam Ling Restaurant, I lost about $59.00.

Yuen Yiu Fun returned home by Tram, bringing a bill from Yeung Woo Hospital.

3 月 29 日 MONDAY 19/2/ 戊子

Race win about $200. Dined at Kam Ling Restaurant with Wong Hup Woo.

源□〔城？〕□〔乃？〕from Canton asked me to attend to-morrow's meeting at Kwok Man Restaurant for the taking over of Yuen Yee Luen Tong[1]'s document to Yuen Bing Yee. I agreed.

3 月 30 日 TUESDAY 20/2/ 戊子

Yuen Yee Luen Tong.Taking over at Kwok Man Restaurant, Bing Yee nominated as Manager to preside over & to receive all a/cs.

C. M. came to see me at 4.15 p.m handing me a note regarding the division of Bonus amounting to $15000. Besides $1300, given to each share holder, the remaining $3300, divided between him & me, he

3 月 31 日 WEDNESDAY

Continued.

took $1000. I took $2300, in which I gave $100 to Leung Yat Yui. A cheque for $800 was issued to C.M. to cover the Bonus of $2300, from which $1500 would be □ off as he repaid $1500 out the loan $5500. I should pay in $700 in order to settle the cheque for $3000. issued by Liao, & kept in my custody. $1300. for Ki Pan was in my hand.

---

1 可能是“源義聯堂”。

4月1日 THURSDAY 22/2/戊子

Dinner in celebration of his child birth, Ma She Tseng invited me to dine at Kwong Chau Restaurant(2nd flr & 1st flr) at 5.15. p.m. But till 6. pm then meals served. Wong Hup Woo asked for a loan of $3000. I considered till 7/4/48. Loud speaker circuit short.

4月2日 FRIDAY 23/2/戊子

Wong, Fong & I presented a golden "壽桃" to Mr Richard Li in celebration of his Birthday. He invited us to dine at Kam Ling Restaurant. H. □[Bam?] of Water Electric Co. presented us a "THEATRE CATALOG". In return, I gave him complimentary tickets.

4月3日 SATURDAY 23/2/戊子

Dined at Kam Ling, Ki, Wong, Lai & I gambled to eat.

C. M asked me to open a current a/c at Shanghai Bank with a deposit of $50,000. to be signed jointly. We should draw $40,000 from Peat, Marwick Mitchell & Co. We gave him the receipt for $50,000. The □ { 下一條日記繼續 }

4月4日 SUNDAY

{ 承接上一條日記 }should give us a receipt for $10,000. & a cheque for $40.000, the interest for which should be paid by CM & me every month, as we two invested $10,000.00 to be □ construction for Military Department. We took charge of all a/cs. Commencing on Monday, 5/4/48.

4月5日 MONDAY 26/2/戊子

Ching Ming Festival.

4月6日 TUESDAY 27/2/戊子

Opened a current a/c at HongKong & Shanghai Bk with C.M.Wan jointly with a deposit of $10,000. To-morrow, $40,000.00 would be paid in immediately after drawing from Peat, Marwick, Mitchell & Co. I signed in full name.

Mr. Richard Li invited me to dine at Kam Ling Restaurant with Messrs Hazzard & Hopkins.

4月7日 WEDNESDAY

Continued.

Wang Hup Woo borrowed $1000.00 from me promising to repay when he returned from Canton.

"Wally Construction Co."

宏利公司 23, Ice House Street (Gr flr)

At 5.p.m Ma She Tsang came to ask my view as to the use of Tai Ping Troupe for his coming organization in Canton. I replied if he thought that the name of Tai Ping Troupe would be successful, I had no objection for being used, but

4月8日 THURSDAY

Continued

I urged him to see his □[ways?] to put all our former articles to use, if his new boss was willing to. He promised & quitted at 5.45 p.m. I conversed with him at my residence. C. M. phoned me up to get hold of □[A? 似刪去字跡？] Mr. Yuen Tsing Fan. I told him to see Yuen Pak Fong who would { 原文此處有一單詞被劃掉 } do the introduction. Ki Pan borrowed $500. to be deducted next month.

4月9日 FRIDAY 8/4/48

Afternoon, I went to Mee Chung studio to endorse a cheque for $40,000.00 recently borrowed from Peat, Marwick, Mitchell & Co. for which we had to pay $200. as commission to Mr. H. Chung. C. M returned the $50,000.00 receipt to me. The Shanghai Bank requested to make a chop inserted the word Director theatre. Leung □[Chau?] Ki paid interest $50. promising to repay on 11/4/48. Wong Hup Woo to Canton.

4月10日 SATURDAY

C.K. asked me to help him as he would get married soon. If invitation held at Kam Ling Restaurant, it would cost him at least $4,000.00; if at HK. Hotel, $5.00 per head, would spend less. Up to his own decision. I promised to approach Mr. K. Ram{ 在下一個日期位置繼續 }

4月11日 SUNDAY

{ 承接上一條日記 }for the purchase of a cheap string of fire-crackers. If possible, I would loan him $2,000.00.//. All gathered at Kong Kee to take some refreshments.

4月12日 MONDAY 4/3/ 戊子

Yesterday was my brother Chan Fun's Birthday co-incidently Ma She Tsang's Birthday too. Ma asked me to dine at his residence, I refused on a/c of some previous engagement. "Y" asked me to 321. I was taken to supper at □[Tu?] Yuen □ by Tin Lup Fat. Signed another □[specimen?] for Wally Construction Co.

4月17日 SATURDAY 9/3/戊子

Race Meeting. Richard Li told me that he had received a lesson from Wü Hing Fong, sometime in the Chinese New Year. His wife who presented several tickets for allocation of seats was flatly rejected by no reason explained. His wife was angry at being insulted, torn all the complimentary tickets in her possession in the D/C ticket seller presence. I explained to him the reason & gave him another dozen of Com.-ticket for compensation{4月17日的日記同時記在該日及4月18日的位置上}.

4月19日 48{以上日期用紅筆書寫}

Mr Brand, acting chief officer of Fire Brigade, inspected Lee Theatre's film store at 10.pm. where, a ton of match was found in a drawer, one of the operator was instructed to be off on the spot.

This morning, when received 10 reels of films from M.G.M., it was found one reel was missing. The M.G.M Co. claimed for damage to cover the loss of one reel. It was due to the carelessness of the manager who signed the receipt of 10 reels, in fact, it was 9 reels he received. In view of this, we instructed all employees to be careful whenever they signed for receipts.{下文內容另起一頁，起首日期記為"19/4/48"}

Before signing, you should check up the amount of articles you were going to receive{此條日記見於"1936、1946-64年合記本"}.

4月19日 MONDAY 11/3/戊子

It was my late father's Birthday. We hold the memorial ceremony at home. 3.55pm. Wong □[Sam?] Ki phoned me up for a loan of $500, pending my reply within 3 days.

K. L. □[Tung?] informed me that Mr Brand had inspected the Film Store of Lee Theatre this morning. Having found that there was a ton of matches

1926
1928
1929
1930
1931
1933
1934
1935
1936
1937
1938
1939
1940
1941
1942
1943
1946
1947
1948
1949

containing the drawer, he instantly instructed the operator to be dismissed. I then

4月20日 TUESDAY

Continued.

instructed our Lo Cho to be careful for the forthcoming inspection.

I pawned a diamond ring for $1000.

Yuen Yiu Hung visited me at 9.p.m.

Tam Fong suggested to sell his □[booked-Home?] to his brother, when we met at H.K. Hotel.

Chi Kin promised to cash for his post-dated cheque.

4月21日 WEDNESDAY 13/3/戊子

Wong Hup Wo repaid $3000. from his son at Luk Yü.

Wrote several letter to demand for Re-payment. I was afraid that all of them were empty-vessels.

Heavy Rain, early morning.

Ma She Tsang cheated me again as he thought he would buy all old articles from me, but until recently, he had flown to Canton, left the whole matter □[abandoned?].

4月24日 SATURADAY 16/3/戊子

Attending C. K. Tung's Ceremony held at HK Hotel 4.P. M..

Kam Ling Restaurant, Supper.

4月25日 SUNDAY 17/3/戊子

Playing Ma Johng at Kam Ling.

4月26日 MONDAY 18/3/戊子

Mr R.Li invitation at Kam Ling Ngan Mun in honor of his luck at Race Meeting.

4月27日 TUESDAY 19/3/戊子

Electrical Wiring Test.

4月28日 WEDNESDAY 20/3/戊子

Inviting Mr Ho Ki Kit, my old school mate, who recently practicing medicine in □[Fukin(福建)?], came to Hong Kong. I welcomed him at Kam Ling to dine with Messers, R. Li, Fong, Ki, Wong, Chan, Chong & Ho, the guest of honor who brought two lady-friends to attend. Finished at about nine.

Each share paying 4375cts as dividend for Yuen Yee Tong, altogether about 380 shares amounting to $166.25. I received.

4月29日 THURSDAY 21/3/戊子

I telephoned frequently to Tang Chi Kin for the settlement of his dishonored cheque. He always answered the call in a tone of being out. It would create ill-feeling, if I insisted on pressing.

Wong Hup Wo {原文此處有"went to Can"被劃掉} desired to go back to Canton to-morrow to receive the Remains of his □[payment?].

4月30日 FRIDAY 22/3/戊子

Yuen Chuen began to take lunch at my residence, as he had no job to do & felt that it was very hard to make ends meet. I told him to come tomorrow, as nowadays, to find a place for both lodge and board as not so easy as pre-war.

1926
1928
1929
1930
1931
1933
1934
1935
1936
1937
1938
1939
1940
1941
1942
1943
1946
1947
1948
1949

5月1日 SATURDAY 23/3/ 戊子

It happened that my wife asked for the diamond ring, I pledged the other. I told her the case & instantly asked Lee Ming to redeem □[some, same?] to □ . Bik Nooi staged a show at Po Hing.

5月2日 SUNDAY

Continued.

Her mother & others went to cheer her up with many banquets in honor of her success.

I lost in Race $206.00.

5月4日 TUESDAY 26/3/ 戊子

Writing by registration to Tang Chi Kin, the general manager of Tai Yuen □[Hong?], at D. V. R. C.{Des Voeux Road Central?} for the repayment of his unpaid cheque, amounting to $3,000.00.

Paid 3rd term School Fees.

Children returned home on a/c to-morrow being general Public Holiday.

5月5日 WEDNESDAY 27/3/ 戊子

In celebration of the Inauguration of the 1st elected {原文此處有一單詞被劃掉} constitutional President[1], there was a general Public Holiday, being gazetted. But, unfortunately, the said {原文此處有一單詞被劃掉} inauguration

1 1948年4月19日，中華民國國民大會第十三次大會選舉總統，蔣介石當選；副總統經過多輪選舉未果，結果在4月29日國民大會舉行第四次副總統選舉大會上，李宗仁當選。據《工商日報》1948年5月2日頭版報道，外傳總統就職典禮將在該年5月5日舉行，實屬不確，因為正副總統的當選證書尚有待國民大會主席團分別致送。結果蔣、李二人在5月20日就任總統及副總統職。參見郭廷以編著：《中華民國史事日誌》第4冊，第747, 751, 757頁。

had to postphone on a/c of unpreparedness. No procession, no firing of fire crackers, and no observance of national rites{ 是日日記全用紅筆書寫 }.

5月 11 日 TUESDAY 3/4/ 戊子

We found the Fruit Stall Electric Metre was disconnected, a card marked "Not required". Investigated the case it was found that all wirings were cut by the occupant of the Fruit Stall, when she quitted. No consumption of Electric Current indicated in the metre, ∴ the Co. did not

5月 12 日 WEDNESDAY (133-233)

<u>Continued</u>, to collect metre rent □ [only？]. Unless we installed one or 2 lights there to show a sign of consumption, the Co would allow us to have the metre again.

Using the Jade Ring as a pledge for $200.

Kam Ling Restaurant Suppered.

Received a letter from 六姐 , acknowledging receipt of HK$200. as household expense.

5月 31 日 MONDAY 23/4/ 戊子

Wrote to Tang Chi Kin demanding for the payment of his dishonored cheque 6415 by registration. He sent a messenger here bringing with a P/N to redeem his cheque. I refused as he promised through telephone message that he would let me have anther cheque to place his old one. He was very hard up now.

6月 1 日 TUESDAY 24/4/ 戊子

Yiu Fun feeling a little bit slowdown was confined to bed & he did not prefer to be outpatient and waited till this summer was over, as he had learned a lesson from Au San who was bleeding weeks ago & now was under special treatment & required more rest. My wife & my daughter Bik Chui visited him. Hair dressing.

6 月 23 日 WEDNESDAY 17/5{ 原文"5"處有塗改痕跡，覆蓋原來的"6" }/ 戊子

The common assault case resulted in two discharged & one adjourned to 6/8/48.

6 月 24 日 THURSDAY

Yuen Shu Pan came to ask for $6.00 in order to buy medicine to cure his illness.

Ma She Tsang failed to turn up as he went to Aberdeen.

I refused Tang Shiu Kin's request to arrange to meet Ma She Tsang.

6 月 25 日 FRIDAY

Wan Hor Wong, Co-pilot, flied back from Kuming{Kunming?} teaed with me at Luk Yü with his father & his friend Mr. Chan. This is the 2nd time, I see him, since last year.

6 月 26 日 SATURDAY 20/5/ 戊子

Wong Hup Woo & I totally lost $200.00. He owed me $145.00, feeling not very happy as his luck turned against him. I felt that continuing on dining & gambling would at least { 原文此處有一"be"被劃掉 } jeopardize one member thus dispersing the gathering. Not wise to play every night.

6 月 28 日 MONDAY

Roofing work given to Wally & Co as requested by C. M. who came at night.

Aberdin[Aberdeen] suppered invited by Shiu Koo[1] with my family.

Chan Fan phoned me up that Sik & Hin were punished by the warden of La Salle College on a/c of their going out on Tuesday without permitted.

7 月 4 日 SUNDAY

3 photoes, my wife, myself & Bik Chui, were given to Mr Lo □ [Soo? Foo?] Shing of Singapore to apply for an entry permit to tour to Singapore if time available.

Dinner given by Yick Ng at Aberdeen at 8.p.m.

7 月 7 日 WEDNESDAY

After dining at Kam Ling about 9.p.m, I together with my daughters went to worship the late mother-in-law, where the last ceremony was performed by Nuns. Not until 11.p.m Chan Chi Ying, Tam Wing Kwong, Tsü Chan Shing, Yuen Lim & I again went to Kam Ling to play "Mag Johng" till 3. pm. I paid the bill as promised that Tam would follow if I took the lead.

7 月 8 日 THURSDAY

As regards the U Tat Chi housing scheme[2], I seemed not very interested in his programme, although Ma She Tsang urged me many times to register one.

Tam kept his word taking Chan & me to Kam Ling to play M. J. till 2 p.m.

I was there taking supper.

---

1 源碧福女士指此即做“果台”的“笑姑”。

2 這可能是指余達之在 1947 年提出的擬向香港政府申請撥地興建的工人廉租宿舍計劃，參見余皓媛、區志堅：《余達之路：糖薑大王與戰後香港》，香港：香港城市大學出版社，2020 年，第 86-87 頁。

7月14日 48{以上日期用紅筆書寫}

10.50.a.m，機房因每日放影五場，且星期日每日六場，要求多用一人，湊足四人之數，董梓君接納羅早的要求，並聲明，如轉回四場時，則此人取消，其他條件照舊。

{此條日記見於"1936、1946-64年合記本"}

7月24日 48{以上日期用紅筆書寫} 18/6/戊子 SATURDAY

11.15.a.m.{以上一段用紅筆書寫}

李明報告失去舊摩打[1]一具，監守自盜，難辭其咎。

黃閏如能尋獲該件，則由他轉賣作酬勞費{以上與7月14日日記記於同一頁面}{此條日記見於"1936、1946-64年合記本"}。

7月24日 SATURDAY 18/6/戊子

At 11.A.M. Yiu Fan stated that he had consummated with Chan Wai Han who wished to accomply[accompany] him to live together. I objected, stating that I would not allow such misconduct taking place. If he insisted, of course, I couldn't apply any means to stop, but, I{下一條日記繼續}

7月25日 SUNDAY 19/6/戊子

{承接上一條日記}was afraid the whole family would object, and, in future if anything happened to him, most of the family members would □[tease?] her.

1 "摩打"是motor的粵語音譯，即發動機。

8月12日 THURSDAY

Yiu Fan quarrelled[quarreled] with my wife on a/c of Chan Wai Hann. He flatly confessed that he had been consummated with her even since he went to Hospital. Utterly deplorable, he was willing to sacrify [sacrifice] all but her, stating according to Yick Ng's report, thus they both desired to return country to pass their village life without entertaining any hope to enjoy town life. He even went further that

8月13日 FRIDAY

Continued

if he did not succeed to marry her, he would rather die in sympathy with her. I advised him to calm down his nerve, until the whole dose a 300 injections of "Streptomycin" was complete. He cried in my office. Such an action, I considered, was foolish & had no sense at all.

8月14日 SATURDAY

This morning at H. K. Hotel, I returned all the jade articles to Tam Fong, who would use them to pledge for $1000,00 to repay to □[Chong? Chang?] Sang. I gave Y.F. $20.00 as household expenses & also some Streptomycins. He gained 3lb weight.

8月15日 SUNDAY

Continued

This afternoon, Ma She Tsang presented me some "榴連" personally and conversed about the success of "Ho Fai Fang" [1]. He went away at 4.30 p.m.

---

1 這很可能即何非凡。

8月19日 THURSDAY

Yiu Fan conversed with Ng Chai about my personal expenses. I understood they always looked sharp at the Income & were suspicious that I would use up all the money, letting them to use none. All were not reliable as far as money was concerned. They thought that whatever they used were proper and I should be responsible for their{ 下一條日記繼續 }

8月20日 FRIDAY

{ 承接上一條日記 } expenses as I did not properly divide all the necessary incomes. I took it as a silly fool & insisted on restriction even they conspired to go against me.

9月22日 WEDNESDAY 20/8/ 戊子

Conflagration on Wing On Company Godowns, numerous casualties, burning 26 hours unconquerable, at early morning 7.45 AM.

Yiu Fan was the first one saved by Davis Ladder Li Din & Ah Shim immediately followed. Suffering slightest injury, he was abetted by 五姐 to be treated at Yeung Wo Hospital by Dr Shi, at my own expenses.

No 12, 2.30, & 5.15 show, only opened at 7.30 & 9.30 from whence, electrict[electric] current began to re-supply.

9月22日 48 WEDNESDAY 20/8/ 戊子

晨永安貨倉着火，至兆焚如，全座連後□〔柴？〕貨倉均受焚劫，火勢□〔驚？〕人，為香港有史以來之紀錄，因為避免牽連起見，電流由十一時停止供給，至下午六時許方恢復，交通至正街轉駁電車，大道西汽車□〔預？頻？〕□〔悉？〕往連□，24 小時不停。

本院 11 場，十二點、兩點、五點均停，祇七點、九點照常放影《唐伯虎夜點秋香》，收入共 $480 餘元。

猶憶 34 年 5 月 14 日煤氣鼓爆炸時，本院收入口〔為？〕4 百餘元，當時放影《西線無戰事》。

{ 此條日記見於“1936、1946-64 年合記本” }

9 月 23 日　THURSDAY

Yuen Yiu Fun treated at Yeung Wo Hospital Room 50.

9 月 24 日　FRIDAY

All Taxicab Company withdrawal from service against those strikers who slowed down to work, thus enabling the company running at a loss.[1]

9 月 25 日　SATURDAY

Received $2,000.00 from Man Tai Hong. Race - $400.

10 月 12 日　TUESDAY　10/9/ 戊子

Yuen Yiu Fan returned country by M. V. Lee Hong with his friend, Mr. Hü. I accompanied them to the wharf & bade farewell.

He told my wife that I agreed his going back before my birthday. But, in fact, she did not speak to me for that. He even denied his indebtedness to Yick Ng under the pretext

1　1948 年 9 月 20 日，明星公司的士工友發動罷工，事件延續多月，見《工商晚報》1948 年 9 月 21 日第 4 頁及後續報道。

10月13日 WEDNESDAY

Continued.

that I persuaded him not to repay on a/c of her importunity.

I held □ [that? thus?] he was the black sheep[1] of the family.

He might stay 2 or 3 days in □ [Canton?] regardless of my mother's birthday, the 12th day of 9th moon.

10月14日 THURSDAY

Gold Yuan unstable @ HK$.67., gradually becoming $.50.

11月12日 48 12/10/ 戊子 Friday

袁伯叫慶塘[2]問余，意欲拆去大堂原有前座風扇、吊扇四把，改裝大扇四把（Circulating Fan），免阻後座視線，余允之。

掃灰水留回"天花"遲日再掃 { 此條日記見於"1936、1946-64 年合記本" }。

11月14日 SUNDAY

Felicitation on a birth of a son to Princess Elizabeth.

11月19日 FRIDAY

School Holiday for the Royal Birth of Son to Princess Elizabeth & Duke of Edinburgh.

---

1 "Black sheep of the family" 即敗家子。

2 據源碧福女士稱，此人姓吳。

11 月 20 日 SATURDAY

Penultimate Race Meeting.

11 月 22 日 MONDAY 22/10/ 戊子

A dinner party was given by Mr and Mrs Chan Chi Ying at their House where my wife and I attended.

At 9{ 原文“9”處有塗改痕跡，覆蓋原來的“8”}.am this morning, Yuen Yiu Hung came to inspect the paintings of Tai Ping Theatre. He preferred to whitewash once & if the color would suit his taste, then continued to paint for the 2nd time.

11 月 24 日 WEDNESDAY

C. M. came to the office promising to ask Mr Smith's opinion with regard to the erection of scaffolding while he was on inspection.

This years [year], it seemed a little bit delayed, might be due to the pressure of work, he should come on the 11th □ as last year.

Yuen Yiu Hung came at 9 to see the □ [remains] if it came to his prediction to be $5000.00 over. It succeeded.

11 月 25 日 THUERSDAY 25/10/ 戊子

Giving $20. to Tam Fong to buy articles to present to Chan Sang on the full-moon celebration of his grand son Birthday, I teaed with him at H. K. Hotel. Afterwards, I went to Mr Cheung to collect my subscription book & chatted with Sek Ming as regards his wishing to be elected as a member of H. K. Jockey Club. I suggested to see Tang Shiu Kin who would like to help{ 下一條日記繼續 }

11 月 26 日 FRIDAY

{ 承接上一條日記 } people to enter as a member of the said club.

{ 原文該上下兩段間空了一行，或表示下文才是 11 月 26 日的記事？ } I bought 2 [4?] suit-strengths [lengths?] of Sportex[1] from Mr. □ [Shin? Shiu?] at the price of $150. each on credit, while Wü Hing Fong bought a piece at $120. by each. I doubted his creditability. As he & I were supposedly good paid through the introduction of Mr □ [Seber?] & it seemed unreasonable to sell to a new people at a price{ 下一條日記繼續 }

11 月 27 日 SATURDAY (332-34)

{ 承接上一條日記 } lower than the price charged to his old friend. I marked it as a good lesson & would tell Fong about his underhand policy.

11 月 28 日 SUNDAY

Owing to the presence of Mag Johng playing, I was compelled to stay at Kam Ling where I lost $105.00 and unable to attend Mr Chang □ [Rong? Rang?]'s elder grand daughter's Full Moon Festival at Kam Shing Restaurant.

11 月 29 日 MONDAY

Hair dressing. Wong Hup Wo paid the tea money at Luk Yü.

Suppered at Kong Kee owing to the illness of my amah, Ah King.

Lap Fat took me to Tai Yuen after I wrote for him to ask for repayment of the money advanced to Foot Ball asso. in the course of their team playing at Saigon.

1 即西裝料。

12月10日 48

Writing to the Secretary,

Police Headquarter's,

New Oriental Building,

2nd floor.

To apply for the renewal of license for 1949.

It was advertised in the Morning Post that all Public Entertainment Licenses should be applied for renewal immediately as all would expire at the 31.12.48.

Wrote to Gas Work Co. to overhaul all gas lighting □[replies?]{此條日記見於“1936、1946-64年合記本”}.

12月14日 TUESDAY

Fire Brigade Annual Inspection by a sub-office, Mr Lai □[Shin? Shiu?] Man at 2.15p.m. He tested all hoses on the roof & copied down the date for re-changing Fire Extinguishers. Immediately after that, Mr C. M. Wan came back. I told him to see Mr Smith with a gift of HK$400.00//.

12月14日 48

Fire Brigade Annual Inspection by a Mr. Lai, Chinese sub-inspector, visited at 2.15 p.m.. I accompanied him to test the Fire Safety Curtain, to {原文此處有一“the”被劃掉} review the operating room, to inspect the film store and test the hose on the roof, and at last, inspect all fire extinguishers, especially the date for re-changing. He went away about 2.45 pm. Mr Wan came back after the inspectors went away. He was □[requested] to see Mr. Smith, the Chief Officer with a gift of HK$4.00. He would deal with him personally{是日日記全用紅筆書寫；又，此條日記見於“1936、1946-64年合記本”}.

12 月 22 日 WEDNESDAY

After receiving a Xmas gift from Mr Chung Yü Po, I presented him a Ronson Lighter Pen, rated to $75.00. in exchange of Xmas greetings.

I teaed at HK. Hotel with Tze Yick Chi, Tin Lap Fat, & □[Lau? Lan?] □[Yue?] Hung.

Dined at home as it was Mid-Autumn Festival.[1]

---

1 此處應是筆誤，當天實為冬至。

馬文星　廣州市楊巷路萬鍾東六號

Dr. **CASH ACCOUNT, JANUARY.** **Cr.**

10	Bank	1000 –	10	[illegible]	500 –
			"	[illegible]	300. –
3	[illegible]	5 000 00			

賬目

源詹勳先生日記

1949年

1月1日 SATURDAY

Happy new year.

The screening of picture《連生貴生〔子〕》was suddenly changed on a/c of having no censor card available, all concerned gathered in { 該 "in" 用黑筆補寫入 } my office to make remedy for continuation, but was flatly rejected by Kwan Kar Pak of National Theatre, he being a licencee, didn't want to run the risk. Afterwards, we went to tea at Kong Kee about 12.30 p.m. With □ [Chaplina?] Ho, Yuen Yiu Hung, Chi Shü Tai.

Hire & Rent for 1949 being $9,000.00 each month{ 是日日記主要用紅筆書寫 }.

1月1日 49

《連生貴子》，大觀片，無檢查證，放影一天，式號改影《陳夢吉與荒唐鏡》{ 是日日記全用紅筆書寫；又，此條日記見於"1936、1946-64 年合記本" }。

1月1日 49

The picture in the name of 連生貴子 , which had not been applied for censorship by Grand View[1] studio was screened in the theaters, but was found out by the Company's censor letters acknowledging the tenichque[technical?] error. Then all concerned mat[met] together to discuss this question whether proceed to show or end at once till 12.pm. Then I telephoned Mr H. Y. Ho who was willing to help us unless we approached Mr. □ [[Water?] for special permission which no body dared to try. So, finally decided to continue.

I doubted their □ as Censor Card was of vital importance. How could they all forget this procedure{ 是日日記全用紅筆書寫；又，此條日記見於"1936、

1 即 1 月 1 日提及的"大觀"（大觀聲片有限公司）。

1946-64 年合記本”}.

1月3日 MONDAY 5/12/ 戊子

$ □ [3,316? 3310?] - Income of this month.

Wellcome & Co tea, 323.70.

Dr Shi Man Wai, 1,065.00.

Johnson's cotton 2lbs , 77.00.

Badge No? 1605 & 1606.

96 - Kam Ling Gr. floor played Mah Johng, wining.

Tam Wing Kwong owing, 60-

Attending Lo □ [Yau?]'s wedding dinner held at Shü Keung Restaurant at 11.p.m.

1月6日 THURSDAY 8/12/ 戊子

By experience, I could learn that Ma She Tsang was very selfish. If you owed him a grudge, he always tried to take revenge. Just now our party at Kam Ling frequently picked a bone with each other, as no one wished to play a loosing game, so we could see money was □ [separative?] of all, no friendship would take into consideration, if one of the gaming members was loosing. In order to keep peace, I suggested not to play so closely so as to avoid: -

(1) quarrel,

(2) squandering of money,

& (3) falling into tentation [temptation].

$40 Tam Wing Kwong repaid { 原文此處有一“$40”被劃掉 }.

Wife 800-.

Losing in Mah Johng 96.00.

Luk Yü 25.40.

1月12日 WEDNESDAY

All requirements stated in the letters dated 30/12/48 from the □[Hon?], Com. of Police had【had】been complied with, we applied for renewal of our existing license No. 132 together with 1 gas lighting certificate of stability, 6 electric lighting system certificate of stability, & 1 □ Report submitted for reference.

As C. M told me that the certificate issued by H. K. Electric Co. Ltd would be good enough to support its requirement. I argued that though it would be □[sound?] but if next year, Fire Brigade insisted on producing such a □[certificate?], it would mean thus we would have to request the said Co. to hold another test, which would be very costly. Why should we do that? He said that was quite different from the Gas Certificate as no licensed constructor for overhauling gas work, and we could get any approved firm to perform □[any?] □[class?] of work. I agreed.

1月12日 49

With gas lighting installation certificate & Electric lighting system certificate, applying for renewal of Licenses for 1949{ 此條日記見於“1936、1946-64 年合記本”}.

1月14日 49

Gas Co. asked for increase of Deposit to HK$847.35 □[say?]. This amount was paid by the I. E. E. L. Co. □ □[they?] kept the receipt{ 以上兩日日記記於同一頁面；又，此條日記見於“1936、1946-64 年合記本”}.

1月19日 49

About 6.40.p.m., a European Detective & a Chinese detective came to see the manager of Tai Ping. It happened that I was there. He told me that he came purposely to invite our manager 〈to〉 see Mr □[Tyrer?] of Central Police Station, at 12.15. noon to discuss the way & means of how to take precaution against the threatening letters sent to various theatres, although our theatre received no such letters, yet we could not say thus we had none, but we might receive any moment. So we had to comply with his request to send Mr Heung to attend the meeting held at C.P.S (20/1/49) tomorrow, as all managers would meet together{ 此條日記見於“1936、1946-64年合記本”}.

1月20 49

At 12.15 noon, Messrs Heung Man Yuen & C. K. Tung[1] attend the manager's meeting at Central Police Station, where Mr. □[Tyrer?] took the chair, asking all theatres concerned to take precaution against those letters threatening to demand for a sum of money. A constable would be send to every theatre at the commencement of the show till the end of last show, so that if any thing would happen, the manager would easily get into contact with the police through the posted constable.

In case of emergency, exits must be opened freely □ □ not to obstruct any gangway, & giving free access to the audience{ 此條日記見於“1936、1946-64年合記本”}.

1月27日 49

Fire Brigade, Sub Inspector Wong Chy, re-inspected the Theatre, asking me if I had sent in the certificates of stability relating Gas & Electricity. I replied I did.

1 據源碧福女士稱，此二人的中文名字分別是“香文遠”和“董梓君”。

He then quitted{ 此條日記見於“1936、1946-64 年合記本” }.

5 月 10 日 TUESDAY 12/4/ 己丑

About 11:32 A.M. Mr. & Mrs. Li, Yip & I went to see Mr Yuen, the architect for his desire to build a premise on Yau Yee Lane, but were advised not to expect to build a 3-storyed building as it was situated on a side-lane. He advised them to purchase a □[modern?] building on the Ching Wah Street, North Point, with a price of $210,000. nett[net?].

Afternoon, I was requested by Yuen Yiu Hung to inform the Treasury for the forthcoming troupe in the name of China Music, Drama { 原文該處有一單詞被劃掉 } society to perform in Tai Ping on the 15th & 16th respectively.

I was afraid that the said troupe would suggest to sell tickets beforehand which was illegal, unless he obtained permission from the a/ctant[accountant?] General.

Dr. Shi pressed for the balance of interest of 1948. I promised to let him have a cheque tomorrow.

5 月 11 日 WEDNESDAY

Lau Yun Hung repaid 300-.

Ho Chop borrowed 100-.

Kam Ling 25.-.

After dinner, I went back to Tai Ping. It happened that my nephew Wan Ho Wong just flied back from Shanghai to station temporarily in H. K.

He thought that the Com.[1] would succeed as no National army dared to face their attack, always deserted before they arrived. Being no morale, of course the situation came to be worse. He suggested to save all money to be converted into gold. But his father pleaed that devaluation of H. K. currency was too premature,

---

1 可能是“Communist”的簡稱。

as even a single dollar bill issued must have sterling to deposit in London as securing. No bill could be issued without pledge.

I held that both were right, but we had to wait & see.

5月17日 TUESDAY

About 2.30 p.m I phoned up to C. K. Tung advising him to connect Mr Yuen not to rent the theatre to the China【,】Drama, Music, & Dance Society, as this troupe is more or less as a revolutionized [revolutionary] to the K.M.T. merely as Communist propaganda. There were plenty of loyal K.M.T. partner in H. K. If they started to attack their faults in Tai Ping, it would result in damaging the theatre. Since we were business men, why should we ran[run] such a risk. If business was dull, was it that could save a lot. From the stand point of doing business in H. K, I suggested not to co-operate with those reactionary elements.

9月7日 WEDNESDAY 15/7[2]{該“2”應表示閏月}/己丑

"Y" wrote me a letter demanding for money as well as her position in my family which should be ignored as my wife disliked. It appeared she was forced by the circumstances to write such a letter. I introduce Y. Y. Leung to give her $80.00 to appease the adverse surrounding.

While in Kam Ling, a big noise similar to a heavy blast was heard that all our parties were alarmed. It was a mishap to a S. S. 澤生 as typhoon signal was hoisted up, the saving of crews, passenger & cargoes were hardly to be done.

Returned home at 12. A. M.

9月8日 THURSDAY 16/7[2]{該“2”應表示閏月}/己丑

Due to the incessant rains or typhoon, I was unable to sleep and had to inspect everywhere that suffered leakage. I woke up at 11. A. M. As usual I went to Luk Yu singly. It happened that Ho Chop was there, we two teaed together. In a while Mr Chaw Cheung Hung came to our party with the intention to get hold of Ma Tse Tsang to play Majhong at Kam Ling. I, then, rang him up with the reply from his wife that he was feeling very painful about his leg due to the change of weather and that he was sleeping thus he was unable to attend the call. I rang off. Returning home, I was informed that Mr Ma wished to go to K. L. provided I could get hold of Tin & Chaw. All concerned agree to go. It was found out that (1) he intended to collect $10,000 from Tin. (2) to invite his father-in-law. He only paid $25. for the extra instead of spending a large sum to hold a party-dinner. Tin lost $200 in playing Russian poker & borrowed $100 from me.

10月5日 WEDNESDAY

Mr. Lee Leung promised to audit any Kinds of a/cs with a remuneration of $150. each time say 14 □ [days?]. And he asked me for commission, I rejected, as I didn't like to spoil my reputation.

Dr She asked me to admit to Hospital for concrete examination of my piles. He said that it might be a Fistula, but I thought it was a □ [mixed?] pile. I didn't like operation though it might be tedious. I was now using Chinese medicine to 烘. Mr Chow Cheung Hung presented me a package of native medicine particular for the healing of piles. I thanked him & would try some day after Mid-Autumn Festival.

Ma & Tin were picking up bones with each other as diamond cuts diamond. I asked the Former to fix a date to sail to Saigon, so the latter could know when to get visa, as the French Council desired to know the sailing date, before he endorsed.

10月13日 THURSDAY

Early morning, Mr Tse Yik Jee came to see, asking if the assessor of Unit 1 would allow him an extention[extension] of 2 weeks, & sharing the letter from I. R.

D.[1] I instantly accompanied him to interview Mr Darkby who received us & gave us an extension to 21/10/49. We quitted at 12.30 noon. Teaed at Luk Yu. Asked Tin to advance $3000 to me so as to fix up the lease with Wing On Co. Ltd. He promised to issue a cheque in exchange for a postedated[postdated] cheque from me. Dealing at Chinese Emporium immediately after injection by Dr Shi.

I promised to｛原文該處有一單詞被劃掉｝transfer my tenancy or tenanted premises to Fung Choy provided he gave me:- (1) $6000 as key money.

(2) $2400 as Deposit.

(3) $360 one month rent.

The key money could be paid $4000 in cash, $2000 in bond. I gave him the 1st option. I instructed my brother Yiu Fan to sign the lease with the said Co. to-morrow.

Chow Cheung Hung very angry at Ma's

10 月 14 日 FRIDAY

Continued

abrupt attitude as he was prepared to turn up to Canton to play. He said that he had been invited to go to Canton by certain high ranking officials of the New Regime. It was just contrary to Mr. Chow's policy, as Prince Theatre was run in a fixed policy not allowing to participate in any political movement. If found out, he would be in trouble and suggested to keep the matter dark & would lead him to an enclosed path so that he might not perform in the forthcoming 1st moon of Chinese Calendar. Ma was worth｛原文該處有一"bothering"被劃掉｝being bothered. He was too suspicious & increditable.

｛此處有一橫線｝

I borrowed $100 from C. M promising to repay upon completion of the transfer of my tenancy on 355 & 357.

---

1 應該是 Inland Revenue Department 的縮寫。

The procedure would be completed □ [within?] this day by Yiu Fan & Lap Fat.

About 7 o'clock, I went to Kam Ling to meet Messers Lai & Lau with my brother. I paid $ □ [400? 40?] for 2 shares & after dinner quitted at 8.30 p.m. Mr Lau went to Ko Shing Theatre to meet Li Shiu Wan for some private arrangement for his wife to stage a play with Yu Lai Chang.[1]

11月10日 THURSDAY 20/9/ 己丑

Getting up early, I went to Kong Kee to take a cup of coffee.

Meeting Fung Choy who told me that there was joke between a dancing girl & Dr Wü who told her that he was very hard up & unable to give her any money as he had many bad debts not collected, especially the amount of $2090. owed by the boss of Tai Ping & also stated that if she could get hold of a man to collect the sum she would be willing to give him the receipt & allow him to have the whole amount no matter at what percentage he liked. The dancing girl, Lo Ying told Fung Choy all this & asked him to see his way to collect for her as all the money would go to her, if succeeded. I laughed that Dr Wü was so crazy. He denied to pay under the pretext that we owed him money.

At last, I promised to pay to Fung Choy $1000. before the forthcoming Xmas upon receipt of all the said receipts. (11.15. A. M.)

12月5日 49{以上日期用紅筆書寫}

① Application to the Hon. Commissioner of Police for Renewal of License for 1950.

② H.K. & China gas Co & Ltd.

③ Test & overhauling of whole gas lighting system. & Certificates of Stability.

---

1 此段提及的"Li Shiu Wan"及"Yu Lai Chang"即李少芸與余麗珍夫婦。

Assessor Unit 1,

Inland Revenue Dept,

Business Project tax.

$9,200,00..

Posted by Registration{ 此句用紅筆書寫；又，此條日記見於“1936、1946-64 年合記本”}.

12 月 16 日 49 FRIDAY （27{ 原文“7”處有塗改痕跡 }/10/ 己丑）

Mr. W. J. Gorman M.B.E., C.O.F.B.

Inspection at 11.A.M. with a Chinese Inspector Mr. Wong Wai Choy. C. M, Li Shek & I received them at the gate{ 以上兩日日記記於同一頁面；又，此條日記見於“1936、1946-64 年合記本”}.

12 月 21 日 49

11.30 A.M., Mr S. M. Lai of Fire Brigade holding an inspection of all hoses & sprinkler & Drencher installations{ 此條日記見於“1936、1946-64 年合記本”}.

12 月 23 日 49

Mr Li Shek to see Mr. Wong Wai Choy for the arrangement of presenting the gifts to C.O.F.B.

① □[Incidental?] □[Exc.] $50.

② Mr. Wong $100.

③ C.O. $300.

& ④ Mr. Lai of □[S?].B. □[I? J?]. $100.

$550.00

per □ of Mr. Li Shek.

This year by arrangement to order Shun Yick[1] to do all the required works instead of Victory & Co.{以上兩日日記記於同一頁面；又，此條日記見於"1936、1946-64年合記本"}

1 Shun Yick 應該是"Shun Yik & Co."（信益公司），專門負責檢查防火設備。見 Shun Yik & Co. Fire Inspection Report (dated 25 August 1937), 香港文化博物館藏太平戲院檔案，編號 2006.49.188。

1949 年日記夾附紙片

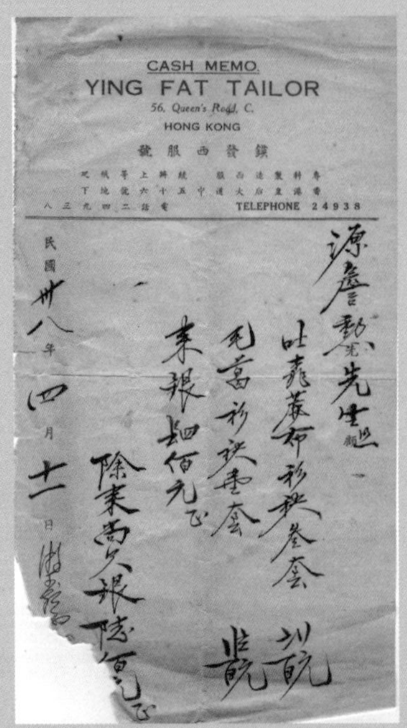

CASH MEMO.
YING FAT TAILOR
56, Queen's Road, C.
HONG KONG
鍈發西服號

TELEPHONE 24938

民國 年 月 日

鍈發西服號致源詹勳發票 1949 年 4 月 11 日

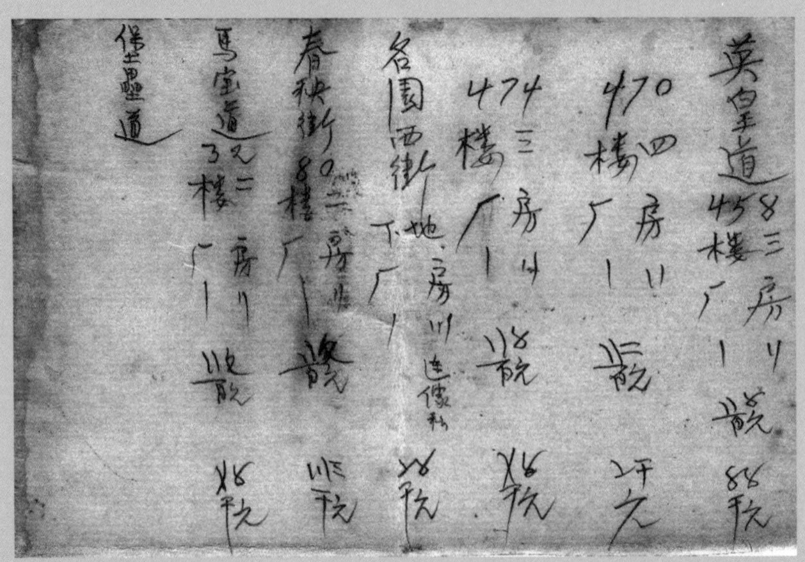

房產價格一列

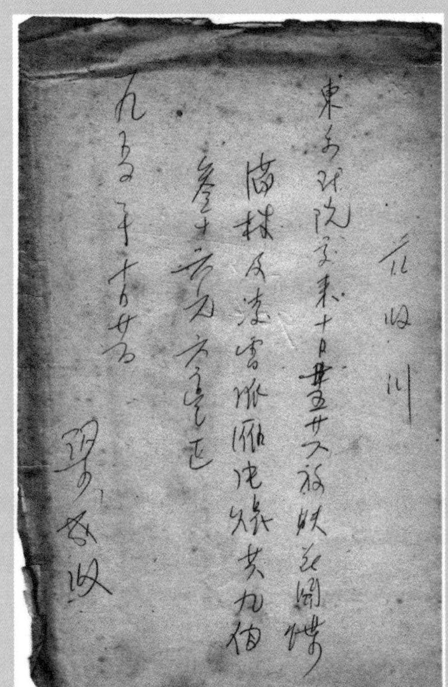

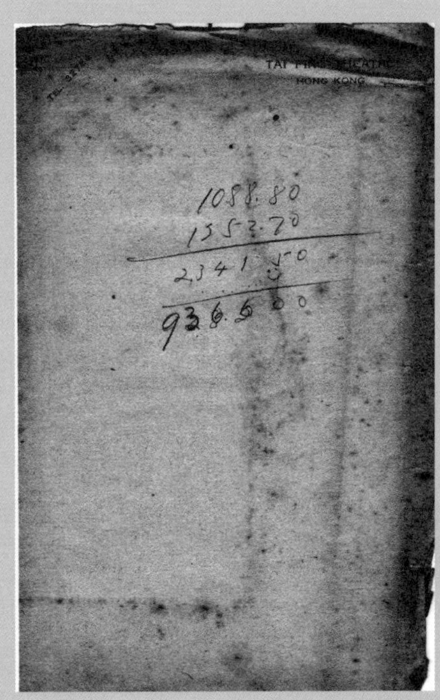

東樂戲院交來放映《花開蝶滿林》及《凌霄孤雁》片賬收據，共九百三十六元六毫正（正背兩面）

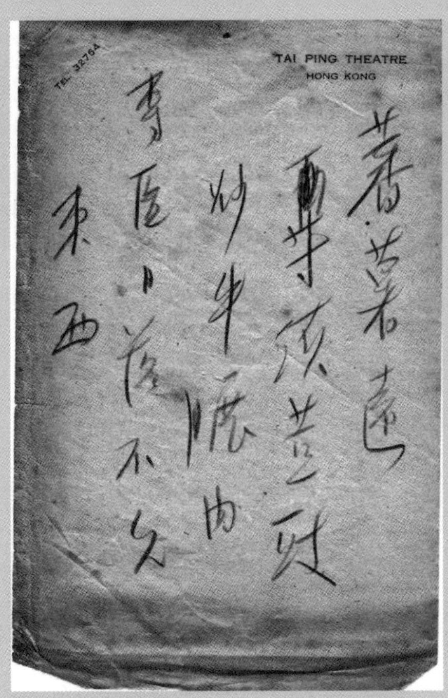

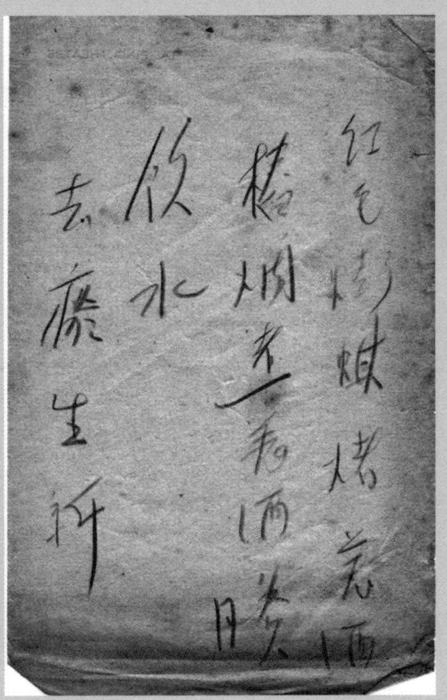

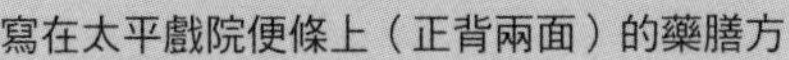

寫在太平戲院便條上（正背兩面）的藥膳方

源詹勳先生主要家庭成員表[1]

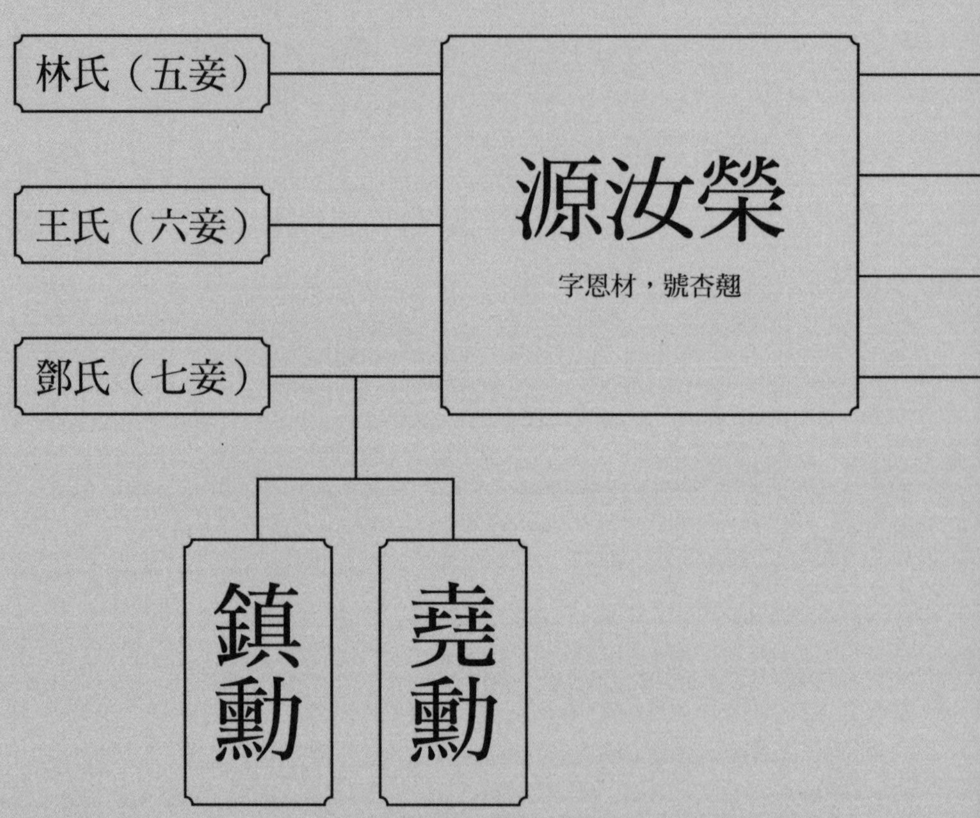

1 成員表由編者整理，並經源碧福女士確認。

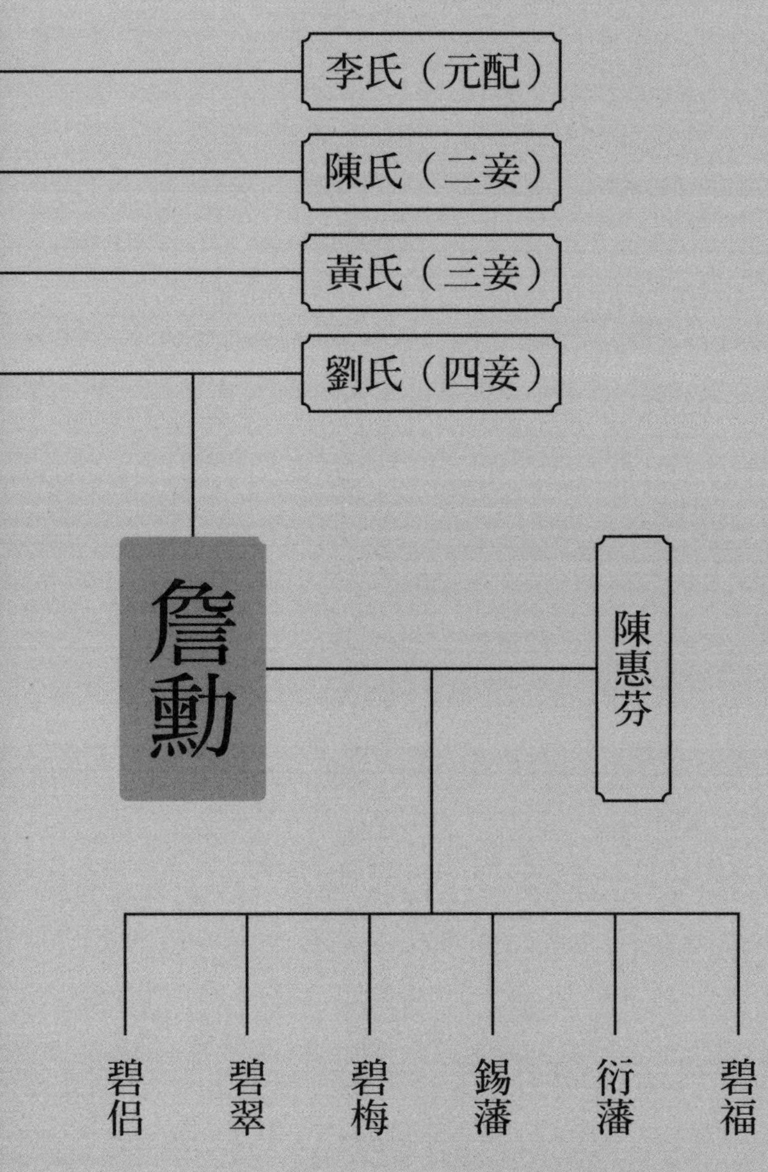

李氏（元配）
陳氏（二妾）
黃氏（三妾）
劉氏（四妾）
詹勳
陳惠芬
碧侶
碧翠
碧梅
錫藩
衍藩
碧福

索引

編按：

（1）本文索引分“戲院”、“戲班、劇團”、“劇目”、“人物”、“食肆”、“報章”、“術語”七大類，每類條目排列先中後英，中文按筆畫排序，英文按字母排序。

（2）索引只列日記原文能清楚辨析字樣的條目。

（3）“劇目”所列者大多為粵劇，但電影亦佔相當數量，讀者一般能從日記文本辨識該劇目是粵劇（或其他戲曲）抑或電影。由於過去有不少粵劇劇目被改編成電影，倒過來的情況亦非罕見，為免誤導讀者，索引中只列戲名，不加以說明。

（4）歷年日記人物眾多，不少人物又以簡稱記載，索引只列姓名完整且在近現代歷史尤其是戲曲和電影史上比較有名者，或在日記中經常出現者；如某人物有簡稱，又能辨識其身份者，會將簡稱列在有關姓名後。

（5）“食肆”因往往不同地區或地點有同一店名，如日記文本顯示該店不在香港（一般在廣州），會盡量列明；同一食肆往往有簡稱或別稱，如能辨識，會在全稱後列明。

（6）“術語”主要為與戲曲有關者。

戲院

九如坊（Kau Yü Fong） P.452, 461, 479, 483, 488, 489, 492, 494, 496, 498, 499, 501, 518, 519, 529, 550, 554, 559, 561, 565, 601, 630, 645, 666, 720, 794, 890, 951, 953

上海影戲院 P.342

太平戲院（太平，太平院，戲院，院，太，本院，Tai Ping Theatre，T P, theater） P.107, 119, 143, 146, 163, 175, 196, 197, 199, 205, 211, 217, 219, 229, 234, 249, 252, 257, 294, 303, 311, 313, 325, 331, 336, 337, 341, 354, 364, 374, 383, 389, 402, 407, 414, 416, 417, 428, 435, 434, 466, 467, 468, 469, 470, 483, 492, 495, 497, 499, 501, 539, 555, 556, 575, 576, 579, 582, 583, 585, 593, 604, 612, 620, 622, 623, 643, 696, 790, 791, 854, 884, 963, 1012, 1018, 1051, 1054, 1099, 1100, 1104, 1105, 1107, 1109, 1111, 1113, 1116, 1119, 1120, 1122, 1165, 1167

中央戲院（中央） P.330, 338, 351, 361, 395, 407, 428, 451, 483, 486, 491, 521, 528, 532, 543, 551, 563, 582, 612, 613, 652, 664, 688, 708, 737, 738, 739, 833, 887, 904, 993, 1017, 1033

世界戲院｛位於澳門｝ P.470, 482, 520, 879, 908

平安 P.356, 375, 428, 434, 569, 669, 768, 835

北河戲院（北河） P.328, 332, 336, 351, 352, 354, 355, 356, 426, 429, 442, 501, 550, 558, 559, 560, 568, 706, 716, 726, 759, 760, 787, 791, 912, 964, 984

光明 P.501, 663

安南戲院 P.274

利舞台（利舞臺，利舞，Lee Theater） P.325, 417, 438, 447, 451, 452, 473, 474, 477, 478, 479, 481, 492, 502, 529, 531, 532, 533, 540, 543, 549, 563, 564, 578, 582, 606, 608, 613, 614, 615, 632, 653, 654, 657, 661, 662, 670, 699, 700, 706, 711, 725, 754, 786, 816, 817, 819, 820, 821, 824, 830, 831, 839, 840, 846, 847, 851, 894, 912, 914, 920, 924, 933, 957, 1053, 1059, 1067, 1068, 1076, 1077, 1081, 1082, 1111.1125

東方戲院 P.537, 607, 821, 1031,

東樂戲院（東樂） P.388, 412, 413, 414, 417, 442, 449, 451, 459, 466, 501, 515, 517, 522, 533, 534, 538, 555, 582, 598, 600, 610, 619, 621, 622, 626, 671, 680, 681, 682, 695, 696, 705, 706, 715, 720, 723, 745, 760, 809, 821, 909, 924, 946, 947, 1020

明治｛日據時期皇后戲院改稱明治劇場｝ P.1053, 1057

明星戲院（明星） P.218, 283, 315, 336, 360, 365, 378, 1053, 1057

金星戲院（金星）｛位於廣州｝ P.344, 525, 526

金港戲院 P.505, 921

南京戲院｛位於澳門｝ P.534

皇后戲院（皇后、明治）｛日據時期改稱“明治”｝ P.143, 160, 164, 170, 171, 172, 174, 177, 184, 185.189, 191, 193, 351, 399, 428, 518, 589, 633, 652, 712, 715, 719, 723, 730, 789, 843, 845, 897, 927, 945, 964,

砵崙 P.765, 791

高陞戲院（高升，Ko Sing，Ko Sing Theatre） P.118, 119, 130, 151, 164, 274, 301, 659, 1141, 1146

海珠戲院（海珠、省海珠）｛位於廣州｝ P.1063

娛樂戲院（娛樂，Yü Lok） P.268, 270, 274, 285, 341, 371, 406, 428, 469, 480

國民戲院（國，國民 , National Theatre） P.883, 1041, 1173,

清平戲院（清平）｛位於澳門｝ P.525, 527, 529, 534, 541, 545

普慶戲院（普慶，Po Hing，慶院） P.254, 265, 295, 300, 327, 338, 341, 345, 351, 354, 362, 375, 378, 381, 401, 404, 417, 422, 437, 439, 442, 462, 466, 467, 469, 487, 491, 501, 506, 507, 509, 534, 542, 549, 550, 551, 594, 601, 610, 613, 617, 626, 636, 650, 660, 661, 663, 664, 667, 669, 671, 673, 675, 678, 682, 683, 684, 687, 688, 695, 706, 710, 711, 712, 743, 749, 760, 761, 792, 813, 817, 820, 821, 823, 830, 831, 837, 844, 848, 850, 853, 885, 921, 922, 925, 928, 929, 937, 941, 947, 948, 952, 956, 958, 959, 961, 971, 972, 974, 978, 983, 990, 1036, 1037, 1112

統一戲院（統一大戲院，統一戲棚）{ 位於澳門 } P.541, 542

新世界 P.127, 171, 172, 173, 230, 356, 405, 434, 436, 437, 438, 439, 440, 441, 449, 451, 452, 467, 470, 478, 481, 482, 483, 484, 485, 487, 491, 495, 501, 506, 509, 514, 515, 519, 520, 537, 543, 554, 556, 564, 582, 584, 612, 617, 618, 645, 656, 664, 677, 709, 713, 714, 715, 720, 761, 788, 830, 841, 856, 872, 888, 890, 908, 923, 936, 938, 953, 986, 987, 992, 994, 1063

新華 { 公司？時廣州亦有新華戲院 } P.441, 442

新國民 { 位於廣州 } P.344

模範 { 位於廣州 } P.344

廣州太平（市太平，海珠太平，省太平，省方太平戲院，太平戲院）P.257, 264, 275, 536, 576, 581, 583, 584, 586, 587, 588, 592, 593, 594, 596, 635

廣東大舞台戲院 P.309

澳門戲院 { 即澳院？ } P.465, 527 Prince Theatre{ 東樂 } P.1180

戲班、劇團

一統太平 P.228, 229

九重天 P.886, 889, 891

人壽年 P.128, 137, 797

人壽劇團 P.798

上海技術歌舞劇團 P.381

上海班 P.381

大一景 P.230, 231

大中華劇團（大中華） P.796

大光明 P.594

大江東 P.474, 477, 478, 497, 499

大亞洲 P.1050

大東亞 P.1037

大眾劇團 P.1050

大統一（統一） P.222

大羅天 P.440, 521

中華劇團 P.473, 477, 497, 796

五龍劇團（五龍） P.1104, 1107, 1109

天馬劇團 P.1135

太平劇團（太平男女劇團、太平、太平班、平劇，Tai Ping Troupe） P.314, 315, 319, 326, 328, 331, 337, 348, 349, 355, 362, 379, 380, 388, 400, 407, 416, 419, 423, 424, 426, 427, 428, 430, 432, 436, 437, 442, 445, 448, 451, 463, 464, 467, 471, 472, 474, 475, 477, 478, 479, 497, 498, 499, 502, 505, 506, 509, 512, 513, 521, 525, 526, 534, 536, 542, 543.544, 545, 547, 549, 552, 559, 567, 576, 577, 585, 587, 597, 602, 613, 614, 621, 629, 647, 653, 660, 661, 664, 666, 671, 679, 681, 694, 695, 698, 705, 710, 716, 741, 748, 749, 751, 753, 759, 762, 763, 775, 797, 811, 812, 813, 814, 815, 817, 837, 842, 858, 884, 887, 904, 905, 911, 913, 920, 933, 944, 947, 957, 967, 971, 988, 1026, 1153

太平豔影（豔影） P.650, 651, 652, 666, 668, 673, 675

四海劇團 P.443

永壽年（永班，Wing Shou Lin） P.241, 247, 249, 262, 264, 265, 272, 274, 282, 284, 285, 286, 287, 293, 294, 295, 296, 298, 300, 301, 305, 841

光華劇團 P.1072

老正天香 { 潮州班 } P.797

老正興班（老正興） P.959

金星劇團 P.525

金翠蓮 P.831

青年劇團 P.858, 865, 867

冠南華 P.423

革新 P.178, 423

泰山劇團（泰山） P.669, 673, 674, 675

真善美 P.178

祝華年班 P.798

馬加士歌舞班 P.361

救亡劇團 P.786

梅花男女歌舞團 P.618

梅花影 P.830, 831

勝利年　P.939, 951, 1015
勝利劇團（勝利）　P.1111, 1112
勝壽年　P.437, 443, 473, 475, 816, 820, 821, 823, 853, 861, 862, 903, 911
鈞天樂　P.205, 217
新中華（New China）　P.129, 153, 154, 155, 156, 183, 184, 208, 211, 215, 228, 490, 497, 816
新東亞　P.1067
新春秋　P.252
新紀元（New Era）　P.153, 177, 178, 205, 217, 501 564, 1005
新香港　P.1037
新景象　P.150, 155, 158, 159, 178, 180, 181, 208
義擎天（義班）　P.324, 339, 436, 1090
萬年青　P.625, 661, 850
綠牡丹　P.126
鳳凰劇團（鳳凰）　P.653, 1028
廣州歌舞劇團　P.332
潮州班　P.1031, 1112
興中華　P.735, 738, 746, 760, 761, 837, 845, 883, 928, 942, 947, 958, 1012, 1019, 1020
錦添花（Kam Tim Fa，錦班）　P.655, 694, 710, 723, 784, 981, 1006, 1012, 1018
雙雄劇團（雙雄）　P.1111, 1112
鏡花影（Kan Far Yang，Kan Far Ying）　P.115, 120, 124, 595, 651, 706, 777, 779, 797
鏡花豔影　P.587, 590, 598, 599, 739
覺先聲　P.227, 272, 299, 569, 887, 911, 912, 920, 921, 925
顧班｛即顧天吾的戲班｝　P.1069
China, Drama, Music, & Dance Society（China Music, Drama society）　P.1177

劇目

《一片賣花聲》　P.704
《一曲成名》　P.319
《一江春水向東流》　P.1132, 1136, 1137
《一箭仇》　P.138
《七十弍行》　P.667, 669
《七字奇冤》　P.306
《七劍十三俠》　P.860, 864
《七賢眷》　P.353
《九曲峨眉》　P.582, 583
《人生如夢》　P.830, 831
《人言可畏》　P.491
《人獸關頭》　P.728
《刁蠻宮主》　P.99
《刁蠻宮主戇駙馬》　P.911
《十年人事幾翻〔番〕新》　P.241
《十萬童屍》　P.865
《三千年前國際花》　P.473
《三娘教子》　P.991
《三笑》　P.1007
《三部曲》　P.794
《三盜九龍杯》　P.873, 874
《三難新郎》　P.794
《上海浴血抗戰史》　P.653, 654
《丫環憐縣宰》　P.707
《乞丐皇帝》　P.695
《乞米養狀元》　P.1019
《千里攜嬋》（《千里攜蟬》）　P.241, 274
《大口仔遇福星》　P.943
《大地》　P.676
《大地回春》　P.926
《大砍〔歡〕喜》　P.325
《大破九龍山》　P.84, 259
《大鄉里》　P.960, 967
《大傻出城》　P.551
《大義滅親》　P.666, 669, 751
《大路》　P.436
《大鬧金銀島》（《金銀島》）　P.876, 877,
《女人》　P.413
《女中丈夫》　P.612
《女兒經》　P.395

《女性之光》 P.660
《女狀師》 P.136
《女間諜》 P.529, 533
《女鏢師》 P.948
《子母碑》 P.136, 993
《小人國》 P.843, 844
《小女玲〔伶〕》 P.361
《小木蘭》 P.669
《小泰山》 P.998
《小霸王》 P.211
《弓硯緣》 P.123
《不是冤家不聚頭》 P.603, 620
《中華精武義俠團》 P.1002
《五月梅花》 P.296
《五陵鞭掛秦淮月》(《五陵邊掛秦淮月》、《秦淮月》) P.90, 347, 349, 357
《今宵重見月團圓》(《今宵重見月團圓賦》) P.166, 167, 963
《六國大封相》(《六國封相》) P.241, 273, 865, 976
《分飛蝶》 P.136
《午夜僵屍》 P.514, 518
《天明》 P.313
《天倫》 P.452
《天涯慈父》 P.966, 988
《天網》 P.684, 696
《太平洋上的風雲》 P.885,
《太平洋之戰》 P.1103
《孔雀屏》 P.125
《少奶奶的扇子》 P.187
《幻游〔遊〕南海》 P.1109
《幻鎖情天》 P.148
《廿九年報防一切》 P.645
《心魔》 P.606
《文姬歸漢》 P.125
《月下釋刁〔貂〕蟬》 P.177
《月宮寶盒》 P.940, 1037
《月移花影》 P.550, 552, 557
《木偶奇遇》 P.923, 993
《火網梵宮十四年》 P.99
《火燒少林寺》 P.1026
《火燒猛獸林》 P.643
《父母心》 P.699
《王大儒供狀》 P.95, 598
《王妃入楚軍》 P.836
《王寶釧》(《王寶川》) P.80, 465, 466, 469, 485, 532, 540
《世外桃源》 P.209
《世道人心》 P.484, 487, 517
《仕林祭塔》 P.384, 474, 475, 714
《兄緣嫂劫》 P.496
《出妻順母》 P.83, 265, 266, 268, 270, 273, 276, 277, 296
《北梅錯落楚江邊》 P.427, 471
《半夜歌聲》{應為《夜半歌聲》} P.1082
《半面西施》 P.830
《古今西廂》(《今古西廂》) P.596, 607
《古怪老婆》 P.319
《可憐女》 P.150, 334
《可憐秋後扇》 P.487
《史可法》 P.964
《史可法守金陵》 P.839
《司馬相如》 P.990
《四進士》 P.987
《尼山日月》 P.137, 138
《巧立歌聲》 P.723
《平貴別窯》 P.341
《正一孤寒種》 P.751
《永春三娘》 P.1033
《玉郎原是賊》 P.699, 702, 705
《玉獅墜》 P.121
《玉樓春怨》 P.149
《瓦崗英雄》 P.450

《甘違軍令慰阿嬌》 P.178
《生力軍》 P.480
《生命線》 P.452, 496, 551
《生武松》 P.805
《生機》 P.356
《白雲塔》 P.437
《白天使》 P.660
《白金龍》 P.84, 326, 337, 338, 356
《白旋風》 P.886
《先開嶺上梅》 P.525
《共赴國難》 P.652
《再生花》(《再花生》) P.405, 413, 417, 437
《危城鶼鰈》 P.94, 252
《同心結》 P.998
《回荊州》 P.122
《朱德雁門關血戰》 P.666
《殺虎案》 P.1038
《百勝將軍》 P.277
《老虎詐嬌》 P.620
《老婆奴》 P.471
《老鼠嫁貓兒》 P.450
《回窯》{即《平貴回窯》} P.341
《血染芭蕉》 P.251, 256, 260
《血海花》 P.924
《血淚情花》 P.789, 813
《血淚灑良心》 P.300, 846
《血灑桃花扇》 P.903
《西太后》 P.84, 845, 861, 862, 868
《西河會》 P.349,
《西施》 P.487, 488, 492, 493
《西線無戰事》 P.1165
《西藏桃源》 P.729
《何必覓封侯》 P.602
《余美顏》 P.181
《兵霸藍橋》(《兵…??橋》) P.768
《劫後英雄》 P.159
《吾兒不肖》 P.901
《呆佬拜壽》 P.702, 752
《孝婦慟獅兒》 P.296, 298
《孝緣》 P.117
《希特勒》 P.1008
《忍棄枕邊人》 P.905, 919
《我見猶憐》 P.324, 357
《扭計祖宗》 P.343
《抗戰精華》 P.694
《村女歌姬》 P.741
《杜十娘》 P.864
《沈雲英》 P.122
《沖天鳳》 P.890
《沙漠水晶宮》 P.443
《沙漠情歌》 P.1125
《秀才愛當兵》 P.335
《乖孫》 P.380
《亞郎原是賊》 P.697
《亞蘭賣豬》 P.149
《京華豔遇》 P.349
《佳偶兵戎》 P.175, 619, 647, 700, 819
《兒女英雄》 P.660
《兒女債》 P.479, 480, 481, 482
《兒皇帝》 P.846
《兩朵紅花》 P.381
《兩朵梅花最可憐》 P.156
《兩藩王入粵》 P.631
《周氏反嫁》 P.1009
《周瑜歸天》 P.1068, 1070
《夜劫蓮花陣》 P.862
《夜來香》 P.886
《夜戰馬超》 P.121
《奇女子》 P.146
《奔月》 P.799
《妻多夫賤》 P.558, 560, 563
《妾朱唇》 P.954
《妾怨浮雲郎怨月》 P.357

《姊妹》{ 未知是否即《姊妹花》} P.437
《姊妹花》 P.356, 360
《姑嫂墳》 P.298, 300
《孟麗君》 P.536
《孤軍》 P.93, 331, 332, 338, 343
《孤島天堂》 P.809
《孤寒種》 P.426
《官清民樂》 P.615
《定坤山》 P.441
《忠節補情天》 P.301
《忠節難存》 P.285
《怕聽銷魂曲》 P.535, 606
《性的生理》 P.889
《怪電人》 P.988
《抵玩》 P.538
《拗碎靈芝》 P.315
《明末遺恨》 P.851
《東林恨史》 P.84, 302
《武松殺嫂》 P.1065
《武潘安》 P.851, 852
《泣荊花》 P.150, 496, 704, 892
《盲佬救妻》 P.88, 165
《空谷蘭》 P.902
《舍子奉姑》(《捨子奉姑》) P.264, 288, 295, 532, 535
《花上龍吐珠》 P.889
《花木蘭》 P.880
《花好月圓》 P.946, 954, 990
《花妖》 P.614, 617, 619
《花香籠虎帳》 P.557
《花蚨蝶》(《花蝴蝶》) P.207, 865
《花陣困呆蟲》 P.473, 475
《虎口情鴛》 P.581
《虎穴情鵜》 P.241
《虎嘯琵琶巷》 P.749, 835
《金屋十二釵》 P.568
《金屋藏嬌》 P.669
《金絲蝴蝶》 P.313
《金葉菊》 P.741
《金龜地獄》 P.626
《阿斗官》 P.792
《阿利巴巴與四十大盜》 P.1115
《雨過天青》 P.313
《青霜劍》 P.122
《侯門小姐》 P.357
《信陵君竊符救趙》 P.840
《南國姊妹花》 P.841
《城市之光》 P.275, 480, 485
《客途秋恨》 P.467
《封相》 P.296, 641, 699, 823, 837
《封神榜》 P.741
《封鎖大西洋》 P.551, 555
《星海之戰》 P.1008
《春風楊柳》 P.395
《春娥教子》 P.89, 341, 342, 349, 405
《春酒動芳心》 P.336
《春意》 P.992
《春閨三鳳》 P.992
《昨日之歌》 P.85, 414
《柳為荊愁》 P.147
《柳蔭蟾宮客》 P.547
《毒玫瑰》 P.166, 188, 708
《洪承疇》 P.838, 840, 942
《炮轟五指山》(《五指山》) P.347, 351
《皇后離婚血案》 P.935
《皇姑嫁何人》 P.674, 1010
《皇宮雙燕》 P.742
《相思案》 P.1030
《穿花蝴蝶》 P.149
《紅衣女俠》 P.937
《紅玫瑰》 P.283
《紅粉佳人》 P.940, 941, 944, 949, 1038

《紅船外史》 P.85, 378, 401, 1010
《美人名馬》 P.697
《美德大戰》 P.920
《背解紅羅》 P.731,
《胡不歸》 P.942
《胡奎賣人頭》 P.250
《苗宮夜合花》(《苗宮》) P.285, 292, 293
《苦鳳鶯憐》 P.87, 522, 703, 715
《英武將軍》(《鸚鵡將軍》) P.260, 261
《英空軍大戰》 P.986
《英俄大戰》 P.90, 426
《英德大戰》 P.907
《軍校生活》 P.436
《郎心花塔影》 P.300
《重渡玉門關》 P.811
《陌路妻兒》 P.970, 977, 985
《風流地獄》 P.567, 568, 575, 582, 616
《風流皇后》 P.911, 912
《風流寡婦》 P.399
《風流騷客》 P.241
《飛手大盜》 P.904
《飛鳳游龍》 P.100
《香花山大賀壽》(《香山大賀壽》、《香花山》) P.115, 178, 263, 426, 723, 853, 854
《香閨四俠》 P.742
《香閨劫》 P.604
《俾斯麥浮沉記》(《俾斯麥》) P.982
《冤枉大老爺》 P.562
《原來我誤卿》 P.187
《唐伯虎夜點秋香》 P.1165
《唐宮恨》{未知是否即《唐宮恨事》} P.366, 380, 613, 693
《唐宮恨事》 P.363
《時勢做英雄》 P.667
《桃花俠》 P.530, 537, 538, 587
《桃花扇》(《李香君》) P.461, 462
《泰山壓九魔》 P.674, 675
《海上霸王》 P.934, 1038
《海底針》 P.461, 490, 491, 493, 494, 496, 989
《海陸空潛艇大決戰》 P.331
《狸貓換太子》 P.146
《珠江風月》 P.711, 1013, 1099
《疍家妹》 P.489, 1194
《疍家妹水戰》(《拷打薄情郎》) P.353
《神秘女皇》 P.412
《神經宮主》 P.616, 620
《神鞭俠》 P.576, 882
《神鷹》 P.241
《秦檜賣國》(《秦檜》) P.839, 841, 842, 843, 845
《粉粧樓》 P.852
《粉碎姑蘇台》(《姑蘇台》) P.488, 490, 491, 492, 493, 498, 499
《粉墨狀元》 P.540
《胭脂波》 P.205
《脂粉袈裟》 P.661
《草裙春色》 P.789
《荊棘幽蘭》 P.904
《馬賽革命》 P.542
《骨肉恩仇》 P.781
《鬥氣姑爺》 P.90, 325, 329, 334, 336, 338, 412, 425, 519, 563, 564, 587, 591, 601, 958
《鬥戲姑爺》{未知是否即《鬥氣姑爺》} P.958
《鬼妻》 P.931, 932, 941
《假王爺》 P.562
《做人新婦甚艱難》 P.567
《做人難》 P.556, 566, 567, 582
《國色天香》 P.493, 501, 509, 515, 523, 576, 620, 681
《婆羅州》 P.889
《密室怪人》 P.479, 496
《張天師》 P.401
《御審風流案》 P.472
《患難夫妻》 P.469

《情泛梵皇宮》（《梵皇宮》） P.89, 340, 349, 417, 528, 593, 681, 683, 742
《情海波瀾》 P.188
《情海慈航》 P.748
《情網殺人精》 P.728
《情鴛鬥夕陽》 P.146
《掃蕩香粉寮》（《香粉》） P.1118, 1120
《梅花樂》 P.147, 148
《梨花罪子》 P.331, 346, 565
《梨花壓海棠》 P.146
《欲念鬥情心》 P.462
《殺人小姐》 P.556, 557
《殺人王》 P.965, 1020
《殺子報》 P.614, 615, 616, 626
《淚灑斷腸花》 P.958
《凌霄孤雁》 P.1185
《烽火奇緣》 P.821, 822, 845
《猛獸大血戰》 P.375
《猛獸皇宮》 P.304
《理想未婚妻》 P.711
《第弎次湘北大戰》（《第二次湘北大捷》，《湘北大捷》，《湘北》） P.1014, 1015, 1017
《蛇仔利怕老婆》 P.480
《蛇蠍美人》 P.428
《連生貴生〔子〕》 P.1173
《都是她》 P.137
《都會的早晨》 P.315
《野人王》 P.1036
《野人記》 P.977
《野花那有家花香》 P.1072
《野花香》（《藍天使》） P.83, 90, 91, 353, 354, 356, 365, 405, 406, 407, 425, 460, 542, 582, 588, 589, 590, 591, 684, 752
《閉門推出窗前月》 P.384
《陰陽扇》 P.763
《陳夢吉與荒唐鏡》 P.1173
《陶三春》 P.137
《雪姑七友傳》 P.806
《雪國仇》 P.471
《魚腸劍》 P.845, 887, 890
《麻姑獻壽》 P.126
《傀儡情人》 P.98, 1141
《喜事重重》 P.942
《富貴浮雲》 P.633
《寒江關》 P.138
《循環鏡》 P.247, 248, 253, 277, 285, 296
《插翼虎》 P.890
《智探鸝珠》 P.148, 149, 150
《最後勝利》 P.686, 693, 696, 703, 705, 732
《最後關頭》 P.677
《殘霞漏月》 P.147, 149
《湄江情浪》 P.347, 351
《無邊春色》 P.349
《琴劍靖皇宮》 P.920
《盜窟奇花》 P.83, 723
《絕代佳人》 P.851
《華北戰事》 P.660
《貂蟬》 P.599, 769
《貼錯門神》 P.567, 569, 576, 626
《進行曲》 P.935
《鄉下佬》 P.443
《鄉下佬游埠》 P.439, 845
《亂世忠臣》 P.88, 151, 152, 165, 637
《傻大俠》 P.206
《傻仔洞房》 P.90, 325
《傻偵探》 P.503
《傾國名花》（《傾國桃花》） P.742
《傾國傾城》 P.474
《愛妻劍化吳宮去》（《愛妻》） P.254, 260, 264, 266
《愛國是儂夫》 P.687, 688, 695
《慈禧太后》 P.79, 460, 461, 462, 592
《新青年》 P.554
《楚姬下嬪》 P.832

《獅人記》 P.321
《禁苑春濃》 P.338
《筲箕冚鬼》 P.400
《綏遠戰事》 P.95, 585, 587
《義乞存孤記》(《義乞存孤》) P.138, 329
《萬惡以淫為首》 P.99
《萬獸之王》 P.897
《落花時節》 P.549
《落霞孤霧〔鶩〕》 P.97, 1088
《董貴妃》 P.469
《解語花》 P.537, 539, 549
《賊王子》 P.563, 683, 785, 794, 858, 967, 988
《賊美人》 P.498, 501, 512
《隔籬弍叔婆》 P.493
《雷峯塔》 P.890
《雷劈好心人》 P.1020
《壽山》 P.1109
《歌台豔史》 P.370
《歌侶情潮》 P.90, 330, 337, 343, 345, 634, 694
《歌斷衡陽雁》 P.379
《漁家女》 P.560
《漢奸的結果》(《漢奸結果》) P.680, 681, 682, 688
《漢高祖》 P.925, 927, 928
《碧玉簪》 P.888
《碧雲天封相》 P.293
《蒸生瓜》 P.340
《裸女島》 P.680, 700
《裸女集中營》 P.1002
《賓虛》 P.176
《銀宮豔盜》 P.325, 565
《銀海鴛鴦》 P.793
《銀様蠟槍頭》 P.472
《銀禧巡遊》 P.426
《魂斷藍橋》 P.955
《齊天大聖》 P.326
《齊侯嫁妹》 P.824, 829
《廣州一婦人》 P.470
《廣州三日屠城記》(《三日屠城》《三日屠城記》) P.584, 607, 612, 634, 635
《廣東游擊戰》 P.756
《慾望》 P.682
《慾禍》 P.561, 562, 565, 582
《憔悴怨東風》 P.478
《摩登時代》 P.480, 602
《摩登貂蟬》 P.556, 607
《摩登新娘》 P.503
《摩登盤絲洞》 P.936, 937
《歐州〔洲〕風雲》 P.883
《潛艇襲東京》 P.1120
《璇宮豔史》 P.239, 252, 338, 800
《蝦兵蟹將》 P.929
《蝴蝶杯》 P.336
《蝶弄花》 P.846
《蝶影壓斜陽》 P.710
《衛國棄家仇》 P.682, 683
《誰知花有刺》(《花有刺》) P.501, 510, 528
《誰是父》 P.136, 346
《賣怪魚》 P.352
《賣花女》 P.708
《賣瘋救狀元》 P.1020
《醋淹藍橋》 P.148
《銷金窩》 P.265
《銷魂柳》 P.299
《魯莽變溫柔》 P.553
《戰士》 P.549
《戰士十年歸》 P.751, 759
《戰士情花》 P.706
《戰地歸來》 P.667
《激死外父》 P.401
《錦繡河山》 P.607, 635
《錦繡前程》 P.89, 591, 593, 598
《錯認梅花作杏花》 P.516, 520

《險將情侶作冤家》 P.626
《霓裳仙子》 P.714
《鴛鴦劫》 P.989
《鴛鴦譜》 P.619, 621
《龍城虎將》 P.565
《龍城飛將》 P.89, 402, 612, 613, 648, 708
《龍宮神女》 P.849
《龍種》 P.1103
《擊鼓催花》 P.978
《濟公活佛》 P.953
《縮形怪醫》 P.927
《薄倖郎》(《薄幸郎》) P.452
《薛剛大鬧花燈》 P.880
《賽金花》 P.890
《賽昭君》 P.224
《鍾無豔》 P.430, 431
《黛玉葬花》 P.476
《斷崖飛絮》 P.252
《歸來》 P.343
《聶隱娘》 P.122
《醫驗人體》 P.395, 399, 437
《鵑啼殘月》 P.377, 626
《櫜鞬裙釵都是她》 P.707
《癡心女》 P.761
《癡心胡〔蝴〕蝶》 P.256
《藕斷絲連》 P.781, 783, 794
《蟾光惹恨》 P.81, 120
《關東雙俠》 P.892
《難分真假淚》 P.82, 85, 137, 138, 707, 972
《難測婦人心》(《婦人心》) P.452, 460, 461, 462, 469, 496, 539, 577, 592, 987, 1148
《寶芙蓉》 P.294
《寶鼎明珠》 P.89, 754, 759, 763, 767, 768, 852, 853
《寶劍名花》 P.702, 937
《蘇武牧羊》 P.693
《蘇聯抗戰特輯》 P.1017
《蘇聯空軍七口〔三？〕》 P.881
《覺悟》 P.321
《贏得青樓薄倖(幸)名》(《薄倖》、《青樓薄倖名》、《薄倖名》) P.319, 331, 510, 515, 584, 601, 602, 685
《攝青鬼》《女攝青鬼》 P.371, 871, 892
《續白金龍》 P.660
《轟天雷》 P.975
《鐵血芳魂》 P.491, 495, 496, 525
《鐵扇宮〔公〕主》 P.1031
《鐵馬》 P.403
《鸕鴣五子》{未知是否即《鸕鴣王子》}???
《鸕鴣王子》(《鸕》) P.254
《體育皇后》 P.351
《靈魂戀愛》 P.298
《蠻宮雙鳳》 P.447, 459
《觀音化銀》 P.1052
《觀音兵》 P.711, 712
Bataan P.1149
King of the Wild（King of wild） P.1119
Thief of Badad[Bagdad]（Thief of Bad[Bagdad]）{時譯作《賊王子》} P.778

人物

丁公醒 P.625
九手純 P.858
三上參次 P.486
上海妹（Sheung Hoi Mui） P.586, 667, 669, 815
千里駒（駒） P.230, 240, 250, 254, 259, 264, 272, 275, 277, 279, 281, 282, 286, 287, 288, 294, 295, 296, 298, 299, 300, 301, 324, 325, 339, 436, 441
小明星 P.1010, 1017
少飛鴻 P.600, 624

少新權 P.668, 1006

文士可（Man She Ho，Man Shi Ho，Man Shii Ho，文仕可，仕可，可，文，老文） P.125, 135, 136, 137, 138, 140, 141, 142, 143, 144, 146, 147, 148, 149, 150, 151, 152, 153, 154, 155, 156, 157, 158, 159, 160, 162, 163, 164, 165, 166, 167, 168, 169, 170, 171, 172, 173, 174, 177, 179, 180, 181, 182, 183, 184, 186, 187, 188, 189, 190, 191, 192, 198, 205, 206, 207, 210, 211, 213, 214, 215, 217, 220, 224, 225, 227, 228, 229, 248, 253, 254, 256, 259, 261, 264, 268, 270, 274, 275, 277, 278, 279, 280, 282, 283, 284, 285, 286, 288, 290, 292, 293, 294, 295, 296, 298, 299, 300, 301, 302, 303, 304, 305, 306, 307, 313, 322, 328, 352, 359, 373, 382, 383, 390, 391, 403, 406, 431, 434, 460, 464, 466, 467, 476, 513, 518, 526, 538, 543, 544, 546, 548, 550, 558, 560, 582, 596, 599, 600, 602, 621, 627, 631, 632, 634, 635, 636, 657, 672, 676, 682, 683, 697, 698, 706, 726, 732, 749, 780, 812, 821, 831, 864, 906, 908, 939, 946, 947, 984, 985, 993, 1033, 1044

文錫康（錫康，Man Sik Hong）{文士可子} P.261, 471, 554, 596, 636, 651, 806, 864, 1042, 1043

文譽可（譽可，Man Yu Ho，弍哥，文譽兄） P.111, 120, 135, 143, 155, 157, 162, 166, 249, 254, 400, 415, 429, 524, 547, 780

月兒 P.765

王中王 P.440, 657, 661, 662, 673, 680, 785, 850, 855, 867, 1038

王閏 P.1001

王醒伯 P.274, 659,

半日安（安，日安） P.406, 436, 438, 470, 474, 475, 477, 484, 486, 487, 489, 490, 577, 578, 580, 581, 585, 586, 587, 593, 602, 605, 609, 611, 649, 657, 661, 667, 669, 679, 697, 726, 764, 785, 797, 801

司徒秩 P.493, 523, 551, 1073

母（亞娘，大母親，李氏，母親，家母，家姑，家慈，劉氏，大母，mother） P.110, 118, 119, 122, 130, 141, 147, 165, 185, 200, 203, 217, 218, 221, 224, 229, 231, 242, 279, 354, 359, 393, 415, 433, 450, 459, 464, 477, 478, 484, 490, 494, 498, 500, 546, 551, 560, 561, 564, 565, 569, 585, 591, 602, 603, 607, 626, 632, 638, 647, 766, 811, 904

田立發（立發，立法，田君，Tin，L.F. Tin，發，法，田，發兄，法兄，立法兄，肥法，法仔，肥仔法，T.L.F.，Tin Lap Fat） P.703, 704, 706, 707, 708, 709, 711, 714, 717, 720, 721, 722, 723, 724, 725, 726, 729, 730, 732, 733, 735, 737, 739, 740, 741, 742, 745, 746, 750, 754, 755, 757, 762, 763, 766, 769, 774, 777, 779, 783, 786, 790, 808, 809, 811, 813, 814, 819, 829, 840, 852, 854, 855, 856, 859, 860, 862, 865, 866, 868, 871, 872, 878, 879, 881, 882, 887, 888, 890, 891, 893, 894, 898, 901, 902, 903, 905, 906, 908, 910, 911, 916, 917, 918, 919, 921, 932, 934, 935, 936, 937, 939, 942, 943, 947, 949, 950, 953, 954, 955, 956, 957, 959, 960, 962, 965, 966, 967, 968, 969, 970, 971, 980, 981, 982, 983, 984, 985, 986, 987, 988, 996, 998, 999, 1001, 1002, 1006, 1007, 1010, 1013, 1014, 1015, 1017, 1019, 1020, 1025, 1026, 1027, 1028, 1029, 1032, 1033, 1035, 1036, 1038, 1043, 1046, 1051, 1052, 1053, 1054, 1055, 1057, 1058, 1060, 1061, 1062, 1063, 1064, 1065, 1066, 1067, 1069, 1070, 1071, 1072, 1074, 1075, 1076, 1077, 1078, 1079, 1080, 1081, 1085, 1086, 1088, 1089, 1090, 1091, 1092, 1093, 1094, 1100, 1104, 1105, 1109, 1110, 1119

白玉棠（白，玉棠） P.199, 240, 250, 258, 279, 281, 288, 294, 295, 298, 301, 302, 304, 306, 325, 436, 441, 958,

白崇禧 P.688

白劍郎 P.943

白駒榮 P.425, 622,

石中山 P.480, 516, 561

任劍輝 P.582, 624, 629, 630, 654, 900

朱晦隱（朱，朱彤章） P.271, 272, 277, 295

朱普泉 P.618

朱聘蘭 P.301

朱箕汝（朱兄，朱君，朱） P.492, 501, 527, 528, 530, 544, 551, 554, 557, 561, 565, 566, 582, 584, 613, 618, 636, 637, 647, 650, 660, 672, 705,

朱懷民（Chü Wai Man，Chu Wai Man） P.180, 226, 229, 425, 426, 428,

江民聲（江文聲）{《南中晚報》} P.335, 341, 355, 360, 364, 389, 390, 391, 410, 411, 414, 422, 449, 560, 599, 756, 859, 927, 934, 938, 950, 957, 1015

西湖女 P.919, 966, 969

何世禮 P.561

何甘棠（何棣生） P.548, 549, 693, 832, 834, 835, 987,

何芙連 P.935, 972

何柏舟（柏舟，Ho Pak Chau） P.163, 735, 738, 760, 777, 790, 796, 799, 800, 809, 816, 819, 852, 853, 943, 948, 1012, 1018, 1070, 1080,

何洪略（何鴻略） P.1087, 1090

何萼樓 P.190

余東旋 P.501

余非非 P.298, 301

余潤（潤叔，閏叔，余閏） P.452, 468, 470, 471, 483, 493, 494, 498, 501, 515, 518, 519, 523, 526, 533, 557, 558, 560, 565, 592, 595, 599, 601, 630, 643, 846, 870, 914

利希立（利老四希立） P.362, 452, 477, 531, 560, 891

利良 {利良奕？} P.745

利榮根 P.530

吳多太 P.1083

吳楚帆 P.493

吳霸陵 P.683

呂玉郎 P.673

呂維周 P.423,

宋士祁 P.545, 546

宋子良 P.514

岑維休（岑公，Mr Shum） P.460, 561, 615, 624, 683, 773, 799, 915,

李少芳 P.1104

李宗仁 P.688, 709

李海泉 P.301, 306

李祖佑 P.700

李惠堂 P.575, 605, 608

李福枝（福枝） P.987, 1018

李飛鳳（Lee Fai Fung） P.124

李福和 P.917

李綺年 P.618

李翠芳 P.659, 989

李遠（李軟，李，李仔，李某） P.157, 166, 314, 315, 331, 341, 344, 345, 355, 356, 361, 364, 366, 367, 373, 376, 377, 380, 395, 515, 519, 579, 580, 593, 594, 595, 597, 602, 603, 606, 607, 608, 609, 610, 611, 612, 614, 615, 616, 617, 620, 621, 622, 625, 632, 633, 635, 649, 650, 651, 657, 658, 661, 662, 665, 666, 668, 671, 672, 673, 674, 676, 677, 680, 681, 682, 683, 686, 687, 688, 693, 696, 697, 698, 699, 700, 707, 713, 716, 792, 793, 834, 935, 937, 938, 957, 975, 1003, 1008, 1012, 1018, 1061

李樹芬 P.713

李濟深（李任潮） P.134, 174

杜月笙 P.685, 715,

杜益謙 P.488

肖麗章 P.799, 800,

冼占鰲（鰲哥） P.131, 146, 613

冼炳熹（冼秉熹，冼某） P.326, 419, 424, 468

卓仁璣（卓□齋，卓某，卓仁磯） P.579, 580

周壽臣 P.210, 466

和久田 P.1037

林坤山（坤山） P.556, 618, 694

邵仁枚（邵老三） P.541, 543, 612, 615, 624, 640, 641, 644, 715, 996, 997,

邵仁棻 P.660

邵邨人（邵邨仁，邵老二） P.617, 715, 1016

邵逸夫 P.559

邵醉翁（邵某） P.439, 440, 467, 715

侯壽南（壽南，Hau Shou Nam） P.509, 547, 801, 812, 927, 928, 931, 1060

紅線女 P.1112

胡文虎 P.365

胡漢民 P.484, 551

胡蝶 P.378

英理就（英，英師爺，英君，英某） P.530, 531, 541, 545, 546, 547, 593, 866, 964

韋劍芳 P.491, 492

韋寶祥（韋兄，韋師爺，韋某，寶祥）{ 高路雲狀師樓 } P.469, 494, 534, 535, 543, 578, 581, 632, 655, 670, 671

香翰屏 P.594

唐雪卿 P.478, 669

唐滌生 P.1088, 1090

桂少梅 P.653, 1051

桂名揚 P.435, 437, 474, 596

桂花棠 P.854

袁耀鴻（袁，耀洪，袁耀洪，Yuen Yiu Hung，I.H. Yuen） P.777, 778, 779, 788, 798, 813, 514, 817, 819, 820, 824, 830, 835, 839, 840, 849, 852, 853, 880, 894, 899, 911, 926, 942, 996, 997, 1036, 1093, 1121, 1123, 1137, 1144, 1149, 1147, 1148, 1156, 1167, 1173, 1177

馬公權（公權，馬惠農，馬慰農，馬世伯，惠農，馬惠儂，馬蕙農）{ 馬師曾父親 } P.320, 365, 383, 393, 433, 489, 514, 515, 516, 518, 603, 606, 627, 650, 654, 676, 662, 665, 697, 704, 905, 931, 920, 941, 1117

馬文星（馬，馬某，馬君，馬公文星，Ma Man Shing，Ma Man Sing）{ 普慶戲院 } P.489, 494, 495, 498, 502, 505, 506, 508, 509, 517, 521, 533, 545, 559, 550, 551, 558, 568, 576, 616, 626, 629, 636, 637, 654, 656, 663, 666, 668, 669, 678, 687, 694, 703, 723, 737, 743, 749, 761, 774, 778, 791, 794, 797, 804, 806, 816, 819, 829, 830, 832, 837, 842, 844, 848, 903, 918, 922, 933, 956, 1030, 1050, 1057, 1093

馬斗南 P.859

馬師洵（師洵）{ 馬師曾四弟 } P.514, 515, 516, 812,

馬師曾（馬伯魯，伯魯，馬伶，馬，馬大，馬兄，馬某，馬師僧，老大，馬仔，師曾，馬大哥，馬君，馬記，Ma，Ma She Tseng，Ma She Tsang） P.136, 155, 165, 231, 241, 243, 315, 319, 320, 323, 325, 328, 329, 331, 335, 336, 338, 339, 340, 341, 342, 344, 345, 346, 348, 350, 352, 353, 354, 355, 357, 364, 365, 367, 373, 378, 380, 384, 393, 394, 399, 400, 402, 403, 406, 407, 419, 423, 427, 428, 434, 435, 437, 438, 443, 450, 451, 452, 459, 461, 462, 463, 464, 468, 469, 470, 471, 472, 473, 474, 476, 477, 478, 479, 481, 482, 483, 484, 485, 486, 487, 488, 489, 490, 491, 492, 493, 494, 497, 498, 501, 503, 504, 505, 506, 507, 508, 509, 510, 512, 515, 516, 517, 518, 519, 521, 522, 523, 524, 525, 526, 527, 528, 529, 530, 531, 532, 533, 535, 536, 537, 539, 540, 541, 542, 543, 544, 545, 546, 547, 548, 550, 551, 553, 554, 558, 559, 561, 562, 564, 567, 568, 569, 576, 578, 579, 580, 581, 583, 585, 586, 587, 588, 589, 590, 591, 592, 593, 594, 597, 598, 599, 600, 601, 602, 604, 606, 609, 610, 611, 612, 614, 615, 616, 617, 618, 619, 622, 624, 625, 626, 627, 628, 630, 632, 633, 637, 640, 641, 642, 643, 644, 645, 646, 647, 649, 651, 654, 655, 668, 669, 677, 678, 679, 681, 682, 683, 684, 685, 688, 693, 695, 696, 697, 698, 700, 701, 702, 703, 704, 705, 709, 711, 712, 713, 714, 715, 716, 718, 719, 720, 721, 723, 724, 725, 727, 728, 732, 736, 739, 742, 749, 750, 752, 756, 759, 760, 763, 764, 768, 771, 784, 786, 789, 791, 792, 794, 801, 804, 805, 806, 807, 811, 812, 813, 814, 815, 818, 820, 825, 829, 830, 832, 833, 834, 838, 839, 840, 841, 842, 843, 844, 846, 848, 850, 851, 853, 855, 856, 858, 859, 861, 863, 866, 867, 869, 873, 874, 875, 876, 880, 881, 884, 886, 888, 890, 892, 893, 894, 895, 896, 897, 898, 899, 900, 902, 903, 904, 905, 906, 907, 908, 910, 914, 925, 928, 929, 931, 932, 934, 935, 937, 938, 939, 943, 948, 952, 953, 954, 957, 959, 960, 961, 964, 965, 966, 967, 968, 969, 970, 973, 974, 976, 977, 978, 979, 980, 983, 984, 986, 989, 990, 991, 992, 995, 996, 997, 998, 999, 1002, 1003, 1004, 1006, 1014, 1016, 1017, 1018, 1019, 1036, 1074, 1103, 1107, 1119, 1129, 1133, 1146, 1147, 1148, 1152, 1153, 1154, 1156, 1160, 1161, 1163, 1174

馬師奭（馬師式，師奭，師式）〔馬師曾三弟〕 P.516, 547, 548, 554, 684, 916

馬師贊（贊，師贊，馬師志，Ma She

Che）{馬師曾二弟} P.155, 281, 405, 406, 426, 464, 498, 516, 530, 554, 566, 594, 618, 632, 642, 644, 650, 652, 667, 677, 771, 785, 914, 1118

高可寧（高伯） P.960, 961

區啟新（區辛，區新，啟新，歐啟辛，歐辛，新，歐新，辛，Au Kai San） P.329, 332, 335, 337, 352, 355, 376, 382, 383, 401, 402, 403, 404, 459, 466, 475, 504, 510, 513, 519, 525, 526, 542, 544, 548, 549, 561, 566, 583, 592, 602, 605, 606, 612, 614, 615, 617, 619, 620, 621, 625, 628, 629, 635, 645, 649, 651, 653, 661, 671, 676, 681, 686, 695, 719, 720, 729, 730, 732, 744, 784, 799, 840, 846, 848, 860, 864, 872, 873, 928, 939, 952, 961, 967, 968, 1009, 1066, 1080, 1109

巢坤霖（巢公，巢坤林，坤霖） P.856, 891, 921, 924, 936, 942, 943, 944, 960, 966, 968, 972, 974, 988, 998, 1009, 1014, 1015, 1025, 1032, 1034

張民權（張，張兄，文權，民權，張文權，張某，文，Cheung Man Kuen） P.423, 426, 429, 436, 437, 438, 439, 440, 441, 442, 443, 444, 448, 449, 452, 459, 460, 461, 465, 467, 468, 470, 471, 473, 474, 475, 479, 482, 484, 485, 488, 489, 491, 492, 494, 495, 496, 497, 498, 499, 500, 501, 502, 505, 508, 510, 511, 512, 514, 516, 517, 518, 519, 520, 521, 523, 525, 527, 530, 533, 535, 538, 542, 543, 545, 548, 549, 551, 554, 555, 556, 557, 559, 560, 561, 563, 564, 565, 566, 567, 568, 575, 576, 578, 582, 583, 584, 585, 586, 587, 590, 591, 592, 593, 595, 597, 598, 599, 601, 604, 608, 612, 615, 617, 618, 621, 623, 624, 626, 627, 628, 630, 633, 634, 636, 637, 638, 640, 642, 643, 644, 646, 647, 651, 652, 653, 655, 656, 657, 660, 662, 667, 669, 671, 672, 677, 682, 693, 695, 701, 702, 703, 704, 705, 706, 707, 709, 712, 713, 716, 719, 720, 722, 723, 732, 740, 743, 744, 754, 780, 787, 788, 794, 812, 818, 845, 846, 849, 851, 852, 861, 862, 865, 867, 869, 870, 872, 874, 876, 878, 879, 880, 881, 884, 881, 889, 890, 891, 892, 893, 894, 895, 898, 900, 901, 904, 905, 906, 907, 908, 910, 911, 912, 913, 915, 916, 917, 919, 921, 923, 925, 926, 927, 928, 929, 931, 932, 933, 934, 935, 937, 939, 940, 941, 942, 944, 945, 946, 947, 948, 949, 950, 951, 952, 953, 954, 956, 957, 960, 967, 969, 973, 985, 994, 1030, 1035,

張伯齡（Cheung Pak Ling） P.761, 764, 767, 775

張活游 P.490, 492, 501, 504, 898, 900, 901

張學良（張逆） P.562

梁日餘（日餘，日如，Leung Yat Yiu，Leung，Yat Yiu，Yat Yu，Leung Yat Yü） P.360, 377, 389, 395, 460, 490, 513, 516, 524, 532, 549, 565, 568, 577, 592, 594, 596, 600, 619, 628, 634, 635, 676, 724, 726, 743, 760, 775, 776, 777, 778, 779, 784, 794, 796, 797, 801, 808, 824, 831, 836, 837, 842, 853, 856, 857, 860, 861, 864, 866, 872, 873, 880, 886, 887, 924, 925, 927, 933, 936, 939, 941, 944, 955, 971, 973, 980, 986, 987, 990, 993, 1008, 1014, 1030, 1037, 1100, 1132, 1137, 1144, 1145, 1151

梁炳照（梁秉照，炳照，秉照，梁兄，梁君，炳，梁某，炳兄，丙照） P.130, 182, 324, 381, 382, 383, 384, 385, 386, 395, 399, 400, 402, 411, 412, 413, 415, 468, 473, 505, 511, 516, 517, 518, 519, 520, 521, 527, 531, 544, 547, 548, 549, 550, 551, 552, 553, 554, 555, 556, 557, 559, 561, 566, 584, 586, 589, 590, 591, 592, 596, 597, 602, 603, 604, 607, 608, 609, 610, 612, 614, 617, 618, 622, 624, 625, 628, 631, 633, 634, 635, 637, 641, 642, 643, 644, 645, 647, 650, 652, 654, 662, 663, 664, 667, 673, 676, 677, 678, 679, 680, 682, 683, 688, 693, 697, 699, 700, 703, 705, 707, 709, 711, 713, 714, 715, 717, 718, 720, 721, 722, 726, 733, 737, 740, 741, 744, 786, 790, 803, 804, 814, 819, 821, 832, 875, 881, 889, 911, 919, 920, 933, 942, 943, 968, 998, 1008, 1052, 1058

梁毓芬（梁沃芬，毓芬，芬，梁，梁君，梁芬，梁仔，Leung，Leung Yuk Fan） P.128, 130, 131, 146, 147, 153, 167, 168, 171, 172, 173, 174, 175, 177, 179, 181, 183, 184, 186, 190, 191, 192, 195, 197, 205, 207, 210, 211, 213, 227, 279, 289, 338

梁醒波 P.902, 906, 916

梅蘭芳（梅郎） P.119, 121, 711, 727, 728

許地山 P.993

郭元開（郭元海，海，元，元海，郭元，某，郭君元開，郭源海，郭源忠，源忠，郭兄，源開，Y. H. Kwok，Kwok Yuen Hoi） P.139, 144, 151, 152, 153, 154, 171, 205, 207, 210, 214, 215, 216, 217, 219, 226, 227, 230, 239, 240, 243, 247, 251, 258, 266, 407, 424, 428, 430, 441, 448, 481, 484, 497, 499, 504, 514, 516, 517, 521, 528, 547, 549, 579, 591, 631, 640, 645, 646, 728, 822

郭鏡清（亞鏡，鏡，鏡清，Kwok Kan Ching，七叔）{ 同興銀號司理 } P.422, 502, 503, 509, 512, 519, 547, 549, 550, 560, 766, 767, 897

陳天縱 { 編劇 } P.165, 205, 886,

陳永貞（永貞，貞，Chan Wing Ching，Chan，陳） P.196, 197, 198, 199, 205, 207, 208, 210, 211, 213, 215, 216, 217, 218, 219, 224, 227, 322, 323, 328, 333, 334, 336, 338, 340, 341, 346, 347, 349, 350, 356, 357, 364, 365, 366, 367, 399, 479, 494, 495, 509, 786, 788, 829, 875,

陳皮 P.563

陳立夫 P.527

陳宗桐（陳桐，桐哥，桐兄，桐，陳）{ 新世界戲院 } P.436, 437, 438, 439, 441, 452, 460, 465, 467, 468, 469, 470, 480, 482, 483, 484, 487, 488, 490, 491, 492, 493, 494, 496, 497, 500, 501, 510, 511, 513, 514, 516, 518, 519, 520, 521, 526, 528, 529, 532, 533, 539, 542, 545, 555, 556, 557, 558, 559, 560, 561, 562, 563, 564

陳非儂（陳，非濃） P.165, 174, 958, 1016

陳惠芬（惠芬，蕙芬，細柳，細，亞細，阿妹，亞妹，妹，柳娘，妾，細嫂，內子，母，內人，Chan Wai Fan, concubine，wife，W. F，mother） P.109, 122, 136, 137, 139, 142, 143, 147, 150, 152, 156, 157, 158, 160, 161, 163, 165, 166, 167, 169, 170, 171, 172, 173, 174, 175, 178, 179, 180, 181, 182, 183, 185, 187, 189, 190, 191, 192, 193, 196, 197, 198, 199, 207, 209, 210, 211, 214, 215, 216, 217, 218, 220, 222, 223, 224, 225, 227, 228, 229, 230, 231, 239, 241, 242, 253, 254, 255, 256, 257, 263, 264, 267, 268, 271, 272, 282, 273, 275, 276, 277, 282, 285, 289, 291, 294, 298, 299, 300, 301, 304, 305, 313, 320, 330, 335, 332, 334, 337, 343, 354, 355, 362, 367, 368, 369, 370, 371, 372, 373, 378, 381, 384, 385, 386, 390, 392, 393, 395, 399, 400, 401, 403, 410, 411, 415, 421, 426, 431, 434, 437, 438, 439, 440, 441, 442, 443, 446, 447, 448, 450, 468, 475, 475, 476, 478, 483, 498, 499, 511, 515, 517, 518, 521, 522, 523, 532, 533, 534, 537, 540, 546, 549, 553, 554, 555, 565, 625, 671, 685, 720, 725, 734, 752, 757, 880, 914, 914, 940, 945, 981, 1040, 1041, 1043, 1046, 1058, 1071, 1080, 1119, 1129, 1130, 1131, 1133, 1134, 1135, 1137, 1138, 1140, 1141, 1142, 1143, 1144, 1145, 1146, 1148, 1155, 1158, 1160, 1161, 1165, 1167, 1174

陳雲裳 P.1030

陳濟棠 P.655

陳譽興（陳，陳卿，陳譽卿） P.135, 147, 148, 150, 160, 161, 164, 169, 175, 176, 190

陳鐵生 P.200

陳鐵軍（鐵軍） P.272, 295,

陳鐵善 P.443, 523, 578

陸飛鴻 P.661

麥秉文 P.440

麥炳榮（麥秉榮） P.523, 534, 673

麥益生（Mak Yick Sang） P.126, 231

麥嘯霞（Mak Shiu Hah） P.325, 769

麥顰卿（Mak Pan Hing） P.443, 476

傅秉常 P.549

傅德蔭 P.910

彭天生（彭兄，天生） P.254, 255, 258, 264, 268, 274, 281, 295, 296, 297

曾養甫 P.547

程豔秋（豔秋，程郎，Chin Yim Chow） P.119, 120, 121, 122, 123

馮俠魂（俠魂） P.436, 479, 481, 485, 499, 502, 503, 504, 506, 508, 523, 527, 528, 539, 540, 542, 582, 588, 593, 602, 605, 609, 620, 621, 634, 666, 667, 668

馮醒錚（醒錚，馮某，錚） P.301, 306, 400, 443, 470, 474, 476, 477, 477, 478, 481, 485, 498, 501, 502, 503, 504, 505, 506, 523, 527, 528, 539, 540, 563, 577, 578

黃不廢 P.951, 997, 1014, 1015, 1024, 1070

黃少卿（西洋女，Wong Sam Koo,Sam Koo） P.206, 482, 490, 513, 514, 803, 1137, 1138, 1144

黃合和（合和，和，Wong Hup Woo，Hup Woo，Wong，Wong Hup Wo） P.905, 910, 964, 966, 968, 970, 971, 972, 974, 980, 990, 991, 998, 999, 1000, 1002, 1008, 1010, 1013, 1014, 1015, 1016, 1018, 1020, 1023, 1024, 1025, 1027, 1031, 1142, 1135, 1149, 1150, 1151, 1152, 1154, 1156, 1160, 1168

黃花節（花節） P.916, 917, 946, 1002, 1010, 1011, 1018

黃閏（黃潤，Wong Yun）{ 太平員工 } P.549, 554, 636, 1012, 1013, 1091, 1100, 1101, 1108, 1109, 1116, 1162

黃慕松 { 省府主席 } P.603

黃鶴聲（黃，聲仔，鶴聲） P.440, 501, 502, 506, 656, 658, 661, 663, 664, 665, 667, 668, 732, 739, 742, 785, 790, 791, 807, 812, 815, 850, 867, 896, 897, 898

新珠 P.301

新馬師曾（祥仔，新馬） P.231, 241, 525, 867, 885

新靚就 P.535, 538, 794, 874, 1011, 1017

楚岫雲 P.647, 649, 651, 737, 741

源杏翹（父親，父，家君，家父，家嚴，源杏橋，杏橋，杏翹，老爺，家公，老事頭，先君，先父，先嚴，father，late father） P.106, 107, 114, 115, 117, 120, 121, 123, 135, 136, 138, 140, 141, 145, 146, 147, 148, 149, 152, 154, 155, 158, 161, 162, 165, 169, 172, 173, 176, 177, 187, 188, 189, 190, 194, 196, 198, 200, 209, 210, 211, 213, 214, 215, 216, 217, 218, 220, 222, 224, 225, 229, 230, 231, 239, 240, 241, 249, 250, 255, 258, 259, 262, 263, 264, 265, 266, 267, 269, 270, 271, 272, 273, 274, 277, 278, 279, 280, 281, 282, 283, 286, 287, 289, 290, 292, 293, 295, 296, 300, 302, 304, 313, 315, 319, 320, 321, 323, 325, 327, 328, 329, 330, 332, 333, 337, 339, 341, 342, 345, 347, 348, 351, 358, 359, 360, 363, 366, 367, 369, 373, 374, 375, 376, 382, 385, 386, 387, 388, 389, 391, 392, 393, 394, 395, 400, 401, 402, 404, 405, 406, 407, 408, 409, 410, 411, 412, 413, 414, 415, 416, 417, 419, 422, 423, 432, 433, 434, 437, 439, 440, 441, 463, 469, 474, 482, 494, 509, 511, 569, 580, 584, 601, 611, 614, 639, 670, 685, 711, 714, 776, 815, 844, 850, 954, 961, 1025, 1051, 1055, 1068, 1138, 1150, 1155

源其攀（其攀，Yuen Ki Pan，攀仔，Ki Pan） P.866, 872, 873, 914, 1024, 1025, 1039, 1042, 1050, 1079, 1134, 1137, 1138, 1141, 1143, 1145, 1151, 1153

源衍藩（衍，Hin Fan，Hin） P.364, 404, 481, 497, 525, 546, 548, 648, 662, 699, 778, 779, 789, 803, 824, 861, 864, 872, 891, 904, 923, 934, 947, 974, 985, 1016, 1045, 1063, 1070, 1130, 1136, 1146, 1161

源授彭（壽彭，彭） P.591, 638

源堯勳（堯仔，堯，堯芬，姚芬，Yuen Yiu Fan，Yuen Yiu Fun，Yiu Fan，Y.F.） P.145, 148, 154, 161, 170, 173, 182, 189, 196, 199, 200, 201, 210, 211, 214, 217, 273, 314, 321, 335, 347, 371, 400, 442, 444, 449, 475, 482, 500, 506, 528, 531, 558, 569, 638, 650, 675, 759, 768, 774, 796, 798, 799, 801, 804, 805, 814, 821, 822, 829, 830, 832, 835, 836, 837, 839, 840, 841, 842, 843, 845, 846, 847, 850, 862, 872, 873, 877, 878, 879, 880, 886, 889, 891, 893, 894, 896, 919, 922, 923, 929, 933, 934, 936, 939, 940, 953, 954, 955, 966, 978, 982, 986, 987, 1013, 1015, 1023, 1024, 1025, 1026, 1027, 1031, 1032, 1033, 1041, 1044, 1048, 1050, 1051, 1052, 1054, 1055, 1057, 1058, 1061, 1064, 1065, 1066, 1071, 1075, 1076, 1079, 1080, 1081, 1082, 1084, 1085, 1086, 1088, 1089, 1090, 1091, 1094, 1100, 1102, 1105, 1106, 1110, 1111, 1131, 1134, 1136, 1137, 1138, 1140, 1141, 1142, 1143, 1144, 1145, 1147, 1148, 1151, 1162, 1163, 1164, 1165

源詹勳（源，九，太，J. F. Yuen，源詹分，源某，勳，詹勳，九路，Yuen Jim Fan，源老九） P.139, 205, 276, 309, 345, 539, 594, 682, 732, 981, 994

源壽濂（源廉，授廉，受廉，廉，濂，亞濂，亞廉，Yuen Lim） P.146, 478, 503, 513, 516, 517, 519, 537, 545, 546, 549, 566, 576, 593, 614, 630, 633, 635, 638, 642, 647, 649,

650, 655, 658, 659, 664, 666, 668, 671, 686, 689, 698, 705, 724, 727, 729, 730, 733, 734, 735, 745, 747, 749, 759, 770, 796, 798, 799, 800, 806, 808, 811, 820, 836, 837, 842, 860, 861, 864, 866, 895, 907, 929, 939, 956, 966, 975, 1005, 1007, 1010, 1025, 1033, 1059, 1200

源碧侶（長女，大女，碧女，Big Lui，Bik Nooi，elder daughter） P.242, 284, 294, 296, 297, 324, 334, 330, 355, 361, 362, 366, 370, 400, 405, 448, 475, 476, 478, 497, 498, 502, 506, 513, 517, 558, 564, 566, 624, 636, 642, 701, 783, 799, 803, 804, 809, 813, 814, 816, 819, 820, 824, 843, 849, 851, 867, 874, 883, 888, 889, 896, 911, 915, 927, 936, 939, 947, 953, 957, 973, 976, 983, 984, 987, 988, 989, 997, 1001, 1003, 1005, 1008, 1010, 1011, 1012, 1041, 1044, 1046, 1070, 1075, 1082, 1134, 1146, 1158

源碧梅（Big Mei，梅，3rd daughter，Bik Mui） P.404, 636, 815, 851, 864, 875, 892, 896, 927, 934, 936, 939, 947, 953, 1010, 1045, 1053, 1070, 1078, 1136, 1144, 1146, 1147

源碧翠（碧翠，次女，少〔小〕女，細女，二女，亞碧，Big Chui，翠，P.C.，Bik Chui，Yuen Bik Chui） P.239, 240, 242, 251, 252, 268, 294, 327, 355, 446, 475, 478, 496, 513, 522, 550, 581, 603, 628, 636, 648, 672, 702, 710, 749, 759, 782, 788, 798, 799, 803, 804, 809, 813, 814, 819, 820, 851, 864, 878, 883, 888, 892, 896, 898, 927, 934, 936, 939, 940, 943, 953, 973, 981, 989, 1001, 1053, 1067, 1069, 1070, 1075, 1136, 1140, 1141, 1145, 1146, 1147, 1149

源澤泉（澤泉） P.391, 420, 440, 441, 498, 499, 503, 522, 524, 525, 561, 611, 613, 676, 706,

源錫藩（錫，Sek Fan，Sik） P.364, 404, 497, 648, 655, 730, 761, 789, 803, 824, 847, 848, 853, 864, 872, 891, 904, 919, 923, 932, 934, 974, 985, 1016, 1017, 1071, 1129, 1130, 1146, 1161

源龍章（龍章，Long Cheung，Long，Yeun Loong Cheung） P.241, 437, 440, 441, 448, 522, 524, 526, 561, 585, 653, 655, 768, 780, 843

源鎮勳（鎮勳，鎮仔，鎮芬，振，鎮，Yuen Chün Fan，Tsan Fan，Chan Fan） P.145, 173, 210, 211, 475, 482, 485, 487, 493, 569, 854, 606, 612, 628, 630, 634, 638, 640, 759, 764, 796, 864, 847, 848, 859, 863, 870, 872, 876, 886, 893, 919, 923, 929, 938, 953, 966, 982, 984, 985, 987, 1015, 1024, 1064, 1075

溫焯明，（溫卓明，焯哥，焯，焯明，卓哥，卓明，卓兄，焯兄，溫某，老哥，卓，溫兄，Wan Chuck Ming，C. M. Wan，C. M.，Wan，Mr. Wan，溫）{ 美璋 } P.120, 141, 216, 239, 248, 271, 280, 303, 313, 319, 323, 334, 413, 414, 421, 436, 440, 442, 444, 446, 450, 451, 460, 461, 463, 464, 480, 483, 489, 493, 494, 496, 497, 499, 501, 503, 505, 506, 507, 508, 509, 511, 512, 513, 516, 518, 519, 520, 525, 529, 530, 531, 535, 538, 541, 543, 544, 546, 547, 548, 550, 553, 554, 556, 557, 558, 561, 564, 565, 566, 583, 585, 586, 587, 588, 590, 591, 592, 594, 596, 601, 603, 604, 610, 614, 616, 617, 621, 623, 625, 627, 628, 629, 630, 631, 633, 634, 636, 638, 640, 645, 647, 648, 655, 657, 659, 660, 661, 662, 663, 664, 665, 666, 667, 668, 669, 670, 671, 673, 674, 676, 678, 679, 680, 682, 694, 698, 701, 716, 728, 736, 737, 740, 744, 745, 747, 749, 752, 753, 755, 756, 760, 764, 768, 770, 772, 785, 786, 790, 791, 792, 794, 796, 797, 801, 802, 803, 805, 807, 808, 815, 820, 821, 822, 831, 839, 840, 842, 844, 849, 850, 851, 854, 856, 858, 863, 864, 865, 866, 869, 874, 875, 881, 882, 884, 885, 888, 891, 895, 898, 899, 900, 901, 908, 910, 916, 917, 922, 924, 925, 926, 928, 933, 934, 935, 939, 947, 949, 952, 957, 958, 959, 960, 966, 967, 968, 969, 972, 973, 977, 797, 984, 985, 993, 995, 997, 999, 1004, 1005, 1006, 1007, 1008, 1011, 1018, 1019, 1023, 1024, 1026, 1027, 1031, 1032, 1033, 1035, 1036, 1051, 1055, 1060, 1062, 1063, 1068, 1070, 1077, 1079, 1080, 1081, 1082, 1086, 1088, 1090, 1111, 1112, 1117, 1125, 1153

溫榮光（溫某） P.938

葉弗弱 { 中華劇團 } P.497

董梓君（董先生，C.K. Tung，Tung，Mr Tung，梓君，董君，董，董兄，T.C.K，Tung Chi Kwan，C.K）{ 利舞台相關 } P.1036, 1038, 1044, 1045, 1049, 1050, 1051, 1053, 1054, 1055, 1057, 1058, 1059, 1060, 1061, 1062, 1063, 1064, 1067, 1070, 1071,

1079, 1091, 1120, 1122, 1138, 1139, 1143, 1156, 1176, 1178, 1201

廖俠懷 P.599, 693, 794, 936

廖曙光（曙光，廖兄） P.314, 319, 323, 334, 336, 340, 341, 342, 343, 344, 348, 353, 359, 361, 363, 366, 384, 385, 395, 399, 401, 438, 445, 529, 654, 655, 664, 666, 673, 674, 745, 824

廖鴻明（廖鴻銘，廖，鴻明，Liao，廖洪明，廖某，洪明，廖君） P.188, 189, 320, 331, 332, 336, 337, 357, 393, 402, 408, 414, 424, 462, 473, 476, 477, 479, 480, 485, 487, 493, 497, 499, 513, 517, 520, 523, 525, 529, 533, 617, 618, 643, 650, 653, 655, 660, 666, 669, 671, 681, 697, 705, 737, 744, 771, 780, 789, 791, 793, 804, 806, 812, 818, 819, 866, 872, 876, 880, 889, 894, 896, 898, 899, 910, 918, 920, 935, 976, 986, 992, 993, 994, 996, 998, 1000, 1001, 1002, 1004, 1005, 1010, 1011, 1012, 1014, 1118, 1119, 1120, 1121, 1138, 1151

廖鴻照 P.524, 617,

綠衣郎 P.1012, 1019

趙樹泰 P.863, 973

趙樹燊 P.483, 503,

趙驚魂（趙驚雲，趙某，趙） P.181, 227, 378, 470, 501, 505, 536, 537, 563, 564, 565, 898, 910, 919

劉培生｛東樂戲院院主｝ P.388

劉貴炎（劉桂炎）｛東樂戲院｝ P.442, 533, 534, 515, 626

蔡子銳（蔡） P.168

蔡公時 P.176

蔡昌 P.262

蔡棣（棣，蔡文棣，文棣，Tsoi Tai） P.300, 328, 335, 358, 362, 363, 365, 366, 382, 383, 387, 391, 403, 408, 409, 417, 425, 449, 504, 526, 531, 566, 591, 676, 681, 686, 706, 712, 730, 746, 769, 791, 792, 831, 840, 851, 853, 875, 928, 952, 957, 976, 983, 1001, 1023, 1024, 1033, 1064, 1106, 1109, 1116

蔣介石（蔣委員長，蔣公，蔣，蔣副主席） P.529, 536, 538, 542, 546, 562, 566, 567, 576, 579, 598, 604, 634, 1158

蝴蝶影 P.321, 439, 602

衛少芳（少芳，衛伶，Wai Shiu Fong） P.451, 469, 473, 487, 507, 523, 524, 536, 539, 540, 548, 562, 567, 578, 669, 671, 679, 701, 783, 785, 802, 804, 811, 815, 835, 850, 862, 874, 881, 883, 974,

鄧次乾（次乾，Tang Chi Kin） P.188, 200, 210, 422, 452, 519, 536, 543, 740, 749, 755, 806, 807, 942, 1130, 1150, 1157, 1158, 1159

鄧志昂 P.552

鄧肇垣 P.1201

鄧肇堅（肇堅，Tang Shiu Kin） P.405, 501, 512, 525, 552, 555, 562, 575, 614, 615, 616, 682, 833, 837, 857, 890, 891, 892, 923, 940, 945, 948, 978, 994, 1160, 1167, 1091, 1112,

鄭孟霞 P.702

靚元享〔亨〕 P.179

靚少鳳（鳳） P.474, 475, 477, 478, 479, 896, 935, 971, 972

靚次伯 P.852, 1094

靚新華 P.441, 784

黎仙儔（仙儔，Lai Sun Tsau，Lai Sein Tsau，黎君仙儔） P.130, 139, 150, 162, 205, 216, 252, 268, 287, 321, 324, 424, 427, 429,

黎北海 P.325, 326

黎民三（黎君，黎，黎老板〔闆〕，民三兄，民三，三兄，文三、黎某，三，M. S.，M. S. Lai） P.252, 253, 254, 256, 258, 259, 261, 262, 263, 264, 265, 266, 267, 268, 269, 270, 271, 272, 273, 274, 275, 276, 277, 281, 282, 283, 284, 285, 286, 287, 289, 290, 291, 292, 293, 294, 295, 296, 299, 300, 302, 303, 304, 305, 306, 307, 329, 360, 374, 377, 381, 385, 399, 402, 413, 442, 490, 493, 498, 504, 549, 550, 642, 648, 658, 673, 680, 707, 767, 797, 873, 878, 906, 914, 917, 919, 921, 922, 926, 937, 938, 939, 943, 944, 945, 948, 951, 952, 959, 961, 967, 969, 970, 971, 974, 975, 977, 979, 983, 993, 999, 1005, 1008, 1010, 1024, 1025, 1027, 1028, 1029

盧海天（海天） P.668, 897, 898, 901, 908

錢廣仁（錢大叔，Chin Kwong Yan） P.483, 501, 515, 621, 664, 764, 772, 798, 835, 854,

霍芝庭（霍芝廷） P.436, 437, 811

霍海雲（海雲，霍兄，Fok，Fok Hoi Wan） P.361, 403, 411, 452, 467, 478, 480, 483, 495, 496, 498, 506, 507, 514, 515, 519, 521, 524, 526, 528, 530, 533, 537, 542, 543, 552, 554, 555, 557, 558, 561, 562, 565, 568, 576, 582, 586, 587, 593, 595, 597, 598, 603, 608, 609, 616, 621, 624, 625, 633, 634, 635, 637, 641, 644, 645, 647, 648, 651, 652, 653, 658, 659, 660, 661, 664, 666, 668, 671, 682, 683, 693, 695, 696, 697, 703, 709, 717, 723, 725, 735, 740, 741, 754, 755, 783, 785, 811, 866, 870, 876, 880, 904, 932

駱錦興（錦興，駱某，駱錦卿，錦卿）｛人壽年｝ P.138, 148, 176, 191, 229, 437, 474, 797, 816, 817, 820, 943

鮑少莊｛編劇｝ P.166

戴月波（戴月坡，月坡，戴君，戴某，月坡叔） P.325, 863, 866, 870, 878, 882, 884, 885, 886, 893, 904, 908, 909, 910, 911, 914, 917, 920, 921, 922, 923, 924, 925, 928, 929, 931, 932, 933, 938, 940, 941, 942, 947, 948, 950, 951, 953, 954, 956, 958, 959, 960, 962, 966, 967, 969, 970, 972, 974, 976, 977, 981, 987, 988, 990, 1008, 1014, 1069, 1073, 1083, 1107, 1112

薛兆章（薛兆璋，兆章，兆璋） P.324, 336, 347, 650, 653, 654, 821, 830, 1112

薛覺先（薛伶，薛仔，薛某，薛，S. K. S） P.136, 158, 166, 177, 178, 314, 315, 338, 340, 425, 426, 436, 437, 451, 478, 481, 483, 489, 497, 505, 555, 557, 558, 560, 566, 567, 569, 575, 576, 577, 588, 590, 599, 613, 621, 641, 673, 693, 696, 702, 721, 780, 794, 818, 838, 854, 933, 973, 974, 986, 991, 1065

謝醒儂 P.274

簡又文 P.846

鄺山笑 P.720, 898, 916, 917, 951, 1087

羅文塤（文塤，塤，文壎，羅文壎）｛《天光報》｝ P.126, 135, 146, 211, 261, 277, 279, 280, 283, 284, 286, 313, 342, 348, 350, 352, 356, 367, 374, 407, 411, 431, 436, 823, 841, 979, 994, 1027, 1071, 1078, 1080, 1084

羅旭和（羅博士，羅博士旭和，旭和） P.123, 357, 459, 466, 568, 577, 624, 625, 718

羅明佑 P.470, 609, 616, 621, 678

羅品超 P.373

蟾宮女 P.999, 1002,

譚玉蘭 P.425, 487, 489, 601, 630, 652, 657, 661, 662, 674, 675, 679, 720, 863

譚汝芳（譚芳，Tam Fong，Tam，譚兄，君，芳，芳哥，荒哥，芳兄，龍石，Fong，譚亞芳） P.106, 107, 109, 110, 131, 127, 128, 131, 135, 136, 137, 138, 139, 140, 141, 142, 143, 148, 150, 151, 153, 154, 156, 157, 158, 160, 162, 163, 165, 166, 167, 172, 174, 182, 183, 186, 195, 196, 197, 198, 199, 202, 206, 207, 211, 212, 219, 226, 227, 240, 253, 257, 294, 295, 304, 319, 338, 339, 351, 353, 354, 358, 360, 366, 367, 373, 379, 383, 400, 404, 421, 432, 429, 433, 437, 438, 444, 449, 452, 459, 473, 482, 485, 488, 489, 497, 507, 510, 511, 514, 516, 517, 519, 528, 531, 561, 563, 563, 568, 569, 603, 607, 608, 610, 613, 619, 631, 633, 635, 636, 647, 650, 652, 661, 665, 672, 674, 675, 676, 677, 678, 679, 681, 683, 684, 685, 686, 688, 693, 695, 697, 698, 699, 700, 701, 702, 709, 710, 711, 712, 713, 714, 715, 716, 717, 718, 719, 720, 721, 722, 723, 724, 725, 726, 727, 728, 729, 730, 731, 732, 733, 734, 735, 736, 737, 738, 739, 740, 742, 743, 744, 745, 752, 755, 756, 763, 764, 766, 768, 772, 782, 783, 792, 796, 801, 804, 806, 811, 812, 817, 823, 830, 833, 839, 840, 845, 847, 855, 864, 868, 875, 906, 914, 928, 940, 945, 950, 951, 954, 955, 956, 958, 960, 963, 964, 966, 969, 970, 971, 972, 973, 974, 975, 980, 982, 983, 986, 987, 988, 989, 993, 997, 999, 1000, 1002, 1008, 1009, 1011, 1013, 1014, 1015, 1019, 1023, 1025, 1026, 1027, 1028, 1029, 1030, 1038, 1069, 1148, 1150, 1156, 1163, 1167

譚榮光 P.717, 1087, 1091

譚沛鋆 P.644, 807

譚秀珍（譚） P.550, 562, 564

譚秉華（秉華，譚公和） P.160, 161, 169, 171, 240, 360,

譚秉鏞（譚秉庸，炳容） P.286, 373, 400, 406, 580, 581, 585, 631, 644, 668, 669

譚蘭卿（譚，譚伶，蘭卿，蘭，亞蘭，Tam Lan Hing，Tam Lang Hing，

Miss Tam，Lan，T. L. H.，L. H.） P.329, 335, 336, 337, 340, 342, 345, 346, 352, 353, 354, 359, 367, 380, 381, 394, 395, 400, 468, 470, 471, 473, 474, 475, 478, 481, 483, 484, 486, 492, 507, 508, 529, 535, 538, 539, 541, 542, 543, 550, 567, 576, 578, 579, 585, 586, 589, 590, 593, 598, 600, 604, 608, 612, 613, 615, 617, 627, 628, 629, 630, 631, 632, 637, 641, 642, 643, 646, 647, 652, 661, 663, 676, 677, 678, 680, 684, 696, 697, 698, 699, 700, 701, 702, 703, 704, 712, 714, 728, 749, 760, 761, 765, 770, 771, 772, 781, 785, 806, 807, 811, 813, 814, 818, 835, 841, 842, 845, 846, 850, 852, 853, 854, 855, 857, 861, 862, 866, 881, 888, 889, 890, 892, 894, 902, 903, 907, 934, 950, 953, 954, 981, 983, 984, 990, 991, 995, 996, 999, 1000, 1011, 1012, 1013, 1015, 1018, 1024, 1026, 1040

關文清　P.788, 791, 801

關影憐　P.325

關德興（德興）　P.1006, 1017, 1018

蘇乙太　P.444, 537

蘇州女　P.376

蘇州妹　P.147

顧天吾（顧，天吾，顧某）　P.1051, 1065, 1067, 1069, 1070, 1083, 1106, 1112

食肆

一品陞（一品升）　P.106, 532

一雅　P.116, 117

三龍　P.1024, 1025, 1026, 1027, 1028, 1053

大三元｛廣州｝　P.520, 521

大三元｛香港灣仔｝　P.198, 199, 209, 210, 239, 240, 252, 253, 254, 255, 256, 258, 289, 260, 263, 267, 268, 269, 270, 271, 272, 273, 274, 275, 276, 277, 278, 279, 280, 281, 282, 283, 284, 285, 286, 287, 288, 289, 290, 291, 292, 293, 294, 295, 296, 304, 314, 315, 327, 328, 331, 332, 333, 334, 335, 336, 337, 338, 339, 340, 342, 343, 345, 346, 347, 348, 351, 352, 353, 354, 355, 356, 357, 359, 361, 362, 365, 974

大中國　P.298, 303, 1150

大元　P.1087, 1090

大同酒家（Tai Tung，大同）　P.131, 161, 171, 195, 212, 227, 329, 330, 331, 335, 336, 340, 341, 342, 346, 347, 348, 380, 384, 402, 403, 404, 405, 406, 407, 408, 409, 410, 412, 423, 425, 426, 434, 436, 443, 444, 449, 450, 451, 459, 461, 508, 514, 626, 628, 629, 630, 635, 676, 713, 729, 738, 760, 764, 770, 773, 788, 789, 790, 792, 808, 814, 817, 818, 831, 834, 853, 920, 952, 955, 956, 958, 962, 964, 990, 995, 996, 1002, 1003, 1006, 1016, 1024, 1026, 1034, 1051, 1053, 1055, 1057, 1058, 1111, 1112

大明星　P.283

大東　P.171, 173, 174, 182, 281, 501, 939

大春秋　P.261

大景象　P.1025, 1078

大華　P.517, 719, 739, 740, 759, 760, 761, 784, 786, 801, 812, 814, 815, 816, 824, 874, 880, 883, 889, 891, 895, 900, 909, 988, 996, 1002, 1004

大觀｛油麻地｝　P.500, 501, 503, 515, 527, 538, 550, 559, 560, 568, 588, 591, 607, 612, 613, 643, 664, 715, 720, 726, 729, 733, 746, 755, 759, 789, 830, 842, 946, 974,

大觀園　P.285, P.777

小祇園　P.382, 710,

山光飯店　P.832, 891, 892, 908, 909, 911, 913, 914, 948, 966, 1014, 1015, 1107

山珍　P.1055, 1070, 1129

中山酒樓　P.178

中華酒家（中華）　P.263, 716

中華餐室　P.389

五羊　P.490

六國飯店（六國）　P.430, 535, 545, 548, 789, 819, 822

六園　P.491, 492, 493, 496, 497, 498

天日　P.1091, 1092, 1093, 1094

太平館（太平）　P.756, 804, 810, 812, 835, 916, 1005, 1007, 1012

太平館｛廣州｝　P.297, 521,

太白樓　P.297

文園酒家（文園） P.250, 262, 265, 266, 267, 268, 269, 270, 272, 276, 277, 278, 279, 280, 281, 282, 285, 290, 291, 292, 295, 296, 298, 299, 301, 304, 305, 306

日隆 P.283, 286

牛奶公司（牛奶冰廠 ,Dairy Farm, 大公司 , 香港牛奶房） P.557, 558, 635, 655, 731, 794, 972, 974, 975, 976, 977, 979, 980, 982, 983, 984, 987, 988, 1006, 1007, 1008, 1017, 1018, 1020, 1041, 1045, 1046, 1051, 1053, 1057, 1058, 1061, 1108

牛安 P.1044

仙境 P.1041

加拿大（加大，Canadian Café，Canadia，Canadian） P.331, 333, 337, 338, 341, 346, 347, 371, 395, 399, 403, 405, 407, 410, 413, 414, 415, 419, 420, 421, 422, 424, 426, 427, 428, 429, 433, 436, 438, 439, 447, 449, 452, 460, 462, 473, 474, 475, 478, 480, 481, 485, 486, 487, 488, 490, 492, 494, 497, 498, 499, 500, 501, 502, 504, 505, 506, 507, 510, 511, 513, 516, 517, 519, 522, 523, 527, 528, 529, 530, 532, 533, 534, 535, 536, 537, 539, 544, 547, 548, 549, 550, 551, 553, 554, 555, 559, 560, 561, 562, 563, 564, 565, 566, 567, 568, 569, 577, 578, 579, 580, 581, 582, 583, 584, 585, 586, 587, 588, 589, 590, 592, 594, 596, 598, 599, 601, 602, 603, 604, 606, 607, 608, 609, 610, 611, 612, 613, 615, 616, 617, 618, 619, 621, 622, 625, 628, 630, 631, 633, 634, 635, 636, 637, 640, 642, 643, 645, 646, 647, 648, 649, 650, 651, 653, 654, 659, 660, 663, 664, 665, 666, 667, 669, 671, 673, 674, 677, 678, 679, 680, 681, 682, 684, 685, 687, 688, 693, 694, 695, 697, 698, 699, 700, 701, 702, 703, 704, 705, 706, 707, 708, 709, 710, 711, 712, 713, 714, 715, 716, 717, 718, 719, 720, 721, 722, 723, 724, 725, 726, 727, 728, 729, 730, 731, 732, 733, 734, 735, 736, 738, 744, 745, 746, 751, 754, 755, 756, 760, 761, 762, 764, 765, 766, 767, 768, 770, 771, 772, 773, 776, 777, 780, 781, 782, 783, 784, 785, 786, 787, 788, 789, 790, 791, 792, 793, 794, 795, 796, 797, 798, 799, 800, 801, 802, 803, 804, 805, 806, 807, 808, 810, 811, 812, 813, 814, 815, 816, 817, 818, 819, 820, 821, 822, 823, 824, 829, 830, 833, 834, 835, 836, 837, 838, 839, 840, 841, 842, 843, 844, 845, 846, 847, 848, 849, 854, 858, 860, 863, 866, 872, 876, 877, 884, 885, 889, 898, 899, 900, 907, 910, 914, 916, 917, 920, 922, 928, 932, 933, 935, 936, 937, 942, 943, 951, 952, 963, 964, 965, 966, 969, 971, 976, 977, 980, 981, 983, 984, 896, 987, 989, 990, 993, 1002, 1015, 1016, 1026, 1027

北河酒家 P.759

北洋 P.255

北極 P.305, 618, 932, 1019

占美（JIMMY，Jimmy' s Kitchen） P.487, 488, 527, 561, 798, 904, 905, 906, 913, 917, 918, 926, 997, 998, 999, 1000, 1001, 1002, 1008, 1053, 1059, 1061

四時春 P.1083

四時新 P.1052, 1087, 1090, 1107, 1109, 1138

平一 P.650, 671, 1060

甘泉 { 廣州 } P.344, 521, 579

印度餐室 P.743, 928

如意（Yue Yee、Yu Yee） P.130, 131, 140, 143, 144, 145, 153, 159, 160, 161, 162, 163, 164, 165, 169, 177, 180, 181

安樂園（On Lok Yuen） P.117, 125, 129, 143, 151, 164, 171, 181, 182, 183, 191, 193, 285, 330, 642, 648, 800, 1024, 1086

早午 P.357, 358, 359, 360, 363, 365, 374, 424, 425, 431, 433, 435, 436, 437, 438, 445, 449, 450

江記（Kong Kee） P.1057, 1061, 1062, 1063, 1064, 1066, 1068, 1073, 1084, 1090, 1091, 1109, 1110

百吉 P.830

艾菲 P.928

西南 { 廣州 } P.632

西鄉園 { 九龍 } P.229, 1202

佛有緣 P.719

佛笑樓 { 澳門 } P.544, 545, 719, 738, 879

告樓士打（告樓士打酒店、告行、Gloucester Hotel、Gloucester、松原餐室） P.360, 401, 505, 511, 512, 518, 521, 522, 526, 527, 536, 541, 544, 548, 549, 558, 559, 563, 564, 577, 586, 591, 598, 601, 602, 604, 617, 630, 644, 656, 657, 658, 661, 665, 674, 679, 681,

688, 693, 694, 707, 711, 712, 713, 715, 716, 718, 720, 721, 722, 723, 724, 725, 728, 729, 730, 733, 736, 737, 741, 743, 744, 750, 751, 753, 760, 761, 785, 791, 794, 799, 800, 801, 804, 805, 814, 821, 829, 832, 836, 838, 839, 843, 846, 849, 853, 854, 855, 856, 857, 858, 859, 866, 869, 870, 875, 879, 880, 888, 889, 892, 895, 897, 900, 910, 914, 915, 929, 931, 934, 937, 941, 942, 943, 946, 947, 948, 951, 952, 953, 954, 955, 956, 957, 958, 959, 960, 961, 962, 965, 966, 968, 971, 979, 980, 988, 991, 992, 995, 996, 997, 998, 999, 1000, 1001, 1011, 1013, 1038, 1039, 1075, 1078, 1121, 1122

快朵頤　P.1030, 1031, 1033, 1035, 1061, 1063, 1066, 1081

亞力山打（亞力山大）{ 中環 }　P.135, 136, 138, 142, 159, 161, 162, 165, 172, 188, 189, 321

京都大酒店（京都）　P.833, 905, 927, 929, 931, 932, 933, 934, 936, 945, 949, 952, 965, 968, 977, 1066

京滬　P.1027, 1030, 1031, 1033, 1086, 1090

味腴茶室（味腴，美腴）　P.187, 188, 189, 190, 192, 193, 194, 195, 196

和平酒家（和平）{ 中環 }　P.135, 143, 145, 150, 163, 167, 169, 173, 175, 177, 178, 179, 182, 183, 184, 187, 188, 190, 191, 193, 196, 197, 200, 205, 206, 207, 208, 230, 551

東山　P.262, 295, 355, 364, 844, 849, 863, 869, 873, 874, 885, 891, 899, 909, 915, 924, 928, 929, 932, 943, 947, 951, 957, 962, 967, 975, 985, 1005, 1050

東亞冰室（東亞，冰室）　P.1057, 1058, 1059, 1060, 1062, 1063, 1068, 1071, 1073, 1077, 1080, 1082

東美林　P.821, 832, 843, 844, 896

東園　P.121, 136

枝南　P.788

武昌　P.105, 487, 903

波士頓　P.449, 517, 709, 710, 711, 713, 714, 715, 717, 718, 723, 728, 729, 743

金城酒家（金城）　P.811, 812, 817, 829, 830, 831, 832, 834, 836, 839, 841, 848, 852, 853, 866, 871, 875, 894, 898, 971, 972, 973, 974, 977, 978, 982, 983, 984, 986, 1050, 1053, 1059, 1085, 1086, 1087, 1089, 1109

金星酒家　P.1067

金陵酒家（金陵，Kam Ling Hotel，Kam Ling Restaurant）　P.158, 166, 186, 192, 272, 370, 373, 374, 375, 376, 377, 378, 379, 380, 381, 382, 383, 384, 385, 386, 389, 391, 392, 399, 402, 403, 406, 424, 425, 429, 436, 439, 445, 464, 465, 467, 468, 469, 472, 473, 512, 535, 559, 569, 620, 626, 629, 644, 646, 648, 656, 657, 658, 660, 662, 664, 665, 666, 668, 676, 677, 679, 680, 681, 683, 684, 686, 693, 695, 699, 705, 706, 708, 711, 714, 717, 718, 722, 723, 724, 725, 726, 727, 728, 729, 731, 735, 851, 852, 975, 977, 987, 1029, 1032, 1033, 1050, 1051, 1059, 1064, 1065, 1069

金輪 { 廣州 }　P.344

金龍酒家（金龍）　P.335, 336, 337, 338, 339, 344, 348, 352, 361, 362, 364, 366, 369, 370, 378, 381, 393, 394, 395, 399, 400, 401, 439, 468, 471, 489, 491, 494, 497, 500, 501, 502, 505, 509, 511, 519, 527, 528, 530, 531, 535, 539, 542, 543, 550, 551, 553, 556, 557, 558, 559, 561, 562, 563, 567, 569, 579, 580, 582, 583, 584, 587, 588, 590, 591, 592, 595, 600, 603, 608, 609, 610, 612, 614, 615, 616, 617, 622, 624, 625, 628, 631, 633, 634, 635, 636, 637, 640, 641, 642, 642, 643, 644, 645, 647, 648, 669, 677, 678, 679, 683, 684, 695, 697, 702, 706, 709, 711, 712, 713, 715, 722, 728, 729, 750, 789, 804, 876, 886, 908, 910, 933, 938, 956, 972, 980, 981, 985, 995, 996, 999,

俄羅斯餐室　P.730

南洋酒家（南洋，Nam Yang）　P.123, 128, 129, 130, 172, 206, 315, 641

南唐酒家（南唐）　P.172, 174, 179, 281, 300, 302, 303, 304, 305, 306, 307, 313, 315, 319, 320, 321, 322, 323, 324, 325, 326, 327, 328, 336, 337, 339, 340, 341, 342, 343, 345, 346, 347, 366, 366, 367, 368, 369, 372, 376, 377, 378, 379, 381, 382, 387, 388, 389

南華餐室（South China Restaurant）P.214, 256, 277, 285, 296

南園（Nam Yuen）　P.195, 214, 229, 231, 288

南樓 P.892, 893, 932
品珍 P.109
哈德安 P.212
威士文（Wiseman Café） P.732, 947, 956, 964, 965, 966, 968, 996, 1009
威路文餐室 P.357
威靈頓 P.152, 274, 576, 685, 669, 813, 1000
建國酒家（建國） P.891, 908, 917, 925, 1028, 1071, 1082
思豪酒店（思豪） P.461, 467, 492, 534, 541, 542, 618, 621, 623, 624, 625, 627, 628, 629, 630, 631, 633, 634, 635, 636, 637, 638, 640, 641, 642, 643, 674, 733, 734, 736, 744, 824, 934
春山 P.1026, 1027, 1028, 1034
昭南 P.1070, 1084
洞天（Tung Tin） P.109, 114, 172, 215
洞庭 P.151, 152, 154,
珍昌 P.115, 121, 131, 162, 207, 319, 321, 322, 323, 325, 328, 329, 330, 336, 346, 347, 373, 472, 516, 524, 539, 586, 635, 657, 693, 698, 707, 709, 711, 838, 857, 866, 867, 908, 944, 954, 956, 1001
皇后（皇后餐室） P.165, 171, 172, 188, 189, 227, 284, 289, 658
紅星 P.128
紅棉｛廣州｝ P.548
美利堅 P.822
美利權 P.170, 174, 189, 190, 194, 293, 324, 1080
英京酒家（英京） P.750, 754, 791, 835, 844, 845, 849, 964, 966, 988
英英齋｛廣州｝ P.344
英華（宵夜） P.235, 242, 249, 252, 254, 256, 257, 258, 259, 263, 267, 268, 270, 271, 274, 279, 280, 281, 286, 287, 290, 291, 292, 293, 294, 295, 296, 299, 302, 303, 307,
英園 P.120, 288, 293
香港仔 P.180, 600, 604, 608, 609, 669, 678, 725, 874, 875, 959, 969, 1106
香港西菜館（香港西菜，香港，香江，香江西菜館，香港飯店，香港西菜室） P.118, 136, 137, 139, 141, 144, 147, 149, 153, 155, 160, 162, 191, 219, 406
香港酒家 P.745
娛樂餐室（娛樂西餐樓，娛樂，娛樂茶室） P.526, 530, 532, 560, 564, 615, 628, 737,
時樂 P.105
海山仙館（海山，Hoi San，Hoi Shan） P.111, 123, 136, 152, 153, 154, 155, 157, 160, 163, 165, 166, 167, 168, 169, 175, 183, 184, 185, 197, 198, 205, 211, 218, 224
海珠會館 P.1060
海鮮公司（海鮮） P.172, 182, 185, 187, 197, 629, 665
特色 P.168, 206, 207, 410
茗園 P.533
茶香室（新茶香室） P.298, 548, 549, 550, 551, 554, 555
高陞茶樓（高陞，Ko Sing） P.123, 124, 164, 357, 654, 659, 1141
國民酒家（國民，Kwok Man Restaurant） P.407, 428, 460, 461, 470, 492, 493, 496, 511, 516, 537, 553, 679, 794, 1151
得雲 P.699, 709, 713, 721, 723, 726
涎香 P.198
淺水灣酒店 P.189, 554, 612, 615, 968
添男 P.709
統一 P.212, 221
連卡佛（Lane Crawford） P.131, 215, 143, 156, 172, 174, 175, 180, 181, 191, 197, 199, 205, 207, 210, 211, 217, 228, 252, 274, 280, 320, 553, 810, 818, 819, 820, 830, 839, 840, 841, 868, 874, 876, 878, 879, 880, 881, 882, 883, 884, 885, 886, 887, 888, 889, 890, 891, 892, 893, 894, 895, 896, 897, 898, 899, 900, 901, 902, 903, 904, 905, 906, 907, 908, 909, 910, 911, 914, 915, 919, 923, 924, 927, 931, 932, 933, 935, 936, 938, 940, 941, 942, 943, 945, 946, 949, 950, 953, 958, 959, 961, 962, 963, 964, 965, 967, 968, 970, 971, 972, 973, 974, 975, 977, 978, 980, 983, 985, 987, 989, 995, 996, 1018
連香 P.193
陶仙酒樓（陶仙） P.141, 153, 157, 168

陶然　P.227

陶然俱樂部　P.1086

陶園（To Yuen）　P.219, 250, 385, 436, 468, 482, 485, 498, 515, 593, 623, 624, 625, 626, 630, 631, 636, 638, 662, 672, 675, 680, 682, 683, 684, 685, 687, 718, 720, 723, 732, 869, 874, 876, 877, 878, 879, 881, 882, 883, 884, 885, 886, 888, 889, 890, 892, 893, 894, 895, 906, 926, 945, 951, 1069, 1057, 1078

陸羽茶室（陸羽，陸，六羽，Luk Yü，Luk Yu）　P.373, 374, 377, 437, 452, 459, 460, 461, 462, 466, 467, 468, 469, 473, 474, 475, 476, 477, 478, 479, 480, 481, 482, 483, 484, 485, 487, 488, 491, 500, 501, 502, 503, 504, 505, 506, 508, 509, 510, 511, 512, 513, 515, 516, 518, 519, 520, 521, 523, 524, 525, 526, 527, 528, 530, 532, 533, 535, 536, 537, 538, 542, 546, 547, 554, 559, 561, 562, 563, 565, 566, 567, 568, 575, 576, 579, 582, 584, 585, 586, 578, 588, 589, 590, 593, 594, 595, 597, 598, 600, 602, 604, 605, 606, 607, 608, 610, 614, 615, 616, 617, 618, 619, 621, 622, 623, 630, 631, 633, 634, 640, 642, 643, 644, 646, 648, 650, 651, 652, 653, 654, 655, 656, 657, 658, 663, 669, 672, 673, 674, 675, 677, 679, 680, 681, 682, 683, 684, 685, 686, 687, 688, 693, 693, 694, 695, 703, 704, 707, 709, 713, 735, 737, 739, 740, 741, 743, 744, 745, 746, 747, 748, 749, 750, 751, 752, 753, 754, 755, 756, 757, 759, 760, 761, 762, 763, 764, 769, 771, 772, 774, 775, 776, 777, 779, 780, 781, 782, 783, 785, 786, 787, 788, 789, 791, 795, 796, 799, 801, 803, 804, 809, 811, 813, 819, 824, 825, 831, 832, 837, 841, 842, 844, 845, 846, 849, 850, 851, 852, 853, 854, 856, 857, 858, 859, 860, 861, 862, 863, 864, 867, 869, 871, 872, 876, 877, 878, 879, 880, 881, 882, 883, 887, 889, 890, 891, 894, 895, 897, 904, 915, 916, 919, 920, 922, 923, 924, 926, 927, 928, 929, 932, 935, 936, 937, 938, 939, 941, 942, 943, 945, 946, 947, 948, 953, 954, 955, 956, 957, 958, 961, 963, 966, 969, 971, 984, 985, 988, 989, 990, 991, 992, 993, 994, 1030, 1032, 1033, 1034, 1109, 1111, 1129, 1130, 1132, 1134, 1139, 1141, 1142, 1143, 1146, 1147, 1148, 1149, 1156, 1160, 1168, 1174, 1178, 1180

勝記（新廣州）{ 廣州 }　P.344

勝斯（聖斯）　P.879, 921, 931, 932, 934, 935, 936, 937, 938, 939, 940, 941, 942, 943, 944, 945, 946, 947, 948, 949, 950, 951, 952, 953, 954, 955, 956, 957, 958, 959, 961, 962, 963, 964, 965, 966, 967, 968, 969, 970, 971, 972, 973, 974, 975, 976, 977, 978, 979, 980, 995, 996, 998, 999, 1000, 1001, 1002, 1005, 1006, 1007, 1008, 1100, 1011, 1015, 1016, 1017, 1018

富士（Fuji）　P.1036, 1042, 1044, 1049, 1052, 1057, 1060, 1076, 1083, 1084, 1086, 1094

斯豪　P.973

港華　P.720, 722, 725, 726, 728, 729, 730, 733, 741, 743, 750

菩苑　P.911

華人餐室（華人）　P.660, 661, 662, 665, 666, 667, 668, 670, 695, 840, 968, 1011, 1019, 1120

華仁　P.741

華記　P.1088

華園　P.600

新世界　P.714, 720, 986, 987, 992, 994

新式（新色）　P.338, 339, 341, 343, 355, 382, 576, 645, 655

新亞　P.344, 752, 1054, 1059, 1068, 1079, 1080, 1092

新波士頓　P.517

新花州 { 香港仔 }　P.600

新非士　P.313, 314

新紀元　P.227, 228, 262, 305, 306, 306, 307, 334, 401, 426, 427, 428, 430, 435, 438, 439, 442, 443, 444, 447, 483, 485, 505, 508, 509, 510, 513, 519, 525, 526, 527, 528, 529, 530, 539, 540, 541, 546, 547, 548, 549, 557, 575, 576, 586, 599, 647, 651, 659, 660, 661, 662, 663, 664, 665, 666, 667, 668, 672, 685, 700, 704, 723, 731, 737, 740, 742, 743, 752, 755, 785, 804, 816, 821, 838, 860, 873, 888, 891, 892, 893, 898, 901, 902, 903, 910, 917, 919, 922, 925, 931, 937, 940, 944, 951, 968, 987, 1006, 1008, 1009, 1010, 1011, 1012, 1013, 1014, 1016, 1017, 1019

新茶香　P.548, 549, 550, 551, 552, 553, 554, 556, 558, 560, 561, 562, 563, 564

新國民酒家　P.492

溫沙餐室（溫沙）　P.806, 854, 862, 863, 864, 866, 867, 868, 870, 871, 872, 873, 874, 875, 876, 877, 879, 880, 881, 882, 883, 884, 885, 886, 887, 888, 889, 890, 891, 892, 893, 894, 895, 896, 897, 898, 899, 900, 901, 902, 903, 904, 906, 907, 908, 909, 910, 911, 912, 913, 914, 915, 916, 917, 918, 919, 920, 921, 922, 923, 924, 925, 926, 927, 929, 999, 1029

瑞榮 { 廣州 }　P.579, 583

萬國酒家（萬國，International）　P.259, 262, 265, 268, 276, 294, 296, 300, 301, 315, 320, 322, 323, 326, 327, 328, 329, 331, 334, 335, 338, 339, 340, 341, 342, 346, 347, 348, 349, 350, 351, 352, 353, 354, 356, 357, 358, 359, 361, 362, 363, 364, 365, 366, 367, 368, 369, 370, 371, 372, 376, 379,

維多利亞餐廳（維多利，域多利，域多利亞）　P.116, 117, 118, 144, 145, 154, 159, 162, 167, 168, 189

聚豐園（廣州）　P.579, 583,

豪天酒家（豪天）　P.407, 408, 409

遠來　P.620, 681, 804

遠東　P.1006

銀海棠 { 廣州 }　P.344

銀龍　P.436, 874

鳳翔　P.484

廣州酒家（廣州，Kwong Chau Restaurant）　P.274, 275, 300, 301, 314, 321, 368, 388, 431, 441, 472, 495, 508, 510, 516, 519, 520, 526, 554, 618, 626, 628, 629, 632, 641, 646, 647, 651, 659, 847, 878, 882, 892, 893, 897, 899, 902, 904, 905, 907, 908, 909, 911, 914, 915, 916, 917, 919, 920, 921, 922, 923, 925, 926, 927, 928, 929, 931, 932, 933, 934, 935, 936, 938, 940, 941, 943, 944, 946, 948, 950, 951, 952, 953, 956, 957, 958, 959, 960, 962, 963, 965, 966, 967, 968, 969, 970, 971, 972, 973, 974, 975, 976, 977, 979, 980, 981, 982, 983, 984, 985, 986, 987, 988, 989, 990, 991, 992, 993, 994, 1001, 1002, 1003, 1006, 1007, 1008, 1010, 1011, 1013, 1015, 1016, 1017, 1018, 1019, 1029, 1054, 1063, 1068, 1070, 1074, 1082, 1083, 1084, 1085, 1152

播寶　P.212, 227

蓬萊　P.956, 996, 1014, 1015, 1017, 1019, 1020, 1093

蓮香　P.649, 650, 656, 657, 658, 659, 662, 664, 665, 666, 670, 672, 1079

適園　P.149, 276

燕賓　P.750

興記　P.716

頤和　P.155, 156, 157, 159, 160, 161, 162, 163, 164, 165, 166, 167, 174

龍口　P.600, 639

龍泉 { 廣州 }　P.297, 344, 940, 951

龍記　P.1026, 1076

彌敦餐室　P.439

聯升（聯陞）　P.135, 138, 142, 143, 168, 169, 170, 171, 172, 173, 174, 175, 176, 177, 178, 179, 181, 182, 183, 184, 185, 186, 187, 188

謙益　P.476, 478, 489, 518, 578

鎮南樓 { 香港仔 }　P.105, 874

寶漢　P.934

A.B.C（ABC）　P.583, 796, 863, 871, 875, 898, 920, 1148

H.C.　P.1032

Hing King Restaurant　P.777

Hong Kong Café　P.124

Hong Kong Restaurant　P.216

KINGS　P.534, 541, 1130

Majestic　P.772, 779, 782

Moo Yee　P.125

New World Restaurant　P.131　Parisian Grill　P.935, 963, 970, 974, 979, 996, 999, 1017 Popoy　P.741

Shü Keung Restaurant　P.1174

Sun Sun Hotel　P.1146

Tai Pak Yuen　P.107, 108,

Tao Hotel（Tao）　P.1041, 1042, 1043

To Chi Yuen　P.109, 110

Wah Lok Yuen　P.108

Wü Cheung Restaurant P.215
Yuet Hing P.1135

報章

《人生報》 P.633, 716
《大公晚報》 P.809, 850
《大公報》(《大公》) P.745, 757, 805, 806, 847, 848, 934, 953, 982, 1122
《大光報》(《大光》) P.94, 329, 399, 486, 688, 755, 1028
《大眾報》(《大眾》) P.94, 473, 481, 486, 486, 489, 681
《工商日報》(《工商報》，《工商》，《工日》) P.323, 324, 331, 339, 342, 343, 356, 372, 377, 390, 460, 470, 559, 604, 688, 888, 979
《工商晚》(《工晚》，《晚》) P.332, 336, 342, 390, 473, 498, 688, 1106
《中國晚報》 P.992
《中興報》 P.449
《天光報》(《天光》) P.83, 350, 352, 390, 431, 473, 504, 688, 751, 841, 888
《平民報》(《平民》) P.316, 335, 346, 349, 356, 395
《石山報》 P.811
《伶星報》 P.90, 434
《東方報》 P.493, 494, 566
《南中晚報》(《南中報》，《南中》，Nam Chung) P.148, 150, 217, 335, 360, 364, 390, 391, 422, 460, 473, 624, 756, 773, 787
《南強報》(《南強》) P.364, 390, 391, 460, 688, 787,
《南華報》 P.1058
《星洲報》 P.749
《星島報》(《星島日報》) P.811
《星報》 P.906
《紅綠報》 P.1104
《香江午報》(《午報》) P.83, 356, 361, 364, 380, 389
《香江日報》 P.1025
《香江晨報》 P.121
《國華》 P744
《現象報》(《現象》，《現象晚報》) P.982, 987, 992, 1004, 1005, 1007, 1009, 1010, 1019, 1020
《循環日報》(《循環報》、《循環》、《循日》，《日報》) P.83, 136, 322, 327, 328, 323, 329, 331, 384, 385, 390, 392, 451, 459, 487, 511, 516, 552, 554, 566, 688, 749, 756, 784, 1018
《循環晚報》(《循晚》，《晚報》，《晚》) P.321, 322, 323, 327, 328, 336, 339, 351, 390, 407, 473, 518, 568, 591, 688
《朝報》 P.688
《華字日報》(《華字》) P.94, 321, 323, 390, 486
《華商晚報》(《華商》) P.965
《華僑日報》(《華僑日》，《華僑報》，《華僑》、Wha[Wah] Kiu Yat Poa[Po]、Wha[Wah]，Kiu) P.94, 321, 341, 342, 360, 364, 390, 406, 459, 460, 469, 473, 486, 487, 533, 561, 600, 615, 680, 683, 688, 756, 772, 773, 787, 799, 804, 805, 811, 980
《越華》 P.744
《群聲報》 P.554
《群星報》 P.407
《蜈蚣小報》{未知是否即《蜈蚣報》} P.557
《蜈蚣報》 P.579
《誠報》 P.979
《銀晶報》 P.253
《德臣西報》 P.492
《環球報》 P.594
Star Voice Paper (Star Voice，《星聲報》) P.774, 778, 788, 790, 793, 794

術語

二首： P.555, 666

九手 P.467

三首 P.667

下位 P.462, 723, 754, 832

大班 P.88, 663, 944, 1023

大堂位 P.461

太平位 P.340, 347, 460, 466, 527, 556, 568, 811, 845, 964, 967, 968, 987

出世： P.167, 258, 260, 295, 357, 490, 761, 799, 936

出身：始演出 P.497

出頭 P.273, 346, 473,

包頭 P.87, 301, 476, 481, 659

式台 P.502, 678, 694, 819, 901

式幫花 P.785

打曲 P.78, 81, 82, 264, 274

打戲釘 P.945

曲本 P.83, 277, 294, 300, 356, 431, 498, 550, 583, 584, 738

曲白 P.83, 87, 256, 356, 357, 475, 846

西皮 P.81, 120

坐枱 P.298

走畫（走片） P.417, 452, 468, 480, 482, 489, 493, 494, 496, 499, 508, 513, 518, 529, 554, 601, 606, 643, 653, 654, 1125

例票 P.497, 552, 799, 800, 809, 1121

定戲 P.275, 623

拍台 P.314, 425, 426, 535, 558, 560, 565, 566, 567, 569, 575, 576, 589, 600, 621, 669

果枱（果台，Fruit stall） P.86, 119, 120, 140, 141, 158, 212, 224, 248, 284, 303, 462, 463, 464, 465, 470, 473, 503, 509, 512, 522, 591, 592, 603, 631, 766, 801, 802, 807, 808, 815, 1121, 1159

炒票 P.85, 408, 592, 860, 864, 928, 968, 971

指鼻 P.165, 179, 278, 292

枱腳 P.217, 377, 821

洪船 P.168

埋班 P.350, 615, 1027

座倉 P.228

揩（楷） P.152, 301, 302, 304, 685, 724

開身 P.278, 281, 474, 483, 633, 669, 737, 785, 788, 797, 807, 861, 862, 951

斟箱 P.482

落箱 P.564

鞋金 P.210, 971

擔箱 P.482

頭枱（頭台） P.208, 209, 241, 284, 325, 379, 417, 436, 445, 497, 509, 576, 666, 673, 678, 679, 681, 682, 695, 698, 738, 741, 797, 798, 802, 805, 811, 815, 816, 817, 821, 823, 857, 865, 887, 889, 901, 904, 911, 912, 925, 933, 976, 997, 1012, 1015, 1016, 1017, 1019, 1020, 1037, 1050, 1104, 1115, 1118, 1135

頭首 P.84, 361, 406, 650, 652, 664, 840

戲本 P.87, 250, 451, 475, 516, 524, 526, 530, 543, 550, 551, 566, 576, 580, 581, 582, 584, 594, 611, 613, 617, 622, 698, 744, 746, 751, 796, 811, 813, 818, 831, 937, 942, 962, 1018

戲面 P.88, 582

戲橋 P.80, 348, 545, 614, 753, 818, 937, 989

戲櫃 P.567, 728

講戲 P.82, 212, 260, 274, 282, 678

櫃枱 P.286, 629

關口票（關口） P.255, 257, 278, 868

關期 P.584, 587, 718, 741, 802, 811, 888, 900, 905, 964

責任編輯　龍　田
書籍設計　a_kun

書　　名　太平戲院紀事——院主源詹勳日記選輯（1926—1949）
編　　者　程美寶
出　　版　三聯書店（香港）有限公司
香港北角英皇道499號北角工業大廈20樓
Joint Publishing (H.K.) Co., Ltd.
20/F., North Point Industrial Building,
499 King's Road, North Point, Hong Kong
香港發行　香港聯合書刊物流有限公司
香港新界荃灣德士古道 220-248 號 16 樓
印　　刷　美雅印刷製本有限公司
香港九龍觀塘榮業街 6 號 4 樓 A 室
版　　次　2022 年 4 月香港第一版第一次印刷
規　　格　16 開（170 × 240 mm）1224 面
國際書號　ISBN 978-962-04-4925-3